DEGLUTIÇÃO & DISFAGIA

BASES MORFOFUNCIONAIS E VIDEOFLUOROSCÓPICAS

DEGLUTIÇÃO & DISFAGIA

BASES MORFOFUNCIONAIS E VIDEOFLUOROSCÓPICAS

MILTON COSTA

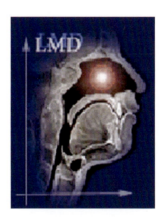

"LABMOTDIG"

Laboratório de Motilidade Digestiva e Videofluoroscopia
Instituto de Ciências Biomédicas

Universidade Federal do Rio de Janeiro

Apoio:

DEGLUTIÇÃO
&
DISFAGIA

BASES MORFOFUNCIONAIS E
VIDEOFLUOROSCÓPICAS

Autor: Milton Costa

Revisão: Álvaro Sebastião Tavares

Ficha Catalográfica: Maria de Fátima Gama

Projeto Gráfico: Ideias Demais Comunicação & Design

Ilustração: Milton Costa

Rio de Janeiro, 2013

ISBN:
978-85-914108-0-4

Ficha catalográfica

C837 Costa, Milton Melciades Barbosa.
     Deglutição & Disfagia : Bases Morfofuncionais e
Videofluoroscópicas / Milton Melciades Barbosa Costa.
Rio de Janeiro : LABMOTDIG, 2013.
  360p.: 366il.; 21 x 28 cm.
    Anexo.
    Glossário.
    Bibliografia.
    ISBN 978-85-914108-0-4
     1. Deglutição. 2. Disfagia. 3. Anatomia. 4. Fisiologia.
  5. Clínica. 6. Videofluoroscopia. I.Título.

CDD 612.3

SOBRE O AUTOR
http://lattes.cnpq.br/3071971277279293

Milton Melciades Barbosa Costa

Médico (1972) Faculdade de Medicina da Universidade Federal do Rio de Janeiro (UFRJ).

Mestre em Cirurgia (1974) Dep. de Cirurgia da Faculdade de Medicina da UFRJ.

Doutor em Cirurgia (1983) Dep. de Cirurgia da Faculdade de Medicina da UFRJ.

Professor Titular (1991) Dep. de Anatomia do Instituto de Ciências Biomédicas da UFRJ.

Responsável pelo Laboratório de Motilidade Digestiva / Imagem
(videofluoroscopia) do Dep. de Anatomia do Instituto de Ciências Biomédicas da UFRJ (1999).

Sobre o tema Deglutição e Disfagia (44) trabalhos publicados em periódicos nacionais e internacionais.

Cursos ministrados – 113 de extensão e aperfeiçoamento sobre as "Bases morfológicas,
funcionais e videofluoroscópicas de importância para o estudo da deglutição e seus distúrbios" (1998 – 2013).

Ex-membro titular do Colégio Brasileiro de Cirurgiões (1996).

Membro da Sociedade Brasileira de Anatomia (1981 – 2013).

Membro da Sociedade Brasileira de Motilidade Digestiva (1988 – 2013).

PREFÁCIO

Este livro, apesar das muitas imagens, não pretende ser um atlas. Suas figuras têm caráter ilustrativo, buscando privilegiar, através do uso de peças anatômicas e registros videofluoroscópicos, a visão de estruturas muitas vezes faladas e nem sempre acessíveis à maioria de nós. As legendas buscam facilitar a identificação das estruturas e suas relações para melhor compreensão das discussões encaminhadas pelos textos.

Assumo total responsabilidade pelas imperfeições técnicas que certamente podem ser encontradas nas figuras utilizadas. Essas imperfeições, a meu ver perdoáveis, se devem a nossa pretensão em realizar, de próprio punho, a confecção das fotos e os retoques das figuras, assim como o preparo da maioria das peças utilizadas.

Reafirmamos que este livro não tem a pretensão de ser um atlas e sim um livro-texto que se beneficia com a presença de uma expressiva quantidade de imagens, especialmente trabalhadas para atender ao tema. As imagens são, em sua maioria, fotos obtidas de peças anatômicas ou de exames videofluoroscópicos, mas também utilizamos esquemas adaptados visando melhor explicar conceitos morfofuncionais.

O texto foi escrito baseado em revisões e pesquisas próprias que geraram significativo número de publicações. Os conceitos adquiridos foram utilizados, pare passo, ao longo dos últimos 12 anos, como base para preparação do material instrucional que foi sendo aprimorado e utilizado ao longo dos 25 cursos de extensão ministrados sobre o tema em nossa universidade. O último ano serviu para que revíssemos e atualizássemos os capítulos que hoje compõem o livro. Os capítulos, revisados e atualizados, poderão, alguns deles, ser imputados de longos. No entanto, não podemos propor novos conceitos sem ampla discussão sobre o estabelecido e sem apresentação de um contraponto convincente e alicerçado em experimentos reprodutíveis.

Conceitos ainda vigentes são comparados com novos e alternativos. Como dizer que a epiglote, embora importante elemento da organização laríngea, não veda as vias aéreas como uma tampinha, no momento da deglutição, como universalmente acreditado. Seu papel junto aos mecanismos de proteção das vias aéreas permanece relevante, mas não como uma tampa.

O que impressiona no tema deglutição e disfagia é o grande número de conceitos que precisamos rediscutir. Creio que o pouco conhecimento que temos a respeito, em especial da dinâmica da fase faríngea da deglutição, se deva à crença de ser essa uma região de anatomia difícil e à relutância, inexplicável, do uso de novos e importantes métodos que nos permitem estudar com mais clareza a dinâmica desse segmento digestivo.

Há pouco mais de 20 anos, embora em termos de ciência esse tempo não seja tanto, mas também não tão pouco, adquirimos ferramentas que nos abriram a possibilidade de estudar a morfofuncionalidade digestiva alta, e aqui se destaca a videofluoroscopia ainda não plenamente conhecida e explorada.

O estudo da deglutição e os crescentes avanços na terapêutica das disfagias orais e faríngeas capitaneados pelos fonoaudiólogos inseriram de vez a dinâmica oral e faríngea ao estudo do tubo digestivo, que há não muito tempo era valorizado a partir do esôfago.

É nesse contexto que apresentamos uma aprofundada revisão morfofuncional da dinâmica da deglutição e de seus distúrbios, baseada na anatomia das regiões e na observação da dinâmica permitida pelo uso do método videofluoroscópico.

DEDICATÓRIA

Dedico este livro à memória de meus pais, Newton de Almeida Costa, exemplo de superação e seriedade, e Georgina Barbosa Costa, para quem minha formação foi sempre prioridade. À memória do mestre, Humberto Barreto, que me ensinou anatomia, cirurgia e ética, e que, entendendo que sempre se pode mais, dizia a seus alunos o que hoje repito para os meus: "Vá e realize aquilo com que eu apenas sonhei."

Dedico ainda à minha mulher Maria de Lourdes e a meus filhos Ana Luiza e Gustavo, que, apesar de minha limitada presença junto a eles, nunca me negaram compreensão e estímulo. Às minhas filhas de uma primeira união, Mônica, Ana Paula e Ana Cristina, os meus agradecimentos pela compreensão e pelo carinho.

AGRADECIMENTOS

Fosse eu agradecer nominalmente a tantos quantos foram os alunos e colegas que, de modo direto ou indireto, colaboraram na construção deste trabalho, certamente teria que anexar um segundo volume só com os nomes desses colaboradores. Assim, agradeço a todos os alunos que ao longo dos meus quarenta anos de militância médica e de magistério superior me ensinaram a aprender com suas aflições, dúvidas e questões. A todos os colegas que, ao longo desse tempo, concordaram e discordaram, fazendo com que eu mais me empenhasse nos estudos, revendo conceitos e encontrando novos caminhos para me convencer e assim poder convencê-los ou a mudar minhas opiniões, o que muitas vezes tive de fazer. Não obstante, existem nomes que seria ingratidão não citar com ênfase. A esses devo uma colaboração mais próxima em uma obra que, por força das circunstâncias, assino sozinho.

A Álvaro Sebastião Tavares, pela cuidadosa e trabalhosa revisão gramatical e ortográfica acompanhada de primorosa análise crítica que me fez dar melhor sentido a parágrafos que seriam de difícil compreensão, se não fossem reescritos, com sua sempre brilhante supervisão.

A Susanne Queiroz, anatomista de primeira linha, cujo conhecimento e paciência na prática da dissecção de peças anatômicas me obrigam a reconhecê-la como membro destacado do grupo dos mais completos anatomistas de nosso país. A ela devo a cessão de algumas das peças que fotografei para ilustrar este livro.

A José Caetano, fiel escudeiro, amigo e técnico dedicado, a quem devo muito por diversas atividades, mas, aqui, pelo cuidado com o acervo bibliográfico cujo levantamento se estendeu por vários anos.

A Paulo Januario, amigo dedicado, técnico de raios X de meu laboratório, agradeço pela ajuda em muitos dos exames videofluoroscópicos e suas digitalizações.

A Ricardo De Bonis, orientando com habilidade ímpar e grande dedicação ao laboratório, agradeço a amizade e a ajuda no preparo das peças odontológicas utilizadas.

Os maiores agradecimentos, embora inominados, vão para os muitos e muitos fonoaudiólogos e colegas de outras formações, alunos e alunas de meus cursos de extensão, de iniciação científica, de mestrado e doutorado com quem pude conviver, ensinando e aprendendo.

BIBLIOGRAFIA CONSULTADA

A bibliografia, apresentada como consultada, guarda certa especificidade com o tema do capítulo; sua citação visa permitir a repetição da trajetória percorrida ao longo dos anos por nós dedicados ao tema. Em sua quase totalidade são referências utilizadas nos trabalhos anteriormente publicados em periódicos e capítulos de livros. Aqui foram citados o mais possível com pertinência ao tema. Contudo, da mesma forma que os assuntos, a literatura consultada também se interpenetra. Assim, não raro, poderia ser repetida em muitos outros capítulos, o que se procurou evitar salvo quando a pertinência foi tal, que a repetição se impôs.

Durante as atualizações dos capítulos efetuadas neste último ano, procedemos a uma revisão a mais cuidadosa possível das publicações que consideramos relevantes, buscando consultar, adicionalmente, os trabalhos de autores nacionais que escreveram no nosso ou em outros idiomas. Dediquei especial atenção na busca de trabalhos escritos por colegas com quem convivemos. É possível que muitos bons e importantes textos tenham ficado de fora de nossas citações, o que, se ocorreu, muito lamentamos e pedimos desculpas, afiançando que a intenção foi a de registrar, nas referências consultadas, nossos agradecimentos pela colaboração que os diversos textos nos prestaram.

SUMÁRIO

CAPÍTULO I
Bases Biofísico-Químicas Aplicáveis à Dinâmica da Deglutição
(Sistemas Ósseo, Articular e Muscular) **1**

CAPÍTULO II
Rudimentos de Embriologia **27**

CAPÍTULO III
Dinâmica da Deglutição *(Fases Oral, Faríngea e Esofágica)* **37**

CAPÍTULO IV
Controle Neural da Deglutição **47**

CAPÍTULO V
Fase Oral da Deglutição *(Bases Morfofuncionais)* **69**

CAPÍTULO VI
Fase Faríngea da Deglutição *(Bases Morfofuncionais)* **91**

CAPÍTULO VII
Anatomia Funcional do Complexo Hiolaríngeo **113**

CAPÍTULO VIII
Dinâmica Esfinctérica *(Bases Morfofuncionais)* **133**

CAPÍTULO IX
Proteção das Vias Aéreas *(Bases Morfofuncionais)* **149**

CAPÍTULO X
Fase Esofágica da Deglutição *(Anatomia Funcional)* **163**

CAPÍTULO XI
Disfagia Oral e/ou Faríngea e Distúrbios Referentes *(Conceitos Básicos)* **179**

CAPÍTULO XII
Distúrbios Esofágicos **197**

CAPÍTULO XIII
Bases Radiológicas - Método Videofluoroscópico.. **217**

CAPÍTULO XIV
Videofluoroscopia das Fases Oral e Faríngea da Deglutição.. **235**

CAPÍTULO XV
Videofluoroscopia Esofágica.. **249**

CAPÍTULO XVI
Videofluoroscopia como Método Quantitativo... **261**

CAPÍTULO XVII
Outros Métodos de Avaliação da Deglutição e de seus Distúrbios.............................. **279**

ANEXO
Avaliação Videofluoroscópica da Deglutição e seus Distúbios:
Roteiro e Glossário... **301**

Índice Remissivo... **333**

DEGLUTIÇÃO
&
DISFAGIA

BASES MORFOFUNCIONAIS E VIDEOFLUOROSCÓPICAS

CAPÍTULO I

BASES BIOFÍSICO-QUÍMICAS APLICÁVEIS À DINÂMICA DA DEGLUTIÇÃO

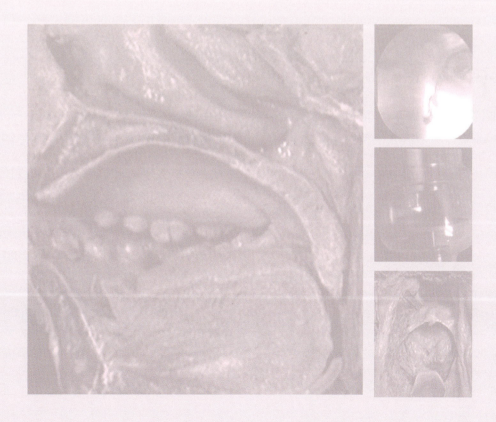

SISTEMAS ÓSSEO, ARTICULAR E MUSCULAR

O homem, biologicamente o mais organizado dos seres, experimentou um desenvolvimento que se caracteriza pela constituição de conjuntos orgânicos diferenciados que são capazes de permitir uma **vida vegetativa**, que preserva as funções básicas do indivíduo, e uma **vida de relação,** que permite a interação do indivíduo com outros e com o meio que o cerca.

Os sistemas circulatório e respiratório se caracterizam como conjuntos orgânicos com funções da vida vegetativa. São responsáveis, através da função desempenhada por seus órgãos e tecidos, pela integridade e possibilidades funcionais de todos os demais sistemas orgânicos. Suas funções se cumprem de modo ininterrupto e sua falência significa a falência do organismo como um todo.

O sistema circulatório irriga, distribui, permite trocas e retira os resíduos que resultam como escória dos processos metabólicos. O sistema respiratório permite o aporte de oxigênio e a eliminação do gás carbônico. Por sua relação vascular recupera o sangue circulante mantendo os níveis de oxigênio e Co2, que foram alterados pelas trocas com o meio em nível celular. Níveis adequados de oxigênio garantem a possibilidade de energia para processos aeróbicos fundamentais no metabolismo orgânico. Níveis adequados de Co2 são fundamentais para a manutenção do equilíbrio acidobásico do organismo.

Os sistemas da vida de relação permitem a preservação e a integração da espécie por garantir a inter-relação dos indivíduos entre si e destes com o meio ambiente.

Na vida de relação, além da preservação das espécies, destaca-se o sistema locomotor. Postura, locomoção e preensão são atributos seus e características da vida de relação. Ossos, articulações e músculos, partes deste sistema, guardam entre si relação tal, que possibilidades e limites se definem claramente.

O sistema nervoso é o integrador, permite percepção e motricidade, dá equilíbrio, coordena as funções e determina a intensidade das respostas. O endócrino, em grande parte subordinado ao nervoso, controla e modula funções, em especial as metabólicas. O sistema digestivo, considerado da boca ao ânus, participa tanto da vida vegetativa quanto da de relação. Olfato e visão atuam sobre o sistema digestivo, via sistema nervoso, fazendo com que secreções sejam produzidas e liberadas e com que movimentos surjam e se acentuem.

Alimento levado à boca, percebido como próprio, é preparado por mastigação e adequado em consistência e volume para posterior ingestão. Essa etapa da vida de relação continua a partir da deglutição por processos digestivos que preparam o alimento para absorção de nutrientes necessários dando, base metabólica à manutenção do indivíduo. Essa etapa da vida vegetativa se conclui pela exoneração dos dejetos.

Cada tipo de célula e cada tipo de tecido irão constituir órgãos que se integram em sistemas com propriedades definidas. Essa integração deixa ver que forma e função constituem o binômio que fundamenta as possibilidades dos sistemas orgânicos.

As características morfológicas e as possibilidades funcionais de um segmento se mostram interdependentes com seus limites e possibilidades, usual e claramente definidos.

Assim, para melhor compreender o papel e a relevância das partes que compõem a complexa organização dos seres superiores, torna-se importante desmembrar o todo em seus elementos constituintes. No entanto, essa decomposição sistematicamente esbarra na interação das partes, o que ressalta a importância do todo e o cuidado que devemos ter de não perdermos essa noção ao estudar as partes. Esse exercício nos permite perceber o papel de cada uma das partes e o significado e a relevância do todo.

Nosso interesse se prende ao estudo do **sistema digestivo**, em especial no que se refere à organização e dinâmica dos segmentos ditos altos, responsáveis pelas fases oral, faríngea e esofagogástrica da deglutição. Como já comentado, o sistema digestivo está envolvido tanto com a vida vegetativa quanto com a vida de relação. Estendendo-se da boca ao ânus, apresenta em sua extremidade cranial arranjo osteoarticular com dinâmica dependente de músculos estriados. Com estrutura tubular relacionada a glândulas anexas e composto por músculos estriado e/ou liso, tem sua dinâmica e liberação de secreções dependentes de fino controle neural e endócrino. Por sua dimensão e complexidade funcional, apresenta intensa e delicada relação morfológica e funcional com o sistema vascular. Assim, apesar da clara interação que constitui o todo, buscaremos compreender o papel e a relevância das partes.

OSSOS

O osso é uma peça estrutural e de resistência constituída por tecido que se renova continuamente. Compõe o neurocrânio, o esplancnocrânio, a coluna vertebral, o gradil costal, a pelve e os membros, além de poderem ser encontrados fora do contexto osteoarticular como o osso hioide, a cadeia ossicular da orelha interna ou os sezamoides, que se desenvolvem na espessura de tendões, como a patela (rótula) e outros pequenos ossículos encontrados na espessura de tendões, nas mãos e nos pés.

Com características morfológicas distintas, os ossos atendem aos preceitos de sustentar, proteger e permitir dinâmica.

Na forma e no tipo de relação das peças ósseas entre si, temos as articulações ou junturas. Algumas das relações evoluem para conter e proteger, permitindo o desenvolvimento dos órgãos contidos como no neurocrânio. Outras vezes protegem, mantendo a dinâmica como na formação do tórax e da coluna vertebral. Outras, ainda, como nos membros, sustentam a dinâmica e garantem, pela morfologia e tipo das superfícies articulares, que forças a eles aplicadas gerem funções.

O osso é vivo, tem plasticidade, desenvolve-se, modela-se e remodela-se. O tecido ósseo é composto por células com capacidade de síntese, os osteoblatos e células com capacidade de lise, os osteoclastos. A interação, deposição e retirada permitem o desenvolvimento e a estruturação óssea. Osteócitos, células que terminam aprisionadas na matriz óssea, também constituem a celularidade deste tecido.

Os ossos se desenvolvem através de dois tipos básicos de ossificação: o endocondral e o intramembranoso. No endocondral, por sobre um molde cartilagíneo, o processo de ossificação se desenvolve em sentido definido, usualmente o do longo eixo, permitindo o crescimento ósseo enquanto permanecer o molde a ser substituído. Na ossificação intramembranosa, a placa de tecido conjuntivo sustenta núcleos de ossificação que, de forma excêntrica e contínua, vão se ossificando e reunindo para se constituírem em peça óssea única.

As peças ósseas são envolvidas por membrana fibrosa e elástica que a elas se aderem firmemente, em especial nos pontos de inserção muscular. Essa membrana, denominada periósteo, lhes garante seu desenvolvimento em espessura por ossificação, a partir de sua camada mais profunda (camada osteogênica de Ollier). O periósteo é também responsável pela condução de vasos, que terminam por nutrir o osso em sua surperfície, contribuindo com a nutrição que é determinada por arteria nutridora que penetra o osso por orifício existente em sua superfície externa e se distribui por canais intraósseos (canais de Havers).

Os ossos, segundo sua morfologia, podem ser classificados em longos, chatos, curtos e irregulares. Os longos, localizados especialmente nos membros (fêmur, úmero etc.), apresentam um canal medular, e dois de seus diâmetros são significativamente menores que um terceiro. Classificação hoje pouco usada já admitiu um tipo alongado, onde o osso também apresenta dois desses diâmetros significativamente menores que o terceiro, mas não apresentam canal medular, como as costelas, que hoje são consideradas como chatos ou planos; são ossos, sem canal medular, e que têm dois de seus diâmetros nitidamente distintos de um terceiro (ex.: ossos parietais).

Os ossos são considerados curtos quando seus três diâmetros se equivalem como a maioria dos ossos do carpo e do tarso. Ossos irregulares são aqueles cuja morfologia bizarra é formada por projeções e configurações, que não permitem definir diâmetros de predomínio como as vértebras ou quando a peça óssea se apresenta constituída por partes que permitem mais de um tipo de caracterização, usualmente a plana e a curta, como o ilíaco e a escápula. Alguns ossos, por se mostrarem cavitados como etmoide, maxila e temporal, entre outros, são rotulados adicionalmente como ossos pneumáticos.

No esplancnocrânio esses ossos anteriormente situados dão leveza ao maciço ósseo anterior, diminuindo a necessidade de gasto energético da musculatura posterior do pescoço para a manutenção da cabeça em posição funcional. Outras teorias de importância para essa pneumatização dão conta de que sua conexão com as cavidades nasais permitiria que essas cavidades funcionassem no aquecimento do ar a ser inspirado e/ou que funcionaria como caixa de ressonância participando da qualificação dos sons.

Os ossos são constituídos externamente por osso de tipo compacto e internamente por osso de tipo esponjoso. Essa relação constitui a chamada estrutura de primeira ordem dos ossos.

Nos ossos longos observamos que as epífises, extremidades distal e proximal, apresentam uma fina camada cortical de osso compacto e um amplo interior formado de osso de tipo esponjoso. Próximo às superfícies articulares, o osso esponjoso se configura de forma reticular com cavitações, cujos eixos apresentam diâmetros semelhantes. Em outras regiões, já próximo à diáfise, porção central dos ossos longos, predomina forma cujas aréolas, cavidades da fração esponjosa, são alongadas no sentido do maior eixo do osso. As traves ósseas do tecido esponjoso se dispõem ao longo das linhas de solicitação de tração ou compressão a que os ossos estão sujeitos. Assim, a forma do retículo, denotando predomínios ou igualdades, seria um indicativo das forças a que a estrutura estaria submetida.

Os ossos curtos apresentam uma cortical compacta e uma medular esponjosa.

Os ossos planos (ex.: ossos parietais) apresentam uma dupla camada compacta, uma interna e outra externa, que forma um díploe com uma camada intermédia esponjosa. Os ossos irregulares, em alguns pontos da camada compacta, podem não apresentar osso de tipo esponjoso como na asa da escápula, em que as camadas compactas se apõem sem que haja osso esponjoso interposto.

O tecido ósseo se organiza por lamelas e osteonas. Tanto o osso esponjoso quanto o compacto são formados por lâminas ósseas cujo arranjo configura a estrutura secundária dos ossos. Junto às superfícies externa e interna de um osso longo as lâminas se arranjam longitudinalmente formando sistemas ditos fundamentais para entre eles se reunirem, compondo um sistema concêntrico de canais (canais de Havers) que são unidos entre si por canais menores que também se abrem tanto para o exterior, quanto para a luz medular.

O número de fibras colágenas, sua espessura e disposição constituem a estrutura terciária dos ossos.

Embora os ossos se configurem basicamente por determinação de estímulos genéticos hereditários, sofrem influência, em seu desenvolvimento, de fatores mecânicos externos que irão conformar sua arquitetura final. Sobre sua matriz conjuntiva orgânica vão se depositar substâncias calcárias como o fosfato tricálcico, elemento predominante, e carbonatos de cálcio e magnésio. O cálcio esquelético é normalmente mobilizado em um "turnover" permanente, que garante cálcio para os diversos processos metabólicos onde ele é necessário.

Também explica a possibilidade de se imprimirem sulcos de contato e a produção de relevos por tração localizada nas peças ósseas e, do ponto de vista mecânico, devermos ressaltar que os relevos ósseos, bem como os ossos sezamoides, em sua inserção, ganhem ângulos que potencializam suas ações.

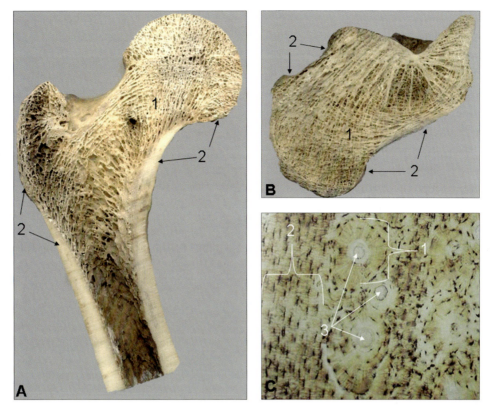

Fig. 1 Em A, corte frontal mediano da extremidade superior do fêmur direito. Vista anterior - deixa ver relação cortical/esponjoso na epífise e na extremidade superior da diáfise. 1 - osso esponjoso, 2 - osso cortical (organização primária). Em B, corte sagital do calcâneo esquerdo onde 1- organização trabecular do osso esponjoso, 2 - osso cortical (organização primária). Em C, lâmina de tecido ósseo destacando organização óssea secundária onde 1 - osteona e 2 organização lamelar. Em 3 canais de Havers, canais ósseos interligados responsáveis pela condução vascular intraóssea.

ARTICULAÇÕES

A relação das peças ósseas entre si configura as articulações ou junturas. Sua morfologia aponta as possibilidades e os limites de sua função, que também dependem da interação dessas articulações com o complexo neuromuscular a elas destinado.

Os ossos, na dependência de sua morfologia, se relacionam pelas suas extremidades, bordas ou superfícies. A relação entre as peças ósseas podem ser por continuidade ou por contiguidade. Nas articulações por continuidade os ossos se relacionam, uns com os outros, por tecido de natureza fibrosa (sindesmose e suturas) ou cartilagínea (sincondroses e sínfises). A mobilidade das peças assim articuladas é praticamente nula no adulto, resumindo-se a possíveis pequenos abalos ou trepidações. Muitas dessas articulações são temporárias, ossificando-se em período de tempo que é variável para cada uma delas. O tecido cartilaginoso ou fibroso, que define essa juntura temporária, é invadido e substituído por tecido ósseo, constituindo assim uma sinostose.

As articulações definidas pela interposição de tecido fibroso podem ser divididas em sindesmose e suturas. As sindesmoses são aquelas em que o tecido fibroso liga os ossos a distância, mantendo-os afastados (membrana interóssea). Nas suturas o tecido fibroso liga os ossos diretamente apostos. Essas suturas podem ser do tipo serrilhado ou denteado, em bisel ou escamosa e plana. Nas denteadas as peças se endentam em sua interrelação às vezes até com encaixes cuja base da endentação se mostra menos larga que a extremidade do dente que se engrena na peça oposta (articulação dos ossos parietais entre si). Nas suturas em bisel as peças ósseas se apõem por superfícies chanfradas convergentes entre si, como ocorre na articulação entre o osso temporal e o osso parietal. Nas suturas planas a aposição das peças ósseas se faz por bordas de superfície lisa (sutura internasal).

A classificação articular denominada sinartrose já foi usada para grupar junturas ósseas imóveis, onde se admitia ausência de tecido interposto. Reuníam-se sob essa classificação a sutura, a esquindilese, articulação na qual um osso se encaixa na fenda de um outro, como ocorre na relação da lâmina do etmoide com o vômer, e a gonfose (articulação dentoalveolar), que define a relação de implante dos dentes nos alvéolos das maxilas ou da mandíbula.

As **articulações por continuidade** determinadas por tecido cartilaginoso podem ser divididas em sincondroses e em sínfises.

Nas sincondroses o tipo de cartilagem que se interpõe é a hialina e na sínfise a interposição é feita por fibrocartilagem.

As sincondroses podem ser interósseas, quando reúnem ossos distintos, ou intraósseas, quando reúnem parte de um mesmo osso, como ocorre na reunião da epífise com a diáfise de um osso longo, que é dada pela cartilagem epifisária (de crescimento) localizada na metáfise óssea. Esse tipo de articulação deixa de existir com o fim do crescimento ósseo. A cartilagem epifisial é, por fim, atravessada pelos vasos diafisários, que se anastomosam com os da rede epifisária; é nesse momento que se verifica o desaparecimento da cartilagem epifisial devido a sua ossificação, formando uma sinostose.

As sínfises deixam ver entre as peças ósseas articuladas um disco de fibrocartilagem, e os movimentos permitidos são de pequeníssima amplitude. A sínfise púbica tem sua mobilidade aumentada em circunstâncias especiais, como acontece durante a gravidez em que ela se hidrata e amolece por variação dos níveis hormonais. Esse fato facilita o aumento das dimensões da pelve feminina durante a passagem do feto.

A união dos corpos vertebrais entre si, como a sínfise púbica, foi definida como anfiartrosis; articulações de pouquíssima mobilidade unidas por disco de fibrocartilagem. O conjunto das vértebras já foi designado como diartroanfiartrose, devido ao mais amplo movimento observado e permitido pela soma dos discretos movimentos de cada uma das vértebras umas sobre as outras. A coluna vertebral apresenta o canal medular por onde transita a medula. Movimentos amplos seriam incompatíveis com essa relação. Assim, a aparente grande flexibilidade da coluna é em verdade determinada pela soma da pequena flexão, possível na coluna, com a rotação que se observa em nível das articulações coxofemorais.

As articulações por contiguidade, também descritas como diartroses ou sinoviais, são articulações com movimentos amplos que se realizam em um ou mais eixos na dependência, basicamente, da morfologia de convergência das superfícies articulares. Essas superfícies, congruentes entre si, ficam contidas por uma cápsula fibrosa que as mantém livres para se movimentar dentro de uma cavidade articular. A cápsula, fibrosa, se prende nas peças ósseas articuladas a distâncias variadas; nas articulações sinoviais com menor amplitude de movimento, essa fixação se faz mais próxima do revestimento cartilagíneo dos ossos articulados; nas com maior amplitude de movimento a cápsula se prende longe desse revestimento cartilagíneo. A cápsula, ao fixar-se ao osso longo, acaba, às vezes, ultrapassando a zona de cartilagem epifisial, que assim pode ficar em situação intra-articular de modo total ou parcial.

As articulações sinoviais apresentam diversos elementos em sua constituição, além de sua cápsula articular. Revestindo as superfícies articulares dos ossos em contato, encontramos cartilagem hialina. Revestindo internamente a cápsula articular e se estendendo até o limite da cartilagem hialina de revestimento ósseo, encontramos membrana sinovial capaz de produzir líquido sinovial que lubrifica e nutre as superfícies em contato no interior da cavidade articular. Como elemento de estabilização articular encontramos, reforçando a ação da cápsula fibrosa, tecido conjuntivo fibroso, sob a forma de ligamentos articulares. Esses ligamentos, às vezes espessamentos da cápsula, se distribuem ao redor das articulações. Suas inserções amarram as peças ósseas articuladas, e seu sentido se opõe ao escape das superfícies articuladas, limitando a amplitude de movimentos além do funcional. Internamente, anexo a muitas das articulações sinoviais, encontramos formações fibrosas de complementação funcional, como os meniscos, as orlas e os discos. Os meniscos, com mobilidade usualmente passiva, atuam como coxins elásticos, ampliando e ajustando superfícies discordantes, distribuindo a carga mais uniformemente (joelho). As orlas se arranjam ao redor da superfície de recepção, ampliando a área de ajustamento entre as superfícies articuladas (escápulo-humeral). Os discos dividem as articulações em duas cavidades independentes.

Os amplos movimentos das articulações sinoviais devem ser analisados segundo suas possibilidades ao redor dos três eixos fundamentais: o longitudinal (craniocaudal contido nos planos sagital e frontal ou coronal), o transversal (laterolateral contido nos planos transverso e frontal) e o sagital (anteroposterior contido nos planos sagital e horizontal ou transversal). Uma articulação sinovial com possibilidade de movimento nos três eixos vai apresentar, no eixo sagital, os movimentos de abdução e adução; no eixo transversal, os movimentos de flexão e extensão; e no eixo longitudinal, um movimento de rotação que se traduz em movimentos como os de supinação e pronação.

Circundação é um movimento que se pode realizar quando se tem possibilidade de movimento nos três eixos fundamentais. Os eixos de movimento passíveis de serem observados em uma sinovial é a princípio uma dependência da morfologia de suas superfícies relacionais. Segundo a morfologia das superfícies relacionadas, as sinoviais podem ser classificadas em esferoide (cotílica), elíptica (condilar), troclear (gínglimo), cilíndrica (trocoide), selar e planar.

As esferartroses são aquelas que apresentam seus encaixes recíprocos em forma de esfera; mesmo quando a superfície receptora se mostra ampliada por orlas como na escápulo-humeral. Considerando-se simplesmente a sua morfologia, temos que seus movimentos podem ser cumpridos nos três eixos fundamentais.

As elípticas, representadas pela morfologia condilar, podem se movimentar em dois dos eixos fundamentais: o transverso e o sagital. Também aqui a superfície receptora pode se apresentar ampliada pela presença de meniscos como no caso dos joelhos.

As trocleartroses apresentam sua superfície receptora em forma de carretel, ou seja, um segmento de cilindro com

um sulco que dá encaixe a uma crista presente na superfície que com ela se relaciona, como na articulação do úmero com a ulna. Seu movimento se limita ao eixo transversal.

As cilindrartroses são articulações cujo encaixe recíproco é representado por um segmento de cilindro cheio, que se acopla a uma cavidade com morfologia compatível. Seu movimento se realiza em um único eixo fundamental, o longitudinal, como ocorre na articulação rádio-ulnar ou na relação do processo odontoide da segunda vértebra cervical com o corpo da primeira.

As articulações celares apresentam uma superfície receptora na qual em um dos sentidos ela é convexa e, no sentido perpendicular àquele, ela é côncava. A superfície que com ela se articula apresenta concavidade e convexidade em sentidos opostos, permitindo encaixe recíproco. Essas articulações se mobilizam em dois dos eixos fundamentais: o transversal e o sagital. Exemplo desse tipo de articulação é a relação recíproca entre o astrágalo por um lado e a tíbia e a fíbula pelo outro.

As articulações planas devem ter superfícies de relação aplanadas, permitindo o deslizamento de uma sobre a outra em qualquer direção, como se admite ocorrer na articulação do joelho com relação à patela.

As articulações por contiguidade podem ser definidas como simples, quando são dois os ossos relacionados, ou compostas, quando mais de dois ossos se relacionam. Nas compostas a morfologia de reciprocidade pode depender do conjunto das peças articuladas, como no conjunto astrágalo-tíbia-fíbula. Não obstante, as peças ósseas relacionadas de uma articulação composta podem produzir mais de um tipo de morfologia articular, como acontece no cotovelo, onde o rádio e a ulna formam uma cilindrartrose, e a ulna e o úmero, uma trocoide.

As junturas podem ainda ser consideradas como concordantes ou discordantes. As concordantes ajustam perfeitamente as superfícies opostas (articulação do quadril – coxofemoral); as discordantes não são perfeitamente justapostas e por isso mais sujeitas a luxações (articulação do ombro – escápulo-humeral).

O adequado funcionamento de uma articulação depende basicamente da integridade de seus elementos constituintes. Esse conceito é verdadeiro para as articulações independentes, quando a dinâmica de um lado não interfere na do outro. A maioria das articulações, mesmo as pares, são independentes. Há, no entanto, aquelas onde o impedimento funcional de um lado interfere na funcionalidade do outro, configurando interdependência das articulações, como nas temporomandibulares, onde a dinâmica de uma depende da integridade da outra.

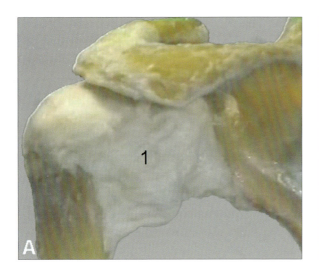
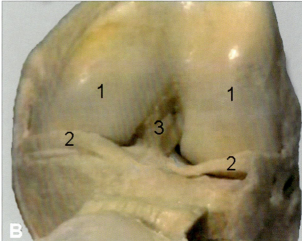

Fig. 2 (A e B, exemplos de articulações de tipo sinovial) – Em A, articulação escápulo-humeral, sinovial esferoide onde se destaca cápsula articular (1). Em B, articulação do joelho, sinovial condilar onde se destaca 1- côndilos direito e esquerdo, 2 - meniscos direito e esquerdo e 3- ligamento cruzado.

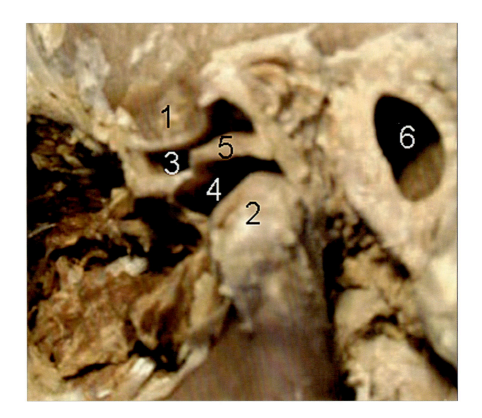

Fig. 3 ATM - Condilar sinovial interdependente. Em 1 - tubérculo temporal, 2 - côndilo-mandibular, 3 - cavidade articular disco-temporal, 4 - cavidade articular disco-condilar, 5 - disco articular, 6 - poro acústico.

SISTEMAS DE ALAVANCAS

As alavancas podem ser classificadas em um de três tipos, na dependência da posição relativa de seu ponto fixo (eixo), de sua força e de sua resistência. A alavanca será considerada interfixa (primeira classe) quando seu eixo de rotação se encontrar posicionado entre os pontos de aplicação da força e o da resistência.

Será considerada como inter-resistente (segunda classe) quando a resistência estiver aplicada entre o ponto fixo e a força. De forma semelhante será considerada como interpotente (terceira classe) quando o ponto de aplicação da força estiver localizado entre os pontos fixo e o de aplicação da resistência.

Nas alavancas interfixas, em razão da posição do ponto fixo, os braços da alavanca se movem em sentidos opostos, como ocorre em uma gangorra, quando um lado sobe o outro desce. Este tipo de alavanca é mais adequado ao equilíbrio e à velocidade do que à força. Um bom exemplo deste tipo de alavanca no homem é a relação tríceps braquial (f) que atua no braço da força (bf), articulação húmero-ulnar (ponto fixo – eixo de movimento) e antebraço, que funciona como braço da resistência (br).

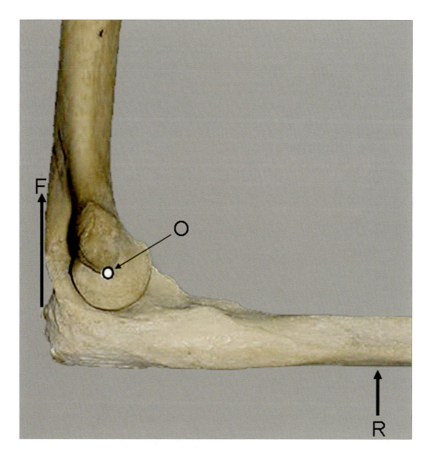

Fig. 4 Articulação do cotovelo em função interfixa (extensão do antebraço contra resistência) onde (O) ponto fixo (eixo de movimento), F - força de extensão (contração do tríceps) e R - resistência a ser vencida.

A alavanca do tipo inter-resistente pode ser representada por um carrinho de mão onde o apoio se faz em uma extremidade, o peso ou resistência é posto no centro e a força para erguer se aplica no extremo oposto ao de apoio. Bons exemplos ainda são os espremedores manuais de alho ou batata ou ainda o quebra-nozes. Neles, em uma extremidade se articulam os braços que vão espremer ou quebrar, no centro se põe a resistência a ser vencida e no outro extremo se aplica a força. No homem pode-se observar esse tipo de ação de alavanca quando se analisa um indivíduo apoiado na ponta dos pés (ponto fixo), tendo seu peso (r) projetado mediamente sobre o eixo corpóreo, sendo esta postura sustentada pela ação da musculatura posterior da perna - tríceps sural.

Já foi admitido que a abertura da boca contra a resistência atuasse como alavanca do tipo inter-resistente por se acreditar que esta ação se devesse à contração dos músculos do assoalho da boca. No entanto, sabe-se agora que a abertura da boca é determinada pelo músculo pterigóideo lateral, em especial pelo seu ventre inferior, que se insere abaixo e à frente do ponto de rotação da articulação temporomandibular (ATM) colocando a ação da força entre o ponto fixo e a resistência. No entanto, na abertura da boca contra resistência, observa-se que a musculatura infra-hióidea fixa e estabiliza o hioide, permitindo a participação dos músculos do assoalho da boca, aqueles que se fixam por um lado na mandíbula e por outro no hioide, na dinâmica de abertura da boca. Assim, nestas circunstâncias pode-se falar em função inter-resistente.

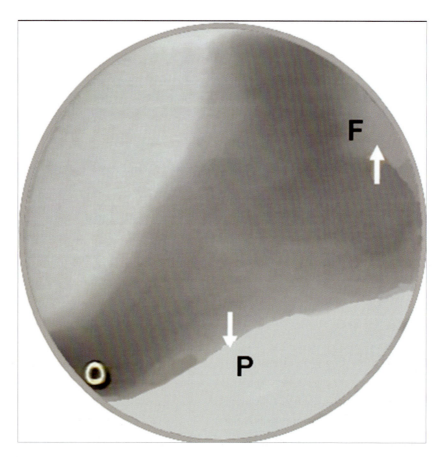

Fig. 5 Apoio plantar com flexão dorsal das articulações metacarpofalangianas (apoio na ponta dos pés). Articulação inter-resistente. Onde O - ponto fixo (apoio plantar), P - resistência (peso projetado a ser equilibrado), F - força que sustenta a postura (contração do tríceps sural)

Alavancas do tipo interpotente se constituem no mais comum dos sistemas de alavanca no homem. Um bom exemplo é a ação de flexão do antebraço sobre o braço por ação da musculatura da loja ventral em especial braquial anterior e bíceps. A ATM é também um bom exemplo deste tipo de alavanca. No cotidiano pode-se exemplificar este tipo de alavanca com os braços mecânicos usados para abertura e fechamento automático das folhas de um portão, onde as dobradiças em linha constituem o eixo de rotação (ponto fixo), a folha do portão a resistência (r) a ser vencida, e o ponto intermédio de aplicação da força (f) o ponto onde o braço do sistema se fixa para atuar. As portas tipo vaivém também se configuram em alavancas deste tipo.

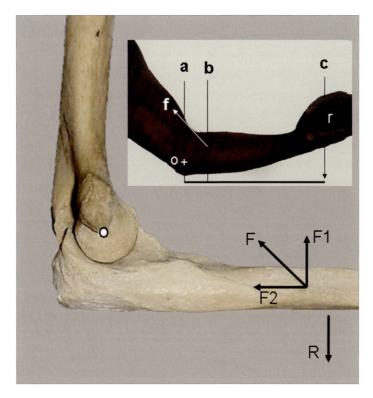

Fig. 6 Articulação do cotovelo em função interpotente (flexão do antebraço contra resistência (r) (peso a ser vencido ou equilibrado). f - força determinada pela contração muscular que se decompõe em f1- força de flexão e f2 - força de estabilização. O encarte destaca os braços da força (segmento ab) e o braço de resistência (segmento ac) que são obtidos levando-se em consideração a distância do ponto de aplicação de força (f) e da resistência (r) em relação ao eixo de movimento (O - ponto fixo)

O movimento das peças ósseas articuladas, a partir de uma posição de repouso, se faz como uma dependência das forças geradas pela ação de músculos capazes em oposição às resistências oferecidas. Os sistemas articulares reproduzem sistemas de alavancas que apresentam, como as articulações, um ponto fixo (coifa, eixo de rotação, ponto de apoio) ao redor do qual o movimento pode se processar; uma força (f) que age sobre um braço de forca (bf) para produzir um torque de força ou momento da força (tf) capaz de equilibrar o sistema, em oposição a um torque de resistência ou momento da resistência (tr), que é determinado pelo produto da resistência (r) pelo braço da resistência (br).

O braço da força (bf) é a distância que vai do ponto fixo até o ponto no qual a força é aplicada. Torque da força (tf) é o produto da intensidade da força (f) pelo braço da força (bf). Assim, tf = f.bf.

O braço da resistência (br) é a distância que vai do ponto fixo até o ponto no qual a resistência (r) se aplica. Torque da resistência (tr) é o produto da intensidade da resistência (r) pelo braço da resistência (br). Assim, tr = r.br. Em situação de equilíbrio tf = tr ou f.bf = r.br.

Aqui algumas breves definições e justificativas se tornam oportunas para que melhor se compreendam as classificações e resultantes funcionais.

Potência, aqui estará sendo usada como sinônimo de força, mas, em realidade, potência (P) define a velocidade com que um determinado trabalho é realizado, e é determinada pela fórmula $P=T/t$ em que o trabalho (T) é dividido pelo tempo (t) necessário ou gasto em sua realização. O significado funcional de um sistema de alavancas é produzir trabalho. Nas articulações a força gerada pela contração muscular se transfere para o braço da alavanca para equilibrar ou deslocar uma dada resistência. O termo trabalho define o produto da força ou energia despendida (Kg) em uma ação pelo deslocamento da resistência (cm) ou pelo tempo (s) de gasto energético, quando a força não for suficiente para gerar deslocamento. Assim, o trabalho pode gerar deslocamento da resistência e ser expresso pela fórmula $T1 = F.d$ ou não ser capaz de gerar deslocamento sendo definido pela fórmula $T2 = F.t$ Quando há deslocamento, T1 (trabalho dinâmico ou mecânico) é igual ao produto de força (F) pela distância (d) em que a resistência foi deslocada. Quando não há deslocamento, T2 (trabalho estático) é igual ao produto de força (F) pelo tempo (t) em que a força se fizer.

O termo força (F) tem o significado de ação capaz de atuar contra uma resistência, superando-a e determinando seu deslocamento (força isotônica, concêntrica ou dinâmica) ou ação capaz de sustentar uma carga (força isométrica, estática ou de equilíbrio). A força pode ainda atuar resistindo ou graduando uma extensão articular (força excêntrica) como ocorre na extensão do antebraço sobre o braço, a partir de uma posição fletida onde com gasto energético mantinha peso que agora se deixa baixar de modo gradual.

Força e resistência são grandezas vetoriais e se representam por flechas que apontam no sentido de sua ação. Em um paralelogramo de forças, representamos seus sentidos e consideramos o ângulo formado pela força em relação ao braço da alavanca, indicando se a força atua em único sentido ou se pode ser decomposta demonstrando atuação em mais de um sentido.

A resistência somada à ação da gravidade representa a força a ser vencida ou equilibrada e atua em sentido sempre perpendicular ao plano horizontal. A força a ser aplicada nos sistemas de alavanca representados pelas articulações dependem da contração muscular (força) e do ângulo de ação desta força sobre a peça óssea a ser deslocada (braço da alavanca).

As forças atuam sobre o braço da alavanca em ângulos variáveis. Quando esta força atua sobre o braço em sentido perpendicular, seu ângulo de relação é de 90 graus e toda a força é empregada como componente de rotação. Se este ângulo for menor que 90 graus e maior que zero, a força aplicada se decompõe em dois componentes, um projetado no eixo dos y, componente de rotação, e outro no eixo dos x, que é o componente de estabilização, porquanto esta força tende a manter estável a relação dos braços da alavanca em nível do eixo de rotação articular. Se a força aplicada estiver paralela e superposta ao braço da alavanca, seu ângulo de relação é zero e a força é totalmente aplicada como componente de estabilização, não apresentando componente de rotação. Assim, ângulos maiores que 45 graus apresentam um componente de rotação maior que o componente de estabilização e ângulos menores que 45 merecerão raciocínio inverso. Pode-se então inferir que a magnitude das forças de rotação e estabilização são dependentes do ângulo formado entre o vetor que representa a força a ser decomposta e o braço da alavanca.

Os músculos se relacionam com as peças ósseas de formas as mais diversas, mas, em geral, se mostram superpostos àqueles em aparente paralelismo. Os músculos, ignorando o aparente paralelismo com as peças ósseas, são efetivos em gerar forças de rotação e estabilização. Podemos portanto concluir que existe relação entre os ossos e a ação dos músculos em ângulo menor que 90 graus, porém, maior que zero grau. Este fato destaca a importância dos acidentes ósseos e dos ossos sezamoides que terminam por determinar, nos pontos de inserção tendínea, angulações que dão efetividade à relação osteomuscular. Esta relação permitirá uma ação em polia em que o ventre muscular se contrai em um plano, mas tem seu vetor de ação projetado em outro devido à mudança de sentido de sua inserção determinada por polias ou pontos de reangulação.

Uma dada força muscular permite que se calculem seus componentes de rotação e estabilização, se também se souber o valor do ângulo formado entre o vetor desta força e o braço da alavanca. A força de rotação será igual ao produto do módulo da força pelo seno do ângulo dado ou coseno do ângulo complementar. De modo análogo, o componente de impactação será obtido pelo produto do módulo da força pelo cosseno do ângulo dado ou seno do ângulo complementar.

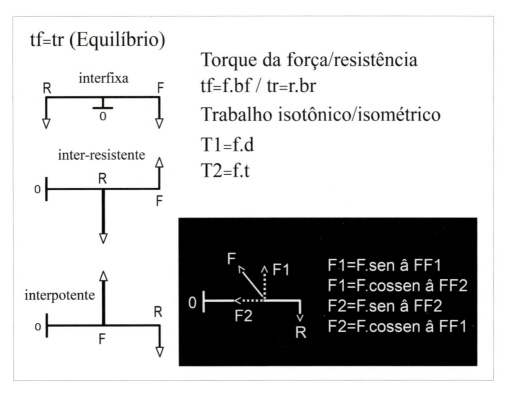

Fig. 7 F - força; R - resistência; O - ponto fixo; tf - torque da força; tr - torque da resistência; bf - braço da força; br - braço da resistência; T1 - isotônico; T2 - trabalho isométrico; d - distância; t - tempo; sen â - seno do ângulo; cossen â - cosseno do ângulo.

SISTEMA MUSCULAR

Os músculos são elementos contráteis relacionados a mecanismos dinâmicos somáticos e viscerais. Três são os tipos de tecido muscular: o estriado somático (esquelético), o cardíaco, também estriado, e o liso. Os músculos representam cerca de 40% da massa corpórea de um homem adulto, com largo predomínio para o do tipo estriado somático. A mulher usualmente apresenta massa muscular pouco menor e o atleta pouco maior. Os músculos podem ser "despolarizados" e desse modo se contrair, encurtando sua dimensão para a seguir se repolarizar e voltar, por mecanismo de relaxamento, a sua tensão (tônus) e dimensões de repouso.

Proteínas contráteis com ênfase para a actina e a miosina são encontradas distribuídas no interior do citoplasma das células musculares (sarcoplasma).

Os músculos cardíaco e somático mostram estrias transversais devido ao arranjo da actina e miosina no interior das fibras musculares; este fato é o que permite sejam definidos como músculos, estriado cardíaco e estriado somático. Nos músculos cardíacos o sarcoplasma é mais abundante, a membrana de revestimento celular (sarcolema) mais fina e as estrias transversais menos nítidas. O que mais distingue o músculo estriado cardíaco do somático, além da óbvia localização, é o fato de, embora as células do músculo cardíaco sejam anatomicamente independentes entre si como no músculo somático, elas, diferentemente do músculo estriado somático, permitem que o estímulo elétrico se difunda de uma célula para outra como se intercomunicadas fossem. Esta intercomunicação de atividade elétrica permite que se defina o músculo cardíaco como um sincício elétrico. Os músculos lisos também permitem a difusão do estímulo de uma para outra célula.

MÚSCULO SOMÁTICO – CARACTERÍSTICAS GERAIS

Os músculos estriados somáticos ou esqueléticos são constituídos por células fusiformes multinucleadas, com comprimento variável que pode alcançar vários centímetros de comprimento, com espessura que chega ao décimo do milímetro. É a morfologia de relação dessas células musculares, unidade histológica dos músculos, com o tecido conjuntivo, que forma os feixes e fascículos que constituem os músculos esqueléticos, permitindo sua definição como peniforme, semipeniforme, poligástrico, digástrico, aplanado etc.

Envolvendo cada célula muscular, uma fina camada conjuntiva constitui o **endomísio**.Embainhando os extremos dessas células, um conjuntivo mais resistente forma o **glicocálix**. Um conjunto de células musculares, reunidas em um mesmo sentido e direção, formará os **fascículos** musculares. As células musculares de cada fascículo se reúnem por interligação de seus glicocálix na formação de **tendículos**, que por sua vez se interligarão na formação de **tendões**, os quais darão firme inserção ao músculo. Envolvendo e delimitando cada fascículo muscular uma bainha conjuntiva, o **perimísio** dá liberdade de deslizamento a esses fascículos durante suas contrações e deslocamentos. É o conjunto de fascículos que formará o músculo, também envolvido por uma bainha conjuntiva, o **epimísio**, importante para sua individualidade funcional.

A individualização do fascículo às vezes é clara, permitindo a observação na massa muscular dos pontos de origem e inserção de seus feixes formadores, como acontece nos músculos planos (ex.: constritores da faringe); mas, às vezes, como em músculos fusiformes mais volumosos, esta individualização não é tão simples de ser observada.

No interior dos fascículos musculares, podemos encontrar conjuntos menores de fibras musculares arranjados em pequenos feixes paralelos que possuem, em ambos os extremos, tendículo comum a todas elas e pelos quais se inserem nos prolongamentos dos tendões de origem e inserção do músculo. Esse arranjo foi designado como **miônio** e é considerado como sendo a unidade de construção dos músculos estriados.

Todo músculo apresenta tendão em sua extremidade de origem e de inserção. Mesmo quando nos parece que a inserção é carnosa, existe tecido conjuntivo fixando o músculo a seus pontos de origem e inserção.

Para melhor compreensão da relação do tecido conjuntivo com as células musculares, é preciso observar que os músculos em seus *situs* de atuação podem ser deslocados por força externa, o que nos permite admitir distensibilidade. Eles aumentam seus volumes durante a contração e deslizam sem impedimentos sobre as estruturas a eles relacionadas e, por fim, se cortados em sentido transversal ao de suas fibras, observaremos afastamento das bordas por grande extensão, salvo se houver, como nos músculos poligástricos, interseções tendíneas completas, como ocorre nos 2/3 superiores dos retos anteriores do abdômen. Esses fatos se devem ao arranjo conjuntivo no interior da massa muscular, à atmosfera conjuntiva na qual o músculo está contido e às fáscias de revestimento que garantem a liberdade de deslizamento dos músculos e a sua livre modificação de volume quando de suas contrações, mas é o arranjo conjuntivo interno que lhes garante a distensibilidade adicional e, em especial, explica o afastamento das bordas secionadas.

Nos músculos estriados este afastamento pode chegar a 1/3 de sua dimensão longitudinal. Isto nos mostra que os músculos estão como que estirados entre os pontos de origem e inserção durante o repouso, tendo, em razão da força elástica do conjuntivo, armazenado energia potencial que se manifesta em cinética, quando a integridade muscular é rompida pela secção.

Permite-nos também perceber que a organização elástica do conjuntivo acumula, durante a fase de contração, energia potencial adicional a qual se transformará em cinética quando da volta, por relaxamento muscular, a seu estado de repouso.

Os pontos de fixação dos músculos estriados ditos de origem e inserção ou proximal e distal ou ainda cranial e caudal, são funcionalmente definidos como ponto fixo e ponto móvel. O músculo é elemento contrátil e como tal seu encurtamento tenderá a aproximar o ponto móvel do fixo. A amplitude, velocidade e sentido resultantes serão uma dependência da intensidade da contração e da base sobre a qual a força muscular atuará.

É possível entender que, quando um músculo se deforma por contração e determina deslocamento de seu ponto móvel, gera trabalho e consome energia. Mas é preciso saber que os músculos não atuam individualmente na geração de uma resultante funcional. Como um todo, os músculos se distribuem: alguns, em situação favorável, e outros, em posições de oposição. Assim, é importante, para um resultado positivo, que, quando um músculo se contraia, aquele em posição de se opor não se oponha; module, controle, apoie em sinergismo a ação do grupo protagonista.

Pode-se também notar que mais de um músculo tem a possibilidade, por suas relações, de executar um determinado movimento. E é isto o que ocorre. Os movimentos são definidos por grupos musculares que atuam em sinergismo, ou seja, com uma dinâmica solidária, como ocorre, por exemplo, na flexão, quando os diversos músculos da loja flexora, na dependência da intensidade da força solicitada, irão participar como protagonistas do movimento, enquanto o grupo extensor permitirá, por aquiescência, a atuação dos flexores, sendo, assim, coadjuvantes do resultado final. Desse modo, o grupo flexor e o extensor atuaram de modo sinérgico para obtenção do resultado pretendido. Outros tipos de participação como estabilização ou fixação e reposicionamento podem ser necessários na ação sinérgica para que um determinado resultado seja obtido. Bom exemplo se encontra na dinâmica hiolaríngea.

O hioide se eleva, se anterioriza e é fixado nessa posição para que a laringe dele se aproxime. É importante percebermos que as resultantes funcionais da dinâmica muscular são uma dependência da ação de um conjunto de músculos, atuantes em sinergismo, mas que também dependem das limitações existentes e são impostas pela inter-relação das estruturas-alvo da ação muscular. No exemplo dado, o curso de anteriorização e a elevação do hioide e da laringe ficam limitados por suas relações com as estruturas vizinhas.

CONTRAÇÃO MUSCULAR – CONCEITOS BÁSICOS

A contração dos músculos somáticos pode ser efetuada com forças de intensidades distintas. Um mesmo músculo ou grupo muscular pode apresentar dinâmica que só varia na intensidade da força transferida; pode-se assim, variando, por vontade, a intensidade da força aplicada, pegar ou quebrar um objeto frágil. Esta propriedade se explica pelo fato de podermos despolarizar e contrair maior ou menor número de "conjuntos de fibras musculares" envolvidas na ação protagonista. Cada um desses "conjuntos de fibras musculares" se denomina unidade motora. Assim, a força resultante é uma consequência do número de unidades motoras despolarizadas em uma determinada ação.

A **unidade motora** se caracteriza pelo conjunto de fibras musculares distribuídas no interior de um dado músculo e que, enervadas por uma mesma fibra nervosa, são capazes de se contrair, juntas, por estimulação desta fibra nervosa (axônio). As unidades motoras quando estimuladas ficam sujeitas ao fenômeno do "tudo ou nada"; ou o estímulo é capaz de determinar sua despolarização e a consequente contração ou não. O número de fibras musculares de uma unidade motora é variável. Músculos com unidades motoras com poucas fibras musculares são capazes de movimentos mais finos, mais precisos. Músculos formados por unidades motoras com grande número de fibras musculares são músculos destinados a despender força; seus movimentos são comparativamente menos delicados.

Outro aspecto relevante é o modo de distribuição das diversas fibras musculares de uma unidade motora no interior da massa muscular. As fibras musculares, que compõem uma mesma unidade motora, se distribuem de modo esparso no interior da massa muscular que compõe o músculo, não se restringindo às fibras de um mesmo miônio ou feixes de fibras paralelas e vizinhas. As diversas unidades motoras por sua vez se distribuem na massa muscular, guardando sentidos sinérgicos. Esta distribuição, além de explicar a possibilidade das diferentes intensidades de força de um músculo, explica, em especial nos músculos largos (temporal profundo), como um mesmo músculo pode participar como um todo ou privilegiar um ou outro sentido de ação.

Por suas características metabólicas os músculos podem ser classificados em músculos lentos (vermelhos) ou de velocidade (brancos). Esses diferentes tipos de músculo ficam bem exemplificados nos músculos das aves (galinha) em que os músculos do peito, usados para dar velocidade aos movimentos das asas, são brancos e os das coxas, usados para eventos continuados no tempo, são vermelhos. Os músculos lentos são mais resistentes à fadiga e apresentam maior quantidade de mioglobina, o que determina sua cor vermelha mais intensa.

Observe-se que todas as fibras musculares que compõem uma mesma unidade motora são iguais entre si em características e propriedades. Note-se que, embora cada unidade motora seja particular, um mesmo músculo pode apresentar os diversos tipos de unidade.

Os músculos brancos (rápidos) são músculos que apresentam um predomínio de unidades motoras com metabolismo do tipo glicolítico, que fornece energia de modo pronto e permite movimentos rápidos e fortes, mas que se extinguem em pouco tempo; suas unidades motoras são ditas do tipo FF (*fast and fatigable* - rápidas e fatigáveis). Os músculos vermelhos (lentos) apresentam metabolismo do tipo oxidativo, as contrações são mais lentas, mais fracas, mas capazes de perdurar por maior tempo, ou seja, eles são mais resistentes à fadiga; suas unidades motoras são ditas do tipo S (*slow* - lentas). Existem unidades motoras com capacidades intermediárias com comportamento metabólico glicolítico/oxidativo. Suas contrações são rápidas, sua força é intermediária e o seu tempo de contração longo, ou seja, mais tolerantes à fadiga; suas unidades motoras são ditas do tipo FR (*fast and fatigue resistent* - rápida e resistente)

As unidades motoras rápidas e as lentas apresentam algumas diferenças nas características das fibras musculares que as compõem. As fibras rápidas são maiores que as lentas e por isso capazes de gerar maior força

e velocidade. O retículo sarcoplasmático das fibras rápidas é maior que o das lentas e é nesse retículo que se encontra o cálcio necessário à dinâmica de contração dos músculos. Nos músculos rápidos predominam as enzimas glicolíticas, enquanto nos lentos se veem maior vascularização e grande quantidade de mitocôndrias, indicando maior aporte de oxigênio e grande capacidade de manutenção do metabolismo oxidativo. A presença de maior quantidade de mioglobina nos músculos lentos diz de sua maior capacidade para armazenamento do oxigênio, com maior intensidade de sua transferência para as mitocôndrias, privilegiando o metabolismo oxidativo.

Os músculos estriados no vivo se mantêm, durante o repouso, em estado de relaxamento. Neste estado apresentam um tônus. Um músculo estriado isolado e não estimulado apresenta um relaxamento flácido. No vivo, mesmo após seu completo relaxamento, pode-se observar uma tensão basal que configura o tônus muscular. Esta tensão se deve à atividade contrátil existente em algumas poucas unidades motoras distribuídas no interior do músculo. Como em condições fisiológicas os músculos esqueléticos não se contraem sem que haja o estímulo de um potencial de ação, o tônus é uma dependência de impulsos nervosos.

Esses impulsos em parte são provenientes de motoneurônios em despolarização basal e em parte da ação de fusos musculares. Os fusos são receptores especiais constituídos de pequenas fibras musculares fusiformes ligadas ao glicocálix das fibras esqueléticas. As fibras fusais só apresentam elementos contráteis em seus extremos, sendo desprovidas destes elementos em sua porção central, que percebe e informa variações da tensão muscular.

POLARIDADE – ÍONS – ATIVIDADE ELÉTRICA

As células apresentam polaridade, ou seja, o meio intra e o meio extracelular apresentam cargas iônicas que lhes conferem polaridades distintas, que são separadas pela membrana celular que é expressa com valor negativo para denotar que o meio intracelular é negativo em relação ao extra, durante o repouso. Essa diferença de potencial se denomina "potencial de membrana".

No organismo os elementos se apresentam em solução de um e outro lado da membrana celular e tendem a se difundir. Migram, na dependência de suas concentrações e da permeabilidade das membranas, do meio em que são mais abundantes (mais concentrados), para o meio em que sua presença é pouco intensa (menos concentrada). Mas, se os meios, além das concentrações osmolares (diferença de concentração das substâncias), tiverem carga iônica, vamos ver que uma segunda força, "o potencial elétrico", irá interferir na distribuição dos solutos presentes nos dois meios.

A presença no interior da célula de cargas negativas das proteínas e dos nucleotídeos, para as quais a membrana é impermeável, explica a inicial negatividade do meio intracelular em relação ao meio extracelular. Um equilíbrio elétrico deveria ser encontrado pelos demais cátions e ânions existentes nos espaços extra e intracelular, para os quais a membrana apresenta permeabilidade. Mas o espaço intracelular se mantém negativo em relação ao extracelular. Para que o equilíbrio iônico se mantenha com o espaço intracelular negativo em relação ao extra durante o repouso, verifica-se transporte ativo, com gasto de energia, que tem a capacidade de permitir a passagem de um substrato contra o seu gradiente de concentração ou contra um potencial eletroquímico. Um processo de transporte ativo ligado diretamente à energia do ATP conhecido como Na+,K+ ATPase é capaz de manter a relação Na+ e K+ fora e dentro das células. Existe muito maior concentração de Na+ fora da célula em relação ao K+ que é o íon positivo que predomina no meio intracelular. O sistema Na+,K+ ATPase transporta três íons de sódio para fora da célula contra dois de potássio para dentro por molécula de ATP hidrolisada. Isto mantém o meio externo altamente positivo mesmo contra um gradiente que tenderia a internalizar essas cargas positivas. A membrana celular, que apresenta no repouso um potencial de membrana negativo, deixa ver, quando ocorre sua permeabilização, a entrada de íons positivos para o interior da célula, em especial os de Na+ que predominam no meio extracelular, com consequente perda da negatividade interna, que é substituída por momentânea positividade (despolarização). De pronto, os mecanismos de transporte iônico negativa o interior da célula, expulsando em especial o Na+ que havia entrado (repolarização).

DESPOLARIZAÇÃO – REPOLARIZAÇÃO

A contração e o relaxamento muscular são regidos pelos fenômenos de despolarização e repolarização celular.

A despolarização é um fenômeno do tipo "tudo ou nada"; ou a célula se despolariza como um todo, ou não se despolariza. Estímulos capazes de levar à polaridade da membrana para até o limite de -50mV são capazes de produzir despolarização que se propaga por toda a célula. A invasão eletrolítica (Na+), que irá inverter a polaridade da membrana e que se propaga ao longo da membrana celular configura um "potencial de ação". À medida que a corrente de despolarização se propaga, uma onda de repolarização a segue de imediato.

O estímulo eferente conduzido por uma fibra nervosa (axônio) é um potencial de ação capaz de ser transmitido para as fibras musculares. Os pontos de junção neuromuscular (placas motoras) são depressões na membrana das fibras musculares determinadas pelas terminações dos axônios (podócitos), que geram pontos de íntima relação entre as membranas do nervo e do músculo (fendas sinápticas). Os podócitos apresentam grande quantidade de vesículas repletas de neuro transmissor (acetilcolina) responsável pela permeabilização iônica da fibra muscular em nível das fendas sinápticas. Desse modo, devido à liberação do neurotransmissor em nível da fenda sináptica, a onda de despolarização do nervo se transfere para o músculo. A despolarização da membrana da fibra muscular penetra profundamente em seu interior devido à despolarização do retículo sarcoplasmático, sistema de membrana que penetra e se distribui no interior da célula muscular (sarcoplasma), a partir da membrana de revestimento celular (sarcolema). No músculo estriado, o retículo sarcoplasmático se projeta para a intimidade das miofibrilas (elementos contráteis) conformando um sistema de túbulos organizados transversal e longitudinalmente em relação a estas miofibrilas (sistema T). O sistema T de túbulos contém e libera, no momento da despolarização, grandes quantidades de cálcio (Ca++), íon fundamental à adequada mecânica de contração muscular. Os íons cálcio participam da geração de forças que determinam a interdigitação da actina com a miosina, base da dinâmica de contração muscular.

UNIDADE FUNCIONAL – SARCÔMERO

No músculo estriado a célula (fibra muscular) é apenas a unidade histológica, pois é no sarcômero que encontramos a organização estrutural contrátil especialmente baseada na relação actina-miosina, que se repete de modo sequencial, explicando o potencial contrátil da fibra muscular estriada, merecendo assim a designação de unidade funcional.

Proteínas contráteis, com ênfase para a actina e a miosina, são encontradas distribuídas no interior do citoplasma das células musculares. Além dessas proteínas, outras de grande peso molecular formam um citoesqueleto que dá fixação àquelas contráteis.

A organização proteica que define as várias estrias do músculo esquelético terminaram identificadas por letras que encerram um significado e definem as características de constituição de cada uma no sarcômero. A característica das estrias varia de acordo com o grau de contração e relaxamento do sarcômero, indicando que elas são o resultado da organização estrutural e funcional das unidades contráteis do músculo.

Um sarcômero se delimita pelo espaço compreendido entre duas linhas verticais denominadas (Z) que constituem os seus extremos laterais e ancoram não só os filamentos de actina (filamento fino) mas também proteína do citoesqueleto que dá suporte às proteínas contráteis. As linhas Z, a cada lado de um sarcômero, ancora os filamentos contráteis finos dos sarcômeros vizinhos. Assim, cada linha Z pertence a dois sarcômeros. Este fato define uma das estrias do músculo esquelético

denominada I (isotrópica – desvia a luz polarizada em único sentido), que se configura por estria formada por filamentos finos de dois sarcômeros vizinhos, que se fixam em linha Z comum. Durante o repouso, a faixa I é larga e os filamentos finos de actina se constituem nos únicos filamentos contráteis encontrados nessa região. Pelo exposto, pode-se compreender que os extremos laterais de um sarcômero são constituídos por hemifaixas I.

No sarcômero, ladeado pelas hemifaixas I, encontramos a faixa A (anisotrópica – desvia a luz polarizada em mais de um sentido). Esta faixa central no sarcômero em relação às hemifaixas I se constitui lateralmente e, a cada lado, pela superposição de filamentos finos de actina interdigitados com filamentos grossos de miosina. Centralmente a faixa A apresenta, durante o repouso, faixa denominada H constituída somente por filamentos de miosina. Durante a contração, esta faixa diminui ou desaparece à semelhança do que ocorre com a faixa I. No centro da faixa H encontramos faixa longitudinal, denominada M, que configura proteína do citoesqueleto que suporta centralmente os filamentos grossos de miosina.

Os filamentos de actina e miosina se arranjam e interdigitam em arranjo hexagonal. No repouso a superposição por interdigitação da actina com a miosina só se verifica nas bordas laterais da faixa A. Durante a contração os filamentos contráteis de actina e miosina acentuam sua interdigitação por deslizamento de uns sobre os outros, aproximando as linhas Z com o natural desaparecimento em cada sarcômero das hemifaixas I e da faixa H.

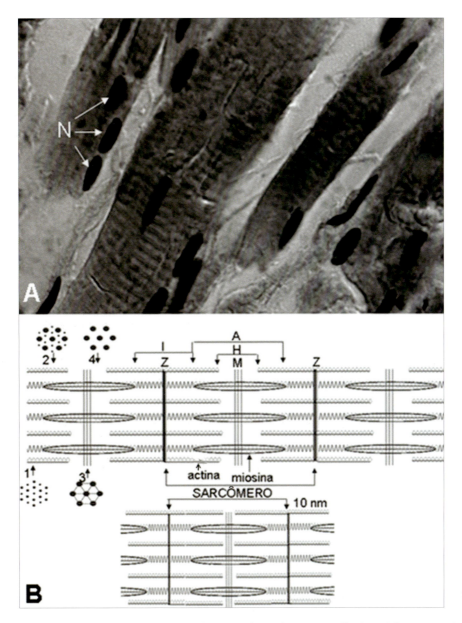

Fig. 8 Em A, corte histológico de músculo estriado esquelético onde se destacam múltiplos núcleos e sequência de estrias que correspondem às faixas isotrópicas (I) e anisotrópicas (A). Em B (acima), desenho esquemático de sarcômero delimitado entre as linha Z, onde se destacam as hemifaixas I (actina), as hemifaixas A (actina /miosina), faixa H (miosina), linha H (proteína do citoesqueleto assim como a linha Z. 1,2,3 e 4 cortes transversos do sarcômero esquematizando arranjo tridimensional hexagonal a cada nível da relação da actina e miosina interligadas por proteína estrutural. Em B (abaixo), sarcômero contraído - 10nm (nanômetro).

CICLO CONTRÁTIL

A interdigitação dos filamentos finos (actina) e grossos (miosina) dos sarcômeros caracteriza a mecânica de contração muscular.

Para que haja a contração muscular, é preciso que se hidrolise o ATP (trifosfato de adenosina) em ADP (difosfato de adenosina) e se libere um fosfato inorgânico de alta energia. Essa hidrólise é catalisada pela própria miosina, proteína muscular contrátil. No entanto, essa propriedade da miosina para catalisar a hidrólise do ATP é inibida pelas altas concentrações de magnésio existentes na célula durante o repouso.

A contração irá se processar quando a onda de despolarização atingir a célula muscular e o seu retículo sarcoplasmático. Neste momento, altas concentrações de cálcio passam a existir e a concentração inibidora de magnésio é superada (feedback Ca++/Mg++ semelhante ao de Na+ /K+).

Nessa condição, a actina e a miosina estabelecem ligação, formando actomiosina, ponte de ligação entre a actina e a miosina dos filamentos finos e grossos. A ponte de actomiosina se conforma de modo a tracionar e interdigitar os filamentos de actina com os de miosina. A actomiosina é ainda um complexo com grande atividade para a lise do ATP, com liberação de ADP e fosfato inorgânico.

A interação da actina com a miosina associada com a hidrólise do ATP representa o processo fundamental no qual energia química é transformada em energia mecânica, na célula muscular intacta.

A liberação de ADP e P, catalisado pela actomiosina, completa a contração muscular, mas reduz a afinidade da miosina pela actina e abre espaço para a refixação de ATP na miosina, permitindo o relaxamento muscular. Após a contração muscular, na presença de ATP, o Ca++ é internalizado de volta ao sistema retículo endotelial, e a quantidade de Mg++ se torna relativamente aumentada, inibindo afinidade da actinina pela miosina e promovendo a volta ao repouso. Como visto, não só a contração, mas também o relaxamento dependem da presença da energia do ATP. Sua ausência impede o relaxamento, como ocorre no *rigor mortis*.

De volta ao repouso o ATP pode ser novamente hidrolisado por catálise da miosina com recuperação da afinidade formadora das pontes de actomiosina.

O ciclo contrátil, à semelhança de uma cremalheira, determina o encurtamento muscular. A onda de repolarização que segue a despolarização se caracteriza pela recuperação dos níveis elétricos e iônicos de repouso, onde o interior da célula é negativo e o Mg volta a inibir a miosina em sua ação catalítica de hidrólise do ATP com interrupção do ciclo contrátil.

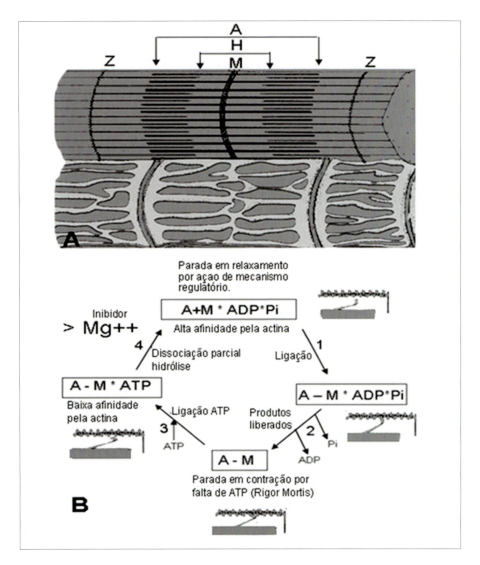

Fig. 9 Esquema onde A (acima) representa sarcômero (unidade funcional do músculo estriado delimitado entre as linhas Z; destacam-se as hemifaixas I (actina), a hemifaixa A (actina - miosina), a faixa H (miosina) e a linha H (proteína do citoesqueleto. Em A (abaixo), miofibrila envolvida pelo retículo sarcoplasmático (rede tubular que se comunica com o sarcolema - membrana externa da célula muscular) permitindo a disseminação iônica no interior dos feixes e das fibras musculares. Em B, ciclo bioquímico de contração e relaxamento do músculo estriado esquelético.

CONSIDERAÇÕES

A adequada compreensão da organização estrutural e das possibilidades funcionais dos músculos estriados permite a compreensão das diversas possibilidades funcionais deste tipo de organização tecidual. No entanto, alguns termos aplicados a este tipo de músculo merecem consideração complementar, sucinta que seja.

Como vimos, os músculos estriados, no vivo, se mantêm, durante o repouso, em estado de relaxamento. Nesse estado apresentam um tônus que se caracteriza por uma tensão de repouso. Funcionalmente, quando submetido a estímulo nervoso, ele se despolariza e responde com contração para a seguir voltar ao repouso, mostrando-se relaxado. Em condições normais, o estímulo nervoso pode variar em intensidade, resultando em respostas, também distintas, em intensidade. O estímulo nervoso e a qualidade da massa muscular constituem a base de uma efetiva performance deste sistema.

A contração muscular gera força para atuar contra determinada carga ou resistência. Dois são os tipos de contração passíveis de serem procedidos, na dependência da carga a ser trabalhada. Cargas passíveis de serem deslocadas geram contração isotônica; cargas excessivas, que não são passíveis de deslocamentos, geram durante as tentativas contração isométrica.

Os músculos apresentam um ponto fixo e um ponto móvel. A carga a ser deslocada se relaciona ao ponto móvel, e o ponto fixo sustenta o músculo para que sua contração possa se manifestar na extremidade que porta a carga. Na contração isotônica a carga é mobilizada; a tensão gerada pela contração muscular atinge nível capaz de vencer a resistência imposta e desloca a carga no percurso pretendido. Na contração isométrica a carga é tal, que a tensão gerada pela contração muscular não é capaz de gerar encurtamento do músculo, o trabalho é estático, não há o deslocamento da carga.

A capacidade contrátil dos músculos, em especial a dos músculos estriados, é limitada pelo gasto energético imposto por essa ação. Esforços mantidos e intensos exaurem rapidamente as reservas energéticas e produzem fadiga. As reações glicolíticas e oxidativas necessárias à geração de energia para a contração muscular são dependentes do aporte de glicose, da oferta de oxigênio e da clarificação de catabólitos aí gerados e que são levados da microcirculação pelo fluxo sanguíneo que irriga a massa muscular. Falta de substrato energético e acúmulo de catabólitos por demanda superior à capacidade de recuperação geram fadiga e ineficiência muscular.

Falência da massa muscular por desuso ou desenervação causa **hipotonia e atrofia**. Na hipotonia os músculos se mostram moles, flácidos e incapazes de oferecer resistência apreciável aos deslocamentos passivos. Usualmente também se mostram atrofiados; seus volumes e relevos podem se mostrar significativamente menores quando comparados à musculatura normal. Na atrofia, a degradação das proteínas contráteis se dá em velocidade superior à de síntese.

De modo oposto, a solicitação intensa e repetida de músculos sadios causa aumento da massa muscular, que pode ser definida pelos termos **hipertrofia** e até **hiperplasia**.

Na hipertrofia a massa do músculo aumenta como um todo. Contrações fortes e repetidas propiciam a hipertrofia por mecanismo ainda pouco conhecido. O aumento da massa muscular se verifica pelo crescimento do número de filamentos de actina e miosina. Além disso, no interior das fibras musculares há desdobramento das miofibrilas com geração de novas miofibrilas, que também participam do processo de hipertrofia. Já se observou a divisão longitudinal de fibras previamente hipertrofiadas gerando um aumento do número de fibras de um músculo; esta condição, considerada rara, caracteriza a hiperplasia muscular.

A **hipertonia** e a **tetania** podem resultar da hiperestimulação do músculo por ondas repetidas de despolarização em intervalos de tempo cada vez mais curtos (alta frequência).

A tensão de um dado músculo estriado é determinada pelo número de unidades motoras despolarizadas. O impulso nervoso gera como resposta a contração do músculo. Quanto maior o número de unidades motoras despolarizadas na massa de um músculo, maior a sua tensão. Aumentar a tensão de um músculo, quando todo o músculo já foi solicitado por um estímulo máximo, só é possível aumentando-se a frequência de estímulos máximos. Se os estímulos máximos subsequentes forem capazes de alcançar as fibras musculares, despolarizando-as antes de a contração mecânica produzida pela despolarização anterior ter se extinguido, haverá somação de tensão (hipertensão). Quando uma série de estímulos máximos forem repetidos em tão alta e determinada frequência capaz de produzir somação das contrações mecânicas, fusionando-as em uma resposta contrátil maciça e mantida, temos a tetania.

Quando da morte do indivíduo, cessam os potenciais de ação. No entanto, nas primeiras, aproximadamente, 20 horas o músculo morto se apresentará enrijecido em estado dito de *rigor mortis*. Este estado de rigidez observado nos músculos estriados é devido à manutenção da ligação da actina com a miosina (actomiosina) por ausência total de ATP necessário à separação das pontes cruzadas, base do processo de relaxamento muscular.

Distúrbios da dinâmica muscular estriada somática podem ser gerados por disfunções que acometam desde o próprio músculo até o córtex cerebral. Em linhas gerais o déficit muscular deixará ver inabilidade ou impossibilidade contrátil, que se reflete na deficiência ou ausência de determinados movimentos. Ao lado dessas disfunções existem aquelas que se caracterizam por alterações do controle do tônus. A manutenção do tônus é tarefa com representação em diversos níveis do sistema nervoso. Ao lado das lesões que causam hipotonia existem aquelas que podem gerar hipertonia. A **espasticidade** é um tipo de hipertonia que apresenta resistência inicial aos movimentos passivos com relaxamento permissivo posterior.

Na **rigidez** a hipertonia se mantém durante todo o curso do movimento; há permanente resistência aos movimentos passivos. Além destes distúrbios, existem aqueles que cursam com movimentos aumentados e liberados de um controle voluntário adequado. São exemplos os tremores, os espasmos, os movimentos coreicos e os atetoides entre outros.

MÚSCULO LISO

A actina e a miosina também se constituem nas principais proteínas contráteis dos músculos lisos. Este tipo de músculo não exibe a típica sequência de estriações gerada pela disposição relacional da actina com a miosina, como verificado nos músculos estriados. A relação actina e miosina se dispõe mais próxima ao sentido do longo eixo da célula muscular lisa. O músculo liso se distribui largamente no organismo, fazendo parte da parede de vasos sanguíneos, das camadas musculares das vísceras ocas do aparelho digestivo, no aparelho geniturinário, na parede dos ductos excretores, nos ductos das vias aéreas e também como parte do sistema piloeretor e do controle pupilar.

A contração do músculo liso, quando parte da parede de estrutura tubular, é capaz de gerar aumento da pressão intraluminal e diminuição da resistência ao fluxo tubular distal. O aumento de pressão se verifica por constrição total ou parcial do diâmetro proximal da luz tubular. A diminuição da resistência se deve à ampliação da luz tubular distal. Constrição e dilatação são produzidas na dependência do sentido das fibras musculares em contração na parede tubular. Outro aspecto é a complacência da musculatura lisa, que permite a distensão tubular sem variações expressivas de pressão e aumentos de resistência (acomodação volumétrica).

Nas vísceras, de um modo geral, o músculo liso se arranja em camadas superpostas. Cada camada, segundo a direção de suas fibras, é denominada circular, longitudinal ou oblíqua. Crê-se que as camadas apresentem um arranjo espacial, cuja diferença entre o circular e o longitudinal esteja no maior ou menor ajustamento das espirais musculares que constituem a parede do tubo. Espirais ajustadas configuram o arranjo circular. A camada longitudinal seria definida por arranjo cujas espirais seriam de tal forma discretas que sua disposição se apresenta como longitudinal. Uma camada oblíqua se configura por espirais de passo intermediário entre a circular e a longitudinal.

As células musculares lisas são mononucleadas e medidas em micras, variando sua largura de 2 a 5 e seu comprimento de 20 a 500 micrômetros, sendo desse modo milhares de vezes menores que as musculares estriadas. Elas se arranjam em atmosfera conjuntiva sem que haja impedimento do contato de suas membranas limitantes (sarcolema). Preparações especiais em microscopia eletrônica permitiram sugerir que a organização estrutural de conexão física e contrátil das células musculares lisas se dê por arranjo que envolve corpos, designados como densos, que são vistos distribuídos no citoplasma e também fixados à membrana celular.

Os corpos densos corresponderiam à linha Z dos músculos estriados. Alguns dos corpos densos fixados à membrana das células funcionam como elementos de interligação celular e permitem que a ação mecânica das células interligadas se somem.

Os corpos densos, tanto aqueles ligados à membrana da célula, quanto aqueles disseminados pelo citoplasma, se mostram fixados por proteínas estruturais, constituindo o arranjo que sustenta a dinâmica de contração da actina e miosina. A actina se fixa aos corpos densos por sua base, e a miosina, centralmente disposta, pode interpenetrar com a actina durante a dinâmica contrátil, à semelhança do descrito para os sarcômeros.

Por certo, é essa intercomunicação mecânica e eletricamente das células lisas que explica o fato de o músculo liso apresentar capacidade de contração, que atinge dois terços de sua dimensão, enquanto o estriado não passa de um terço.

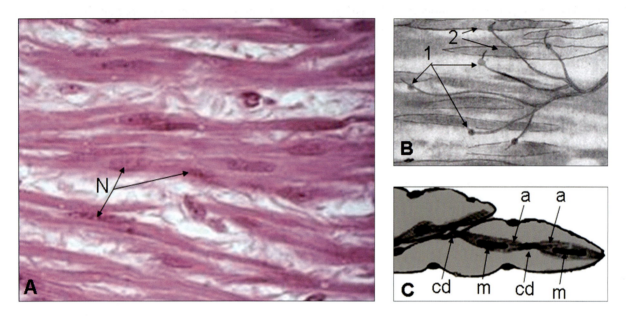

Fig. 10 Em A, células musculares lisas coradas em hematoxilina-eosina onde N = núcleos. Em B, esquema destacando relação das varicosidades terminais de axônios autônomos (1) e sua relação com as fibras musculares lisas (2). Em C, organização proteica contrátil do músculo liso onde (cd) - corpo denso, (a) - actina, (m) - miosina.

No tubo digestivo, alvo maior de nosso interesse, a musculatura circular, ao se contrair de modo sequencial e com sentido definido, gera força propulsiva. A contração produzida nessa camada muscular se processa em sequência, como um mecanismo de ordenha que progride ao longo dos feixes formadores da camada (movimento peristáltico). Desse movimento também faz parte a dinâmica da camada longitudinal que, ao se contrair, determina o alargamento da luz distal do tubo, reduzindo a resistência à progressão da onda contrátil, que se verifica por produção da camada circular. Esse comportamento se verifica em nível do corpo das estruturas tubulares.

Com frequência, na transição entre regiões funcionalmente distintas, pode-se observar musculatura lisa em dinâmica definida como de função esfinctérica, cujo comportamento é o de regular o fluxo através da região, impedindo refluxo e regulando a intermitência do fluxo por fechamento (contração) e abertura (relaxamento) regional. Esta função tem sido atribuída, em especial, à musculatura com disposição circular que, contraída, manteria fechada a comunicação entre as regiões contíguas e, por abertura intermitente e controlada, regularia a dinâmica de fluxo e evitaria o possível refluxo.

Diferentemente dos músculos estriados, que têm sua dinâmica mediada por estímulo decorrente de despolarização conduzida por via nervosa, o músculo liso pode responder tanto aos estímulo nervoso quanto aos estímulos decorrentes de fatores locais e de estímulos hormonais.

Admite-se como principal razão para a possibilidade de resposta do músculo liso a diferentes estímulos a existência de muitos e distintos tipos de proteínas receptoras em sua membrana. Muitas dessas proteínas receptoras são capazes de desencadear o estímulo contrátil do músculo liso, e muitas outras são proteínas receptoras capazes de inibir a contração do músculo liso.

A relação das fibras musculares lisas com os nervos autônomos se faz pelas ramificações axônicas que apresentam, em suas extremidades, vesículas (varicosidades) contendo neuro-hormônios transmissores. Essas ramificações se espraiam difusamente sobre a lâmina de fibras musculares e sem contato direto, mas, em íntima proximidade, liberam seus neuro-hormônios no interstício das fibras musculares, de onde eles se difundem e atuam sobre as células da musculatura lisa visceral (músculo liso de tipo unitário). Todo o feixe muscular se despolariza.

O músculo liso, de tipo visceral ou unitário, se comporta como um sincício; a despolarização das fibras musculares arranjadas umas ao lado das outras e até em camadas, quando submetidas a um estímulo, se despolariza como um todo devido à livre intercomunicação das fibras entre si.

Algumas fibras musculares lisas, como as piloeretoras e as da íris, apresentam uma relação com as fibras nervosas, que as definem como músculos multiunitários, nos quais cada varicosidade está tão próxima da fibra que ela derrama seu neuro-hormônio e despolariza individualmente cada célula muscular.

A excitação ou inibição do músculo liso por hormônios ou fatores metabólicos teciduais locais se dá por abertura de canais iônicos na membrana da célula muscular lisa, permitindo que desse modo a célula se despolarize. Hormônios como a adrenalina, noradrenalina, vasopresina, histamina, ocitocina, entre outros, são capazes de, por via sistêmica, interferir com o estado de tensão de fibras musculares lisas nos vasos, nas vias aéreas, no útero e em outras regiões. Fatores teciduais locais, como teor de oxigênio, de CO_2 e de diversas substâncias resultantes do metabolismo celular, exercem importante papel na mecânica de contração e relaxamento da musculatura lisa da microcirculação, por exemplo.

No tubo digestivo o músculo liso apresenta atividade miogênica. O sistema nervoso autônomo, em sua atividade simpática (adrenérgica – ligada à noradrenalina) e parassimpática (colinérgica – ligada à acetilcolina), atua como modulador de contração, visto que esse tipo de músculo, mesmo isolado e em solução adequada, é capaz de mostrar atividade contrátil. No tubo digestivo se identifica plexo nervoso mioentérico, onde gânglios intraparietais coordenam estímulos excitatórios e inibitórios, capazes de explicar a contração sequencial da musculatura do corpo da víscera oca com abertura da zona de função esfinctérica, em sua extremidade, em sincronismo com a ação contrátil.

O músculo liso pode se contrair de forma fásica ou tônica. A contração fásica (despolarização; contração; repolarização; repouso - em curto espaço de tempo) é a que se verifica nas contrações peristálticas. À medida que a onda de despolarização/contração progride pelo tubo, uma outra, de repolarização, a segue e repõe o segmento em estado de repouso.

A contração tônica é a acreditada como própria dos esfíncteres constituídos por músculo liso (contração continuada - abertura por relaxamento - retomada funcional da contração). Admite-se que a zona esfinctérica se mantenha funcionalmente contraída com baixo gasto de energia, para relaxar por período de tempo, voltando a se contrair e, assim se mantendo, até novo ciclo. Esta mecânica de abertura e fechamento esfinctérico se manifesta em intermitência funcional, garantindo o fluxo e impedindo o refluxo. O relaxamento é um fenômeno ativo e pode se manifestar de modo intermitente, com aberturas parciais capazes de modular a passagem do fluxo, como admitido para o piloro (esfíncter de controle do fluxo gastroduodenal). O músculo liso, independentemente de sua localização, é admitido como capaz de responder de modo fásico ou tônico.

Embora o aumento da concentração intracelular de $Ca++$ seja em ambos, músculo estriado e liso, o fator desencadeante da interpenetração actina/miosina (contração), sabe-se que o mecanismo de contração do músculo liso é diferente daquele do músculo estriado. Existem diferenças químicas e físicas entre os dois tipos de músculo. A troponina, proteína encontrada no músculo estriado, não existe no liso; em seu lugar outra proteína fixa o cálcio, a calmodulina. A inter-relação despolarização/contração é distinta. A morfologia das células e a arquitetura contrátil não se superpõem. Porém, a mais significativa diferença é o gasto energético necessário para manter contraído o músculo liso. Considera-se que, a fim de manter o músculo liso contraído, são gastas 10 a 300 vezes menos energia do que seria necessário para o músculo estriado. A admissão é de que apenas uma molécula de ATP seja capaz de manter o ciclo de fixação actina/miosina independentemente de sua duração. Esse mecanismo que mantém a fixação actina/miosina em estado de contração com baixo gasto energético é denominado "mecanismo de tranca".

Observe-se que o período de contração se deve a uma solicitação funcional. O piloro, durante o período digestivo, se mantém contraído, abrindo e fechando intermitentemente, regulando em alíquotas o fluxo gastroduodenal. No entanto, no período interdigestivo ele se mostra relaxado, poupando, mesmo, a pouca energia necessária a sua oclusão tônica.

O cárdia, que separa funcionalmente o esôfago do estômago, se mantém contraído e, intermitentemente, se abre por períodos de 7 a 10 segundos, em resposta ao trânsito esofágico determinado por onda de deglutição. Demonstraram-se, em períodos onde não se verifica o esforço de deglutição, aberturas do cárdia por períodos mais longos, de 10 a 30 segundos, denominados transientes. Acredita-se que esse mecanismo sirva para despressurizar o estômago.

BIBLIOGRAFIA CONSULTADA

1. Araujo J P. Transporte e Eletrogênese em Membranas. In: Aire, M.M.-Fisiologia, Rio de Janeiro, Guanabara Koogan, 1991; 23-4.
2. Costa MMB. Bases biofisico-químicas de importância para análise e compreensão do significado morfofuncinal da relação ósteo músculo-articular nos segmentos envolvidos com a dinâmica da deglutição. In: Costa MMB. Deglutição e Disfagia (Conceitos básicos). Material Instrucional. ICB/UFRJ. 2005;10-27.
3. Carson JA, Baynes JW. Músculo: Metabolismo da energia e contração In: Baynes JW, Dominiczak MH. Bioquímica Médica.2ed. Rio de Janeiro, Elsevier, 2007;271-82.
4. Esberard C. A. - Neurofisiologia. In: Aires, M.M. Fisiologia, Rio de Janeiro, Guanabara Koogan, 1991; 125-353.
5. Guyton AC. – Fisiologia Médica, 8ª ed. Rio de Janeiro, Guanabara Koogan, 1991
6. Hamil J, Knutzen K M. Bases Biomecânicas do Movimento Humano. 1ª ed. São Paulo, Manole, 1999.
7. Hall S J. Basic Biomechanics, St. Louis, Mosby, 1991
8. Fraser WD. Metabolismo do Osso e do Cálcio. In: Baynes JW, Dominiczak MH. Bioquímica Médica. 2ed. Rio de Janeiro, Elsevier, 2007;355-68.
9. Kutchai HC. Celular Physiology. In: Berne RM, Levy MN. Physiology. 4ª ed. St. Louis, Mosby, 1998; 3-77.
10. Murphy R A. Muscle in: Berne RM, Levy MN. – Physiology. 4ª ed. St. Louis, Mosby, 1998
11. Orts Llorca F. Anatomia humana., v3, Barcelona. Editorial Científico Médica, 1967.
12. Rasch, PJ, Burke RK. Cinesiologia e Anatomia aplicada. 5ª ed. Rio de Janeiro, Guanabara Koogan, 1977.
13. Rhoads R, Pflanzer R. Human Physiology 3ed. USA. Saunders College Publishing, 1996.
14. Ross MH, Ronrell LJ.Muscular tissueIn:Ross MH, Ronrell LJ.Histology: Text and Atlas, 2ed. USA Williams & Wilkins 1989
15. Souza OM. Anatomia topográfica – Parte Geral, 3ª ed. São Paulo, Rossolillo, 1970.
16. Wright S. Músculo e Sistema Nervoso. In: - Fisiologia aplicada, São Paulo, Atheneu, 1967.

CAPÍTULO II

RUDIMENTOS DE EMBRIOLOGIA

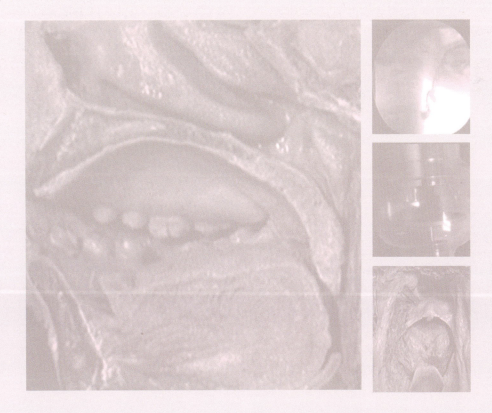

O estudo do embrião humano, aquele básico importante para a compreensão da forma, das variações e das más formações, perdeu espaço para as células-tronco, as stem cels e sua indubitável importância, que ressurgem com tal prestigioso avanço que nos faz esquecer da importância do básico, em especial, como alicerce primeiro para o entendimento das formas e relações. Compreender, mesmo que sucintamente, o que geram e como evoluem os folhetos, como se relacionam e se transformam na ontogênese, permite entender com mais clareza a forma definitiva. Por essa razão revisaremos aqui, de modo sucinto, os principais passos observados na ontogênese do segmento superior do embrião, com ênfase na formação e nas relações das estruturas que participam do processo de deglutição.

A partir da **placa tridérmica** formada pelo **ectoderma**, **mesoderma** e **endoderma,** o embrião, por tubulização dessas placas, vai conformando os sistemas.

O ectoderma, espessado em posição dorsal, é induzido a se acanalar, formando, por invaginação central, a goteira neural que se fecha em um tubo neural, que dará origem ao sistema nervoso central (SNC). Das laterais, em toda extensão da calha ou goteira neural em fechamento, se desprendem, avizinhado-se ao tubo, as cristas neurais, que irão constituir os gânglios, aglomerado de células nervosas fora do SNC onde esses aglomerados se designam como núcleos.

O endoderma, em um plano mais profundo, também se tubuliza por encurvamento ventral de suas bordas laterais, formando em sua porção superior o intestino cefálico. Esse encurvamento endodérmico, formador do tubo digestivo, se acompanha do mesoderma que o envolve e também os derivados do ectoderma, mantendo-os em atmosfera mesodérmica.

O ectoderma, que deu origem ao sistema nervoso, se fecha sobre ele dorsalmente e continua seu encurvamento em sentido ventral para ao final revestir externamente todo o embrião. O mesoderma, que se encurva acompanhando e revestindo o endoderma, se mostra agora envolvido pelo ectoderma.

Enquanto se encurva entre o ectoderma e o endoderma, o mesoderma se divide em duas lâminas, deixando entre elas cavidade designada como celoma intraembrionário. Da lâmina medial do mesoderma surge, a cada lado, um aglomerado de células angiogênicas, que irão se dividir e migrar dorsal e ventralmente em relação ao intestino cefálico ou superior. As ventrais se encontram e formam o tubo endocárdico e o mioepicárdio interligados por massa mesodérmica (geleia cardíaca); esse precursor embrionário do coração se mostra contido na cavidade celomática agora designada como pericárdica. As células angiogênicas de migração dorsal formarão as aortas dorsais.

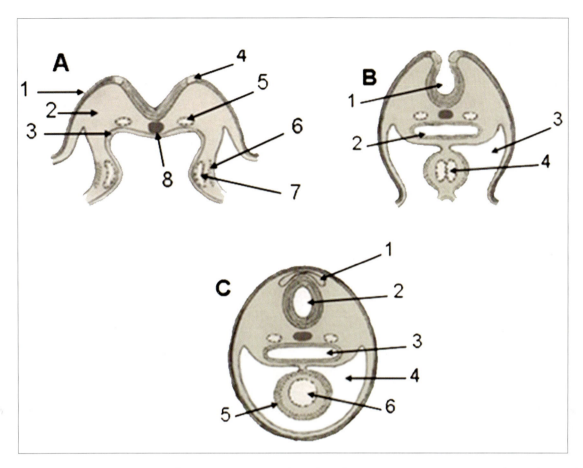

Fig. 1 Cortes esquemáticos transversos do segmento superior do embrião humano nas primeiras semanas de seu desenvolvimento onde em A se veem 1 - ectoderma, 2 - mesoderma e 3 - endoderma, 4 - crista neural, 5 - aorta dorsal e 6 - células mioepicárdicas, 7 - tubos endocárdicos, 8 - notocórdio. Em B, 1 - goteira neural, 2 - intestino cefálico, 3 - celoma intraembrionário, 4 - tubos endocárdicos pré-fusão. Em C, 1 - crista neural, 2 - tubo neural, 3 - intestino cefálico, 4 - cavidade pericárdica, 5 - mioepicárdio, 6 - tubo endocárdico.

Em sentido longitudinal, após o fechamento do tubo neural, o embrião deixa ver, a princípio, três vesículas largamente intercomunicadas em seu pólo cefálico que, com o desenvolvimento do sistema nervoso central, passam a cinco e progressivamente vão reduzindo sua luz por proliferação das células de suas paredes. O prosencéfalo, primeira das três vesículas iniciais, se divide em telencéfalo e diencéfalo, dando a primeira origem aos lobos cerebrais e a segunda ao tálamo e ao hipotálamo. A vesícula mesencefálica, segunda das três vesículas originais, não se divide e se mantém unindo cérebro e tronco cerebral. O rombencéfalo, a terceira das vesículas originais, se subdivide em metencéfalo, que dá origem à ponte, ao cerebelo e ao mielencéfalo, que dá origem ao bulbo. O restante do tubo neural irá constituir a medula oblonga.

Abaixo do tubo neural, mesoderma e notocórdio, o indutor neural, se mostram acima do tubo endodérmico, intestino cefálico, cuja extremidade, a princípio fechada pela membrana bucofaríngea, se abre por rompimento desta membrana, ao fim da terceira semana do desenvolvimento, constituindo o estomodeu, abertura anterior do tubo digestivo. A membrana bucofaríngea, constituída pelo ectoderma e endoderma, se situa ao fundo de depressão formada pelas projeções acima da primeira vesícula neural e abaixo da cavidade pericárdica.

Em vista frontal da extremidade cefálica do embrião se vê, em associação ao surgimento do estomodeu, expansão devida ao mesoderma, que gera a eminência frontal (ou frontonasal), as saliências maxilares e os arcos branquiais.

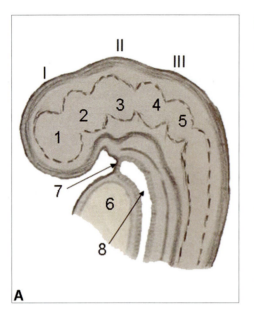
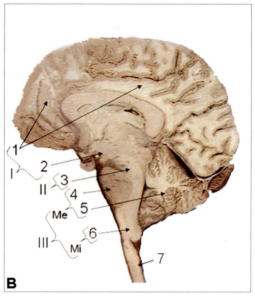

Fig. 2 Em A, corte sagital mediano em figura esquemática da porção cefálica do embrião; em B corte sagital de peça anatômica. Em A, se veem as três vesículas primárias identificadas por I - prosencéfalo, II - mesencéfalo e III - rombencéfalo. Ainda em A se vê o desdobramento dessas vesículas em cinco (linha tracejada) onde 1 - telencéfalo, 2 - diencéfalo, 3 - mesencéfalo, que se mantém como a terceira das cinco vesículas, 4 - metencéfalo e 5 - mielencéfalo. Identifica-se ainda em 6 - eminência cardíaca, 7 - membrana bucofaríngea e 8 - intestino cefálico. Em B, encéfalo de adulto e derivações relacionadas às vesículas primárias I, II, e III. Em 1 - cérebro, 2 - tálamo/hipotálamo, 3 - mesencéfalo, 4 - ponte, 5 - cerebelo, 6 - bulbo, Me - metencéfalo, Mi - mielencéfalo. O tronco encefálico é formado por 3, 4 e 6. Em 7 - medula espinal.

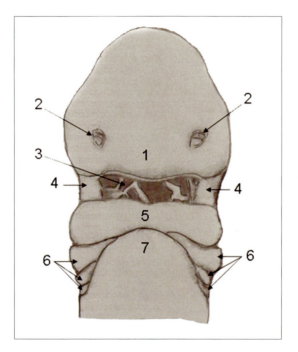

Fig. 3 Vista frontal da extremidade superior de embrião em figura esquemático onde em 1- eminência frontal, 2 - placoides nasais, 3 - estomodeu em fase de rompimento da membrana bucofaríngea, 4- saliências maxilares, 5 - primeiro arco branquial (arco mandibular), 6 - segundo, terceiro e quarto arcos branquiais e 7- eminência cardíaca.

A eminência frontal e as saliências maxilares proliferam e migram em direção à linha média anterior. Durante a quinta semana do desenvolvimento, os placoides nasais (espessamentos ectodérmicos) se hipertrofiam nas saliências lateral e medial, delimitando os óstios de entrada das cavidades nasais. As saliências nasais mediais formam a porção central do lábio superior e palato primitivo. Os processos maxilares, frontal e transversalmente, proliferam, formando as bordas laterais do lábio superior e as lâminas transversais das cristas palatinas que irão separar a cavidade nasal da oral. Uma crista mesodérmica sagital mediana forma o septo nasal, dividindo a cavidade nasal primitiva em duas. Na oitava semana do desenvolvimento, o palato primitivo, as cristas palatinas e o septo nasal se fusionam na linha média do palato. O palato ósseo e o palato membranoso se originam dessa fusão mesodérmica que também dá origem, em associação ao mesoderma que envolve o tubo endodérmico, aos músculos do palato e também aos músculos que nele se inserem. Lábios leporinos e fendas palatinas, em suas diversas roupagens, se explicam por anomalia do desenvolvimento embriológico aqui referido.

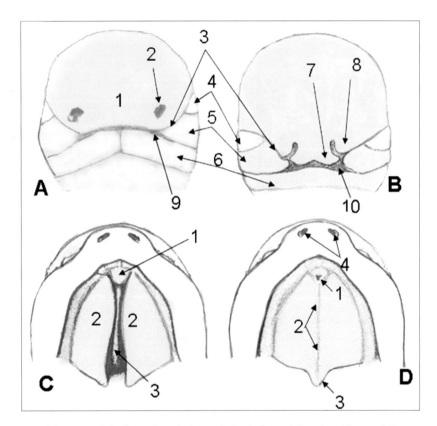

Fig. 4 A e B, figuras esquemáticas em visão frontal onde 1 - eminência frontal, 2 - placoide nasal, 3 - suco nasolacrimal, 4 - olho, 5 - processo maxilar, 6 - mandíbula, 7 - processo nasal medial, 8 - processo nasal lateral, 9 - estomodeu, 10 - boca. Em C e D, vista do teto da cavidade oral onde C 1 - palato primitivo, 2 - cristas palatinas e 3 - septo nasal. Em D, 1 - forame incisivo, 2 - linha de fusão das cristas palatinas, 3 - úvula, 4 - óstio das fossas nasais.

Ao redor da sexta semana, a partir do ectoderma que provém do estomodeu, forma-se, sobre a maxila e a mandíbula, estrutura em forma de fita, lâmina dentária, que dá origem a brotos que penetram o mesoderma subjacente. Estes brotos dentários evoluem na formação dos dentes decíduos e geram, a partir da lateral de seus colos, brotamentos que corresponderão à dentição definitiva. Os dentes decíduos progridem, mas terminam expulsos, tendo suas raízes reabsorvidas e as coroas, porções externas, empurradas pelos dentes definitivos que afloram em tempos distintos.

A partir da quarta semana do desenvolvimento, o mesoderma ao redor da extremidade cranial do intestino cefálico gera, estendendo-se aos dois lados do embrião, sequência de cordões mesodérmicos (arcos branquiais) que fazem saliências projetadas tanto para a luz do tubo endodérmico quanto para a superfície revestida pelo ectoderma. Na face externa, revestida pelo ectoderma, devido ao crescimento dos arcos branquiais, surgem, entre cada dois deles, depressões designadas como fendas branquiais. Na face interna, revestida pelo endoderma (luz do intestino cefálico), o crescimento dos arcos gera depressões mais profundas, designadas bolsas branquiais.

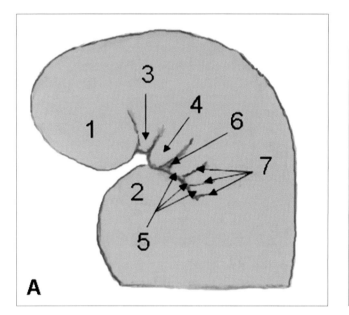
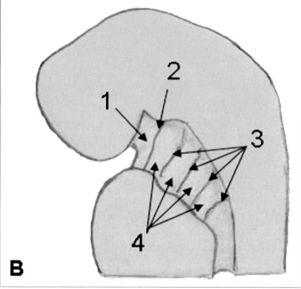

Fig. 5 Figuras esquemáticas onde, em A, vista lateral da extremidade superior do embrião onde em 1 - prosencéfalo, 2 - eminência cardíaca, 3 - tubérculo maxilar, 4 - primeiro arco branquial (mandibular), 5 - segundo, terceiro e quarto arcos branquiais, 6 - primeira fenda branquial, 7 - segunda, terceira e quarta fendas branquiais. Em B, corte sagital mediano em vista medial onde em 1 - tubérculo maxilar, 2 - linha de inserção da membrana bucofaríngea, 3 - bolsas branquiais ou faríngeas e 4 - arcos branquiais.

As **fendas branquiais**, em número de quatro, irão ser envolvidas pelo crescimento continuado dos arcos branquiais, em especial o do segundo, vindo usualmente a desaparecer. Faz exceção a primeira fenda, que persiste e forma o duto da orelha externa. A reabsorção das fendas 2, 3 e 4 pode ser incompleta, gerando um cito cervical como uma má formação congênita.

As **bolsas branquiais**, em número de cinco de cada lado, diferentemente das fendas, darão todas, em associação ao endoderma que as reveste, origem a estruturas cervicofaciais. A primeira bolsa formará o recesso tubotimpânico, a segunda será responsável pela formação da amígdala palatina, a terceira pelo timo e paratireoide inferior, a quarta pela paratireoide superior e a quinta, um recesso adicional da quarta, pelo corpo último branquial, que gera tecido glandular a ser incorporado à glândula tireoide.

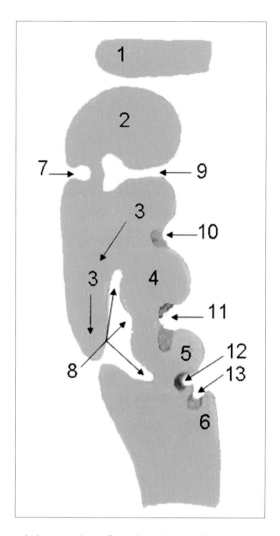

Fig. 6 Vista esquemática de corte frontal destacando as faces lateral e medial dos arcos branquiais de um dos lados onde em 1 - processo maxilar, 2, 3, 4 , 5 e 6 - arcos branquiais do primeiro ao quinto. Em 3, destaca-se crescimento do segundo arco. Em 7, primeira fenda branquial (meato auditivo externo); 8 - segunda, terceira e quarta fendas branquiais envolvidas pelo crescimento do segundo arco; 9 - primeira bolsa branquial (recesso tubotimpânico); 10 - segunda bolsa branquial (origem da tonsila palatina); 11 - terceira bolsa faríngea (paratireoide inferior e timo), 12 - quarta bolsa faríngea (paratireoide superior) e 13 - quinta bolsa faríngea (corpo último branquial - células C da tireoide).

Os **arcos branquiais** darão origem, o primeiro à mandíbula e aos ossículos do ouvido médio, martelo e bigorna, enquanto o estribo terá sua origem no segundo arco, que é também o responsável pelo corno menor do osso hioide e pela apófise ou processo estiloide, que se agrega ao osso temporal. Os músculos ligados ao primeiro arco serão inervados pelo quinto nervo craniano; os ligados ao segundo, pelo sétimo nervo craniano. O terceiro arco será responsável pelo corpo e corno maior do osso hioide e o nervo a ele ligado é o glossofaríngeo. Os quarto e quinto arcos serão responsáveis em especial pelas cartilagens tireoide e cricoide, e os axônios conduzidos pelo nervo vago serão os responsáveis pela musculatura a eles ligada.

Os arcos branquiais, por sua superfície posteroanterior (face voltada para a luz do intestino cefálico), irão formar os músculos da língua, a epiglote e as cartilagens aritenoides.

Próximo à quarta semana do desenvolvimento embrionário, a partir do contorno anterior do primeiro arco branquial, saliências linguais laterais e um tubérculo ímpar central proliferam em associação à cópula ou eminência hipobranquial, projeção também ímpar e central, gerada pelo mesoderma do segundo, terceiro e parte do quarto arcos branquiaís. O crescimento das saliências laterais do primeiro arco acaba por encobrir o

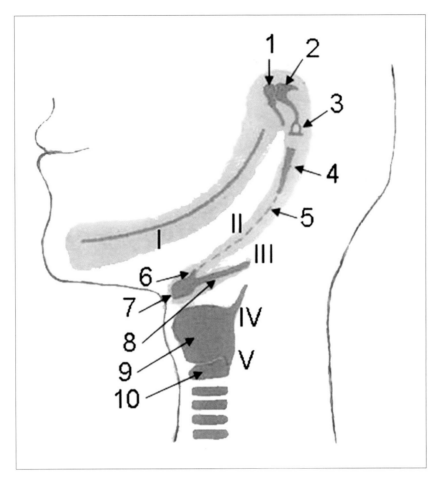

Fig. 7 Figura esquemática em perfil destacando arcos branquiais, ossos e cartilagens derivadas, onde do primeiro arco branquial (I) arco mandibular, 1 - martelo, 2 - bigorna. Do segundo arco (II) 3 - estribo, 4 - processo estiloide, 5 - ligamento estilo-hióideo, 6 - corno menor do osso hioide. Do terceiro arco (III) 7 - corpo do osso hioide e 8 - corno maior do osso hioide. Do quarto (IV) 9 - cartilagem tireoide, do quinto (V) 10 - cartilagem cricoide.

mesoderma do tubérculo ímpar na formação da extremidade anterior da língua.

A cópula ou eminência hipobranquial, originada do segundo, do terceiro e de pequena porção do quarto arco, em continuação ao primeiro, formará a porção posterior da língua. Este desenvolvimento estará se completando em torno do quinto mês de gestação.

Na terceira semana do desenvolvimento, uma invaginação endodérmica passa medialmente entre o tubérculo ímpar e a cópula, e migra anteriormente aos arcos branquiais para constituir a glândula tireoide. O orifício de passagem do brotamento endodérmico fechado constitui o forâmen ceco e marca o ponto de origem da glândula tireoide. Medialmente, a partir da porção posterior do quarto arco, uma proliferação também ímpar, irá constituir a epiglote. O quinto arco formará as cartilagens aritenoides.

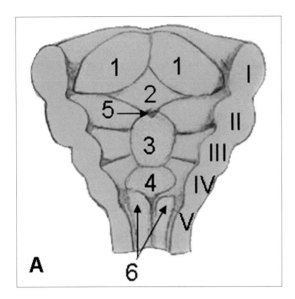 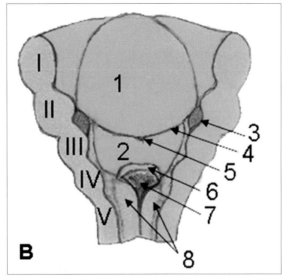

Fig. 8 (A e B)- Vista posterior da porção ventral dos arcos branquiais (I, II, III, IV e V) em distintas etapas do desenvolvimento onde em A, 1 - saliências laterais da língua, 2- tubérculo ímpar, 3 - cópula (eminência hipobranquial), 4 - saliência da epiglote, 5 - forame caecum e 6 - saliências das aritenoides. Em B, 1 - corpo da língua, 2 - raiz da língua, 3 - tonsila palatina, 4 - sulco terminal, 5 - forame caecum, 6 - epiglote, 7 - ádito laríngeo e 8 - saliências das aritenoides.

Epiglote e aritenoides conformam o orifício ou adito da laringe, que permanece como comunicação entre os tubos digestivo e respiratório. Na terceira semana do desenvolvimento embriológico, o sistema respiratório surge como um divertículo da parede ventral do intestino cefálico. Este divertículo, a princípio largamente comunicado com o intestino cefálico, logo dele se separa, restringindo a comunicação, pelo surgimento de um septo esôfago-traqueal que limita a comunicação ao ádito da laringe. Assim, o sistema respiratório tem seu revestimento interno de origem endodérmica e suas cartilagens e músculos de origem mesodérmica, atmosfera na qual o brotamento diverticular respiratório do intestino cefálico se desenvolveu. As más formações congênitas que podem comunicar o esôfago com a traquéia se explicam por esta embriologia e em especial por falha do adequado fechamento do septo esôfago-traqueal.

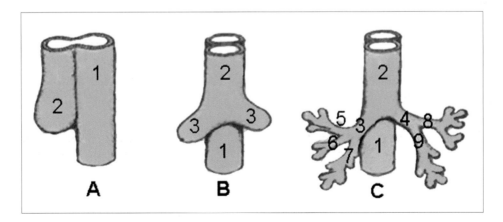

Fig. 9 (A, B e C) - Representam sequência esquemática da origem do sistema respiratório a partir do intestino cefálico. Em A, 1 - intestino cefálico ou anterior, 2 - divertículo respiratório. Em B, 1 - esôfago, 2 - traqueia e 3 - brônquios primitivos direito e esquerdo. Em C, 1 - esôfago, 2 - traqueia, 3 - brônquio fonte direito, 4 - brônquio fonte esquerdo, 5, 6 e 7 - brônquios lobares superior, médio e inferior do pulmão direito, 8 e 9 - brônquios lobares superior e inferior do pulmão esquerdo.

BIBLIOGRAFIA CONSULTADA

1. Arey LB. Developmental anatomy. A textbook and laboratory manual of embriology. Philadelphia, Saunders, 1965.
2. Langman J. Embriologia médica, Livraria Atheneu Editora, São Paulo, 1966.
3. Larsen WJ. Human Embryology . Churchill & Livingston, 3ª ed. 2001.
4. Lobo B A. Noções básicas de embriologia humana, 3ª ed. Guanabara Koogan, 1960.
5. Moore K,. Persaud TVN. Embriologia clínica. 8 ed. Rio de Janeiro: Elsevier. 2008
6. Moore K, Persaud TVN. The developing human - Clinically Oriented Embryologic, 6ª ed. Saunders Company, 1998.
7. Muller, ED. Histologia e Embriologia Oral de Orban. 8ª ed. Editora Artes Médicas, Stª Maria, RS, 1978; 405-14.
8. Patten BM. Developement of the digestive and respiratory sistens. In: Human embriology. NewYok/Toronto, Blakiston, 1953.
9. Proenza DV. Histologia Y Embriologia Odontologicas. Interamericana, México. 1974; 241-51.
10. Sadler TW. Langman. Medical Embryology – 9ª ed. Williams and Wilkins, 2004.
11. Sadler TW.Langman. Embriologia Médica – 11ª ed. Guanabara Koogan, Rio de Janeiro. 2010.

CAPÍTULO III

DINÂMICA DA DEGLUTIÇÃO

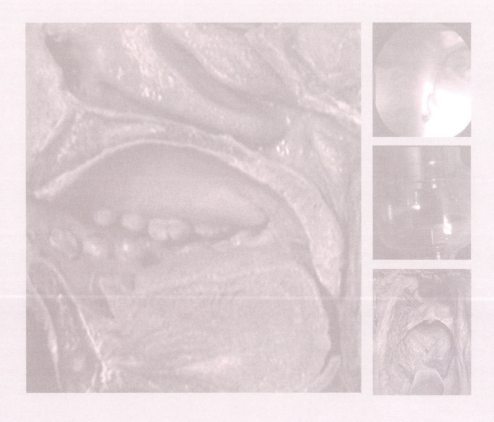

A **deglutição** é didaticamente dividida nas fases oral, faríngea e esofágica ou esofagogástrica. A oral é uma fase que pode ser conscientemente controlada por força da vontade e, por esta razão, é considerada voluntária. No entanto, é uma fase usualmente subconsciente, cujo controle se dá por interação do conteúdo a ser deglutido, com receptores orais que percebem, qualificam e influem na determinação das ações, sem que tenhamos a necessidade de interferir conscientemente na ordenação e potência das estruturas envolvidas e, por isso, pode também ser definida como semiautomática. As fases faríngea e esofagogástrica se definem como automáticas ou involuntárias. A sequência das ações da fase faríngea implica a determinação do sentido do fluxo e a exclusão das vias aéreas; inicia-se e progride de modo reflexo, sem que, por vontade, possamos interferir, mesmo que tenhamos o desejo consciente de fazê-lo.

Didaticamente, dizemos fase faríngea e fase esofágica, passando a impressão de que a fase esofágica só ocorre após o término da fase faríngea. A esofágica se inicia nas primeiras frações de segundo da fase faríngea, e continuam juntas no tempo de pouco menos a um segundo em que dura a fase faríngea. Temos assim uma dinâmica faringoesofágica antecedendo uma fase esofágica individualizada. O bolo pressurizado pela ejeção oral e, ainda em grande parte na faringe, já se encontra na porção proximal do esôfago para ser levado para o estômago, por contrações sequenciadas do tubo esofágico (peristalse). A dinâmica de propulsão esofágica implica aumento cranial da pressão, com progressão e relaxamento receptivo distal.

FASE ORAL

A fase oral da deglutição é a fase na qual, em sequência, prepara-se, qualifica-se, organiza-se e ejeta-se o conteúdo a ser transferido da cavidade oral para a faringe. Uma bem definida organização osteomusculoarticular dá base estrutural à dinâmica e resistência às paredes que constituem a cavidade oral, onde os eventos dessa fase têm lugar. Glândulas salivares, língua, dentes e uma elaborada interação neural completam a base morfofuncional dessa fase da deglutição.

No estágio de **preparo** o alimento é fragmentado e insalivado para formação do bolo (mastigação). No estágio de **qualificação**, que se interpenetra com o de preparo, o bolo é percebido em seu volume, consistência (viscosidade), grau de umidificação e em significativo número de outras características físicas e químicas que importam para uma adequada ejeção.

O estágio de **organização** é aquele no qual o bolo é posicionado, usualmente sobre o dorso da língua, e as estruturas osteomusculoarticulares, responsáveis pela morfofuncionalidade da cavidade oral, se organizam para a ejeção.

A **ejeção oral** se faz em estágio no qual as paredes bucais se ajustam, impedindo a dissipação pressórica por distensão das paredes; os lábios se apõem firmemente, impedindo o escape interlabial da pressão intraoral; a língua se fixa funcionalmente em nível do trígono dos incisivos e, ondulando-se de anterior para posterior, gera pressão que, juntamente com o conteúdo oral, se transfere para a faringe.

A análise da fase oral deixa ver que os elementos anatômicos, embora interagindo durante toda a fase oral, mostram maior participação ou destaque funcional em um ou outro estágio dessa fase.

No **estágio de preparo** se destacam, a cada lado da linha média, os músculos mastigadores, quatro potentes pares de músculos de tipo estriado esquelético; as articulações temporomandibulares, articulações de tipo sinovial com disco intra-articular e dinâmica interdependente e os dentes, implantados nos arcos definidos pelos ossos maxilares e a mandíbula. Estes elementos, ajudados pelas demais estruturas constituintes, contidas e relacionadas com a cavidade oral, se mostram capazes de intervir sobre o alimento a ser preparado com dinâmica que explora o máximo de suas características morfológicas.

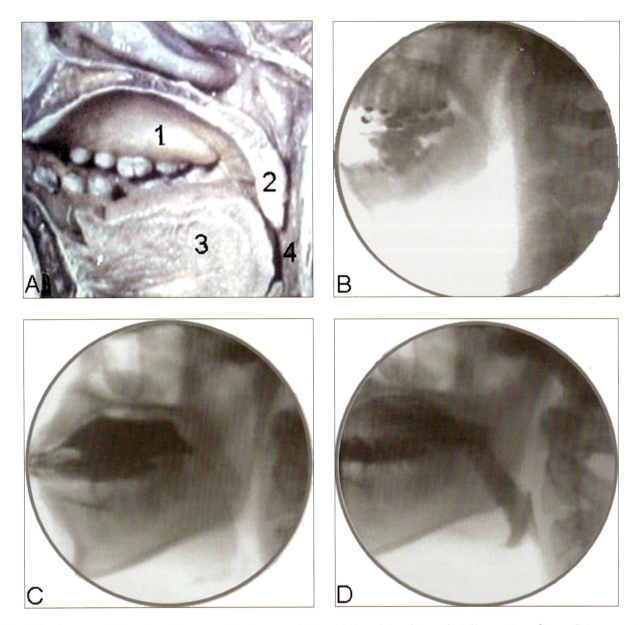

Fig. 1 Em A, corte sagital mediano de peça anatômica expondo 1 - cavidade oral, 2 - palato mole, 3 - língua e 4 - orofaringe. B - imagem videofluoroscópica em perfil destacando a cavidade oral durante as etapas de preparo e qualificação. C - Imagem videofluoroscópica em perfil destacando organização intraoral (fechada) e D - Imagem videofluoroscópica em perfil destacando a ejeção.

A potente ação da musculatura mastigadora se transfere para a mandíbula, peça óssea móvel que se articula, a cada lado, por seu processo condilar, via interposição do disco cartilagíneo, com a fossa mandibular e tubérculo articular do osso temporal. Esta interação musculoarticular permite complexo movimento de mastigação, que é a soma dos movimentos de elevação, abaixamento, projeção, retroprojeção e lateralidade. A morfologia dos dentes e seus implantes, nos arcos definidos pelas maxilas e pela mandíbula, empresta ao conjunto a capacidade de fragmentar pela ação repetida sobre os alimentos. Por estímulo do sistema nervoso autônomo mas também relacionada à mastigação, está a descarga de saliva produzida pelas glândulas parótida, submandibular, sublingual, lingual e por diversos pequenos ácinos salivares localizados sob a mucosa que forra a cavidade bucal.

Ainda durante o estágio de preparo, e dele se beneficiando, pela fragmentação e ação da saliva sobre os constituintes do bolo, pode ser percebido o estágio de qualificação do bolo a ser deglutido. A existência e a independência desses dois estágios podem ser mais bem percebidas nos bolos nos quais a mastigação não se faz necessária. O bolo é percebido em sua consistência (viscosidade), volume e demais características; percebe-se se há ou não fragmentos que devam ainda ser triturados ou excluídos antes que se degluta; se o seu volume pode ser ejetado como um todo ou deve ser subdividido para ser deglutido por mais de um esforço de deglutição; se o seu grau de insalivação está ou não adequado. O esforço de deglutição será modulado pelas qualidades percebidas no bolo a ser deglutido. O número de unidades motoras a serem despolarizadas para uma ejeção variará segundo a percepção que nessa fase se processa.

Aqui, neste estágio de qualificação, a maior atenção deve ser dada aos nervos trigêmeo (V par), facial (VII par) e glossofaríngeo (IX par craniano), os quais são os responsáveis pela condução aferente da cavidade bucal, ou seja, pelas percepções da cavidade bucal.

No estágio de organização o bolo, já qualificado e quantificado em volume adequado, é posicionado usualmente sobre o dorso da língua. Inicia-se um ajustamento tônico de toda musculatura constituinte do estojo bucal, inclusive dos músculos mastigadores, mas, efetivamente, mais dos músculos bucinadores e orbiculares dos lábios e ainda com alguma participação dos músculos do assoalho da boca. As partes marginal e labial do orbicular dos lábios se modulam em contração circular, dando resistência anterior ao aumento da pressão intraoral. A extremidade livre da língua se apõe ao trígono dos incisivos, gerando fixação funcional anterior. A relação do contorno posterior do dorso da língua com o palato mole, que separa funcionalmente a cavidade oral da orofaringe, se desfaz com a ejeção oral.

A ejeção é o resultado do aumento da pressão gerada no interior da cavidade oral e que progride de anterior para posterior. Com o bolo posicionado sobre seu dorso, a língua, fixada funcionalmente sobre o trígono dos incisivos, se ondula de anterior para posterior e, como um êmbolo, ajustado ao estojo oral, gera pressão que é transferida para a faringe. O ajustamento tônico das paredes formadoras da cavidade oral garante resistência, impedindo a dissipação de pressão. Concomitantemente ao aumento da pressão intraoral, o palato mole se tenciona e se eleva, abrindo a comunicação entre a cavidade oral e a orofaringe, zona de menor resistência, para onde a pressão intraoral se transfere, dando início à fase involuntária (reflexa) da deglutição.

FASE FARÍNGEA

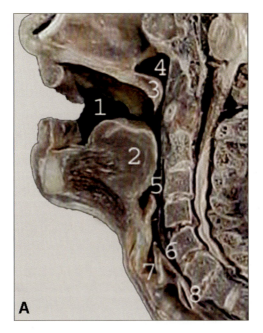 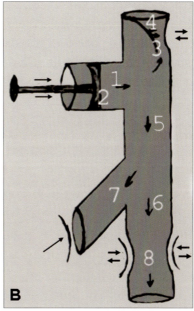

Fig. 2 Em A, corte sagital mediano de peça anatômica envolvendo a cavidade oral e a região cervical onde 1- cavidade oral, 2 - língua, 3 - palato mole, 4 - rinofaringe, 5 - orofaringe, 6 - laringofaringe, 7 - laringe (vestíbulo), 8 - transição faringoesofágica. Em B, representação esquemática onde os números representam as regiões e estruturas indicadas em A, e as setas, a dinâmica das fases oral e faríngea que em condições normais evitam o escape para a rinofaringe e a permeação das vias aéreas, privilegiando a passagem do bolo da faringe para o esôfago devido à abertura da transição faringoesofágica.

A fase faríngea da deglutição se constitui no primeiro tempo da fase involuntária. Essa etapa se caracteriza por uma dinâmica que direciona a ejeção oral, impede a dissipação da pressão gerada por essa ejeção e bloqueia as vias aéreas contra a permeação dos volumes deglutidos.

Na primeira fase da deglutição o bolo é ejetado, sob pressão, da cavidade oral para a faringe. Essa ejeção se faz pela projeção da base da língua para o interior da orofaringe. A língua, como êmbolo, propele e passa ajustada pelo contorno formado pelo palato e as pregas constituídas pelos músculos palatoglossos. Com o retorno oral vedado pelo ajustamento de passagem, a orofaringe tem sua pressão aumentada. O escape nasal é impedido pelo fechamento da comunicação, entre a orofaringe e a rinofaringe, produzido pelo ajustamento do palato contra o istmo faríngeo. Este ajustamento impede o escape e a consequente dissipação da pressão para a rinofaringe.

Durante a ejeção oral, a orofaringe, por menor resistência, facilita a transferência do bolo para o seu interior. Essa entrada do bolo sob pressão na orofaringe coincide com a despolarização sequenciada dos fascículos do constritor superior, que se inicia em nível do istmo faríngeo. Essa despolarização sequenciada primeiro dá suporte à aposição palatofaríngea e segue pelos demais fascículos do músculo constritor superior, dando-lhe resistência, impedindo que a pressão transmitida para a orofaringe se dissipe por distensão de suas paredes. Com a rinofaringe e a cavidade bucal ainda seladas e a orofaringe com alta pressão, o bolo migra para a laringofaringe.

Nesse tempo, a laringofaringe se encontra ampliada por ação dos dilatadores (músculos estilofaríngeos e palatofaríngeos), mas, em especial, pela elevação e anteriorização do hioide e da laringe. A laringe, em elevação, se afasta da coluna cervical, desfazendo o pinçamento do segmento distal da laringofaringe (TFE - transição faringoesofágica), diminuindo sua resistência e facilitando a passagem do bolo da faringe para o esôfago.

Concomitantemente, com a passagem do conteúdo da orofaringe para a laringofaringe, a epiglote vai sendo projetada em sentido posterior. A despolarização dos fascículos da musculatura constritora da faringe progride em sentido caudal, atingindo os constritores médio e inferior. A constrição faríngea, sobre a epiglote evertida posteriormente, faz com que a extremidade livre desta cartilagem separe a orofaringe da laringofaringe. No entanto, esta separação só ocorre após a passagem do bolo da orofaringe para a laringofaringe.

Nesse tempo as vias aéreas apresentam sua resistência aumentada pela apneia e pelo fechamento das pregas vocais, entre outros mecanismos, enquanto a transição faringoesofágica, aberta, se apresenta franqueada e permissiva ao fluxo que progride para o esôfago. Hioide e laringe retomam a posição de repouso, a transição faringoesofágica se fecha e o tempo esofágico progride.

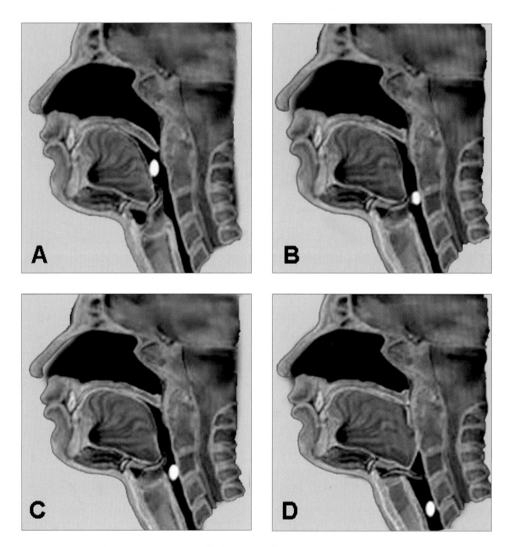

Fig. 3 Sequência esquemática de cortes sagitais (perfil direito) onde se vê a relação de volume contrastado (imagem em branco) com a epiglote durante sua migração da orofaringe para a laringofaringe, destacando o fato de que a passagem se faz no tempo em que a epiglote ainda não separou totalmente a orofaringe da laringofaringe (a sequência visa de modo esquemático enfatizar o fato de a epiglote não ter a função de tampa protetiva durante a deglutição, como a ela se atribui de modo equivocado). Note-se que a epiglote é importante estrutura envolvida na proteção das vias aéreas, mas não como uma tampa.

FASE ESOFÁGICA

Essa fase se inicia em tempo no qual a fase faríngea ainda está em curso. A despolarização da musculatura faríngea se propaga para a esofágica, e uma onda peristáltica primária, de proximal para distal, percorre o esôfago, ordenhando seu conteúdo em direção ao estômago. A entrada do alimento no esôfago se associa a um relaxamento receptivo distal da transição esofagogástrica e também da porção superior do estômago. Na fase esofágica, quando o bolo em progressão escapa da ação da onda peristáltica primária, observa-se, por estímulo local produzido por resíduos alimentares, em nível da musculatura lisa, onda peristáltica secundária, que propele os resíduos a partir do ponto de estímulo em direção ao estômago, produzindo o clareamento esofágico. O esôfago é nesse contexto um tubo de passagem, mas que encerra complexa morfofuncionalidade e significativo número de possíveis disfunções, que terminam por interferir no todo da dinâmica da deglutição.

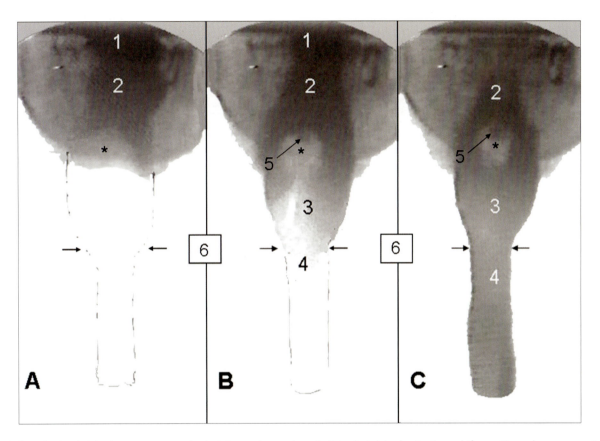

Fig. 4 Sequência obtida de uma mesma deglutição onde em A, após 0,1s do início da ejeção oral (frame 3) se observa o meio de contraste na projeção da cavidade oral (1) e da orofaringe (2). Em B, aos 0,2 do segundo (frame 6) se vê, além da cavidade oral (1) e orofaringe (2), contraste na laringofaringe (3). Entre setas (6) plano transverso da transição faringoesofágica aberta. (*) epiglote, 5 - resíduo de meio de contraste contido na valécula. Linha tracejada visa dar evidência a segmentos ainda não revelados pelo meio de contraste. Ainda em B, discreto sombreado revela início do esôfago (4). Em C, a 0,3 s (frame 9) se veem 2 - orofaringe , 3 - laringofaringe, 4 - esôfago contrastado. O conjunto das imagens mostra a interação temporal entre as fases faríngea e esofágica.

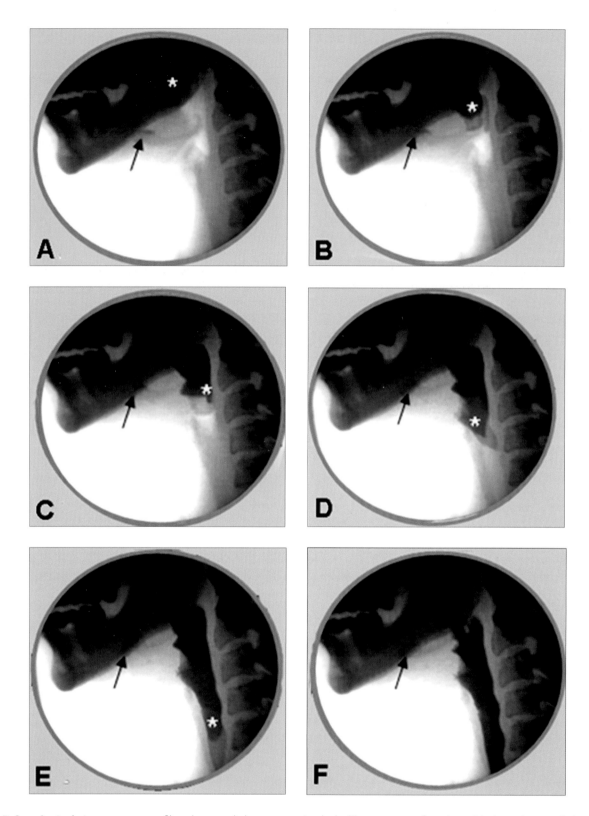

Fig. 5 Sequência de imagens em perfil onde se pode bservar em A o bolo (*) que se transfere da cavidade oral para a faringe. Em A, a fase faríngea já está em curso; observar a seta que mostra o corpo do osso hioide elevado já em relação com a mandíbula, indicando elevação hio-laríngea com abertura da transição faringoesofágica. De B a F se vê ainda corpo do hioide elevado com fluxo de contraste (*) em passagem da faringe para o esôfago. Em E e F, já iniciada a fase esofágica, permanece ativa a fase faríngea. Ver o hioide ainda elevado (seta) e a faringe ainda totalmente preenchida pela solução contrastada (sulfato de bário).

BIBLIOGRAFIA CONSULTADA

1. Altman EBC, Ledermann H. Videofluoroscopia da deglutição e do esfíncter velo-faríngico: padronização do exame. Pró-fono. Rev. Atual Cient. 1990; 1:9-16.

2. Aprigliano OQ. Motilidade do aparelho digestivo. In Aires M. Fisiologia.; Guanabara Koogan, Rio de Janeiro.1991.

3. Ardran, G. M. & Kemp, F. H. The mechanisms of swallowing. Proc Roy Soc Med. 1951; 44: 1038-44.

4. Berne R M, Levy MN. Motilidade. In: Berne R M, Levy MN. Princípios de Fisiologia. Guanabara Koogan, Rio de Janeiro. 1991.

5. Bosma, J. F. Deglutition: Pharingeal stage. Phisiol Rev. 1957; 7: 275-300.

6. Buthpitiya AG, Stround D, Russel C.O.– Pharyngeal and esophageal transit. Dig Dis Sci. 1987; 32:1244-8.

7. Costa M M B. Uso de Bolo Contrastado Sólido, Líquido e Pastoso no estudo Videofluoroscópico da Dinâmica da Deglutição. Rev. Bras. Radiol.1996;29(1): 35-9.

8. Costa M M B. Dinâmica da Deglutição: Fases oral e faríngea.In: Costa, Lemme, Kooch. Temas em Deglutição & Disfagia. Supraset, Rio de Janeiro, 1998, 1-11.

9. Costa M M B, Moscovici M, Koch HA; Pereira AA. Avaliação videofluoroscópica da trânsição faringo-esofágica: esfincter esofágico superior. Radiol Bras. 1993; 26:71-80.

10. Costa M M B Avaliação videofluoroscópica do significado funcional da epiglote no homem adulto. Arq Gastroenterol 1998; 35:64 -74.

11. Costa M M B, Monteiro JS, Koch HA. Videofluoroscopia esofágica. In: Costa e Castro.Tópicos em Deglutição e Disfagia, MEDSI, Rio de Janeiro, 2003; 307-18.

12. Costa M M B, Lemme EMO. Coodination of Respiration and Swallowing: functional pattern and relevance of vocal folds closure . Arq. Gastroenterol. 2010;47(1):42-8.

13. Costa M M B, Almeida JT, Santanna E, Pinheiro GM. Viscosities reproductive patterns for use in videofluoroscopy and rehabilitation therapy of dysphagic petients. Arq Gastroenterol 2007; 44(4):297- 303.

14. Costa M M B, De Bonis R, Pamplona D, Sales AD. - The open mouth mechanism: anatomical and Videofluoroscpic Study - Braz. J. Morphol. Sci., 2007;24(4):229-38.

15. Curtis DJ, Sepulveda GU. Epiglottic motion: video-record of muscular dysfunction. Radiology 1983; 148:473-7.

16. Curtis DJ, Cruess DF, Dachman AN. Normal erect swallowing. Normal function and incidence of variations. Invest Radiol 1985; 20:717-26.

17. Dantas M.D.; Kern.;Massey, B.T.; Dodds, W.J.;Kahrilas, P.J.; Brasseur, J.G. & Cook, I.J. Effect of swallowed bolus variables on oral and pharyngeal phases of swalling. Am J.Phisiol 1990; 258: G 675-8.

18. Davempont, Fisiologia Digestiva, Rio de Janeiro. Guanabara Koogan, 1977.

19. Donner, M.W. Radiological evaluation of swallowing. Am Rev Respir Dis. 1985; 131: 520-3.

20. Ekeberg, O, Nylander G. – Cineradiography of the pharyngeal stage of deglutition in 150 individuals without dysphagia. Br J Radiol 1982; 55:253-7.

21. Guyton AC. Transporte e mistura do alimento do tubo digestivo. In:Guyton AC. Tratado de fisiologia médica, 8ª ed. Guanabara Koogan, Rio de Janeiro.1981.

22. Johnstone, AS. – A radiological study of deglutition. J. Anat 1942; 77:97-100.

23. Junkeira P, Costa MMB. Protocolo para Avaliação Videofluoroscópica da Dinâmica da fase oral da Deglutição de Volumes Líquidos. Pró-fono. Revista de Atualização Científica – 2001; 13(2):165-8.

24. Mcconnel, F. M. Analysis of pressure generation and bolus transit during pharyngeal swallowing. Laringoscope. 1988; 98: 71-8.

25. Mcconnel, F. M.; Cerenko, D.; Jackson, R. T. & Guffin,T.N. Jr. Timing of major events of pharyngeal swallowing. Arch Neack Surg. 1988; 114: 1413-18.

26. Orts Llorca F. Anatomia humana., v3, Editorial Científico Médica, Barcelona.1967.

27. Palmer JB, Tanaka E, Siebens AA. Motions of the posterior pharyngeal wall swallowing. Laryngoscope 1988; 998:414-7.

28. Pansky B. Review of Gross Anatomy; McGraw-Hill, New York 1996.

29. Putz R, Pabst R. Sobotta-Atlas de Anatomia Humana, 20ª ed. Rio de Janeiro, Guanabara Koogan, 1995, v1.

30. Van Westen D, Ekberg O. Solid bolus swallowing in the radioloc evaluation of dysphagia.Acta. Radiol Diagn.1986; 27:701-4.

31. Warwick R, Willians PL. Gray anatomia.; 35ª ed. Guanabara Koogan, Rio de Janeiro, 1979.

32. Yamada E K, Siqueira K O, Xerez D, Koch H A, Costa MMB. A Influência das Fases Oral e Faríngea na Dinâmica da Deglutição. Arq Gastroenterol. 2004;41(1):18-23.

CAPÍTULO IV

CONTROLE NEURAL DA DEGLUTIÇÃO

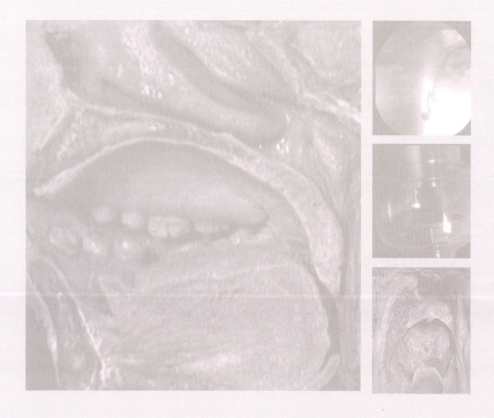

CONCEITOS GERAIS

A deglutição se define pela pressurização da cavidade oral com transferência, consciente (voluntária) ou subconsciente (semiautomática), de seu conteúdo para a faringe que, distendida pela pressão transferida, responde de modo reflexo (automático), conduzindo pressão e conteúdo para o esôfago, que também, de modo reflexo, responde com sequência peristáltica primária de sentido craniocaudal associada a relaxamento receptivo do esfíncter esofágico inferior e fundo gástrico. A essa dinâmica se associa, desde a transferência oral e por toda a fase faríngea, a exclusão das vias aéreas, que se mostram protegidas e resistentes ao fluxo em passagem pela faringe.

A deglutição é um processo que envolve e modifica, com especificidade, diferentes estruturas, regiões e sistemas. Pode ser iniciado de modo consciente e voluntário e seguir produzindo sequência reflexa, que implica apneia e modificações estruturais e dinâmicas, que envolvem boca, faringe, laringe, esôfago e estômago.

A deglutição nutritiva se inicia com o preparo e a qualificação do bolo. Volume e viscosidade são as percepções que implicarão o quantum de pressão (força de transferência) a ser gerada pela cavidade oral e, de certo modo, independem da vontade. Informam os limites funcionais da cavidade oral. Percebemos, por exemplo, um volume maior que o adequado, mas podemos degluti-lo por força da vontade; porém, a inadequação será percebida como um desconforto. A percepção da temperatura e dos sabores permite interferência voluntária de modo mais claro. Trata-se do eu gosto ou eu não gosto. Deglutir um remédio amargo eu não gosto, mas preciso e degluto.

Um conteúdo adequado é preparado, qualificado, aceito e passa a ser trabalhado de modo semiautomático na cavidade oral. Deglutimos sem nos dar conta, de modo consciente, de suas características. Elas estão dentro de um padrão de aceitabilidade. Só retomaremos o controle voluntário se esse padrão for quebrado, vindo a "ameaçar" a normalidade do processo.

A deglutição sem propósito nutritivo ocorre reiteradas vezes, estando o indivíduo desperto ou durante o sono sem um claro controle voluntário. A deglutição é nesse caso semiautomática. O seu controle é subcortical; neurônios de terceira ordem em nível talâmico coordenam a normalidade da deglutição de saliva continuamente produzida à semelhança do semiautomatismo descrito para a deglutição nutritiva.

A saliva, além de sua importância no processo de deglutição nutritiva, é necessária à lubrificação das mucosas para a adequada articulação dos fonemas. Ela é produzida em volume e características físico-químicas passíveis de controle semiautomático. A deglutição não nutritiva ajuda na distribuição da saliva por sobre as mucosas das cavidades oral, faríngea e mesmo vestibular laríngea, mantendo fluido o muco que reveste essas regiões. Inspiração e expiração ressecariam a mucosa pelo contínuo fluxo de ar; a deglutição não nutritiva mantém o nível de umidade dessas mucosas. Essa deglutição é ainda importante na retirada de volumes que excedam a capacidade do vestíbulo laríngeo. Na deglutição, com as pregas vocais aduzidas, o tubérculo da epiglote se ajusta contra as pregas vestibulares, fechando o vestíbulo e expulsando em retorno da faringe qualquer excesso de saliva aí existente.

COORDENAÇÃO E FASES DA DEGLUTIÇÃO

Coordenadas pelo sistema nervoso central, via nervos cranianos, as fases da deglutição se integram funcionalmente. Inicia-se pela fase oral (voluntária ou semiautomática) e se continua pelas fases faríngea e esofágica (reflexas ou automáticas).

A fase oral é voluntária; podemos interferir em sua dinâmica por força da vontade. Em volume adequado podemos ingerir líquidos e pastosos, sem maiores esforços, ou mastigar um sólido para transformá-lo em amostra passível de ser ingerida. Na cavidade oral o conteúdo é percebido quanto a suas características físicas e químicas. Os quimiorreceptores nos informam se esse conteúdo é salgado, doce, azedo ou amargo. Podemos gostar do que temos na boca para ingerir e não ingerir, porque engorda ou simplesmente porque não queremos. De modo análogo podemos ter na boca algo de paladar desagradável e mesmo assim ingeri-lo por entender que devemos ingeri-lo. Isso é vontade. Controlamos por força da vontade se queremos ou não preparar e ingerir o conteúdo oral. Temos ciência e controle sobre a função.

A dinâmica oral pode ser pensada e decidida por controle voluntário, mas, em condições adequadas, funciona de modo semiautomático, onde o controle voluntário fica subjacente a uma "normalidade" percebida e informada por receptores orais.

Embora tenhamos controle sobre a fase oral, uma série de informações, em especial as detectadas pelos mecanorreceptores, são coletadas enquanto preparamos o bolo que desejamos e aceitamos deglutir. Seu volume e consistência são percebidos e servem para definir o quanto de "força" devemos usar para degluti-los. A musculatura envolvida nessa fase é a do tipo estriada esquelética e, assim, se contrairá por despolarização de unidades motoras, que serão solicitadas e responderão de acordo com o gasto energético necessário ao cumprimento da função. O valor pressórico gerado na cavidade oral por força da qualificação obtida será transferido para a faringe, onde terá início a fase involuntária (reflexa ou automática).

As fases faríngea e esofágica de modo reflexo, involuntário, sem que possamos interferir por força da vontade, prosseguirá conduzindo o conteúdo transferido pela fase oral até o estômago. Podemos ter consciência da passagem do bolo pela faringe e esôfago mas não podemos interferir, por controle da vontade, seja qual for a percepção que tenhamos quanto a esse trânsito. Um alimento ingerido quente será percebido na faringe e no esôfago quanto a sua desconfortável temperatura sem que, contudo, possamos fazer qualquer coisa que não seja esperar passar e/ou esfriar.

A faringe e a parte superior do esôfago são constituídas por músculo estriado esquelético. A dinâmica reflexa desses segmentos depende da transferência pressórica proveniente da cavidade oral. Essa transferência pressórica, em intensidade definida pela qualificação oral, determinará, na musculatura estriada da faringe e do esôfago, a despolarização de tantas unidades motoras quanto forem as necessárias para continuação da condução do bolo, com transferência da informação elétrica e mecânica para a musculatura lisa das porções média e distal do esôfago. Em nível da interdigitação do músculo estriado com o liso, inicia-se o plexo nervoso mioentérico que assume o controle motor da musculatura lisa do esôfago; incluindo contração peristáltica e relaxamento do esfíncter esofágico inferior, o qual se mantém aberto e permissivo durante a sequência peristáltica.

A pressão transferida da cavidade oral para a faringe é impedida de escapar para a rinofaringe pela aposição do palato contra a parede posterior da faringe. O fluxo, propelido em sentido distal, segue para o esôfago pela diminuição da resistência da transição faringofágica aberta, em especial pela elevação do hioide e da laringe. Essa abertura também participa da proteção das vias aéreas, nesse tempo resistente pela apneia de deglutição e fechamento da rima glótica, entre outros eventos que aumentam a resistência das vias aéreas.

FASES ANTECIPATÓRIAS DA DIGESTÃO E DA DEGLUTIÇÃO

A fase cefálica da digestão, não raro entendida como fase antecipatória da deglutição, diz respeito ao processo digestivo como um todo e não exclusivamente à deglutição, como às vezes é equivocadamente entendida. Os sentidos, em especial visão e olfato, funcionam como vias aferentes, produzindo respostas efetoras que se manifestam com maior liberação de saliva, mas também com maior liberação de secreção clorido-péptica pelo estômago e acentuação da peristalse por estímulo da musculatura lisa do tubo digestivo. A fase antecipatória da deglutição diz respeito à formação do paladar, à seleção e ao aprendizado do que cada um de nós entenderá como bom ou ruim no sentido do eu gosto ou eu não gosto. O entendimento do próprio e impróprio também se situa nessa fase. Gostos ainda desconhecidos, exóticos e/ou extravagantes merecem análise qualificativa de pré-aceitação, que se baseia em valores aprendidos.

É admissível que algo de inato exista na seleção dos gostos e contribua para a formação do paladar. O gosto amargo, considerado como desagradável pela maioria de nós, é percebido de modo intenso mesmo em baixas concentrações. Essa percepção mais intensa foi considerada como decorrente de uma seleção natural. Os principais venenos na natureza, os alcaloides, são amargos e, assim, perceber e rejeitar esse gosto pode ser considerado importante para a preservação das espécies. De modo análogo os carboidratos, fontes de energia de fácil assimilação, são doces e admitidos como bons e gostosos.

FASE CEFÁLICA

Na boca, o conteúdo fragmentado pela mastigação é reorganizado como bolo insalivado para ser conduzido até o estômago, onde será submetido à ação da secreção clorido-péptica do estômago. A dinâmica gástrica se encarrega de revolver o bolo para expô-lo como um todo à ação da secreção clorido-péptica produzida pelo estômago. O conteúdo gástrico semidigerido será liberado em frações (alíquotas), que serão propelidas pela peristalse para o duodeno, onde a acidez do bolo será tamponada por secreção rica em bicarbonato e os nutrientes, agora semidigeridos, por ação de enzimas que, como o bicarbonato, são produzidas pelo pâncreas. A liberação de secreções digestivas e a peristalse se iniciam antes de o indivíduo ter ingerido o alimento.

Os sentidos, em especial a visão e o olfato, como vias aferentes, estimulam centros que, por vias eferentes, nervos facial e glossofaríngeo, estimulam as glândulas salivares de modo mais intenso, trazendo a percepção, pelo indivíduo, de um maior volume dessa secreção na cavidade oral que, não raro, é referido com a assertiva de se estar com a boca cheia d'água. Esse estímulo também se verifica nas glândulas gástricas, e um maior volume de secreção clorido-péptica se libera à espera do conteúdo a ser digerido, o qual foi previamente anunciado pela visão e pelo olfato. A peristalse também é inicialmente estimulada por essa mesma fase cefálica, podendo ser percebida em sua dinâmica pelo burburinho que às vezes se faz audível no abdômen e dito como a "barriga está roncando".

FASE ANTECIPATÓRIA

Embora a fase cefálica de algum modo se antecipe à ingestão dos alimentos com respostas secretoras e motoras, não se deve confundí-la com o que estamos definindo como fase antecipatória. A fase cefálica se refere à digestão e a fase antecipatória à deglutição e se define como aquela que, ao longo da vida, pelas experiências ambientais e nutricionais nos fez distintos em paladar e capazes de reassumir o controle consciente da fase oral, quando as características do bolo se configuram distintas daquelas aprendidas como adequadas.

A percepção do sápido das substâncias, doce, salgado, azedo e amargo, é comum a todos nós. Quente, frio, picante, sabores exóticos e outras nuances do paladar também são percebidas, mas a aceitação, o eu gosto ou não gosto, varia de modo significativo. Não raro algo de paladar querido e desejado por uns é rejeitado e capaz de produzir acentuado desconforto em outros.

Esses distintos paladares são o resultado da fase antecipatória. Experiências positivas ou negativas com determinados alimentos, situações agradáveis ou desagradáveis associadas a determinados alimentos ou mesmo razões que não se expliquem ou entendam moldam nosso paladar.

A importância desse conceito reside no fato de que, por ele, pode-se explicar que a fase oral, voluntária, funcione de modo semiautomático, sem qualquer interferência da vontade, até que o padrão entendido por cada um de nós como adequado seja alterado. Bom exemplo é o de um indivíduo que não goste do amargo de uma verdura: cumprindo sua fase oral em regime semiautomático, ao sentir esse amargo, de pronto assumirá o controle voluntário da atividade oral. Essa retomada do controle voluntário também será observada se as características típicas de um bolo forem modificadas por uma incomum ou inadequada percepção, como a de uma espinha no meio do bolo que se estaria preparando de modo semiautomático.

CONTROLE NEURAL DA DEGLUTIÇÃO

A fase oral, que pode ser comandada de modo voluntário, se cumpre, usualmente, de modo subconsciente com atividade que pode ser definida como semiautomática. O conteúdo oral em preparo gera informações aferentes que são integradas e respondidas, gerando secreção salivar e contrações musculares, cujo sinergismo e intensidade terminam por permitir adequada transferência do bolo da cavidade oral para a faringe. Não obstante, quando necessário ou desejado, podemos de modo voluntário e consciente assumir e interferir na dinâmica oral com decisão que pode prescindir, em grande parte, da qualificação procedida pelos receptores intraorais. Essa fase é por isso definida como voluntária. As fases faríngea e esofágica, quando em curso, podem permitir consciência do conteúdo em trânsito, mas essa consciência não dá a possibilidade de interferência na dinâmica dessas fases por força da vontade; por isso são definidas como reflexas, automáticas e involuntárias.

Um único centro superior, a princípio, não atende à complexidade e à extensão dos mecanismos envolvidos na interação da dinâmica da deglutição. Por lógica, a deglutição é um processo cuja coordenação se deve à integração de diversos centros neurais superiores.

O controle neural das estruturas envolvidas na condução do alimento da boca até o estômago se faz integrando as diversas fases desse processo. As fases oral, faríngea e esofágica têm cada uma seu próprio controle, interligado em sequência. A função da fase seguinte depende da fase anterior. A atividade da fase anterior transfere informação a ser trabalhada pelo controle neural da fase seguinte.

Para a maioria das funções se admite um único centro superior como responsável pela coordenação de todo o fenômeno. Esse centro único integraria a aferência percebida por receptores periféricos com efetores, capazes de cumprir a função esperada. A deglutição não fez exceção a essa compreensão. Já se admitiu que o centro da deglutição estivesse localizado no tronco cerebral. Esse centro tido como responsável pela deglutição foi designado centro rombencefálico. O rombencéfalo é vesícula neural primitiva que termina, junto com a mesencefálica, formando o tronco cerebral.

Essa admissão se baseou no fato de as estruturas envolvidas com a deglutição serem, em grande parte, inervadas pelos nervos cranianos, cujos núcleos estão localizados nessa região do sistema nervoso central.

O descrito é que as atividades sequenciais motoras da deglutição seriam programadas pelo centro rombencefálico; haveria aí um arranjo neural independente capaz de coordenar os núcleos motores dos nervos cranianos. Esse centro coordenador de nervos cranianos e uma rede de interneurônios a ele relacionada seriam os responsáveis pela programação da deglutição. Esses interneurônios da deglutição estariam localizados em duas regiões do tronco cerebral: uma dorsal, incluindo o núcleo do trato solitário e a formação reticular adjacente, e outra ventral, que corresponde à formação reticular em torno dos núcleos ambíguos.

Os interneurônios dorsais estariam envolvidos na iniciação e na programação da deglutição. Os interneurônios ventrais receberiam impulso para deglutição a partir dos neurônios dorsais. Considerou-se como provável que fossem eles, os neurônios, que ativariam e desativariam, distribuindo a excitação da deglutição para os vários grupos de motoneurônios.

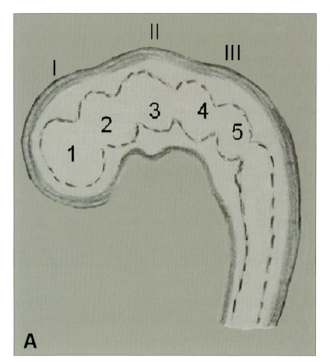 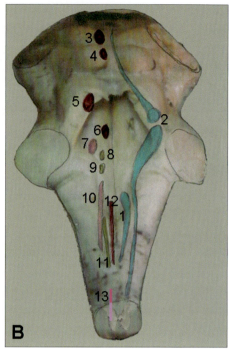

Fig. 1 A - Figura esquemática de vista lateral da porção cefálica do tubo neural primitivo onde se destacam as vesículas I (prosencefálica), II (mesencefálica) e III (rombencefálica) que dão origem a (I) às vesículas (1) e (2) (telencéfalo e diencéfalo) a (II - que não se subdivide) à vesícula (3) ao mesesencéfalo e a (III) às vesículas (4) e (5) aos metencéfalo e mielencéfalo. As vesículas (3, 4 e 5) dão origem ao tronco cerebral e ao cerebelo. Em B, vista posterior do tronco cerebral com representação à direita dos núcleos sensitivos (tracto solitário-1 e trigêmeo-2) e à esquerda os núcleos dos nervos cranianos viscerais e motores: 3 - núcleo oculomotor, 4 - núcleo troclear, 5 - núcleo motor trigeminal, 6 - núcleo abducente, 7 - núcleo facial, 8 - núcleo salivatório rostral (superior), 9 - núcleo salivatório caudal (inferior), 10 - núcleo ambíguo, 11 - núcleo dorsal do vago, 12 - núcleo do hipoglosso, 13 - núcleo acessório.

A fase oral, voluntária, tem no tecido nervoso frontoparietal, separados pela cisura mediana, a percepção e o controle motor das estruturas que atuam por força da vontade (áreas sensitivas e motoras descritas por Wilder Penfield). Essa obsevação terminou por transferir para o córtex a cada lado da cisura mediana, na projeção e pouco acima do opérculo frontoparietal, a localização de um centro superior cortical responsável pela deglutição. É certo que essas regiões do sistema nervoso central (SNC) coordenam as atividades voluntárias da fase oral. Não obstante, a fase oral funciona também de modo semiautomático, ou seja, atua de modo subcortical, fora do controle da vontade. Surge aqui um novo centro capaz de participar do controle da deglutição. Esse controle subcortical se dá por ação de neurônios de terceira ordem, possivelmente em nível talâmico, capazes de responder a atividades programadas em ausência de comando cortical, que só reassume seu controle em caso de quebra de rotina.

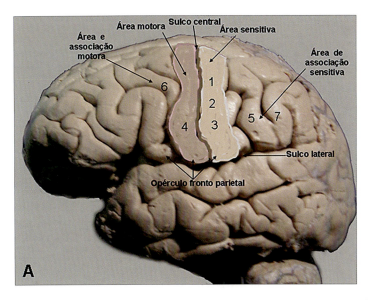 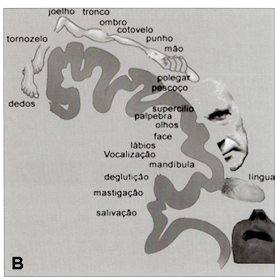

Fig. 2 - Em A, vista lateral do cérebro destacando os lobos frontal, parietal e temporal. Os lobos frontal e parietal são separados pelo sulco central e se separam do temporal pelo sulco lateral. Nos lobos frontal e parietal se destacam as áreas motoras e sensitivas. Os números representam as áreas de atividade cortical como indicado na figura. Em B, figura esquemática destacando as áreas motoras identificadas por Wilder Penfield (homúnculo motor de Penfield).

O tronco cerebral é o centro responsável pela atividade reflexa da fase faríngea, assim como da musculatura estriada da porção superior do esôfago. Todos os seus núcleos são também, no que se relaciona às atividades cortical e subcortical, pontos de sinapse para as vias aferentes e eferentes.

Há ainda, coordenando a dinâmica da musculatura lisa do esôfago, a presença de plexo nervoso parietal mioentérico integrado à dinâmica do sistema nervoso central, mas é dele independente em suas respostas. Esses vários centros, independentes mas sincronicamente interligados, nos permitem entender que o controle neural da deglutição deva ser entendido como multicêntrico.

ORGANIZAÇÃO NEURAL

Os nervos cranianos envolvidos com o controle neural da deglutição são o V (trigêmeo), VII (fascial), IX (glossofaríngeo), X (vago), XI (acessório) e XII (hipoglosso). O acessório e o hipoglosso são exclusivamente motores; os demais, sensitivos e motores.

A aferência dos nervos cranianos, a cada lado, define os neurônios de primeira ordem que iniciam a condução das informações. Os eferentes motores são os responsáveis pela dinâmica das fases oral e faríngea da deglutição.

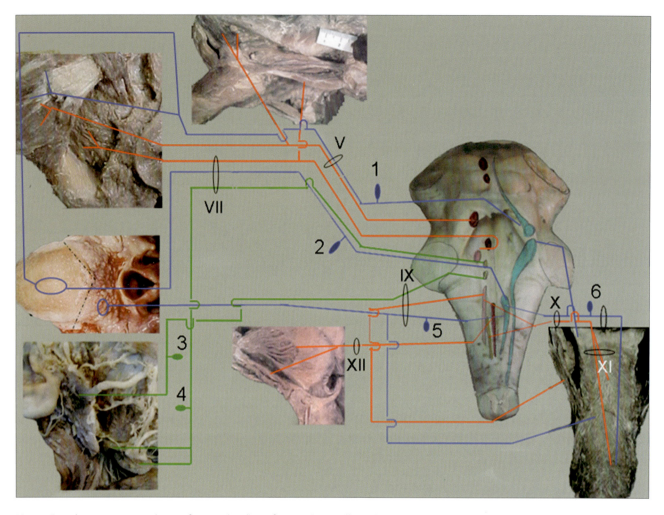

Fig. 3 Distribuição esquemática, aferente (azul) e eferente (vermelho), dos nervos cranianos (V, VII, IX, X, XI e XII) relacionados com as fases oral e faríngea da deglutição. Observar gânglios do sistema aferente: 1 - trigeminal (Gasser), 2 - geniculado, 3 - óptico, 4 - submandibular, 5 - superior e 6 - inferior.

AFERÊNCIA – VIA SOMESTÉSICA OU SENSORIAL

As vias sensoriais se caracterizam pelo arranjo em série de conjunto de neurônios sensoriais. Neurônios de primeira, segunda, terceira e de ordens mais altas conduzem da periferia ao córtex uma dada informação.

Os neurônios de primeira ordem, que constituem os nervos cranianos, formam vias cujos corpos das células nervosas se localizam em um gânglio, e suas terminações periféricas ou formam ou se associam a receptores. Desse modo, esse início de via se torna capaz de perceber um estímulo, conduzindo-o de modo codificado no sentido do sistema nervoso central ao qual o gânglio se liga pelas subsequentes ordens neuronais.

Os neurônios de segunda ordem se localizam no tronco cerebral, mais especificamente em sua porção posterolateral, em núcleos como o do trato solitário e dos segmentos mesencefálico, pontino e espinhal do trigêmeo. Esses núcleos recebem as informações conduzidas pelos neurônios de primeira ordem a cada lado do tronco cerebral e as conduzem, por vias diretas e cruzadas, para os núcleos da base, em especial ou a princípio para os do tálamo cujos neurônios se configuram como os de terceira ordem.

Esses núcleos, com neurônios de terceira ordem, retransmitem para o córtex as informações recebidas graças a suas propriedades biofísicas. A admissão é de que nos mamíferos atuais não só o córtex, mas também a atividade sensorial do tálamo tenham experimentado expressiva expansão. Assim explicando, os circuitos e as propriedades intrínsecas desses neurônios de terceira ordem são capazes de transformar as informações recebidas dos de segunda ordem, antes de retransmiti-las.

Desse modo seria possível entender o semiautomatismo passível de ocorrer na fase oral, o qual se daria quando a informação recebida pelo neurônio de terceira ordem fosse conduzida para as áreas motoras, sem percepção consciente, e daí de volta ao tronco cerebral, para se associar a núcleos motores localizados na porção ventral de onde, via axôneos motores dos nervos cranianos, atingiria os efetores de periferia.A percepção consciente se daria quando a informação percebida e transformada, pelos neurônios de terceira ordem, fosse conduzida para os neurônios de quarta ordem e de ordens superiores localizados no córtex cerebral.

Os neurônios de quarta ordem e os de ordens superiores se localizam em áreas corticais de associação e sensoriais, em uma mesma região ou regiões vizinhas, mas capazes de processar mais detalhadamente a informação e decidir a eferência a ser procedida pelo córtex motor.

EFERÊNCIA – VIA MOTORA

A eferência voluntária, cortical ou consciente, se caracteriza por comando motor, a partir de área cortical pré-central (área 4), gerada por estímulo proveniente do córtex sensitivo (em especial, áreas 2 e 3), que teriam a capacidade de perceber e discriminar a informação para posterior transferência ao córtex motor (área 4).

A eferência subcortical ou subconsciente, que permite seja a fase oral definida como semiautomática, se caracteriza por comando motor que se processa sem a percepção consciente ou discriminativa da informação. A resposta motora, teoricamente também a partir do córtex motor da área pré-central (área 4), via feixe geniculado, receberia sem integração consciente as informações mecânicas objetivas como viscosidade e volume e não as informações qualitativas subjetivas, como, por exemplo, gosto e temperatura. Essas informações, "menos relevantes" para a mecânica do processo, ficariam reprimidas em um nível subcortical, quando dentro dos limites da normalidade. Contudo, como sabido, qualquer variação mais expressiva desses valores religaria a via consciente, e o controle seria reassumido por comando, que agora passaria pela área cortical responsável pela consciência.

Um centro superior de integração entre as áreas sensitivas do giro pós-central com as motoras do giro pré--central é perceptível, mas sua constituição, localização exata e mecanismo de ação ainda são de certo modo especulativos.

As lesões cerebrais em seres humanos e a experimentação permitiram o mapeamento da representação cortical bilateral para as estruturas envolvidas no fenômeno da deglutição. Embora as estruturas periféricas tenham representação bilateral, em condições fisiológicas, suas ações em resposta aos estímulos se processam de modo integrado como se em resposta a um único centro coordenador. Como uma função multicêntrica, com centros individualizados, se integra? Quem domina e como coordena esse domínio? Há uma coordenação aferente e outra eferente ou, apesar de centros independentes, um deles coordena ambas as vias e ambos os hemisférios? Essas e outras são questões que certamente podem ser formuladas; mas o fato é que a integração existe. Há um mecanismo integrador que associa os diversos centros e coordena as respostas que regem a dinâmica da deglutição. No que se refere à coordenação da deglutição, certamente o tronco cerebral e o plexo mioentérico são centros subordinados ao cortical e ao talâmico.

Pode-se supor que a integração da percepção proveniente dos dois lados do corpo se dê em nível dos neurônios de terceira ordem, utilizando rede que intercomunicaria ambos os lados ao sistema nervoso central. A aferência proveniente de neurônios de segunda ordem de um e outro lado do tronco cerebral atingiria, de modo direto e cruzado, os de terceira ordem que transmitiriam para neurônios de ordens superiores lo-

Milton Costa

calizados no córtex de ambos os hemisférios as percepções geradas pelos dois lados, permitindo que um só hemisfério coordene os dois lados do corpo. Seria ainda possível a geração de uma resposta eferente comum que atinja ambos os lados do tronco cerebral a partir dos neurônios de terceira ordem.

Teorizou-se que a integração dos hemisférios se complementaria pela existência de um centro coordenador principal, em um dos lados do cérebro. Esse centro coordenador, além de disparar comando efetor em direção a núcleos do tronco cerebral, emitiria também descarga inibitória sobre o centro contralateral, assumindo, como centro dominante, as vias eferentes dos dois lados.

A interferência inter-hemisférica encontra apoio na observaç ão de vias que cruzam o corpo caloso, interligando os hemisférios, e no fato de a secção do corpo caloso permitir independência de funções motoras que, com o corpo caloso íntegro, não ocorrem. Com corpo caloso íntegro a função de um lado interfere e se integra com a função do lado contralateral. A integração dos hemisférios na coordenação da deglutição envolve não só ambas as áreas corticais, mas também os núcleos talâmicos que contêm os neurônios de terceira ordem. Aos neurônios de terceira ordem, de ambos os hemisférios, chegam as informações procedentes dos receptores de ambos os lados da cavidade oral. Assim, ambos os hemisférios estariam aptos a responder. Parece razoável supor que a coordenação não se deva somente a um centro hemisférico dominante, mas sim a um mecanismo que integre um e outro hemisfério e que, em condições normais, nem sequer use o córtex. Esse centro, mais bem definido como integrador, ao invés de coordenador, poderia ser subcortical, mas dependente, quando necessário, da coordenação de um hemisfério dominante.

Através do fascículo geniculado, que se origina na porção inferior do córtex do giro pré-central (área 4) ou a partir de vias motoras de núcleos da base (vias extrapiramidais), a eferência atinge, de modo coordenado, os núcleos motores da porção ventral de ambos os lados do tronco cerebral (núcleo ambíguo e outros) e daí se distribui aos efetores responsáveis pela dinâmica a ser cumprida.

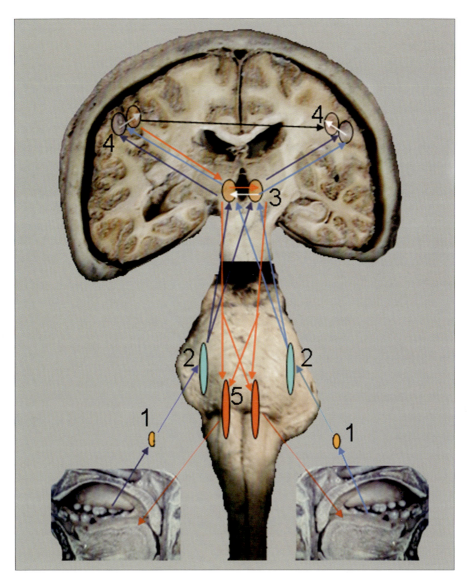

Fig. 4 Montagem esquemática sobre peças anatômicas, onde se destacam os impulsos (setas) e seus sentidos envolvendo (1) gânglios, (2) núcleos posteriores do tronco cerebral (aferentes), (3) núcleos talâmicos, (4) centros corticais e (5) núcleos anteriores do tronco cerebral (eferentes). Observar o conceito de aferência e eferência cruzadas. A seta que interliga os centros corticais representa a dominância inibitória de um lado sobre o outro. Observar que esse complexo coordena a fase oral voluntária e semiautomática.

CONTROLE NEURAL – FASE ORAL

Na fase oral o conteúdo a ser deglutido é mastigado, quando necessário, e misturado à saliva, enquanto suas características físico-químicas vão sendo qualificadas.

Na cavidade oral, especialmente sobre a língua, em relação com as papilas valadas, foliáceas e filiformes, encontramos receptores descritos como gustativos. Esses receptores são capazes de perceber as características sápidas do bolo em preparo. Também no palato e na bochecha são descritos receptores semelhantes aos observados na língua. Embora não se tenham evidenciado outros tipos morfológicos de receptores na cavidade oral, nela percebemos diversas outras qualidades além das sápidas, como temperatura, pressão, volume e viscosidade, entre outras. Essas percepções, por via aferente, vão influenciar a dinâmica oral, em especial no que se refere à aceitabilidade do conteúdo e ao valor pressórico da ejeção oral.

PREPARO E QUALIFICAÇÃO

Na cavidade oral o bolo a ser deglutido é qualificado na medida em que vai sendo preparado. A produção reflexa de saliva faz parte dessa adequação.

A saliva é produzida e eliminada de modo contínuo. Sua produção de repouso, na ordem de 0,5ml/min, aumenta para cerca de 4ml/min, em resposta a estímulos mecânicos e químicos, em especial os produzidos por ácidos. Esse aumento reflexo é mediado por quimiorreceptores orais e nasais (gosto e aroma) e por mecanorreceptores capazes de perceber a presença física dos alimentos. Visão e olfato também podem atuar como vias aferentes capazes de estimular a produção de saliva.

Tanto a fração parassimpática do sistema nervoso autônomo quanto a simpática influenciam na liberação da saliva; o parassimpático, via nervos glossofaríngeos (parótidas - serosa) e facial (submandibulares e sublinguais [mistas] - serosa e mucosa), estimulam a liberação de uma saliva serosa enquanto o simpático, via gânglio cervical superior, estimula a liberação de uma saliva mucosa.

A mastigação que fragmenta o alimento é um fenômeno motor que pode ser iniciado voluntariamente, mas, usualmente, se processa como fenômeno semiautomático em resposta a uma qualificação continuada. Receptores orais informam a centros superiores as características físico-químicas do conteúdo em preparação e esse, se percebido como "próprio ou desejável", será submetido à ação de mastigação cuja intensidade se ajustará, de modo contínuo, em resposta à resistência a ser vencida. A atuação sinérgica dos músculos mastigadores ativará ciclicamente tantas unidades motoras quantas necessárias para gerar a dinâmica isotônica indicada pela resistência do bolo.

A ação mastigatória dessa fase semiautomática pode ser realizada como os demais fenômenos da fase oral, de modo consciente (cortical) ou subconsciente (núcleos mesencefálicos). Cabe considerar, de modo complementar, que a mastigação tem no núcleo mesencefálico do quinto nervo craniano o controle proprioceptivo reflexo da mastigação. Assim, as características do bolo são permanentemente interferentes no processo mastigatório. Podemos iniciar, parar e reiniciar a mastigação de modo voluntário quantas vezes queiramos, por força da vontade. Não obstante iniciada e mesmo mantida pensada por todo o tempo, temos em apoio a propriocepção mesencefálica que independe da vontade. É essa propriocepção que vai modular a dinâmica mastigatória.

O preparo, quando processado em nível subcortical, tem na percepção continuada das características físicas do bolo e na tensão musculoligamentar, as sentinelas de uma dinâmica isotônica apropriada. A percepção de qualquer inesperada atipia, como uma concreção que se interponha entre os dentes ou elemento com dureza distinta daquela da massa em preparo, como uma espinha, será percebida e o controle motor da mastigação será de imediato devolvido ao comando do córtex.

As etapas de preparo e de qualificação se interpenetram em função. A fragmentação, a insalivação, a ação (enzimática) da amilase salivar e o maior contato com as paredes da cavidade oral e, em especial com a língua, permitem que o bolo em preparação na cavidade oral seja qualificado quanto a suas diversas características físico-químicas. Características sápidas e térmicas, mas, em especial, informações sobre volume e viscosidade são discriminadas e conduzidas para os centros superiores de coordenação.

As diversas qualidades do bolo em preparo na cavidade oral são conduzidas por aferências que atingem núcleos sensitivos em nível do tronco cerebral, via nervos cranianos (quinto, sétimo e nono). Do tronco cerebral, as vias aferentes conduzem a percepção oral para núcleos subcorticais com capacidade de integração, coordenação e eferência, mas, se necessário, para centros corticais que, além das capacidades de integração, coordenação e eferência, apresentam a de discriminação consciente.

As aferências básicas permitidas pela recepção oral podem ser classificadas como de dois tipos básicos. As de caráter qualitativo/discriminativo e as de caráter determinante/mecânico. As de caráter qualitativo/discriminativo dizem respeito às percepções conceituais, aquelas que de algum modo são influenciadas pela experiência e aprendizado e definem o maior ou menor prazer e aceitação do bolo a ser deglutido. Sabor, temperatura, gosto bom, gosto ruim, conhecido, desconhecido, agradável, desagradável, entre outras. As aferências definidas como de caráter determinante/mecânico são as mais relevantes para a eficiência pressórica da deglutição. A consistência (densidade e viscosidade) e o volume são parâmetros que interferem diretamente na eficiência do preparo, na organização oral do bolo e na força ejetora a ser gerada pela ação da musculatura formadora da cavidade oral. Essas aferências, além de permitirem eferência produtora de respostas mecânicas adequadas em intensidade, permitem também, enquanto típicas, que a mecânica oral seja mantida em nível subconsciente.

Os nervos trigêmeos, facial e glossofaríngeo contêm as fibras aferentes responsáveis pela condução das informações percebidas na cavidade oral. Esses nervos com representação a cada lado da cavidade oral e do tronco cerebral formam o quinto, o sétimo e o nono pares cranianos. Dos núcleos sensitivos em nível do bulbo e da ponte, ascendem a vias que farão sinapses subcorticais para daí seguirem dois caminhos básicos. Um (coordenação semiautomática) de volta, eferente subconsciente que atinge núcleos motores na região ventral do tronco cerebral e outro (coordenação voluntária) inicialmente aferente que, dos núcleos subcorticais, atingem o córtex sensitivo, provavelmente o do terço distal do giro pós-central onde estão representadas a língua e estruturas constituintes da cavidade oral. As informações discriminadas nessa área sensitiva são transmitidas para áreas de associação motora (área seis de Brodman) e para a área motora no giro pré-central (área quatro de Brodman). Esse caminho aferente até o córtex dá consciência sobre os eventos da fase oral e permite que o controle dessa fase seja assumido por comando eferente voluntário, que retorna aos núcleos da base e daí para os núcleos motores da região ventral do tronco cerebral.

Do tronco cerebral, via nervos trigêmeos, facial e hipoglosso, estímulos vindos de núcleos subcorticais ou de centros corticais vão despolarizar efetores orais (músculos), que responderão com a despolarização de um maior ou menor número de unidades motoras em respeito à percepção oral que gerou o estímulo aferente inicial.

ORGANIZAÇÃO/EJEÇÃO

O bolo intraoral preparado e qualificado é idealmente organizado sobre o dorso da língua que se alarga e deprime medialmente, apõe seu ápice ao trígono dos incisivos e tem o palato mole aposto a seu dorso. Com a necessária intensidade de despolarização muscular já definida, uma dinâmica de ejeção que implica pressurização da cavidade oral se inicia. Os músculos mastigadores em contração discreta, por eferência motora trigeminal, determinam a aposição das arcadas dentárias. Observam-se, por estímulo eferente conduzido pelo sétimo nervo craniano, o cerramento dos lábios, por aposição do orbicular dos lábios, e o tensionamento dos bucinadores, dando resistência às paredes anterior e laterais da cavidade oral. A língua, que sustenta o bolo a ser ejetado organizado sobre seu dorso, inicia a ejeção por ação de sua musculatura, cuja ação motora depende do décimo segundo nervo craniano (hipoglosso). Com sua extremidade anterior aposta ao trígono dos incisivos em fixação funcional, seu dorso se ondula para trás e para o alto, contra o palato, pressurizando a cavidade oral de anterior para posterior, obrigando o bolo alimentar pressurizado a passar para a orofaringe, zona de menor resistência.

Sem dúvida é a transferência do conteúdo oral a informação a ser percebida e transmitida pela faringe ao sistema nervoso. Essa informação permitirá que esse responda com eferência capaz de determinar que a fase faríngea se cumpra com fluxo em sentido esofágico, sem escapes e sem permeação da via aérea.

Como nota, é importante que se perceba que os fenômenos voluntários, aqueles sobre os quais se pode

Milton Costa

Deglutição & Disfagia - Bases Morfofuncionais e Videofluoroscópicas - 59

interferir por força da vontade, se cumprem apoiados em condições basais não interferidas pela vontade; como o tônus muscular, a propriocepção e a quantidade de unidades motoras a serem recrutadas como necessárias à geração de uma ação motora eficaz.

Podemos decidir o iniciar ou o parar da mastigação, mas, quando mastigamos, o núcleo mesencefálico do trigêmeo coordena os movimentos mastigatórios consecutivos. O tônus muscular é uma condição prévia. Volume e viscosidade são aferidos independentemente da vontade. É verdade que se pode voluntariamente deglutir como se tivéssemos algo pouco ou muito viscoso a ser deglutido. Mas, com o alimento na cavidade oral, a dinâmica voluntária se abastece de informações que independem de nossa vontade. Bom exemplo para que se compreenda o fenômeno é compará-lo com a marcha. Iniciamos e paramos de andar voluntariamente, mas, durante a marcha, informações proprioceptivas conduzidas por feixes nervosos aferentes, localizados na medula (feixes cordonais posteriores), conduzem até o bulbo as qualidades do piso e a nossa posição espacial. Andamos, vamos e voltamos por força da vontade, sem atentar no desdobrar dos movimentos. Não obstante, qualquer irregularidade ou tropeço que ponha a dinâmica da locomoção em risco é percebida e informada para que, de pronto, o controle voluntário de nossa marcha seja reassumido. Essas considerações fazem parte da explicação dos movimentos ditos semiautomáticos.

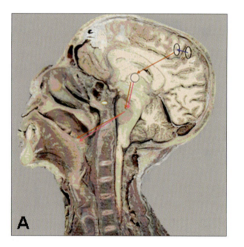
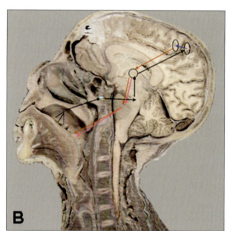
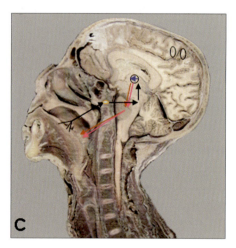
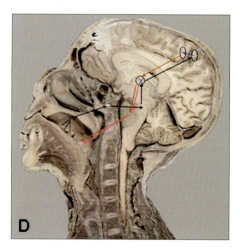

Fig. 5 Corte sagital esquematizando as possíveis coordenações da fase oral da deglutição: A - voluntário sem conteúdo oral (solicitado a deglutir com conteúdo imaginário - comando voluntário parte do córtex com características iguais àquelas que se obtêm com conteúdo oral); B - voluntário com conteúdo oral (as informações qualitativas são conduzidas ao córtex, que toma consciência e decide se deglute; C - semiautomática - as respostas motoras são produzidas em nível subcortical, enquanto o padrão individual de aceitabilidade estiver mantido; D - recuperação da dinâmica voluntária a partir da dinâmica semiautomática passível de ocorrer a qualquer momento e em especial quando o padrão de aceitabilidade for comprometido.

FASE FARÍNGEA

O que é percebido pela faringe? O toque em sua parede pelo bolo em progressão (conceito clássico) ou a sua distensão produzida pela onda pressórica transmitida pela dinâmica oral?

CONCEITOS CLÁSSICOS

Os conceitos clássicos relacionados à fase faríngea são hoje de difícil admissibilidade. Eles foram gerados em uma época na qual o arsenal investigativo era diminuto, em comparação ao hoje disponível. No entanto, muito do que foi dito continua sendo repetido e nesse contexto é importante que possamos revê-los e compará-los com outros, propostos à luz de uma revisitação instrumentalizada por novos métodos de investigação.

Admitiu-se que a fase faríngea da deglutição fosse um bem coordenado processo involuntário capaz de conduzir o conteúdo a ser deglutido com valores de pressão, que se ajustam durante o trânsito pela identificação continuada das qualidades do bolo. A partir da base da língua, passando pelos pilares palatoglosso e palatofaríngeo e se estendendo pelo palato mole e paredes da faringe, em especial a posterior, existem áreas que contêm receptores que foram admitidos como capazes de, quando estimulados pela passagem do bolo alimentar, iniciar o processo involuntário coordenado que caracteriza a fase faríngea da deglutição. Essa fase seria controlada, em circunstâncias fisiológicas, por um programa a ser continuamente modificado por aferentes periféricos, que influiriam especialmente sobre os fascículos musculares, os quais ajustariam a força de contração e o tempo de contração ao tamanho do bolo deglutido.

Os estímulos produzidos pela passagem do bolo pela faringe gerariam uma série de respostas automáticas capazes de conduzir o alimento para o esôfago e promover a proteção das vias aéreas.

A entrada do bolo na orofaringe produziria elevação do palato mole e contração reflexa do constritor superior da faringe. Essa entrada iniciaria uma onda peristáltica que se propagaria pelos demais músculos, estreitando a faringe, exceto em nível do músculo cricofaríngeo que se relaxaria, permitindo a passagem do conteúdo faríngeo para o esôfago.

As vias aéreas se tornariam protegidas pela elevação e anteriorização da laringe para sob a base da língua, levando a epiglote a dobrar-se sobre a glote, fechando-a. Inibição da respiração e adução das pregas vocais e vestibulares também participariam dessa proteção.

CONCEITOS ALTERNATIVOS

Durante a fase faríngea, que se processa em pouco menos de um segundo, observamos que as vias aéreas se pressurizam e se tornam resistentes, a princípio por apneia e fechamento da rima glótica. O palato tensionado se eleva em projeção posterior contra a parede faríngea, que inicia sua contração, vedando a comunicação entre a orofaringe e a rinofaringe. Os músculos supra-hióideos e os músculos hiolaríngeos determinam a elevação, anteriorização e estabilização do osso hioide e da laringe, abrindo a transição faringoesofágica com consequente diminuição da resistência à passagem do conteúdo faríngeo para o esôfago.

A transferência do conteúdo oral para a faringe implica pressurização oral e receptividade faríngea. O processo deixa ver mecânica de inter-relação que em parte se poderia definir como "fase de adaptação faríngea". Essa atividade adaptativa se verifica por ações cujas mecânicas se iniciam voluntariamente na fase oral e continuam involuntariamente durante toda a fase faríngea. Essa inter-relação entre as fases oral e faríngea é também marcada pela presença de estruturas cuja dinâmica, própria da fase faríngea, se faz mediada por nervos que primariamente atuam sobre estruturas responsáveis pela atividade da fase oral.

A apneia de deglutição se inicia voluntariamente no final da fase oral e se continua de modo automático durante todo o tempo da fase faríngea. Iniciada a fase faríngea, ela passa a incorporar a dinâmica reflexa. Não obstante, observa-se que, produzida a apneia, pode-se revertê-la enquanto não se disparar a fase faríngea.

O fechamento da rima glótica (pregas vocais e espaço interaritenóideo), mediado pelo nervo vago, se instala reflexamente ao mesmo tempo que se observa a apneia de deglutição; embora independentes, surgem de modo concomitante, por controle central, no final da fase oral, e cursam juntas por toda a fase faríngea, cuja dinâmica involuntária é coordenada pelos nono, décimo e décimo primeiro nervos cranianos, formadores do plexo faríngeo. Esse plexo é o responsável pelo controle sensorial e motor das estruturas envolvidas na fase faríngea. A apneia de deglutição e o fechamento da rima glótica são fenômenos distintos, disparados em imediata antecipação à dinâmica faríngea. Eles se somam excluindo a laringe, adequando desse modo o segmento faríngeo ao trânsito que se processará.

A dinâmica hiolaríngea, a qual mantém aberta a transição faringoesofágica, tem na aposição da mandíbula contra a maxila a base de sua dinâmica. A mandíbula aposta aos maxilares se torna ponto fixo para que a musculatura supra-hióidea eleve o conjunto hiolaríngeo. Essa aposição da mandíbula com a maxila se inicia em concomitância com a ejeção oral que é também mediada pela raiz motora do nervo trigêmeo. Essa raiz trigeminal em associação com o nervo facial e os ramos oriundos do plexo cervical são os responsáveis motores pela dinâmica hiolaríngea. Essa dinâmica, iniciada na fase voluntária, permite a manutenção da elevação e da anteriorização do hioide e da laringe, ampliando a faringe e diminuindo a resistência, em nível da transição faringoesofágica, pela abertura da pinça cricocervical.

A elevação do palato com projeção posterior contra a parede faríngea se deve à condução do vago e se processa de modo reflexo durante a fase faríngea da deglutição. No entanto, o tensionamento do palato, que se processa em antecipação à dinâmica reflexa da fase faríngea, se deve ao músculo tensor do palato, inervado pelo trigêmeo; nervo, como já referido, responsável por estruturas que atuam na fase voluntária da deglutição.

A mecânica palatal, que oblitera a comunicação entre a orofaringe e a rinofaringe, e a dinâmica hiolaríngea, que mantém aberta a transição faringoesofágica, dão base à dinâmica de condução faríngea. Esses mecanismos, mantidos reflexamente durante a fase faríngea, são disparados e sustentados por elementos da fase voluntária.

Ainda como dinâmica preparatória, mas aqui dependente do controle reflexo da fase faríngea, observamos mecanismo capaz de participar da ampliação desse segmento digestivo. A ampliação da faringe, por ação dos músculos palatofaríngeos e estilofaríngeos, que atuam como músculos longitudinais da faringe, diminui sua resistência distal. Os músculos palatofaríngeos inervados pelo vago têm no palato elevado e aposto à parede posterior da faringe ponto fixo que permitiria sua participação na dinâmica de ampliação distal da faringe; mesma é ação atribuída aos músculos estilofaríngeos, cuja inervação motora é dada pelo nervo glossofaríngeo.

A reorganização morfofuncional que atinge a faringe a transforma de tubo com função respiratória em segmento adequado à função de trânsito digestivo. As vias aéreas se tornam resistentes e protegidas e a faringe capaz de conduzir seu conteúdo para o esôfago. Desse modo, a reorganização da faringe dada pela apneia de deglutição, pelo fechamento das pregas vocais, pela dinâmica hiolaríngea e palatal e pela contração da musculatura longitudinal da faringe é a base para a efetividade da contração sequencial dos fascículos formadores dos constritores: superior (pterigofaríngeo, bucofaríngeo, milifaríngeo e glossofaríngeo), médio (ceratofaríngeo e condrofaríngeo) e inferior (tireofaríngeo e cricofaríngeo) da faringe.

A fase faríngea se inicia e transcorre com intensidade e duração definidas pela ejeção oral que, por sua vez, se produz como resposta à qualificação oral do conteúdo a ser transferido. É a intensidade pressórica transmitida para a faringe a responsável pela sequência reflexa observada nessa fase.

A apneia de deglutição e o fechamento da rima glótica se instalam no final da fase voluntária, antecedendo a ejeção oral que a seguir se faz. Dinâmica hiolaríngea, elevação palatal e contração da musculatura longitudinal da faringe iniciam a atividade reflexa da faringe, que continua pela despolarização sequencial de sentido craniocaudal dos fascículos formadores dos constritores da faringe.

Iniciada a fase faríngea, não só observamos sua sequência reflexa, mas também que a postura oral que a antecede e determina é assumida como sustentação de sua atividade reflexa. Nesse contexto, não só o plexo faríngeo mas também os nervos envolvidos na dinâmica da fase oral terminam geridos pela coordenação reflexa da fase faríngea.

A observação (permitida pela videofluoroscopia) de que se pode deixar escorrer líquido para a faringe, sem que a fase involuntária da deglutição seja iniciada, pelo simples contato do líquido com as paredes; a observação de que a fase faríngea se cumpre sem que seja necessário se transferir qualquer tipo de bolo que faça contato regional com as paredes faríngeas, como acontece na deglutição "a seco", e a percepção de que essa fase é disparada por ação da ejeção oral nos permitem admitir que a dinâmica involuntária iniciada na faringe seja dependente do estímulo produzido pela distensão difusa da faringe, determinado pela ejeção oral, que atinge e distende, com aumento de pressão, todas as áreas receptoras da faringe, em especial as da orofaringe, determinando a sequência e a intensidade de participação das estruturas envolvidas nessa fase.

Uma perfeita integração oral e faríngea condiciona a eficiência fisiológica da dinâmica involuntária (reflexa) da faringe. Quando a onda pressórica distende a faringe, receptores parietais despolarizados, em intensidade e amplitude compatíveis com invasão pressórica, transferem aferência para grupos neuronais posteriores no tronco cerebral (sensitivos) possivelmente ligados ao núcleo do trato solitário e parte do trigeminal. Essas informações, com intensidade e amplitude definidas, são retransmitidas, via rede neuronal, para áreas anteriores (motoras) em arco reflexo escalonado (linhas

de retardo) que ativam células motoras dos núcleos do glossofaríngeo, vago e espinhal.

Importante fato a ser observado na rede programadora da fase faríngea da deglutição consiste na polarização funcional, que ativa os fascículos musculares da porção proximal do trato em ação de deglutição e inibe ou mantém em repouso os fascículos das porções distais. Essa polarização implica a existência de conexões inibitórias entre interneurônios, que podem constituir "linhas de retardo" responsáveis por uma ordenação "ação-espera-ação" da sequência contrátil observada na musculatura faríngea durante a deglutição.

A organização nuclear no tronco cerebral, que coordena a dinâmica faríngea, receberia a aferência vinda de receptores faríngeos e a integraria em rede de neurônios internunciais posteriores ligados a núcleo do trato solitário. Esta rede posterior, ativada em despolarização definida pela intensidade do estímulo pressórico, retransmitiria em dois diferentes sentidos essa informação, sentido eferente para vias motoras na porção anterior do tronco cerebral e outro, em continuação aferente, que terminaria por atingir o centro cortical superior sensitivo. Essa segunda via permite o registro dos eventos (tomar consciência), mas não gera, para efeitos da dinâmica da fase faríngea, eferência motora.

A transmissão no sentido eferente para vias motoras na porção anterior do tronco cerebral se faria de modo a atingir a rede de interneurônios e de núcleos motores, de modo escalonado. As informações a serem transmitidas para os núcleos motores seriam liberadas de imediato, mas atingiriam a via motora final, uma após a outra, em sequência produzida por retardos sequenciais, determinando a despolarização dos músculos envolvidos em tempos distintos, gerando a sequência craniocaudal observada na fase faríngea da deglutição.

A pressurização transferida da cavidade oral para a faringe, impedida de escapes e dissipações, é potencializada pela ação constritora sequencial de sentido craniocaudal determinada pela contração dos fascículos formadores da musculatura constritora da faringe. O fluxo alcança a laringofaringe e penetra o esôfago, dando início à fase esofágica da deglutição, que se mantém reflexa. Note-se que a fase esofágica se inicia em tempo em que a fase faríngea ainda se encontra em curso.

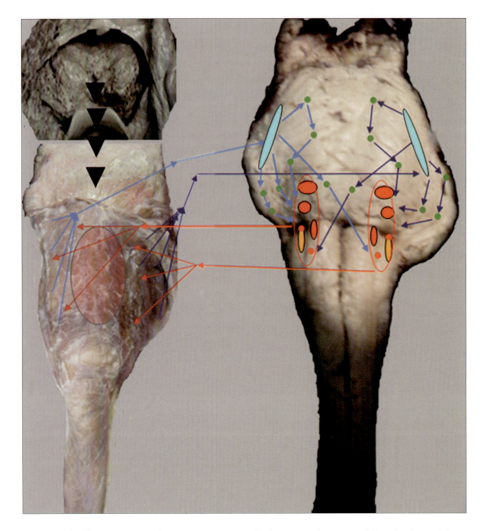

Fig. 6 Esquematização (setas) sobre peças anatômicas representando (imagem da esquerda) a ejeção oral (setas negras) e a consequente distensão pressórica da faringe (disco avermelhado), a qual é percebida por receptores faríngeos que transferem a informação para os núcleos do trato solitário e trigeminal localizados (imagem da direita) posterolateralmente no tronco cerebral (setas em azul claro e escuro e elipse azul). Dos núcleos sensitivos, por intermédio de rede de interneurônios (discos verdes) por mecanismo de retardo, as informações recebidas de uma só vez são retransmitidas para os núcleos motores (elipse vermelha) localizados anteriormente de modo escalonado. Dessa maneira os efetores (músculos) são despolarizados e se contraem, de modo sincronizado, uns após outros. Note-se que esse mecanismo inclui a incorporação de núcleos motores que participaram da fase oral e explica a dinâmica contrátil sequencial dos fascículos dos músculos constritores da faringe e a dinâmica de abertura da transição faringoesofágica

FASE ESOFÁGICA

A transição faringoesofágica aberta deixa ver o fluxo faríngeo penetrar no esôfago que, receptivo, conduz seu conteúdo em inicial concomitância com a fase faríngea que se encerra com o fechamento da transição faringoesofágica, o que se dá no primeiro segundo do tempo esofágico.

A despolarização faríngea se propaga para o esôfago, produzindo despolarização da musculatura, também estriada esquelética, do terço superior do tubo esofágico. Essa despolarização, que se faz em sequência à despolarização faríngea, tem sido responsabilizada pela peristalse primária do esôfago. Essa peristalse se inicia na extremidade cranial do órgão em associação com a abertura receptiva da transição esofagogástrica, que se mantém aberta e receptiva durante todo o tempo da dinâmica esofágica que se processa em um tempo médio de 8 (+/− 2) segundos.

A peristalse primária prossegue por todo o corpo do esôfago, desde sua extremidade superior estriada até sua extremidade inferior constituída por musculatura lisa. Se resíduos alimentares escapam da propulsão primária e restam no tubo esofágico, uma segunda onda peristáltica, definida como secundária, se iniciará a partir do ponto de retenção residual.

Um sistema nervoso entérico, composto por plexos nervosos intraparietais de localização submucosa e intramuscular, integra a dinâmica esofágica. Neurônios excitatórios e inibitórios, formadores dessa rede intramural, são admitidos capazes de coordenar a dinâmica peristáltica do esôfago e a abertura receptiva do esfíncter esofágico inferior. Os ramos do nervo vago destinados ao esôfago representam o segmento pré-ganglionar da inervação autônoma do órgão. Os gânglios intraparientais seriam responsáveis pela coordenação motora da dinâmica do esôfago.

A dinâmica faríngea, em resposta à ejeção oral do bolo alimentar, é semelhante à obtida com a transferência puramente pressórica, sem conteúdo alimentar, determinada por força da vontade. Vê-se, assim, que a dinâmica faríngea produzida pela ejeção oral é determinada por sua distensão pressórica e não por estímulo físico do bolo em seu interior. Já o esôfago, quando submetido a distensão puramente pressórica, deixa ver resposta distinta daquela que se observa quando a transferência pressórica faríngea é acompanhada da presença de um bolo físico.

A análise pressórica da dinâmica peristáltica primária do esôfago, quando produzida sem a presença física do alimento, deixa ver propulsões menos efetivas e menos harmônicas do que aquelas que se fazem com a presença associada do bolo. Observa-se ainda que a harmonia perdida é recuperada e mantida, quando se reintroduz um bolo concreto. Isso indica que a peristalse primária depende não só da despolarização propagada da faringe para o esôfago, mas também de uma modulação devida ao plexo entérico.

A assunção do controle motor da dinâmica esofágica pelos plexos mioentérico e submucoso, a partir da extremidade proximal do esôfago, irá permitir uma requalificação da intensidade pressórica necessária para a progressão do conteúdo, agora esofágico, e explica de modo mais claro a integração da dinâmica muscular estriada esquelética da porção superior do esôfago com a musculatura lisa de seus terços médio e inferior que, sincício elétrico, se despolariza como um todo em continuação à despolarização da porção superior constituída por músculo estriado de tipo esquelético.

A pressão positiva do esfíncter esofágico inferior (EEI) durante o repouso tem sido admitida como devida à contração tônica da musculatura da região esfinctérica. Ela seria regulada por nervos intrínsecos e extrínsecos, por hormônios e neuromoduladores. A pressão basal do EEI se reduz a zero em concomitância com o início da peristalse esofágica; acredita-se seja por inibição da ação muscular esfinctérica. A inervação esofágica, ao mesmo tempo que estimularia a contração peristáltica do corpo esofágico, atuaria inibindo e relaxando o EEI. Assim, fibras excitadoras vagais, predominantemente colinérgicas, atuariam na despolarização e contração do corpo esofágico. O relaxamento do esfíncter, que ocorreria em resposta ao início da peristalse primária no esôfago, seria mediado por fibras vagais que inibiriam os músculos do EEI. A concepção é de que neurotransmissores tipo VIP (polipeptídio intestinal vasoativo) e NO (óxido nítrico) sejam capazes de gerar potenciais inibitórios, que atuariam como mediadores do relaxamento do EEI.

Acreditamos que, embora constituída por musculatura de tipo liso, a abertura do esfíncter inferior do esôfago se dê por contração muscular e não por seu relaxamento. Não se identifica na transição esofagogástrica um anel muscular circular com características de um esfíncter clássico. O esfíncter inferior do esôfago é admitido como um esfíncter fisiológico. Esfíncter porque apresenta pressão positiva de repouso, que se desfaz durante a passagem do bolo para o estômago; fisiológico por não apresentar o clássico espessamento muscular gerado pela camada muscular do esôfago.

A musculatura do esôfago se faz por uma camada externa descrita como longitudinal e outra interna definida como circular. Durante a peristalse, que constitui a dinâmica esofágica, as camadas longitudinal e circular se contraem; a longitudinal alarga e diminui a resistência do tubo esofágico e a circular em contração sequencial de sentido craniocaudal propele o bolo. Admitir, mesmo se sabendo que o consumo de energia é pequeno para o músculo liso, que ele se mantenha contraído, gastando energia para controlar um fluxo que não está ocorrendo, parece-nos dispêndio desnecessário de energia. A descrição anatômica das camadas musculares longitudinal e circular do esôfago vem nos dando conta de que a camada circular seria uma camada espiral de passo curto e a longitudinal uma espiral de passo longo. Essa morfologia, associada ao conceito de preservação de energia, nos faz admitir que a contração da dita camada longitudinal, por ter arranjo espiral, seria capaz de por contração e, só então com gasto de energia, abrir a comunicação esofagogástrica, enquanto a contração sequenciada da espiral de passo curto, camada circular, propeliria o alimento em sentido craniocaudal.

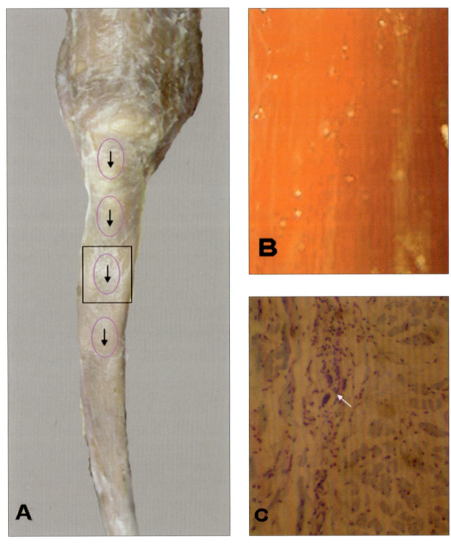

Fig. 7 Em A, esquematização da transferência do bolo sob pressão da faringe para o esôfago. Retângulo marca região do esôfago, onde se detecta a transição que mescla músculo estriado e liso. Em B, segmento de esôfago humano não fixado, onde macroscopicamente, se vê a transição estriado/lisa, onde o músculo estriado de coloração avermelhada mais intensa se destaca da lisa de coloração mais clara. Em C, corte histológico obtido de B, onde se identificam ao centro (seta) gânglio do sistema nervoso mioentérico e nas laterais mescla de músculos estriado e liso.

BIBLIOGRAFIA CONSULTADA

1. Ali GN, Laundl TM, Wallace KL, Shaw DW, de Carle DJ, Cook IJS. Influence of mucosal receptors on deglutitive regulation of pharyngeal and upper esophageal sphincter function. Am J Physiol. 1994; 267 (4): g644-g9.

2. Ali GN, Laundl TM, Wallace KL, de Carle DJ, Cook IJ. Influence of cold stimulation on the normal pharyngeal swallow response. Dysphagia. 1996;11:2-8.

3. Alvite MFL, Lopes RLC, Costa MMB. Estimulação mecâni-co-térmica dos pilares palatoglosso. Arq. Gastroenterol 2007;44(3): 221-6.

4. Costa MMB, Santana E, Almeida J. Oral Taste Recognition In: Health Volunteers – Arq. Gastroenterol. 2010; 47(2):152-8.

5. Costa M.M B. ;Lemme EMO. Coodination of Respiration and Swallowing: functional pattern and relevance of vocal folds closure – Arq. Gastroenterol 2010; 47(1):42-8.

6. Costa MMB, Silva RI, Lemme E, Tanabe R. Apneia de degluti-ção no homem adulto. Arq Gastroenterol. 1998;35:32-9.

7. Costa MMB. Controle neural da deglutição. In: Costa MMB. Deglutição e disfagia. Conceitos básicos - Material instrucio-nal (ICB/UFRJ), 2009; 90-96.

8. Chusid JG. Os nervos crânicos.In Chusid JG Neuroanatomia correlativa e neurologia funcional. 18ª ed. Guanabara Koo-gan, Rio de Janeiro. 1985; 92-120.

9. Dantas AD. Os nervos cranianos: Estudo anátomo-clínico. Editora Guanabara Koogan, Rio de Janeiro. 2005.

10. Doty,R.W. Neural organization of deglutition. In: Code,C.F. Ali-mentary canal. Handbook of physiology; American Physiolo-gical Society, Washington, DC, 1968; 1861-902.

11. Doty R. Influence of stimulus pattern on reflex deglutition. Am J Physiol. 1951;166:142–58.

12 - Doty R, Bosma JF. An electromyographic analysis of reflex deglutition. J Neurophysiol. 1956;19:44–60.

13. Dua KS, Ren J, Bardan E, Xie P, Shaker R. Coordination of de-glutive glottal function and pharyngeal bolus transit during normal eating. Gastroenterology. 1997;112:73-83.

14. Erhart EA. Cadeias neuronais aferentes e eferentes. In: Erhart EA. Neuroanatomia simplificada. 6ed. Roca São Paulo.1986; 323-388.

15. Ertekin C, Kiylioglu N, Tarlaci S, Turman B, Secil Y, Ayodogdu I. Voluntary and reflex influences of initiation of swallowing reflex in man. Dysphagia. 2001;16:40-7.

16. Esbérard, C. A. - Neurofisiologia In: Aires MM. – Fisiologia, Rio de Janeiro, Guanabara Koogan, 1991; 125-353.

17. Fujiu M, Toleikis JR, Logemann JA, Larson CR. Glossopharyn-geal evoked potentials in normal subjects following mecha-nical stimulation of the anterior faucial pillar. Electroence-phalogr Clin Neurophysiol. 1994;92:183-95.

18. Hamdy S, Aziz Q, Rothwell JC, Hobson A, Thompson DG. Sensorimotor modulation of human cortical swallowing pa-thways. Physiol. 1998; 506(3): 857-66.

19. Hamdy S, Rothwell JC, Aziz Q, Thompson DG. Organiza-tion and reorganization of human swallowing motor cor-tex: implications for recovery after stroke. Clin Sci (Lond) 2000;99:151–157.

20. Hamdy S, Aziz Q, Thompson DG, Rothwell JC. Physiology and pathophysiology of the swallowing area of human motor cortex. Neural Plast. 2001;8:91–7.

21. Janssens J, Vantrappen G, Hellemans J. Neural control of primary esophageal peristalsis. Gastroenterology. 1978;74:801-803.

22. Jean A. Brainstem control of swallowing: localisation and or-ganisation of the central pattern generator for swallowing. In: Taylor A, editor. Neurophysiology of the Jaws and Teeth. London: Macmillan Press; 1990; 294-321.

23. Kitagawa J, Shingai T, Takahashi Y, Yamada Y. Pharyngeal branch of the glossopharyngeal nerve plays a major role in reflex swallowing from the pharynx. Am J Physiol Regul Inte-gr Comp Physiol. 2002;282:R1342-7.

24. Koch WM. Swallowing disorders. Med Clin North Am. 1993;77:571-82.

25. Lazzara G, Lazarus C, Logemann JA. Impact of thermal stimu-lation on the triggering of the swallowing reflex. Dysphagia. 1986;1:73-7.

26. Le Gross Clark WE. Anatomia do arco reflexo – Sistema ner-voso central. In: Hamilton WJ, editor. Tratado de anatomia humana. 2ª. ed. Rio de Janeiro: Interamericano; 1982;539-41.

27. Lent R. Neurociência dos Movimentos. In: Lent R. Cem bi-lhões de neurônios – Conceitos fundamentais de neurociên-cia. Rio de Janeiro: Atheneu; 2001; 338- 373.

28. Machado A. Nervos cranianos. In: Machado A. Neuroanato-mia funcional. 2ed. Atheneu São Paulo. 2006;119-128.

29. Maeda K, Ono T, Otsuka R, Ishiwata Y, Kuroda T, Ohyama K. Modulation of voluntary swallowing by visual inputs in hu-mans. Dysphagia. 2004;19:1-6.

30. Mansson I, Sandberg N. Effects of surface anesthesia on de-glutition in man. Laryngoscope. 1974;84:427–37.

31. Marchesan IQ. O que se considera normal na deglutição.In: Jacobi JS, Levy DS, Silva LMC. Disfagia – Avaliação e trata-mento. Revinter, Rio de Janeiro 2003;3-17.

32. Martin RE. Neuroplasticity and swallowing. Dysphagia. 2009;24:218–29.

33. Martin RE, Goodyear BG, Gati JS, Menon RS. Cerebral cortical representation of automatic and volitional swallowing in hu-mans. J Neurophysiol. 2001;85:938–950.

34. Martin RE, Sessle BJ. The role of the cerebral cortex in swallo-wing. Dysphagia. 1993;8:195–202.

35. Miller AJ. Characteristics of the swallowing reflex induced by peripheral nerve and stimulation . Experiment Neurol. 1972; 34: 210-22.

36. Miller AJ. Neurophysiological basis of swallowing. Dysphagia 1986; 1(2):91-100

37. Miller, AJ. Oral and pharyngeal reflexes in the mamma-lian nervous system: their diverse range in complexity and the pivotal role of the tongue. Crit Rev Oral Biol Med. 2002;13:409-25.

38. Moore KL. O pescoço. In: Moore KL. Anatomia orientada para clínica. 3ªed. Guanabara Koogan Rio de Janeiro. 1994; 710-773.

39. Palmer JB, Hiiemae KM, Matsuo K, Haishima H. Volitional con-trol of food transport and bolus formation during feeding. Physiol Behav. 2007;91:66–70.

40. Pansky B, Allen DJ. Cranial nerves In: Pansky B, Allen DJ. Re-view of neuroscience, Macmillian Publishing, New York 1980; 223-254.

41. Pereira NAV, Motta AR,Vicente LCC. Reflexo da deglutição: Análise sobre eficiência de diferentes estímulos em jovens sadios, Pró-Fono R. Atual. Cient 2008; .20(3): http://dx.doi.org/10.1590/S0104-56872008000300004

42. Pinto RASR. Neurologia da deglutição. In: Furkim AM, Santini CRQS. Disfagias orofaringeas V2. Barueri, SP. Pro-Fono. 2008; 1-14.

43. Pommerenke WT. A study of the sensory areas eliciting the swallowing reflex. Am J Physiol. 1928;84:36-41.

44. Pouderoux P, Kahrilas PJ. Deglutitive tongue force modulation by volition, volume, and viscosity in humans. Gastroenterology. 1995;108:1418-1426.

45. Rhoades R, Pflanzer R. The gastrintestinal system. In: Human Physiology, 3ª ed, USA, Saunders College Publishing, 1989;664- 703.

46. Roman C. Neural control of deglution and esophageal motility in mammals. J. Phisiol, 1989; 81: 118-31.

47. Rosso ALZ. Controle neural da deglutição. In: Costa, Lemme, Koch. Temas em deglutição e disfagia - Abordagem multidisciplinary, Supraset, Rio de janeiro. 1998;13-6.

48. Sciortino KF, Liss JM, Case JL, Gerrirsen KGM, Katz RC. Effects of mechanical, cold, gustatory and combineted stimulation to the human anterior faucial pillars. Dysphagia. 2003;18:16-26.

49. Shingai T, Miyaoka Y, Ikarashi R, Shimada K. Swallowing reflex elicited by water and taste solutions in humans. Am. J. Phisiol. 1989; 256: 822-6.

50. Steele CM, Miller AJ. Sensory Input Pathways and Mechanisms in Swallowing: A Review. Dysphagia. 2010; 25(4): 323–33.

51. Stephen JR, Taves DH, Smith C, Marim R. Bolus location at the initiation of the pharyngeal stage of swallowing in healthy older adults. Dysphagia. 2005;20:266-72.

52. Sumi T. Role of the pontine reticular formation in the neural organization of deglutition. Jpn J Physiol. 1972;22:295–314.

53. Takahashi T, Miyamoto T, Terao A, Yokoyama A. Cerebral activation related to the control of mastication during changes in food hardness. Neuroscience. 2007;145:791–4

54. Thexton AJ. Oral reflexes elicited by mechanical stimulation of palatal mucosa in the cat. Arch Oral Biol. 1973;18(8): 977–80.

55. Wiles CM. Neurogenic dysphagia. Journal of Neurology, Neurosurgery and Psychiatry. 1991; 54:1037–9.

56. Wright S. Músculo e Sistema Nervoso. In: Wright S. - Fisiologia aplicada, São Paulo, Atheneu, 1967.

57. Yamada E K, Siqueira K O; Xerez D, Koch H A,.Costa M M B. A Influência das Fases Oral e Faríngea na dinâmica da deglutição Arquivos de Gastroenterologia, 2004; 41(1):18-23.

CAPÍTULO V

FASE ORAL DA DEGLUTIÇÃO

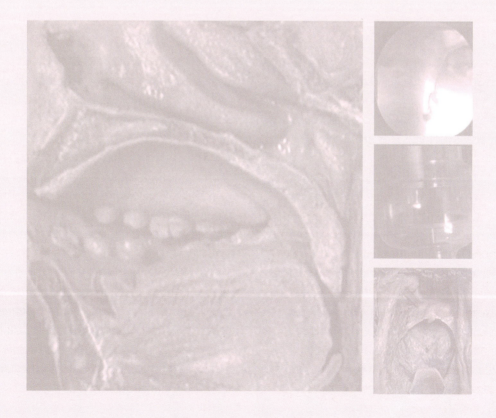

BASES MORFOFUNCIONAIS

A fase oral da deglutição é a fase na qual se prepara, qualifica, organiza e se ejeta o bolo da cavidade oral para a faringe. Uma bem definida organização osteomusculoarticular constitui esse segmento do sistema digestivo.

CAVIDADE ORAL (BOCA) – ASPECTOS GERAIS

A cavidade oral é a parte inicial do trato digestivo. É limitada anteriormente pelos lábios e posteriormente pelo istmo bucofaríngeo. Superiormente apresenta um teto em ogiva, ósseo e muscular (palato) e inferiormente um assoalho muscular. Lateralmente é delimitada pelas bochechas (região bucal) que reveste, por plano muscular, o espaço móvel entre a maxila e a mandíbula. Contém os dentes e a língua. Suas paredes se relacionam com as glândulas salivares cujos ductos deságuam em espaços intraorais. Os alvéolos dão implante aos dentes que delimitam na boca duas cavidades: uma compreendida entre a arcada dentária e a face interna dos lábios e da bochecha (vestíbulo) e outra, após as arcadas dentárias, que é preenchida pela língua (cavidade oral propriamente dita).

A boca tem papel funcional na deglutição, na gustação e na fonação. Sua capacidade de se modelar para receber e atuar sobre os alimentos, assim como sua possibilidade de interferir na qualidade dos sons, está alicerçada na correlação de suas partes constituintes e obviamente em seu controle neural.

A cavidade oral que prepara o conteúdo a ser ingerido tem como base de modelagem o esqueleto ósseo do neurocrânio e do esplancnocrânio. Esses ossos dão inserção aos músculos da parede, da língua, do palato, do asoalho da boca e aos da mastigação. É a relação de sentido espacial das peças ósseas com os músculos que define as possibilidades funcionais a serem observadas nessa fase da deglutição.

OSSOS

As peças ósseas envolvidas na dinâmica oral, além da mandíbula, são o temporal, o processo estiloide, o esfenoide, em especial por meio dos seus processos pterigoides, os ossos palatinos e os maxilares.

O osso temporal é um osso irregular que toma parte a cada lado na formação da base e da face lateral do crânio. Apresenta uma projeção anterossuperior plana que acomoda e dá fixação, em sua face externa, ao músculo temporal profundo. Apresenta, ligado a ele, o processo estiloide, que tem sua base projetada entre as porções petrosa e timpânica e sua extremidade livre dirigida para baixo e medialmente para a frente. Dessa extremidade se destacam o ligamento estilo-hióideo e os músculos estilofaríngeo, estiloglosso e estilo-hióideo. Do terço médio da face externa do osso temporal se destaca em projeção anterior a apófise zigomática, que se articula com o processo temporal do osso zigomático para formar o arco zigomático que dará inserção ao músculo masseter.

A face inferior da porção escamosa do osso temporal contém a fossa mandibular onde se articula a cabeça da mandíbula. Essa fossa se prolonga anteriormente com o tubérculo articular que também participa da ATM como superfície articular (articulação temporomandibular).

O osso esfenoide, de localização central na base do crânio, se articula com todos os ossos do neurocrânio e ainda com o vômer, com a lâmina perpendicular do osso palatino e com as maxilas, ossos do esplancnocrânio. Apresenta dois pares de projeções laterais, as grandes e pequenas asas. As grandes asas apresentam, cada uma, um prolongamento inferior, os processos pterigóideos, que dão inserção aos músculos pterigóideos e aos tensores do palato.

O osso palatino apresenta uma lâmina vertical e outra horizontal. A lâmina horizontal se articula por sua margem anterior com o processo palatino do osso maxilar e, juntos, constituem em cada lado o arcabouço ósseo do palato. A borda posterior da lâmina horizontal do osso palatino é livre e se continua pela aponeurose palatina, que funciona como inserção distal dos músculos tensores do palato. Essa aponeurose é ainda ponto de inserção para outros músculos que terminam atuando sobre a dinâmica do palato.

Os maxilares são os principais responsáveis pela formação do esplancnocrânio (esqueleto facial). Além de base de implantação dos músculos faciais e formação do palato é nele que encontramos os alvéolos de implante para os dentes constituintes da arcada superior.

A mandíbula, único osso móvel da cabeça, sustenta todo o contorno lateral e anteroinferior da face. Dá implante aos dentes da arcada inferior, inserção distal aos músculos mastigadores, inserção aos músculos do assoalho da boca, ao genioglosso, importante músculo da língua, e também a alguns cuticulares, entre eles o bucinador.

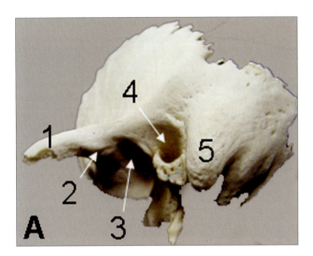 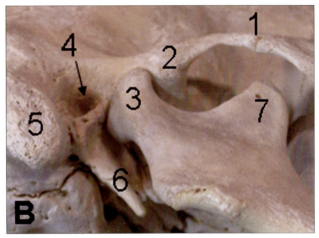

Fig. 1 (A-B) - Peças ósseas onde, em A, vista lateral do osso temporal esquerdo no qual 1 - Proceso zigomático, 2 - tubérculo articular, 3 - fossa mandibular, 4 - meato acústico externo, 5 - processo mastoide. Em B, vista inferior da superfície lateral direita oblíquada da articulação temporomandibular óssea, onde em 1 - arco zigomático, 2 - tubérculo articular, 3 - cabeça da mandíbula, 4 - meato acústico externo, 5 - processo mastoide, 6 - processo estiloide, 7 - processo coronoide.

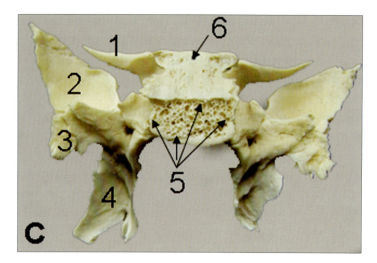
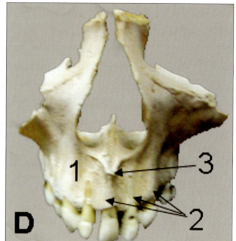
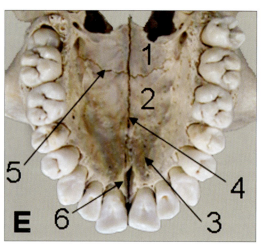
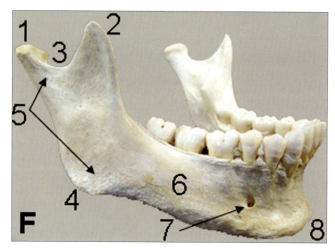

Fig. 1 (C-D-E-F) - Em C, vista posterior do osso esfenoide, onde 1 - asa menor, 2 - asa maior (face cerebral), 3 - espinha, 4 - processo pterigoide, 5 - corpo do esfenoide (superfície de relação esfeno-occipital), 6 - dorso da sela turca. Em D, vista anterior dos ossos maxilares articulados, onde 1 - face anterior, 2 - eminências alveolares, 3 - espinha nasal anterior. Em E, vista inferior das maxilas articuladas incluindo em 1 - ossos palatinos, 2 - processo palatino da maxila, 3 - osso incisivo, 4 - sutura palatina mediana, 5 - sutura palatina transversa, 6 - forame incisivo. Em F, vista em oblíqua anterior direita da mandíbula, onde 1 - processo condilar, 2 - processo coronoide, 3 - incisura da mandíbula, 4 - ângulo da mandíbula, 5- ramo da mandíbula, 6- corpo da mandíbula, 7 - forame mentual, 8- protuberância mental (mento).

ARTICULAÇÃO TEMPOROMANDIBULAR (ATM)

A articulação temporomandibular é uma juntura sinovial de morfologia elíptica que resulta da relação entre o processo condilar da cabeça da mandíbula, via interposição discal, com a fossa mandibular e tubérculo articular do osso temporal. É uma articulação que deve ser definida como interdependente, pois a mandíbula é um osso ímpar e articulado nos dois lados. Assim, a liberdade ou restrição de uma das articulações interfere na do lado oposto.

A cápsula articular que delimita a ATM envolve por um lado a cabeça da mandíbula, a partir de seu colo, e por outro é fixada no temporal envolvendo a fossa mandibular e o tubérculo articular, relevo ósseo projetado da face inferior da porção temporal do arco zigomático. A cápsula da ATM apresenta, lateralmente, espessamento que se projeta obliquamente de cima para baixo e de anterior para posterior, desde o tubérculo articular até a face posterior do colo mandibular (ligamento lateral).

Aberta a cápsula da ATM, identifica-se o disco fibroso que divide a cavidade articular em duas cavidades distintas: uma superior disco-temporal e outra inferior disco-mandibular. Essa divisão gera a cada lado duas cavidades articulares, permitindo que se observe uma articulação côndilo-discal e outra disco-temporal. As superfícies ósseas intra-articulares, tanto no compartimento superior quanto no inferior, são revestidas por tecido fibroso e não hialino como na grande maioria das diartroses.

A análise externa da cápsula articular da ATM não permite uma clara observação de seus limites. Com ela aberta, as duas cavidades independentes podem ser analisadas.

A cavidade superior tem o seu teto formado posteriormente pela fossa mandibular do osso temporal e anteriomente por toda a extensão da convexidade do tubérculo articular da porção temporal do arco zigomático. Esse tubérculo apresenta, em sua extensão lateromedial, concavidade central que lhe empresta morfologia celar.

A superfície óssea da cavidade articular inferior é demarcada pela fixação da cápsula sobre a base da superfície convexa do côndilo mandibular. Esse côndilo deixa ver uma discreta convexidade de lateral para medial e uma forte convexidade de anterior para posterior, formando uma crista bem definida.

O disco articular fica aplicado na superfície do osso temporal. Ao redor de todo o disco existe a lâmina complementar de tecido conjuntivo, que é fixada na cápsula internamente, dividindo a cavidade articular em duas.

O disco articular tem posição oblíqua de posterior, acima, para anterior, abaixo, e apresenta bandas, posterior e anterior, mais espessas, com área central transversa delgada relacionada com a porção anterior da fossa mandibular. A superfície inferior do disco, de anterior para posterior, é côncavo-convexa. A superfície superior da banda posterior do disco fica aplicada do meio para a frente da fossa mandibular, e a banda anterior se aplica na superfície posterior do tubérculo mandibular do osso temporal.

A posição intra-articular do disco e a inserção da cápsula em seu contorno geram duas distintas cavidades funcionais. A superior pode ser descrita como em forma de um til ($\sim$) e a inferior como uma letra (C) com sua cavidade voltada para baixo. O recesso posterior da cavidade superior se inicia na mesma direção do limite posterior da cavidade inferior. O recesso anterior da cavidade superior vai além do recesso anterior da cavidade inferior.

A cavidade superior contém a fossa temporal e o tubérculo anticular do osso temporal. A inferior contém o côndilo mandibular.

A análise videofluoroscópica da abertura da boca deixa ver que a rotação do côndilo ocorre em relação com a fossa mandibular, enquanto a translação se faz pelo deslocamento do côndilo por sobre a superfície articular temporal que inclui o tubérculo.

O deslocamento mandibular no espaço compreendido entre a oclusão cêntrica e a posição de repouso funcional é determinado pela rotação do côndilo no interior da fossa temporal. O fato de o côndilo permanecer na fossa temporal durante esse movimento permite concluir que ele se faz na articulação entre o disco e o côndilo mandibular no espaço articular inferior. O deslocamento anterior do côndilo para fora da cavidade mandibular do osso temporal, a partir do repouso funcional, configura o movimento de translação e é feito, na cavidade articular superior. Ele leva o côndilo até ou além do tubérculo temporal, produzindo, além do deslocamento anterior, certo grau de rebaixamento condilar.

Os movimentos de rotação e translação são os movimentos básicos da ATM e deles, por ação dos músculos mastigadores, os demais movimentos se produzem. Rotação e translação, no entanto, são basicamente dependentes de dois fatores: da ação do músculo pterigóideo lateral, responsável pela abertura da boca, e das características de relação do disco com as superfícies articulares do temporal e da mandíbula.

A banda anterior do disco articular se posiciona em relação à superfície posterior do tubérculo mandibular do osso temporal. Esse tubérculo de lateral para medial mostra uma morfologia em forma de cela, que torna fácil o deslizamento anterior do disco.

O côndilo mandibular pode se ajustar à concavidade central do disco articular através de sua crista, formando uma unidade disco-côndilo que explica a liberdade dos demais movimentos descritos pela mandíbula. A morfologia, posição e relação do disco fazem com que funcione como uma cunha na relação do côndilo com a superfície temporal, o que facilita o deslocamento da unidade côndilo mandibular disco por sobre a superfície articular do temporal. Esse deslocamento se faz por ação de vetores determinados pela contração dos dois fascículos do pterigóideo lateral.

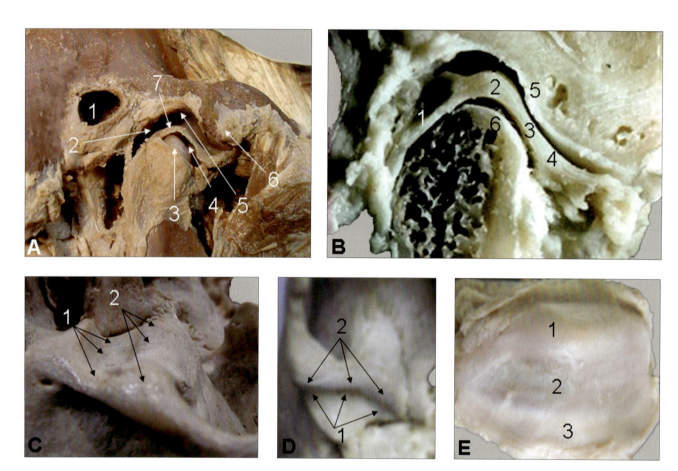

Fig. 2 Em A, vista lateral de peça onde dissecção anatômica expôs 1 - meato acústico externo, 2 - porção disco-temporal da cápsula articular da articulação temporomandibular (ATM), 3 - côndilo da mandíbula, 4 - porção disco-condilar da cápsula da ATM, 5 - face articular da fossa mandibular, 6 - tubérculo articular, 7 - disco articular. Em B, corte sagital da ATM, onde 1 - zona bilaminar, 2 - banda posterior do disco articular, 3 - disco central, 4 - banda anterior, 5 - superfície articular do osso temporal, 6 - superfície articular do côndilo mandibular. Em C, superfície articular temporal voltada para cima, onde se destaca a extensão transversa das superfícies articulares da fossa temporal (1) e do tubérculo articular (2). Em D, vista posteroanterior, onde se destaca, como em (C), a extensão transversa da fossa temporal (1) e do tubérculo articular (2). Em E, vista superior do disco articular, onde 1- banda posterior, 2 - zona central transversa mais delgada, 3 - banda anterior.

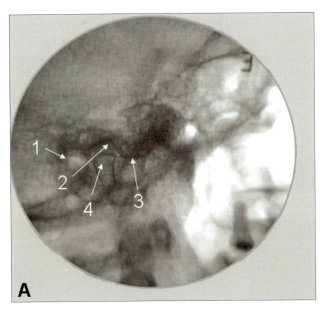 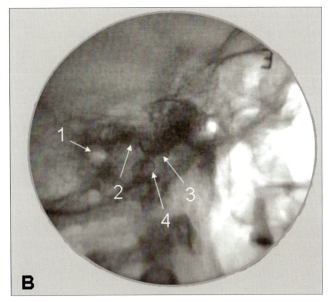

Fig. 3 Imagens obtidas em função pause de exame videofluoroscópico, onde 1 - poro do meato acústico externo, 2 - fossa mandibular, 3 - tubérculo articular, 4 - côndilo mandibular. Em A, côndilo relacionado à fossa mandibular como ocorre no movimento de rotação e, em B, côndilo relacionado com tubérculo temporal como ocorre no movimento de translação (abertura da boca).

ORGANIZAÇÃO MUSCULAR

A organização muscular relacionada com a constituição da boca se distribui entre músculos cuticulares, músculos formadores do assoalho da boca e músculos da mastigação.

MÚSCULOS CUTICULARES

Os principais músculos cuticulares envolvidos com a formação e função da boca são o orbicular da boca e os bucinadores que, como os demais cuticulares, são inervados pelo nervo facial, sétimo nervo craniano.

O **orbicular da boca** se constitui de duas partes que contornam a abertura bucal, denominadas, a superior, de parte marginal, e a inferior, de parte labial. As fibras musculares arqueadas superiores e inferiores, de cada lado, contornam o introito bucal, fixando-se na pele ao redor dos lábios e lateralmente em nível do ângulo da boca, em rafe conjuntiva, em associação ao músculo bucinador. A contração de suas fibras modela os lábios em protrusão, retração ou fechamento por aposição. Essas possibilidades dinâmicas são importantes na sucção e na oclusão esfinctérica observada durante a deglutição.

O **músculo bucinador.** Suas fibras se fixam anteriormente no ângulo da boca, em associação ao orbicular da boca, e seguem em sentido posterior ocupando o espaço delimitado acima, pela maxila, onde se fixa nos processos alveolares, e abaixo e anteriormente, pelo corpo da mandíbula, onde também se fixa nas rebordas alveolares. Em sua metade posterior o bucinador passa medialmente ao ramo ascendente da mandíbula, fixando-se na rafe pterigomandibular. Configura-se como o principal músculo das paredes laterais da cavidade oral (bochechas). A cada lado, é transfixado pelo ducto excretor da glândula parótida, que se abre no vestíbulo bucal em nível do segundo molar superior.

Os músculos orbicular da boca e os bucinadores, importantes no mecanismo de deglutição, juntos, exercem importante papel no mecanismo de sucção. Neste mecanismo, com a língua aposta e fixada ao contorno interno da arcada dentária inferior (assoalho da boca), o orbicular se projeta e contrai intermitente enquanto o bucinador desloca o ângulo da boca posteriormente, o que estreita e cria um canal bucal anterior com cavidade bucal posterior menos resistente e receptiva.

A inserção anterior comum do orbicular e dos bucinadores permite, por contração muscular, a combinação de forças que podem lateralizar ou medializar esses pontos de inserção (rafes). Mas, durante a deglutição, o orbicular dos lábios, em equilíbrio de forças com os bucinadores, mantém a posição das rafes, tendo como resultante a aposição dos lábios, impedindo o escape pressórico anterior e potencializando a ação de transferência de anterior para posterior que ocorre na ejeção oral.

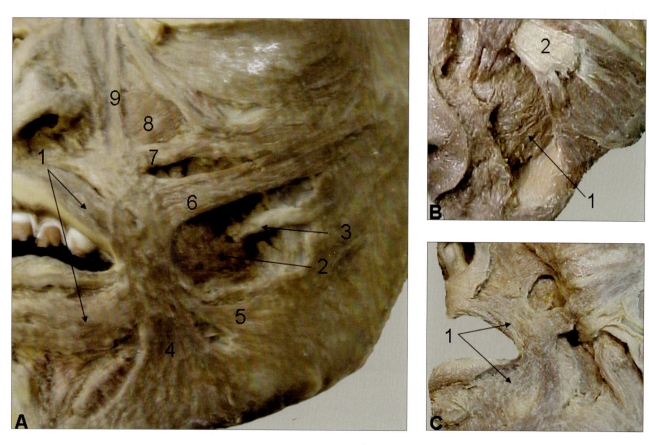

Fig. 4 Peças plastinadas (incluídas em resina siliconizada - biodur), onde se destacam os músculos cuticulares (da mímica - inervados pelo VII nervo craniano). Em A, visão lateral esquerda oblíquada, onde 1 - músculo orbicular da boca, 2- músculo bucinador, 3- ducto de drenagem da glândula parótida (Stenon) transfixando o bucinador para se abrir na cavidade oral, 4- músculo depressor do ângulo da boca, 5- músculo risório, 6- músculo zigomático maior, 7- músculo zigomático menor, 8- músculo levantador do lábio superior, 9- músculo levantador do lábio superior e da asa do nariz. Em B, visão lateral da hemiface esquerda destacando 1- músculo bucinador e 2- músculo masseter (músculo da mastigação). Em C, visão lateral da hemiface esquerda (boca aberta), onde 1- orbicular da boca.

MÚSCULOS DO ASSOALHO DA BOCA

O assoalho da boca é constituído pelos músculos milo-hióideos reforçados acima pelos gênio-hióideos e abaixo pelos ventres anteriores dos músculos digástricos.

Os músculos **milo-hióideos** formam o assoalho da boca. São músculos alargados e de pequena espessura que se inserem no contorno anterolateral da face interna da mandíbula (linha milo-hióidea), de onde suas fibras se projetam transversalmente em sentido oblíquo de anterior para posterior e de cima para baixo para se inserirem na linha média em rafe conjuntiva que se estende da face interna da mandíbula, anteriormente, até o corpo do osso hioide, posteriormente. Sua inervação é dependente do ramo motor do nervo trigêmeo.

Os músculos **gênio-hióideos**, um a cada lado da linha média, se localizam acima do conjunto milo-hióideo. Inserem-se anteriormente na face interna da mandíbula (espinha mental) e posteriormente a cada lado da face anterior do corpo do osso hioide. Esse músculo é inervado pela alça cervical, que é constituída por fibras nervosas do plexo cervical (C1) que caminham pelo nervo hipoglosso (XII nervo craniano), chegando a ele via alça cervical.

O músculo **digástrico** reforça o assoalho da boca por seu ventre anterior. É um músculo de duplo ventre muscular, cujo anterior se insere na mandíbula, lateralmente na linha média do contorno inferior da face interna desse osso (fossa digástrica), imediatamente abaixo do músculo milo-hióideo. Esse ventre anterior é inervado pelo ramo motor do trigêmeo (V nervo craniano). Seu ventre posterior vai se inserir no processo mastoide, e sua inervação é dada pelo nervo facial (VII nervo craniano).

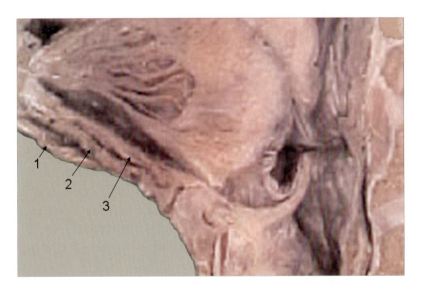

Fig. 5 Vista medial de corte sagital com exposição 1 - ventre anterior do músculo digástrico, 2 - músculo milo-hióideo, 3 - músculo gênio-hióideo.

MÚSCULOS DA MASTIGAÇÃO

Os músculos ditos mastigadores são quatro potentes pares de músculos localizados a cada lado de um plano sagital mediano da cabeça. Com ventres musculares que cruzam em diversos sentidos o eixo e o movimento das articulações temporomandibulares, com inserções proximal em peças ósseas fixas e distal em peça óssea móvel (mandíbula). Cumprem com eficiência ímpar a função de mobilizar a mandíbula, dentro dos limites permitidos pela articulação temporomandibular.

Os músculos mastigadores nomeados como temporal profundo, masseter e pterigóideos lateral e medial são inervados, a cada lado, pela raiz motora do nervo trigêmeo (V nervo craniano). Embora suas ações sejam somadas e sinérgicas, a independência funcional dada pela inervação distinta, a cada lado, permite que músculos homólogos atuem em intensidades distintas, permitindo maior gama de resultantes.

O músculo **temporal** faz sua fixação superior na parte escamosa e face temporal abaixo da linha temporal inferior. Acamado sobre a face temporal externa, tem suas fibras distribuídas em forma de leque, que convergem caudalmente para ganhar potente inserção no ápice e face medial do processo coronoide da mandíbula. A projeção de suas fibras em sentido craniocaudal da fossa temporal para o processo coronoide mostra um predomínio de fibras verticalizadas no terço anterior e obliquadas em sentido posteroanterior no restante da massa muscular. A contração desse músculo permite elevação da mandíbula com fechamento da boca, participando também da retração da mandíbula. Por sua posição oblíqua de lateral para medial participa também da lateralização da mandíbula.

O músculo **masseter** faz sua inserção superior na margem inferior do arco zigomático desde sua borda anterior até a posterior. Sua inserção mandibular se faz sobre toda a face externa do ramo ascendente da mandíbula desde a incisura até o ângulo. De morfologia retangular e espessa massa muscular formada por superposição de fascículos, é capaz de participar não só do fechamento da boca, mas também dos movimentos de projeção anterior e lateralização da mandíbula.

O músculo **pterigóideo lateral** é o menos volumoso dos músculos mastigadores; é constituído por dois fascículos musculares, um superior e outro inferior (principal ou mais volumoso). O fascículo superior, de menor porte, se origina na face temporal da asa maior do osso esfenoide e se insere no colo do côndilo mandibular com fibras, podendo se inserir na cápsula articular abaixo e até em nível do disco articular. O fascículo inferior, mais volumoso, se origina na lâmina lateral do processo pterigoide e na tuberosidade da maxila. Sua inserção se faz na fóvea pterigoide do proceso condilar da mandíbula.

Por suas inserções, as fibras musculares da cabeça acessória do músculo pterigóideo lateral se projetam de anterior para posterior e obliquamente, de medial para lateral e de cima para baixo. A contração de suas fibras traciona para cima e para a frente a unidade disco-côndilo.

As fibras musculares da cabeça principal do músculo pterigóideo lateral também se projetam de anterior para posterior. Em obliquidade médio lateral as fibras da metade superior dessa porção se projetam em um plano próximo ao horizontal e as da metade inferior em um plano oblíquo de caudal para cranial. Participa dos movimentos de projeção anterior da mandíbula, do de lateralidade e da abertura da boca.

O músculo pterigoideo lateral é um músculo bíceps que tem as duas cabeças com funções sinérgicas e complementares. Esse músculo é o responsável pela abertura ativa da boca. Outros músculos, como os do assoalho da boca, podem participar da abertura contra resistência, mas não da abertura normal, que é mediada exclusivamente pelo pterigóideo lateral.

As duas cabeças do pterigóideo lateral geram, para a abertura da boca, três vetores funcionais básicos que atuam de modo sequencial e coordenados. Após a rotação mandibular, que ocorre na cavidade articular inferior, o ventre superior do músculo pterigóideo lateral puxa para cima o côndilo mandibular que se ajusta e impacta na concavidade inferior disco-articular, formando a unidade disco-côndilo mandibular. A partir daí o músculo pterigóideo lateral, mantida a contração do ventre superior, inicia a contração do ventre inferior, puxando a unidade disco-côndilo para a frente e em seguida para baixo, produzindo a abertura da boca.

O músculo **pterigóideo medial** se localiza em oposição espacial ao masseter; sua inserção proximal se faz no osso esfenoide sobre a lâmina lateral e fossa do processo pterigóideo e no processo piramidal do osso palatino. Localiza-se em relação com a face interna do ramo ascendente da mandíbula e faz sua inserção distal na tuberosidade pterigóidea que se localiza na face medial do ângulo da mandíbula. Suas fibras de sentido craniocaudal são ligeiramente oblíquas de medial para lateral e anterior para posterior. Pela distribuição espacial de suas fibras participa do fechamento da boca, da projeção anterior da mandíbula e dos movimentos de lateralidade.

O exercício de atribuir função isolada aos músculos mastigadores, baseado em sua morfologia e na projeção de suas inserções, é meramente didático e não corresponde à realidade funcional, onde, especialmente devido à interdependência articular, os deslocamentos ocorrem por somação sinérgica da função de agonistas e inibição ou modulação de antagonistas.

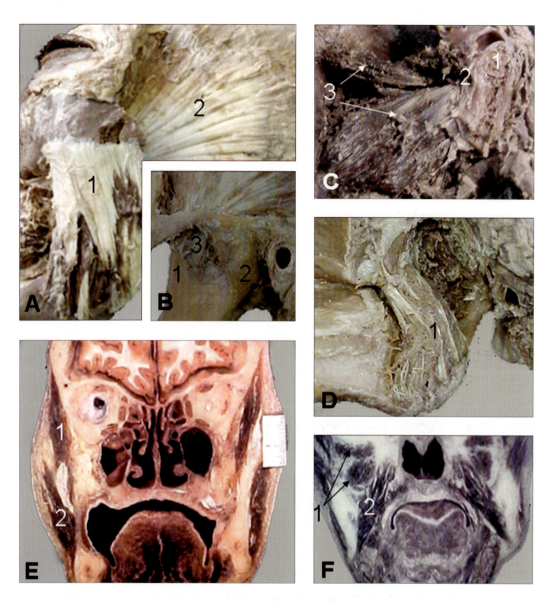

Fig.6 Preparações anatômicas destacando os músculos mastigadores (inervação V nervo craniano), onde, em A, vista lateral da hemiface esquerda na qual 1- músculo masseter, 2 - músculo temporal profundo; o encarte B destaca o processo coronoide (1), a cabeça da mandíbula (2) e o músculo temporal (3) em sua inserção no processo coronoide. Em C, vista medial, onde 1 cabeça da mandíbula, 2 - projeção da fóvea pterigoide, 3 - músculo pterigóideo lateral destacando os fascículos superior e inferior. Em D face interna da mandíbula destacando o músculo pterigóideo medial. Em E, corte frontal da cabeça em plano que destaca a obliquidade lateromedial de 1- músculo temporal, 2 - músculo masseter. Em F, corte frontal em plano que destaca a obliquidade dos 1 - pterigóideo lateral (fascículos superior e inferior) e 2 - pterigóideo medial.

DENTES

Na natureza, quando os animais têm que buscar por si seu alimento, os dentes são estruturas vitais. Não o são para o homem moderno por sua capacidade de usar utensílios e preparar sua alimentação. Contudo, a longevidade de muitos mamíferos ainda guarda relação direta com o tempo em que os dentes podiam cumprir suas funções. A grande maioria dos animais é polifiodonte, o homem e a quase totalidade dos mamíferos são difiodontes, apresentando assim duas dentições, uma decídua e outra permanente.

No homem, a dentição permanente é composta por trinta e dois dentes que se distribuem em quadrantes direito e esquerdo, superiores e inferiores. Cada quadrante com oito dentes nomeados de medial para lateral como incisivo I (anterior). Incisivo II (lateral), canino, primeiro e segundo pré-molares (pré-molar I e II) e primeiro, segundo e terceiro molares (molares I, II, III). Suas morfologias externas distintas, definidas por suas coroas, variam de bordas convergentes "cortantes" nos incisivos, pontiagudos nos caninos, "preensoras" e circunferenciais nos pré-molares e molares cuja superfície de atrito, formada por cúspides, dá a característica de "trituradores" a esses dentes. Suas raízes, que variam de uma nos incisivos, caninos e pré-molares, duas nos molares inferiores e três nos molares superiores, articulam os dentes nos alvéolos distribuídos em arco nos maxilares e na mandíbula.

Embora não mais vital para a espécie humana, a integridade das arcadas importa não só para a mastigação, mas também para a dinâmica pressórica da cavidade bucal. Os espaços criados pela ablação de dentes são preenchidos pela língua, que veda de modo compensatório o espaço criado, trazendo para si nova função. Ablações extensas com próteses substitutivas não raro interferem com a dinâmica da fase oral da deglutição.

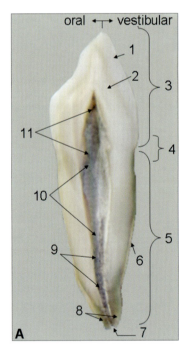 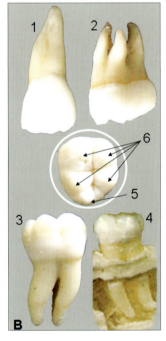

Fig. 7 Em A, corte sagital mediano em dente monorradicular (canino) onde 1- esmalte, 2- dentina, 3- coroa, 4- colo, 5- raiz, 6- cemento, 7- forame do ápice, 8 - ápice da raiz, 9 - canal da raiz (polpa radicular), 10 - cavidade do dente (polpa do dente), 11- cavidade da coroa (polpa coronal). Em B, conjunto de dentes, onde 1 - vista frontal do incisivo anterior, 2 - dente molar superior (trirradicular), 3 - molar inferior (birradicular), 4 - articulação dentoalveolar (já denominada gonfose), 4 - molar inferior - observar relação compacto / esponjosa das raízes dentárias com o díploe do corpo mandibular. Ainda em B, círculo branco central contendo molar (vista de topo) destacando 5 - tubérculo e 6 - cúspides.

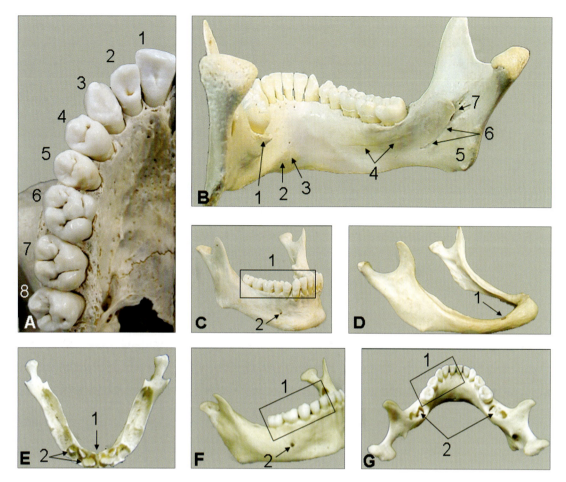

Fig.8 Em A, vista inferior da bateria dentária superior direita, onde 1 - incisivo I (central), 2 - incisivo II (lateral), 3 - canino, 4 e 5 primeiro e segundo pré-molares, 6, 7 e 8 primeiro, segundo e terceiro molares. Em B, vista posterior da mandíbula, 1- língula da mandíbula (espinha de spix), 2 - fossa digástrica, 3 - espinha geniana, 4 - linha milo-hióidea, 5 - ângulo da mandíbula, 6 - sulco milo-hióideo, 7 - forame da mandíbula. Em C, 1 - box contendo a bateria de 8 dentes definitivos do quadrante inferior direito, 2 - forame mentual. Em D, mandíbula de idoso edentado, onde 1 - forame mentual (observar reabsorção óssea). Em E, vista da superfície oclusal de mandíbula fetal, onde 1- sinfise da mandíbula, 2 - dentes decíduos (intraósseo). Em F, visão frontal da mandíbula de criança, onde 1- box contendo 5 dentes da dentição decídua (dois incisivos, um canino e dois molares), 2 - forame mentual. Em G, vista posterosuperior da mandíbula de criança, onde 1- box delimitando bateria inferior esquerda de dentição decídua, 2 - dentes definitivos incluídos na peça óssea.

LÍNGUA

A língua pode ser considerada como constituída por uma raiz, localizada posteriormente e relacionada ao osso hioide, ao processo estiloide e à mandíbula, por uma extremidade livre, projetada no interior da cavidade oral, por uma face dorsal ou posterossuperior convexa em todas as direções, durante o repouso, e por uma face inferior que repousa sobre o assoalho da boca.

É uma estrutura eminentemente muscular, cujo corpo apresenta densa rede de tecido conjuntivo fibroso com numerosas fibras elásticas, firmemente unidas com o tecido fibroso situado entre os feixes musculares. É dividida por um septo sagital mediano em metades direita e esquerda. Inferiormente seu corpo é revestido por uma membrana mucosa fina e lisa com estrutura idêntica à do restante da cavidade bucal. O contorno posterior de sua face dorsal, face faríngea, é ocupado pela amígdala lingual. A face superior, parte bucal do dorso da língua, é recoberta por diversas papilas e apresenta uma mucosa intimamente aderida ao tecido muscular. Esse revestimento é composto por uma camada de tecido conjuntivo recoberta por epitélio escamoso estratificado que reveste também as papilas.

A sensibilidade da língua, nos dois terços anteriores e de cada lado, é de responsabilidade de ramos do trigêmeo e do facial. O trigêmeo garante a sensibilidade geral, enquanto o facial, via corda do tímpano, garante a gustação. O terço posterior da língua, incluindo as papilas valadas, é inervado, de cada lado, por ramo lingual do nervo glossofaríngeo, que é o responsável tanto pela sensibilidade geral quanto pela gustação desse território.

As **papilas linguais** são pequenas e múltiplas projeções que cobrem o dorso da língua. São de quatro tipos: filiformes, fungiformes, foliáceas e circunvaladas. As filiformes são as menores e as que se encontram em maior número. São pequenas projeções cônicas queratinizadas que emprestam aspecto áspero, em especial a ponta e as bordas laterais dos dois terços anteriores da língua. É o aumento da descamação da queratina dessas papilas que forma a "saburra", substância brancacenta aderida à língua que ocorre em associação a processos inflamatórios da orofaringe e a distúrbios do tubo digestivo. As papilas fungiformes lembram um pequeno cogumelo e apresentam uma extremidade arredondada e uma base que se mostra como um colo estreitado. O conjuntivo subjacente a essas papilas é significativamente vascularizado e seu epitélio de revestimento não queratinizado permite vê-las como pequenos pontos rosados espalhados por sobre o dorso da língua. Seu número é significativamente menor que o das filiformes. As papilas foliáceas se apresentam em pequeno número e são pouco desenvolvidas na língua humana. Mostram-se como fendas verticais nas bordas laterais da extremidade posterior da língua logo à frente do limite definido pelo V lingual. As papilas circunvaladas são pouco numerosas, em média de dez papilas; mas são as maiores e mais desenvolvidas dos quatro tipos de papilas. Dispõem-se alinhadas na parte posterior da língua em relação ao V lingual. Apresentam-se como uma projeção circular cônica de base superior, delimitada por sulco profundo em todo o seu contorno. Com exceção das papilas filiformes, todas as demais papilas linguais apresentam botões gustativos.

As papilas são acidentes anatômicos da língua e os botões gustativos, receptores localizados nessas papilas e em muitas outras regiões da língua, da cavidade oral e mesmo na faringe, onde receptores morfologicamente idênticos aos botões gustativos são encontrados.

Os **botões gustativos** são massas celulares ovoides incrustadas no epitélio da língua, do palato, da epiglote e até mesmo no epitélio estratificado da mucosa faríngea, onde identificamos botões com morfologia semelhante aos gustativos. A observação histológica do epitélio lingual corado com hematoxilina eosina deixa ver uma massa ovoide clara incrustada no epitélio corado em tom escuro. Um polo mais afilado do botão gustativo se relaciona com pequena abertura na superfície do epitélio, que constitui o chamado poro gustativo. A microscopia eletrônica identifica pelo menos quatro tipos de células. Uma, de pequena dimensão, constitui a camada basal, admitida como germinativa (*stem-cels* – célula de tipo IV). Outros três distintos tipos de células fusiformes se compactam longitudinalmente em direção ao poro gustativo. As células denominadas como de tipo I (células escuras) foram definidas como de sustentação e as dos tipos II e III, células gustativas; sendo a do tipo II considerada precursora do tipo III. As fibras nervosas dos nervos cranianos envolvidos com a gustação se conectam com o botão gustativo, fazendo sinapses em sua periferia mas também em seu interior por projeções dendríticas, que se imiscuem com as células formadoras do botão. A desenervação desses botões implica sua atrofia.

As células fusiformes, inclusive as ditas de sustentação, apresentam microvilos de tamanhos distintos, que se projetam através dos poros, e conexão distal ou lateral com dendritos. Na porção basal do citoplasma das do tipo III foram identificadas pequenas vesículas densamente coradas, possivelmente pela presença de neurotransmissores. Os receptores gustativos são quimiorreceptores e a presença mais maciça de vesículas densas nas celas de tipo três fez que se acreditasse fossem elas as células gustatórias, mas, em razão da relação sináptica de raízes nervosas também com as células dos tipos I e II, admite-se que todas sejam células com capacidade de neurotransmissão.

A percepção dos gostos básicos sobre a língua gerou mapa de percepção gustatória que marca, de anterior para posterior e de cada lado, áreas para o doce, a seguir o salgado, após o azedo e posteriormente o amargo. Esse mapeamento tem se mostrado inconsistente. Os quatro gostos básicos são reconhecidos sem seletividade, em todas as áreas demarcadas da superfície lingual. O amargo é o gosto mais intensamente reconhecido, mesmo em concentrações comparativamente menores.

A quimiorrecepção dos gostos básicos implica a despolarização dos microvilos das células dos botões gustativos. A percepção de distintos estímulos por um mesmo quimiorreceptor implica formas distintas de despolarização para as diferentes neurotransmissões. O Na+ do sal e o H+ dos azedos (ácidos), que terminam por interferir na corrente de K+, foram identificados na transmissão do salgado e do azedo, respectivamente. Para o doce e o amargo identificou-se, ainda de modo incompleto, que moléculas receptoras e transmissores secundários terminam por interferir com os canais de cálcio e com o teor de cálcio dos receptores, permitindo a distinta neurotransmissão desses gostos.

Outras quimiopercepções podem estar sendo mediadas pelos receptores ditos gustativos. Mais recentemente um quinto gosto básico foi admitido, o "umami". Outros gostos, além dos quatro básicos, já foram considerados como o metálico e o adstringente, mas não resistiram ao tempo. O ardor da pimenta (capsaicina) e a dor produzida por substâncias cáusticas podem também estar sendo mediadas por esses receptores. Não se observam outros receptores anatomicamente presentes na cavidade oral e percebemos e transferimos uma grande e diferenciada gama de aferências básicas. Na faringe, receptores morfologicamente semelhantes aos botões gustativos são encontrados e, em algumas regiões, de forma abundante; e não sentimos o gosto de substâncias, sejam elas quais forem, na faringe. Essas razões e mais a observação da morfologia constituinte dos botões gustativos nos permitem ousar e admitir que, talvez, esses receptores sejam polivalentes e capazes de perceber não só informações químicas, mas também outros tipos de estímulos.

As aferências básicas percebidas na cavidade oral podem ser classificadas como de dois tipos básicos: as de caráter qualitativo/discriminativo e as de caráter determinante/mecânico. Na primeira captamos e transferimos informações que nos permitem discriminar qualidades que dizem respeito às percepções que, de algum modo, são influenciadas pela experiência e aprendizado e definem o maior ou menor prazer e aceitação do bolo a ser deglutido. Sabor, temperatura, gosto bom, gosto ruim, conhecido, desconhecido, agradável, desagradável, entre outras qualidades, que terminam por compor, juntamente com uma percepção retro-olfativa, o apuro do paladar, que é ainda influenciado pelos aspectos capturados pelo sentido da visão. As recepções aqui agrupadas como de caráter qualitativo/discriminativo são importantes para a preservação do indivíduo.

O amargo, marca dos alcaloides presentes em grande parte dos venenos naturais, certamente participou da seleção das espécies deixando como norma a alta percepção desse tipo de gosto que, com frequência, é tido como ruim e a ser rejeitado.

A aferência que definimos como de caráter determinante/mecânico é a mais relevante para a eficiência pressórica da deglutição. O volume e a consistência (viscosidade) são parâmetros que interferem diretamente na eficiência do preparo, na organização oral do bolo e na força ejetora a ser gerada na cavidade oral. A percepção e a quantificação dessas variáveis definirão o quanto de atividade muscular se necessita para a função e o quanto de unidades motoras se despolarizará. A mastigação será mais vigorosa no preparo do alimento sólido do que no pastoso. A ejeção oral para transferência de um bolo de maior consistência e/ou mais volumoso exigirá maior esforço pressórico do que aquele a ser dispensado a um conteúdo oral mais fluido, menos viscoso e mais bem ajustado às dimensões da cavidade oral. Essas percepções dentro da cavidade oral definem a aferência que solicita e obtém a eferência que determina a despolarização, em condições fisiológicas, de tantas unidades motoras quantas sejam as necessárias para o cumprimento eficiente das diversas etapas mecânicas da dinâmica oral.

A dinâmica da língua é dependente do nervo hipoglosso (XII nervo craniano) responsável pela inervação da musculatura de tipo estriado, intrínseca e extrínseca da língua. A língua, por sua musculatura extrínseca, está ligada à mandíbula, ao osso hioide e ao processo estiloide. Esses **músculos extrínsecos** são o genioglosso, o hioglosso, o condroglosso e o estiliglosso. Esses músculos são os responsáveis pelos movimentos da língua. A musculatura intrínseca é representada pelos longitudinais superiores, os longitudinais inferiores, os transversos e os verticais, músculos responsáveis pela conformação da língua.

O **genioglosso** é um músculo com ventre triangular que se origina, por curto tendão, a cada lado da linha média da face interna da mandíbula nas espinhas mentuais e se abre em leque com fibras anteriores, médias e posteriores. Suas fibras mais posteriores se inserem, além de na porção posterior da base da língua, na face anterior do corpo do osso hioide por uma delgada lâmina tendínea; as médias e anteriores se inserem na face ventral da língua, da raiz ao ápice. Sua inervação é dada pelo nervo hipoglosso e sua ação é a de puxar a língua para a frente, propiciando uma fixação funcional anterior. Sua porção mais central pode deprimir a língua, facilitando a acomodação do bolo a ser ejetado.

O músculo **hioglosso**, que tem como inserção proximal a aponeurose e a borda lateral da língua e como inserção distal a borda superior do corpo e o corno maior do osso hioide, é admitido como capaz de tracionar a base da língua para baixo e para trás. Quando do início da deglutição, a língua se apõe e se fixa firmemente à extremidade anterior do palato duro. É possível que, quando dessa aposição com fixação funcional anterior, a contração do músculo hioglosso participe da elevação e/ou fixação do osso hioide para em seguida deprimir a base da língua ao mesmo tempo que ela se projeta em sentido posterior. Esse músculo tem sua inervação motora dependente do nervo hipoglosso.

O músculo **condroglosso** é ventre bilateral de pequeno porte, que se origina no corno menor do osso hioide e se insere nas bordas laterais da língua. É admitido como sendo capaz juntamente com o hioglosso de tracionar a base da língua para baixo e para trás. Sua inervação motora é também dependente do nervo hipoglosso. A pequena dimensão, no entanto, dificulta sua valorização funcional. Embora suas fibras estejam fixadas ao corno menor do osso hioide seria possível considerá-lo como parte profunda do hioglosso.

O músculo **estiloglosso** se origina da face anterior e lateral do processo estiloide, dirige-se para baixo e para a frente e se divide em duas porções, uma longitudinal, que penetra ao lado da língua, fundindo-se com o músculo longitudinal inferior, e outra oblíqua, que recobre e entrecruza suas fibras com as fibras do hioglosso. Recebem, como os demais músculos formadores da língua, inervação motora proveniente do nervo hipoglosso (XII nervo craniano).

O músculo palatoglosso e a porção glossofaríngea do músculo constritor da faringe, embora tenham inserção na língua, não são formadores da língua. A inervação desses contingentes musculares é dada pelo plexo faríngeo. Sua citação junto com os músculos da língua é meramente didática e para esclarecer a independência funcional decorrente da inervação.

O músculo palatoglosso se estende da face bucal da extremidade posterior da aponeurose palatina até a face lateral da língua, onde suas fibras se fixam. Um de cada lado constitui, revestido pela mucosa da região, os pilares ou arco palatoglosso. Esse arco delimita as cavidades bucal e faríngea. Sua constituição muscular participa da formação esfinctérica que separa essas cavidades. É inervado pelo plexo faríngeo (via nervo vago – X par). A porção glossofaríngea do músculo constritor superior se insere nas bordas laterais da língua por interpenetração de suas fibras com as do músculo transverso da língua.

Os **músculos intrínsecos** como referido são os longitudinais superiores, os longitudinais inferiores, os transversos e os verticais.

O **longitudinal superior** se estende do ápice à base da língua, cobrindo bilateralmente toda a sua superfície dorsal. Embora contínuo de um a outro lado do dorso da língua deve ser considerado par, pois a inervação de cada um dos lados é independente. O longitudinal inferior se projeta bilateralmente do ápice até a base separado, medialmente, pela implantação dos músculos genioglossos. Os **transversos** se inserem medialmente de cada lado do septo lingual até as margens laterais, onde se inserem na face interna da mucosa que reveste a língua. Os **verticiais**, de cada lado, se projetam perpendicularmente da face interna da superfície superior até a inferior.

Esses músculos, inervados pelo nervo hipoglosso, estão relacionados como referido com a forma a ser funcionalmente tomada pela língua.

O longitudinal superior e o inferior tendem a encurtar a língua, quando se contraem simultaneamente. Se a contração é só do longitudinal superior, ele encurva a extremidade livre da língua para cima, tornando côncavo o dorso da língua; de modo oposto, se a contração é do longitudinal inferior, a extremidade da língua se dobra para baixo e o dorso se torna convexo. O músculo transverso estreita a língua em sentido laterolateral, aumentando sua dimensão craniocaudal. O vertical aplana a língua. Diminui sua espessura e aumenta a dimensão laterolateral. Outras formas podem ser obtidas por arranjos distintos dessa musculatura.

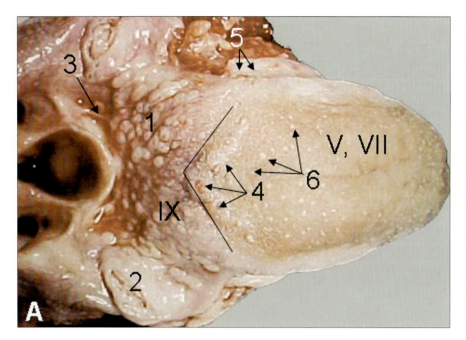
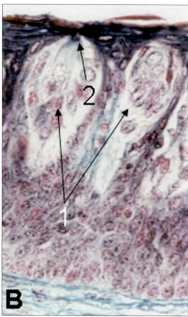

Fig. 9 Arranjo onde, em A, peça anatômica não fixada deixa ver em 1 - tonsila (amígdala) lingual 2 - tonsila palatina, 3 - valécula, 4 - papilas circunvaladas, 5 - papilas folhadas, 6 - papilas fungiformes, IX - terço posterior da língua onde o glossofaríngeo é o nervo responsável pela sensibilidade geral e pela gustação, à frente da linha traçada acompanhando o V lingual (2/3 anteriores); temos a sensibilidade geral devida ao V - nervos trigêmeos e a gustação conduzida pelo sétimo nervo craniano (VII- nervo facial). Em B, corte histológico, onde 1 - botões gustativos (na língua principalmente incluídos nas papilas exceto nas filiformes), 2 - projeção do poro do botão gustativo.

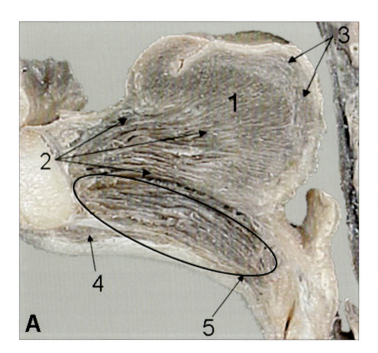
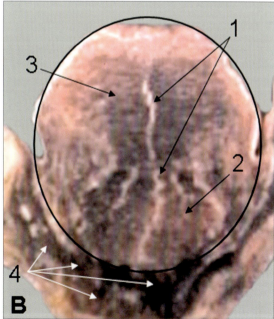

Fig.10 Peças anatômicas fixadas onde, em A, corte sagital da língua na qual 1 corpo da língua (musculaturas intrínseca e extrínseca da língua imbricadas), 2 - fascículos do músculo genioglosso (músculo extrínseco), 3 - músculo longitudinal superior (músculo intrínseco da lingua), 4 - platisma (músculo cuticular da face e do pescoço), 5 - ovoide demarcando a musculatura do assoalho da boca. Em B, corte transverso com língua delimitada por círculo, onde 1 - rafe mediana, 2 - músculo genioglosso, 3 - corpo da língua onde se pode identificar a musculatura intrínseca transversa, 4 - músculos do assoalho da boca.

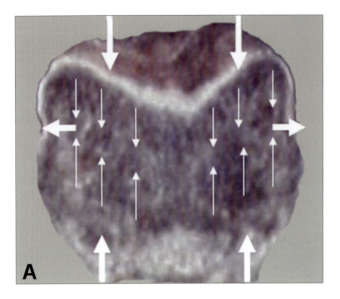 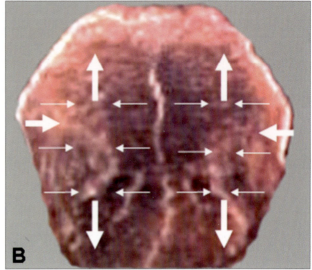

Fig. 11 Cortes em plano frontal da língua destacando de modo esquemático a ação em A (setas finas) dos músculos intrínsecos verticais que diminuem a espessura vertical da língua ampliando as suas dimensões laterolaterais (setas grossas). Em B, representação da ação dos músculos intrínsecos horizontais (setas finas) que aproximam as laterais da linha média, diminuindo a largura com aumento da dimensão vertical (setas grossas)

GLÂNDULAS SALIVARES

As glândulas salivares são estruturas acinares organizadas em lóbulos que, unidos por tecido conjuntivo areolar denso e relacionadas por vasos e ductos, constituem lobos que formam a glândula. Cada lóbulo é formado pelas ramificações distais de um único ducto cujos ramos terminam em discretas dilatações, denominadas alvéolos, em relação aos quais se distribuem os capilares. As células acinares relacionadas a esses alvéolos podem ser de dois tipos: mucosas e serosas.

Em relação com a cavidade bucal encontramos três pares de glândulas de maior porte: as parótidas, as submandibulares e as sublinguais e ainda glândulas menores como as linguais anteriores, e numerosos pequenos grupos acinares que podem ser identificadas como linguais (dispersas sob a mucosa lingual), labiais (sob a mucosa dos lábios), bucais (sob a mucosa da face interna das bochechas) e palatinas (no teto da cavidade bucal)

A **parótida**, glândula salivar de maior volume, é uma massa irregular lobulada localizada de cada lado no esplancnocrânio na região que nomeia, juntamente com o masseter, região parotídeo-masseterina. Situa-se abaixo do poro acústico, à frente do músculo esternocleido mastóideo, por sobre o ramo ascendente da mandíbula e mais anteriormente por sobre parte do músculo masseter. Seu ducto de excreção cruza, transversalmente, a face por sobre o músculo masseter para atravessar perpendicularmente o músculo bucinador e se abrir no vestíbulo da cavidade bucal em relação ao segundo molar superior.

A glândula **submandibular**, a segunda em volume, constitui-se de um segmento superficial de maior volume e outro profundo. Essas partes se continuam uma com a outra em torno da borda posterior do músculo milo-hióideo. A porção superficial dessa glândula se localiza na região submandibular em nível do triângulo digástrico e se estende posteriormente até o ligamento estilomandibular que se interpõe entre essa porção da glândula submandibular e a glândula parótida. A parte profunda se estende para a frente, por sobre o músculo milo-hióideo, até a extremidade posterior da glândula sublingual. O ducto de excreção da submandibular, cuja parede é mais delgada que a do ducto parotídeo, surge da reunião de numerosos pequenos ramos ductais, em nível do terço médio do segmento superficial da glândula. O ducto resultante segue em sentido posterior para curvar-se em sentido anterior na borda posterior do músculo milo-hióideo. Por sobre o músculo milo-hióideo, em contato com a parte profunda da glândula, o ducto principal recebe pequenos outros ductos que drenam esse segmento. Prosseguindo em sentido anterior, medialmente colocado em relação à glândula sublingual, vai se abrir no assoalho da boca, ao lado do frênulo da língua, no ápice da papila sublingual.

A glândula **sublingual**, a menor das três principais, se localiza no assoalho da boca, a cada lado, sob a mucosa que se mostra elevada, formando a prega sublingual. Próximo à face interna da mandíbula repousa sobre o músculo milo-hioideo e converge anteriormente, estabelecendo relação com sua homóloga do lado oposto. Sua excreção se faz por numerosos pequenos ductos. Muitos desses ductos se abrem separadamente no assoalho da boca, no ápice da prega sublingual. Podem-se encontrar, originando-se da parte anterior da glândula, alguns ductos confluindo e formando um ducto sublingual maior, que se abre isoladamente ou em associação ao ducto submandibular.

As glândulas linguais anteriores apresentam volume pouco maior que um grão de arroz. Estão situadas na face ventral do ápice da língua, uma a cada lado, encobertas pela mucosa e por fascículos de fibras derivadas dos músculos estiloglosso e longitudinal inferior. Abrem-se por meio de três ou quatro ductos na face inferior do ápice da língua.

Os alvéolos formadores das diversas glândulas salivares diferem na natureza da secreção que produzem. Os mucosos secretam líquido viscoso contendo mucina e os serosos um líquido mais aquoso. As parótidas são glândulas constituídas por alvéolos serosos. As submandibulares e as sublinguais são do tipo misto, constituídas por alvéolos tanto do tipo mucoso quanto do tipo seroso. As submandibulares apresentam um predomínio seroso e as sublinguais um predomínio mucoso. As linguais anteriores são também do tipo misto, mas os pequenos acinos disseminados sob a mucosa da cavidade bucal são do tipo mucoso.

As secreções produzidas pelas células formadoras dos alvéolos das glândulas salivares são conduzidas para a boca, por um complexo ductal grandemente ramificado que converge para um ducto comum. No interior da glândula, os menores ductos, os lobulares, se dividem por características histológicas em ductos, os mais distais, de tipo estriado e os a seguir de tipo intercalar. Ao redor dos ácinos e dos ductos intercalares são identificadas células mioepiteliais. Os ductos convergem e se reúnem em ductos cada vez maiores, com suas paredes se modificando e espessando até o ducto excretor principal.

O processo de produção de saliva é regulado pelo sistema nervoso autônomo (SNA) e se dá, a princípio, por captação e filtração plasmática em nível de seus ácinos, onde a sua composição em muito se assemelha à do plasma, para, em nível dos ductos intercalares, sofrer reabsorção eletrolítica que a torna hipotônica, quando eliminada na cavidade oral. A produção de saliva das três maiores glândulas é na ordem de 1 a 2 litros em 24h. A produção de repouso é de 0,5ml/min e quando estimulada pode chegar a 4ml/min.

A **secreção salivar** se processa de modo contínuo, com quantidade e características influenciadas por estímulos nervosos. A contração das células mioepiteliais sobre ácinos e ductos inicia a expulsão da saliva neles contida. É possível também que a dinâmica facial, em especial durante a mastigação, pressione e comprima o conteúdo dos ductos e ácinos salivares, ajudando na eliminação de seu conteúdo.

O estímulo parassimpático produz secreção copiosa e fluida de saliva serosa. A estimulação simpática dá origem a uma secreção mucosa que é escassa, espessa e brancacenta. O glossofaríngeo carreia fibras vindas do núcleo salivatório inferior, as quais atuam na parótida. As fibras autonômicas do nervo facial, vindas do núcleo salivatório superior, vão para as glândulas submandibulares, glândulas que mais produzem durante o repouso, e para as sublinguais.

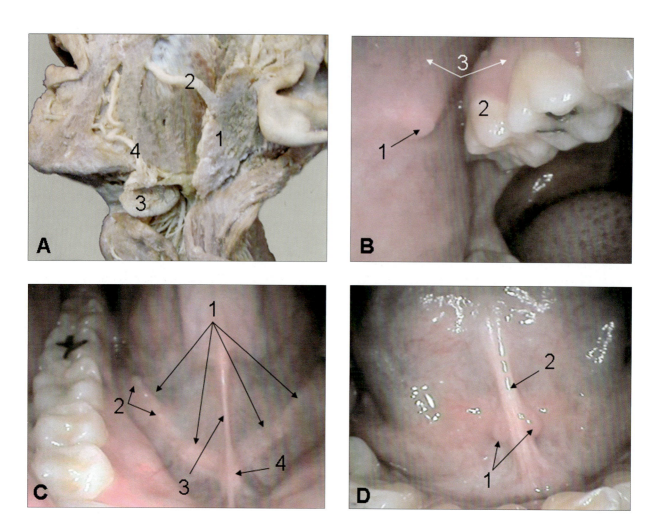

Fig. 12 Em A, hemiface esquerda onde 1 - glândula parótida, 2 - ducto de drenagem da glândula parótida (ducto de Stenon), 3 - glândula submandibular, 4 - artéria facial. Em B (modelo vivo), onde 1 - papila do ducto parotídeo, 2 - segundo molar superior, 3 - vestíbulo da cavidade oral. Em C (modelo vivo) onde 1 - relevo das glândulas salivares sublinguais, 2 - óstios dos ductos excretores da glândula sublingual (ductos de Rivinus), 3 - frênulo da língua, 4 - carúncula sublingual. Em D (modelo vivo), onde 1 - carúncula sublingual, onde se encontram os óstios de drenagem dos ductos das glândulas submandibulares (ductos de Warton) e 2 - frênulo da língua.

BIBLIOGRAFIA CONSULTADA

1. Alvite M.F.L. Lopes RLC, Costa M M B. Estimulação mecânico-térmica dos pilares palatoglossos. Arquivos de Gastroenterologia 2007;44(3): 221-6.
2. Apriele H, Figun ME, Garino RR. Anatomía odontológica orocervicofacial. 4ª ed. Buenos Aires: el ateneo, 1967; 129-43.
3. Bade H. The function of the disco-muscular apparatus in the human temporomandibular joint. annals of anatomy 1999; 181(1): 65-7.
4. Basmajian JV. Articular and muscular system in: primary anatomy. Baltimore: Willians & Wilkins, 1982; 75-196.
5. Bermejo-Fenoll A; Panchon-Ruiz A; Gonzalez JM. A study of the human temporomandibular joint complex in the cadaver. Journal of craniomandibular practice. 2002; 20(3): 181-91.
6. Bertilsson O, Strom D. A literature survey of a hundred years of anatomic and functional lateral pterygoid muscle research. Journal of Orofacial Pain. 1995; 9(1): 17-23.
7. Bianchini EM, Paiva G, Andrade CR. Mandibular movement patterns during speech in subjects with temporomandibular disorders and in asymptomatic individuals. Cranio. 2008; 26(1):50-58.
8. Bravetti P, Membre H, Haddioui AE, Gérard H, Fyard J P, Mahler P, Gaudy J F. Histological study of the human temporomandibular joint and its surrounding muscles. Surg Radiol Anat. 2004;26(5):371-8.

9. Carpentier , Yung JP, Marguelles-Bonnet R, Meunissier M. Insertions of the Lateral Pterygoid Muscle: An Anatomic Study of the Human Temporomandibular Joint. J. Oral Maxillofac. Surg. 1988; 46(6): 477-82.

10. Costa MM.B, Da Nova JLL, Carlos MT, Pereira AA, Koch H A. Videofluoroscopia- Um Novo Método., Radiol. Bras. 1992; 25: 11-8.

11. Costa M M B. Anatomia Funcional da Faringe. In: Andy Petroiani – Anatomia Cirúrgica, Rio de Janeiro, Guanabara Koogan RJ 1999; 206-16.

12. Costa M M B. Dinâmica da Deglutição: Fases oral e faríngea. In: Costa-Lemme-Koch - Temas: em Deglutição e Disfagia, abordagem multidisciplinar, RJ, I Colóquio Multidisciplinar Deglutição & Disfagia 1998; 01-11.

13. Costa M M B. Anatomia funcional da fase oral da deglutição. In: Material Instrucional, XVI Encontro Tutorial e Analítico das Bases Morfofuncionais e Videofluoroscópicas da Dinâmica da Deglutição Normal e Patológica. ICB/CCS/UFRJ, 2005; 37-9.

14. Costa MMB. Uso do bolo contrastado sólido, líquido e pastoso no estudo videofluoroscópico da dinâmica da deglutição. Radiol. Brás. 1996; 29: 35-9.

15. Costa M M B. Avaliação da dinâmica da deglutição e da disfagia orofaríngea, In: Castro, Savassi, Melo & Costa. Tópicos 10 em gastroenterologia. Rio de Janeiro, MEDSI, 2000; 177-85.

16. Costa M M B. Avaliação videofluoroscópica da dinâmica da deglutição. In: Gerson Domingues – Esôfago. Rio de Janeiro, Rubio 2005; 21-36.

17. Costa M M B, Sá Monteiro J. Exame Vidiofluoroscópico das fases oral e faríngea da deglutição. In: Costa e Castro. Tópicos em Deglutição & Disfagia. Rio de Janeiro - MEDSI.2003; 273-84.

18. Costa M M B.; Almeida JT, Sant'anna E,; Pinheiro GM. Viscosities reproductive patterns for use in videofluoroscopy and rehabilitation therapy of dusphagic petients. Arq Gastroenterol 2007;44(4):297- 303.

19. Costa MMB, De Bonis R, Panplona DPS, Salles AD. The open mouth mechanism: anatomical and videofluoroscopic study – Braz. J. Morphol. Sci, 200; 24(4): 229-38.

20. Costa M M B, Canevaro L, Koch HÁ, De Bonnis R. Cadeira especial para o estudo videofluoroscópico da deglutição e suas disfunções. Radiol. Brás. 2009;42(3): 179-84.

21. Costa MMB, Santana E, Almeida J. Oral teste recognition in health volunteers. Arq Gastroenterol 2010; 47(2):152-8.

22. Costa MMB, Carmelindo M. A New Hypothesis for Fluidification of Vocal-Fold Mucus: Scintigraphic Study. journal of voice, 2011; doi:10.1016/j.jvoice.2011.03.009.

23. Dantas RD, Dodds WJ, Massey BT, Kern MK.. The effect of high-vs low-density barium prerparation on the quantitative features of swallowing. AJR 1989; 153: 1191-5.

24. De Bonis R. Articulação Têmporo Mandibular - Estudo Anatômico e Vídeo Fluoroscópico. Dissertação (Mestrado em Medicina (Radiologia)) - Universidade Federal do Rio de Janeiro. 2007.

25. Dibbts JMH. The Postnatal Development of the Temporal Part of the Human Temporomandibular Joint. A Quantitative Study on Skulls. Annals of Anatomy 1997;178: 569-72.

26. Dibbests JMH., The Postnatal Development of the Temporal Part of the Human Temporomandibular Joint. A Quantitative Study on Skulls. Annals of Anatomy 1997;178: 569-72.

27. Didio LJ. Tratado de Anatomia Sistêmica Aplicada. 2ª ed. São Paulo: Editora Atheneu, 2002; 155-86.

28. Figun ME. Garin RR. Anatomia Odontológica Funcional e Aplicada. 3ª Edição. Editora Panamericana, 44-60. Rio de Janeiro, 1994.

29. Furseth K R, The Structure of the fibrous Tissue on the Articular Surface of the Temporal Bone in the Monkey (Macaca mulatta). Micron 2001; 32 (6): 551-7.

30. Hamilton WJ. Tratado de Anatomia Humana. 1982; 2 ed., Interamerica, Rio de Janeiro.

31. Junqueira P, Costa M M B. Fase Oral da Deglutição: Protocolo para Avaliação Videofluoroscópica. In: Marchesan I, Zorzi J. Anuário CEFAC de Fonoaudiologia. São Paulo: Revinter, 1999; 231-5.

32. Junqueira P, Costa M M B. Protocolo para Avaliação Videofluoroscópica da Dinâmica da fase oral da Deglutição de Volume Líquido Pró-Fono. Revista de atualização Científica 2001; 13(2): 165-8.

33. Maciel RN. Oclusão e ATM, Procedimentos Clínicos. 1ª Edição. Editora Santos, 307-367. São Paulo-SP. 1996.

34. Madeira MC. Anatomia da face: Bases anatomo-funcionais para a prática odontológica. Editora Sarvier, S. Paulo-SP 1995.

35. Miller AJ. Deglution. Physiol Rev 1982; 62: 129-84.

36. Mongini, F. O Sistema Estomatognático. Função, Disfunção e Reabilitação. Editora Quintessence. Rio de Janeiro--RJ. 1988.

37. Moore, K.L., Agur, A. M. R. Fundamentos de Anatomia Clínica. Guanabara Koogan, Rio de Janeiro. 1998.

38. Naidoo LCD, Lateral Pterigoid Muscle and its Relathionship to the Meniscus of the Temporomandibular Joint. Oral Surgery, Oral Medicine, Oral Pathology, Oral Radiology, Oral and Maxillofacial Surgery. 1996, 82 (1):4-9.

39. Netter FH. Atlas de anatomia humana. Porto Alegre, Artes Médicas, 1998.

40. Nicareta DH. Contribuição para o estudo do comportamento funcional das glândulas salivares pelo método cintigráfico em pacientes com sialorreia e doença de Parkinson. Doutorado em Medicina (Neurologia). Universidade Federal Fluminense, UFF, Brasil. 2008.

41. Nicareta DH, Rosso A L Z, Maliska C, Costa M M B. Scintigraphic analysis of the parotid glands in patients with sialorrhea and parkinson´s disease. Parkinsonism & Related Disorders, 2008; 14(4):338-41. (DOI: 10.1016/j.parkreldis 2007.07.008)

42. Orts Llorca F. Anatomia humana. Barcelona, Editorial Científico Médica, 1967.

43. Pansky B. Review of Gross Anatomy, New York , McGraw--Hill, 1996.

44. Putz R, Pabst R. Sobotta-Atlas de Anatomia Humana, 20ª ed. Rio de Janeiro, Guanabara Koogan, 1995.
45. Rasch PJ, Burke RK. Cinesiologia e Anatomia aplicada. 5ª ed. Rio de Janeiro, Guanabara Koogan, 1977.
46. Ramfjord S, Ash M. Oclusão. 3ª ed. Editora Guanabara S.A. Rio de Janeiro-RJ. 1983.
47. Rushmer RF, Hendron JA. The act of deglutition. A cinefluorographic study. J Appl Physiol 1951; 3: 622-30.
48. Sappey C.Traite d'anatomie descriptive. Paris, Lecrosnier et Babé, 1889.
49. Spence AP. Anatomia humana básica. São Paulo, Manole, 1991.
50. Sasiwong, W., et al., Anatomic basis for disk displacement in temporomandibular joint (TMJ) dysfunction. American Journal of Orthodontics and Dentofacial Orthopedics, 1994; 105 (3): 257-64.
51. Tapia C J, Cantin M, Zavando D, Suazo G I. Percentage of lateral pterygoid muscle inserted in the human temporomandibular joint disc. Int. J. Morphol. 2011; 29(3):965-70.
52. Tembra DPS. Estudo anatômico e videofluoroscópico da articulação temporomandibular. (Monografia). Rio de Ja-

neiro/Belém: Programa de Ciências Morfológicas, UFRJ/UFB, 2003.
53. Warwick R; Wilians P.L. Gray anatomia. 35ª ed., Rio de Janeiro, Guanabara Koogan, 1979.
54. Widmalm SE, Westesson PL, Brooks SL, Hatala MP, Paesani D. Temporomandibular joint sounds: Correlation to joint structure in fresh autopsy specimens.American Journal of Orthodontics & Dentofacial Orthopedics 1992; 102(1): 60-9
55. Wongwatana S, Kronman JH, Clark RE, Kabani S, Mehta N. Anatomic basis for disk displacement in temporomandibular joint (TMJ) dysfunction. American Journal of Orthodontics & Dentofacial Orthopedics 1994; 105(3): 257-64.
56. Wright, S. – Músculo e Sistema Nervoso In: - Fisiologia aplicada, São Paulo, Atheneu, 1967.
57. Xeres D R, Carvalho Y S V, Costa M M B. Estudo Clínico e videofluoroscópico da disfagia na fase subaguda do acidente vascular encefálico Radiologia Brasileira, 2004;37(1): 9-14.
58. Yamada E K, Siqueira K O, Xerez D, Koch H A, Costa M M B. A Influência das Fases Oral e Faríngea na dinâmica da deglutição Arquivos de Gastroenterologia 2004; 41(1):18-23.

CAPÍTULO VI

FASE FARÍNGEA DA DEGLUTIÇÃO

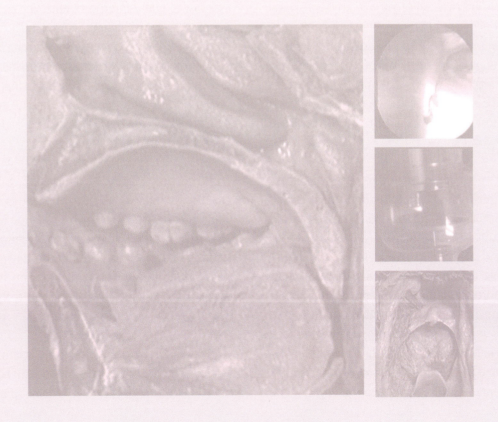

BASES MORFOFUNCIONAIS – ASPECTOS GERAIS

A faringe é um tubo em "meia calha", muscular e fibroso, que se estende da base do crânio ao esôfago, com o qual se delimita, em nível de um plano transverso imaginário que tangencia a borda inferior da cartilagem cricoide e passa pelo corpo da sexta vértebra cervical. Localizada anteriormente à coluna cervical e aos músculos longos do pescoço e da cabeça, é desse conjunto separada por atmosfera conjuntivo-fascial que permite e facilita sua dinâmica.

Com 12 a 13 cm de comprimento no adulto, apresenta relação com as cavidades nasais, em sua porção superior, com a cavidade bucal, em sua porção média, e com a laringe, em sua porção inferior. Essas relações permitem e justificam a sua segmentação em rinofaringe, orofaringe e laringofaringe.

À luz dos segmentos faríngeos continuam-se com a das cavidades vizinhas. Os orifícios de comunicação, em número de sete, demarcam limites. Na rinofaringe, a luz faríngea é delimitada da luz das cavidades nasais pelas coanas. Ainda na rinofaringe, de cada lado, encontramos os óstios da tuba auditiva que a comunicam com as orelhas internas. Na orofaringe, cavidade bucal e faríngea se delimitam pelo istmo bucofaríngeo formado pelos pilares anteriores (palatoglosso). Na laringofaringe, a comunicação com as vias aéreas é delimitada pelo ádito laríngeo, formado lateralmente pelas pregas ariepiglóticas, e a comunicação com o esôfago, a mais distal, pela transição faringoesofágica, relação da laringe com a coluna cervical.

A parede muscular do tubo faríngeo é constituída por lâminas musculares projetadas transversal e obliquamente, formando os constritores da faringe e por fascículos de trajeto longitudinal.

As lâminas transversas, que constituem os músculos constritores da faringe, são lâminas musculares aplanadas formadas por fascículos fitados, que se reúnem e se inserem em uma rafe fibrosa longitudinal, localizada na linha mediana posterior da faringe. Anterolateralmente e a cada lado, as diversas lâminas musculares encontram pontos de fixação que garantem,

quando da contração, que o deslocamento seja o da inserção posterior, resultando constrição da luz faríngea. Os músculos constritores, por sua localização, são denominados superior, médio e inferior. Cada um dos constritores apresenta fascículos denominados segundo suas fixações.

Os fascículos longitudinais relacionam a faringe com o palato e com o processo estiloide e são elevadores e dilatadores da faringe. Devido à inserção da musculatura faríngea no hioide e na laringe, os músculos supra-hióideos e os tireo-hióideos, responsáveis pela elevação e anteriorização do hioide e da laringe, determinam também, de modo indireto, elevação e dilatação da faringe.

Externamente, a musculatura que constitui o tubo faríngeo é revestida por uma delgada fáscia conjuntiva, que se continua anteriormente, como um perimísio, por sobre o músculo bucinador (fáscia bucofaríngea).

A face luminal da musculatura que constitui o tubo faríngeo é também revestida por uma fáscia conjuntiva. Essa fáscia, que é interposta entre a camada muscular e a mucosa, é usualmente considerada como a fáscia fibrosa da faringe. É ela que, espessada na face posterior e superior, ocupa a falha muscular existente na rinofaringe, onde é denominada fáscia faringobasilar. Essa lâmina fibrosa intermédia praticamente se restringe à porção mais alta da faringe, a partir de onde se adelgaça e se torna o endomísio faríngeo.

A mucosa que reveste a faringe é contínua com a mucosa que reveste as cavidades que com ela se comunicam. De cima para baixo (da rinofaringe para a orofaringe) seu epitélio varia de pseudoestratificado cilíndrico ciliado para estratificado pavimentoso. Entre a rinofaringe e a orofaringe existe uma zona de transição onde o plano cilíndrico se torna cuboide e os cílios de deformados a ausentes.

Por sua organização e relações, a faringe participa das funções do sistema respiratório, do sistema digestivo, do controle do fluxo de ar pela tuba auditiva, da modulação dos sons como caixa de ressonância e da defesa imunológica pela presença de um complexo linfático.

A inervação da faringe e do palato mole se deve quase exclusivamente ao plexo faríngeo. Faz exceção a inervação motora do músculo tensor do palato, que é dada pelo V nervo craniano de cada lado (nervo trigêmeo). O plexo faríngeo é constituído basicamente pelos IX e X pares cranianos, respectivamente, nervo glossofaríngeo e nervo vago e por fibras simpáticas do gânglio cervical superior. As fibras sensitivas desse plexo derivam do glossofaríngeo, e as motoras do vago, com exceção das motoras, que inervam o músculo estilofaríngeo, que são dependentes do nervo glossofaríngeo.

A esse conceito foi aduzida a consideração de que as fibras motoras do plexo faríngeo seriam conduzidas pelo nervo vago, mas derivariam da raiz craniana do XI par craniano (nervo acessório).

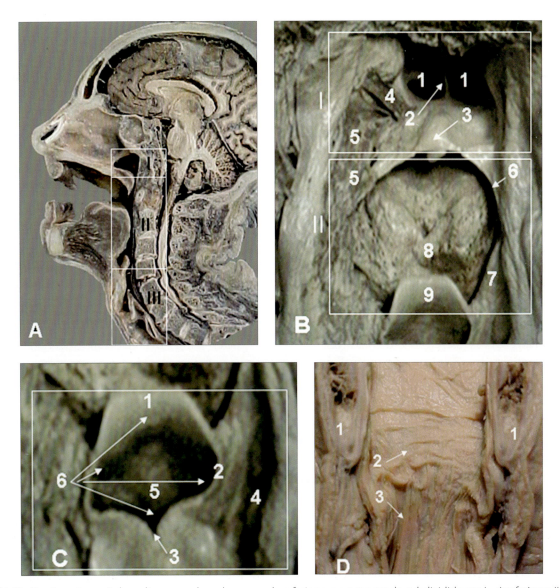

Fig. 1 (A-B) - Em A, corte sagital mediano com box demarcando a faringe e grosso modo subdividido em I - rinofaringe, II – orofaringe e III - laringofaringe. Em B, vista frontal posterior com boxes destacando rinofaringe (I) e orofaringe (II). Nessa vista se destacam 1- coanas, 2- septo nasal, 3- palato (úvula), 4 - músculo levantador do palato, 5- músculo palatofaríngeo, 6- arco palatofaríngeo, 7- prega faringoepiglótica, 8- base da língua e 9- epiglote. (C-D) - Em C, na porção alta da laringofaringe se veem 1 - epiglote, 2 - prega ariepiglótica, 3 - espaço interaritenóideo, 4 - recesso piriforme, 5 - tubérculo da epiglote e 6 - ádito laríngeo. Em D, vista da face posterior da porção baixa da laringofaringe pós-secção mediana da cartilagem cricoide (1). Observar transição mucosa da faringe com o esôfago. Faringe com pregueado mucoso transverso (2) e esôfago com pregueado longitudinal (3).

ORGANIZAÇÃO MUSCULAR DA FARINGE

MÚSCULOS CONSTRITORES

A musculatura constritora da faringe é constituída por lâminas musculares pares que se inserem em rafe tendínea mediana posterior, de onde se projetam em sentido anterolateral. Os primeiros e o último fascículo deixam ver sentido transverso, e os intermédios, sentido oblíquo de cranial para caudal. As fibras mais caudais do constritor superior são lateralmente sobrepassadas pelas fibras mais craniais do constritor médio, que tem suas fibras mais caudais sobrepassadas pelas mais craniais do constritor inferior. As fibras do constritor superior são mais horizontalizadas que as dos constritores médio e inferior, que apresentam suas fibras musculares significativamente mais obliquadas. Essa marcada diferença em obliquidade é menos significativa na porção cricofaríngea do constritor inferior. O constritor médio e a porção tireofaríngea do constritor inferior apresentam fascículos significativamente mais espessos do que os da porção cricofaríngea do constritor inferior e do que os fascículos que constituem o constritor superior, que é o mais delgado dos constritores. A musculatura constritora da faringe é inervada pelo X nervo craniano de cada lado.

O constritor superior apresenta quatro fascículos: o pterigofaríngeo, o bucofaríngeo, o milofaríngeo e o glossofaríngeo.

A inserção dorsal do fascículo pterigofaríngeo se faz na rafe posterior, desde próximo ao processo basilar, onde se fixa via inserção aponeurótica dessa rafe; curva-se lateralmente, indo inserir-se no hâmulo pterigóideo, acidente ósseo localizado na extremidade distal do processo pterigoide do osso esfenoide. Sua margem superior se modela ao contorno inferior da tuba auditiva e ao músculo tensor do palato, que se coloca abaixo e paralelo à tuba. O espaço compreendido entre a base do crânio, a rafe posterior e a borda superior do fascículo pterigofaríngeo não apresenta músculo. Essa

região é preenchida pela fáscia faringobasilar, que dá passagem à tuba auditiva, que se abre, lateralmente, por seu óstio, no interior da rinofaringe. O fascículo bucofaríngeo tem sua inserção anterior na rafe pterigomandibular, que serve de inserção posterior ao músculo bucinador. A inserção anterior do fascículo milofaríngeo se faz na face interna da mandíbula, em nível da extremidade posterior da linha milo-hióidea. A porção glossofaríngea se insere nas bordas laterais da língua por interpenetração de suas fibras com as do músculo transverso da língua.

O constritor médio apresenta dois fascículos: o condrofaríngeo, que tem sua inserção anterolateral a cada lado do corno menor do osso hioide, e o ceratofaríngeo, que se insere no corno maior desse osso.

O constritor inferior é também formado por dois fascículos: o tireofaríngeo, que faz sua inserção anterolateral na linha oblíqua da cartilagem tireoide, e o cricofaríngeo, que anterolateralmente se insere na borda lateral da cartilagem cricoide. O cricofaríngeo, embora considerado como um fascículo do constritor inferior, é composto por feixes com distintos sentidos, se analisado como divergindo da cricoide para a face posterior da faringe. Um inferior, transveso, que vai de um a outro lado da cartilagem cricoide sem interrupção ou fixação conjuntiva posterior e outro oblíquo acima do primeiro, que se fixa sobre a lâmina conjuntiva posterior e a rafe mediana posterior. Essa divergência dos fascículos cria entre eles zona anatomicamente menos resistente já descrita como "Zona de Killian", que se destaca quando transiluminada. Não raro, apesar dessa morfologia e de ser músculo de tipo estriado esquelético, encontramos equivocada admissão descrevendo o cricofaríngeo como sendo a estrutura básica responsável pela função esfinctérica da transição faringoesofágica.

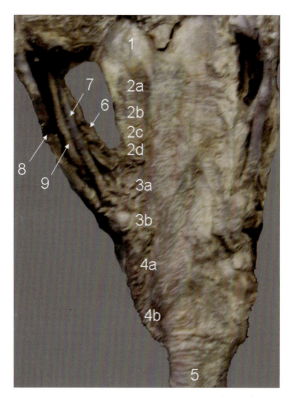

Fig. 2 Vista posterior da faringe onde em 1 - fáscia faringobasilar, 2 - músculo constritor superior e seus fascículos - partes (a) peterigofaríngea, (b) bucofaríngea, (c) milofaríngea e (d) glossofaríngea. Em 3 - músculo constritor médio da faringe e partes (a) condrofaríngea e (b) ceratofaríngea. Em 4 - músculo constritor inferior da faringe e partes (a) tireofaríngea e (b) cricofaríngea. Em 5 - esôfago. Em 6 - músculo estilifaríngeo, 7 - ligamento estilo-hióideo, 8 - ventre posterior do digástrico e 9 - músculo estilo-hióideo.

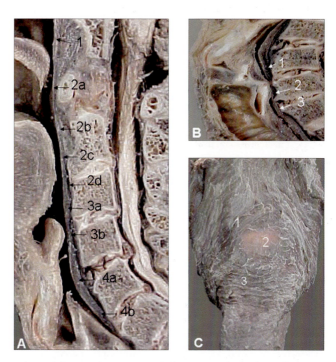

Fig. 3 Em A, corte sagital com vista lateral da parede posterior da faringe, onde 1 - fáscia faringobasilar, 2 - músculo constritor superior da faringe e partes (a) pterigofaríngea, (b) bucofaríngea, (c) milofaríngea e (d) glossofaríngea. Em 3, músculo constritor médio da faringe e partes (a) condrofaríngea e (b) ceratofaríngea. Em 4, músculo constritor inferior da faringe e partes (a) tireofaríngea e (b) cricofaríngea. Em B, vista lateral, e C, vista posterior, 1 - fascículo oblíquo da parte cricofaríngea do músculo constritor inferior da faringe, 2 - fáscia faríngea posterior (Zona de Killian) e 3 - fascículo transverso da parte cricofaríngea do músculo constritor inferior da faringe.

MÚSCULOS DO PALATO
MÚSCULOS LONGITUDINAIS DA FARINGE
DEMAIS MÚSCULOS RELACIONADOS À
DINÂMICA FARÍNGEA

A organização muscular da faringe não se restringe à musculatura constritora. Muito de sua funcionalidade se deve aos músculos do palato e aos músculos que podem ser definidos como longitudinais, como o palatofaríngeo e o estilofaríngeo.

Há que considerar ainda os músculos que, atuando sobre a dinâmica hioidea e laríngea, acabam por determinar resultantes na dinâmica faríngea, como os supra-hióideos, que também participam da formação do assoalho da boca.

PALATO MOLE

O palato mole é uma estrutura musculofibrosa que, a partir do plano ósseo, separa as cavidades nasal e oral e se projeta como septo transverso no interior da luz faríngea, dividindo-a morfológica e funcionalmente.

Com espessura variável, chegando próximo do centímetro em peça fixada, o palato mole se projeta da borda posterior das lâminas transversas dos ossos palatinos para a luz faríngea. Apresenta-se, durante o repouso, seguindo a convexidade do contorno posterior da língua. Constitui-se pela lâmina tendínea transversa de inserção dos músculos tensores do palato (aponeurose palatina) que, como um esqueleto fibroso, estrutura o palato mole e dá inserção a seus demais músculos, com destaque para o músculo levantador do palato, de cada lado da linha média, que lhe imprime deslocamento posterossuperior de encontro à parede faríngea.

O músculo **tensor do palato** tem sua inserção cranial no osso esfenoide, de onde seu ventre muscular desce de modo perpendicular paralelo ao processo pterigoide (esfenoide). Apresenta ainda, como inserção cranial secundária, pequeno contingente de fibras tendíneas inseridas na tuba auditiva. O processo pterigoide apresenta, em sua extremidade distal, estrutura em forma de polia (hâmulo pterigoide) que dá apoio lateral à projeção tendínea transversal, que constitui a inserção dos músculos tensores do palato. Essa constituição permite que a contração dos ventres musculares desse músculo determine o estiramento e a tensão do palato,

dando-lhe resistência. A inervação dos músculos tensores do palato se dá pelos trigêmeos (V par craniano), nervo misto cuja raiz inferior é responsável por atividade motora voluntária. Essa relação nos aponta para uma função preparatória e de apoio à efetividade funcional dos demais músculos do palato, que são inervados pelo nervo vago a cada lado (X par craniano) e cuja atividade motora escapa ao controle da vontade.

O músculo **levantador do palato** se insere essencialmente na face inferior da porção petrosa do osso temporal de onde, de modo oblíquo, em sentido craniocaudal, posteroanterior e lateromedial, se projeta para o palato mole, onde se estende por sua superfície dorsal até a porção central do contorno posterior e livre do palato. A contração bilateral do levantador do palato determina a elevação e a projeção posterior do palato contra a parede faríngea. A inervação motora é conduzida pelo nervo vago.

Os **músculos da úvula**, um a cada lado, se projetam do contorno posterior livre do palato, paralelos à linha média, formando pequeno apêndice globoso na borda livre posterior do palato mole (úvula). A contração dos músculos da úvula dá maior resistência ao contorno posterior livre do palato, por enrijecer esse contorno, permitindo, assim, uma firme aposição da úvula contra a parede faríngea durante a deglutição. A inervação motora é, como nos demais músculos do palato, à exceção do tensor, conduzida pelo nervo vago.

O músculo **palatoglosso**, a cada lado, se estende da face bucal (inferior) da extremidade posterior da aponeurose palatina até a face lateral da língua, onde suas fibras se fixam. Constitui, revestido pela mucosa da região, os pilares ou arco palatoglosso. Esse arco delimita a cavidade bucal da cavidade faríngea (istmo bucofaríngeo). A contração desses músculos permite ajustamento desses pilares sobre a língua, funcionando como esfíncter que impede dissipação pressórica retrógrada durante a ejeção oral.

O músculo **palatofaríngeo** se origina da face superior do palato mole por dois fascículos, um posteromedial e outro anterolateral, definidos pela interposição entre eles do músculo tensor do palato. Os fascículos desse músculo se apresentam como lâminas planas, que se projetam do palato e descem longitudinalmente pelas paredes anterolaterais da faringe. As fibras musculares mais laterais do fascículo posteromedial sobrepassam as mais mediais do fascículo anterolateral. Da borda superior do fascículo anterolateral do músculo palatofaríngeo, de cada lado, destaca-se um curto fascículo de fibras transversais, que se interpenetram lateralmente com as fibras do músculo constritor superior da faringe. O revestimento mucoso, que envolve as bordas mediais dos músculos palatofaríngeos, constitui os pilares posteriores ou arco palatofaríngeo. Esse revestimento se continua inferiormente, por sobre a inserção faríngea do músculo estilofaríngeo, definindo a prega faringoepiglótica.

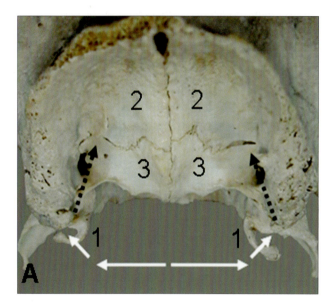 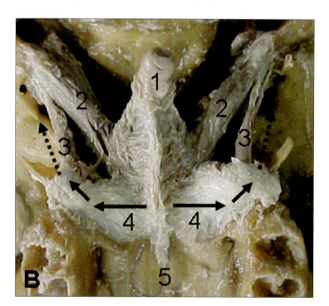

Fig. 4 Em A, vista anteroinferior do palato ósseo, onde 1- hâmulos das lâminas mediais dos processos pterigóideos (polia de passagem do tendão do músculo tensor do palato de cada lado), 2 - processos palatinos dos ossos maxilares, 3- lâmina transversa dos ossos palatinos. Em B, vista posteroinferior do palato, onde 1-úvula, 2- músculos levantadores do palato, 3- músculos tensores do palato, 4- aponeurose palatina, e 5- palato ósseo.

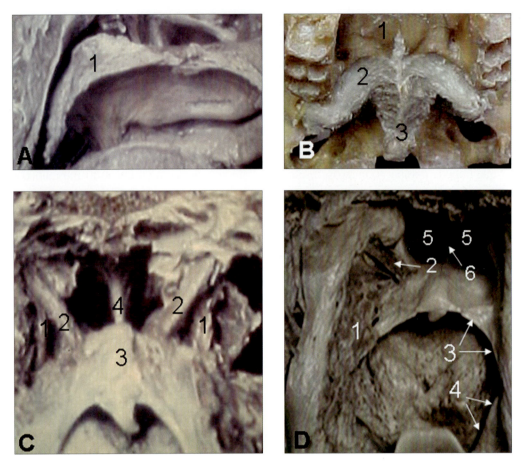

Fig. 5 Em A, vista em perfil de corte sagital mediano, onde 1- palato mole. Em B, vista anteroinferior onde, 1 - palato ósseo, 2 - aponeurose palatina, 3 - úvula. Em C, vista posterior, onde 1 - músculo tensor do palato, 2 - músculo levantador do palato, 3 - palato mole, 4 - septo nassal. Em D, vista posterior, onde 1 - músculo palatofaríngeo, 2 - músculo levantador do palato, 3 - arco palatofaríngeo, 4 - prega faringoepiglótica (contém músculo estilofaríngeo), 5 - coanas, 6 - septo nasal.

MÚSCULOS LONGITUDINAIS DA FARINGE

Os músculos longitudinais da faringe são o palatofaríngeo já descrito e o estilofaríngeo. O salpingofaríngeo muitas vezes descrito como um dos longitudinais, por seu diminuto ventre, pouco provavelmente interfere na dinâmica da deglutição.

O **estilofaríngeo** é um músculo fusiforme de pequeno porte que faz sua inserção cranial no processo estiloide e se projeta de cima para baixo, de lateral para medial e de posterior para anterior, indo se fixar na faringe. Suas fibras distais penetram na faringe lateralmente, entre os constritores superior e médio. Essas fibras distais revestidas pela mucosa formam as pregas faringoepiglóticas, que constituem as bordas laterais da valécula. A contração desse músculo, inervado pelo IX nervo craniano, contribui para a elevação da faringe e da laringe com ampliação da abertura da transição faringoesofágica durante a deglutição.

O músculo **salpingofaríngeo** é um diminuto fascículo muscular fusiforme que se insere cranialmente na tuba auditiva e inferiormente na face interna da parede anterolateral da faringe. Embora inervado pelo plexo faríngeo e passível de contração, em associação com os demais músculos faríngeos de ação na fase involuntária da deglutição, o pequeno volume desse músculo dificulta admitir-lhe ação faríngea. Acredita-se que, por sua inserção cranial na tuba auditiva, ele possa atuar contribuindo para o seu fechamento ou para a sua abertura.

OUTROS MÚSCULOS RELACIONADOS À DINÂMICA FARÍNGEA

Associados à dinâmica de elevação e sustentação do hioide e da laringe, alguns outros músculos atuam participando em apoio à abertura da transição faringoesofágica que resulta da dinâmica hiolaríngea. Os constritores médio e inferior apresentam suas inserções anterolaterais no osso hioide e em cartilagens da laringe. Os deslocamentos em elevação e anteriorização do hioide e da laringe determinam variações na projeção espacial das fibras dos constritores e modificações na relação de vizinhança, entre a coluna cervical e a laringe. Com a elevação, o estado de compressão da faringe entre a laringe e a lordose cervical se desfaz, as fibras dos constritores se retificam e, em consequência, a luz faríngea se amplia e diminui a resistência ao fluxo faringoesofágico.

Essas correlações implicam que se considerem os músculos supra-hióideos e os tíreo-hióideos como músculos de ação indireta sobre a faringe ou músculos relacionados à função faríngea.

Os músculos supra-hióideos, que interferem mais claramente no deslocamento anterossuperior do hioide, são os digástricos, milo-hióideos, gênio-hióideos e os estilo-hióideos.

O músculo **digástrico** é um músculo de duplo ventre muscular, ambos com massa de espessura semelhante, que se insere por seu ventre anterior na face interna da mandíbula, lateralmente a linha média (fossa digástrica), imediatamente abaixo do músculo milo-hióideo. Seu ventre posterior se encontra inserido medial e posteriormente na base do processo mastoide do osso temporal (incisura mastoide). Seus dois ventres musculares são unidos por tendão central, que se relacionam de modo indireto com o osso hioide, sobre o qual atuam por intermédio de uma alça fibrosa que se insere na borda lateral superior do corpo do osso hioide e dá passagem ao tendão intermédio do digástrico. O ventre muscular anterior é inervado pelo ramo motor do trigêmeo (V par craniano) e o posterior pelo facial (VII par craniano).

Os músculos **milo-hióideos** formam o assoalho da boca. São músculos de espessura laminar que se inserem no contorno da face interna da mandíbula (linha milo-hióidea), de onde suas fibras se projetam transversalmente em sentido oblíquo medial e posterior, para fazer inserção em uma rafe fibrosa mediana que se estende até a borda superior do corpo do osso hioide. Sua inervação é dependente do ramo motor do nervo trigêmeo.

Os **gênio-hióideos** são músculos de volume próximo ao ventre anterior do digástrico, localizados logo acima do milo-hióideo. Colocam-se lateralmente de cada lado da linha média do assoalho da boca e fazem inserção anterior na face interna da mandíbula (espinha mental). Sua inserção posterior se faz a cada lado da face anterior do corpo do osso hioide. Esse músculo é inervado pela alça cervical, que é constituída por fibras nervosas do plexo cervical (C1) que caminham pelo nervo hipoglosso. (XII par craniano).

Os **estilo-hióideos** são músculos cujos ventres musculares são um pouco menos volumosos que o ventre posterior do digástrico. Esses músculos, a partir de seu terço médio, descem obliquamente em paralelo ao ventre posterior do digástrico, usualmente acamando, com o seu ventre muscular, o tendão central do digástrico. Sua inserção superior se faz no processo estiloide, processo que se fusiona ao osso temporal, e a inserção inferior se efetua na borda lateral do corpo do osso hioide. Sua inervação motora é dada pelo nervo facial (VII par craniano).

Os **tíreo-hióideos** são músculos infra-hióideos, curtos e planos, com pouca espessura, cujas fibras, em situação vertical, se estendem do hioide à laringe, de cada lado da linha média. Sua inserção superior se faz na borda inferior da extremidade lateral do corpo e no corno maior do osso hioide. A inserção inferior se faz obliquamente de medial para lateral, na extremidade inferior da face anterolateral das lâminas da cartilagem tireoide. Por sua posição e inserções é capaz de determinar a aproximação entre o hioide e a laringe. Sua inervação motora é dada pela alça cervical por fibras de C1 e C2 do plexo cervical.

O **hioglosso**, um dos músculos intrínsecos da língua, tem como inserção proximal a aponeurose e a borda lateral da língua e como inserção distal a borda superior do corpo e do corno maior do osso hioide; é admitido como capaz de tracionar a base da língua para baixo e para trás. Quando do início da deglutição, a língua se apõe e se fixa firmemente à extremidade anterior do palato duro. É possível que, quando dessa aposição com fixação funcional anterior, a contração do músculo hioglosso participe da elevação e/ou fixação do osso hioide. Esse músculo tem sua inervação motora dependente do nervo hipoglosso.

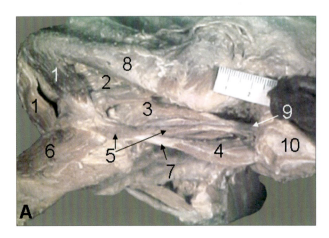
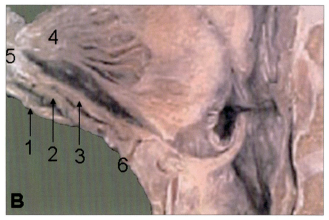

Fig. 6 Em A, vista em oblíqua lateral esquerda da área submandibular, onde 1 - ventre anterior do músculo digástrico, 2 - músculo milo-hióideo, 3 - músculo estiloglosso, 4 - ventre posterior do músculo digástrico, 5 - músculo estilo-hióideo, 6 - músculo tireo-hióideo, 7 - tendão intermédio do músculo digástrico, 8 - mandíbula, 9 - processo estiloide, 10 - processo mastoide. Em B, corte sagital com exposição paramediana da superfície medial, onde 1 - ventre anterior do músculo digástrico, 2 - músculo milo-hióideo, 3 - músculo gênio-hioide, 4 - músculo genioglosso, 5 - espinha geniana, 6 - corpo do osso hioide.

RINOFARINGE

A rinofaringe é a porção mais alta da faringe. Sua luz é permanente e suas paredes apresentam mobilidade limitada. Anteriormente, limita-se com as cavidades nasais através das coanas, par de orifícios constituídos pelo revestimento mucoso do contorno formado inferiormente pelos ossos palatinos, lateralmente pelas lâminas mediais dos processos pterigoides do osso esfenoide e, acima, pelo osso vômer, cuja lâmina, que constitui a parte posterior do septo nasal, termina em crista (crista coanal), que delimita medialmente os dois orifícios.

Sua parede superior, oblíqua de anterior para posterior, é constituída pelo revestimento mucoso do corpo do esfenoide, anteriormente, e do processo basilar do occipital, posteriormente, de onde a parede posterior se projeta perpendicularmente em relação anterior à primeira e parte da segunda vértebras cervicais.

As paredes laterais e a posterior têm como arcabouço a fáscia faringobasilar. Essa fáscia fibrosa tem sua fixação cranial na parte basilar do osso occipital e na parte petrosa do osso temporal de cada lado. Ela constitui, em nível da linha média posterior, a rafe faríngea. A fáscia se projeta de posterior para anterior, modelando-se por sobre a tuba auditiva, indo inserir-se anteriormente na borda posterior da lâmina medial do processo pterigoide e na rafe pterigomandibular, aqui já em relação com a orofaringe. A fáscia faringobasilar se interpõe entre a camada mucosa e a camada muscular da faringe. Essa lâmina fibrosa é espessada na face posterior e superior, em nível da rinofaringe, onde não há camada muscular, e a partir de onde se adelgaça e se torna, de modo gradativo, uma camada conjuntiva fina, que melhor se caracteriza como endomísio da musculatura, que constitui o tubo faríngeo. A mucosa da rinofaringe é revestida por epitélio pseudo-estratificado cilíndrico ciliado.

A rinofaringe e a orofaringe se comunicam livremente em nível do istmo faríngeo, espaço compreendido entre a margem livre do palato mole e a parede posterior da faringe, que se fecha durante a deglutição pela elevação do palato mole contra a parede faríngea, que se contrai contra o palato (esfíncter palatofaríngeo).

O limite inferior da rinofaringe, em nível da base do palato, faz-se, em relação com o fascículo pterigofaríngeo do músculo constritor superior da faringe e com a porção superior do fascículo anterolateral do músculo palatofaríngeo. O fascículo pterigofaríngeo se projeta anteriormente a partir da rafe faríngea, modelando-se ao contorno inferior da tuba auditiva e ao músculo tensor do palato, para inserir-se no hâmulo do processo pterigoide. Nesse trajeto, descreve curva cuja projeção corresponde ao plano de implantação da base do palato mole. A borda superior do fascículo anteromedial do músculo palatofaríngeo apresenta conjunto de fibras musculares transversas que se interpenetram lateralmente com as fibras musculares da face interna do fascículo pterigofaríngeo, em um plano que também corresponde ao plano de inserção da base do palato mole.

A projeção na parede posterior do limite inferior da rinofaringe depende da posição funcional do palato mole.

No adulto, um plano transverso que passe pelo palato duro e base do palato mole limita a rinofaringe posteriormente em nível do arco anterior da primeira vértebra cervical. Um plano transverso que passe pela extremidade da úvula durante a fase respiratória, que corresponde ao repouso dos músculos do palato, limita a rinofaringe posteriormente em nível do terço médio do corpo da segunda vértebra cervical. Durante a deglutição, em visão videofluoroscópica, percebe-se o palato tencionado e elevado de modo que sua projeção se mostra tangenciada por um plano transverso, que passa posteriormente em nível do arco anterior da primeira vértebra cervical.

A superfície interna das paredes da rinofaringe, revestidas pela lâmina mucosa, apresentam relevos e depressões. Nas paredes superiores e em parte das laterais, o relevo é dependente de acúmulo de tecido linfático na submucosa. Ainda nas paredes laterais

se localizam os óstios faríngeos das tubas auditivas. Esses óstios são cercados por relevos da mucosa, dependentes, de cada lado, da protrusão na superfície faríngea da cartilagem da tuba auditiva e da protrusão determinada pelos ventres dos músculos salpingofaríngeo e levantador do palato.

Os óstios faríngeos da tuba auditiva se localizam nas paredes laterais da rinofaringe, a cerca de um centímetro das coanas e pouco abaixo, a cada lado, de um plano que passa pela concha nasal inferior.

Acima do óstio da tuba, faz relevo o tórus tubário de onde, em relação anterior, se origina a prega salpingopalatina, elevação de pequena monta que se projeta em sentido perpendicular ao plano do palato, sem contudo alcançá-lo. Em continuação com a borda posterior do tórus tubário segue-se a prega salpingofaríngea, elevação mucosa determinada pelo músculo salpingofaríngeo, que se projeta paralelamente ao eixo longo da faringe. Abaixo do óstio da tuba auditiva, entre as pregas salpingopalatina e salpingofaríngea, vê-se elevação mucosa determinada por relação com o ventre do músculo levantador do palato (tórus do levantador). Posteriormente ao tórus tubário e à prega salpingofaríngea se define na rinofaringe uma depressão longitudinal que configura o recesso faríngeo.

A rinofaringe tem como função primordial a respiratória; ela atua como via preferencial para o fluxo ventilatório. Sua relação anatômica com o trato alimentar desaparece por sua exclusão funcional durante a deglutição, determinada pela firme aposição entre o palato e a parede faríngea. Tem importância como caixa de ressonância na formação de sons nasais e sua exclusão permite a clareza dos sons orais. Apresenta relação com a tuba auditiva ou faringotimpânica, que é o ducto que comunica a cavidade timpânica com a porção nasal da cavidade faríngea. Com a pressão aumentada pela expansão do ar no interior da tuba, como ocorre nas grandes altitudes, a tuba se abre por rotação da cartilagem tubal, o ar escapa da tuba para a rinofaringe e a pressão relativa na cavidade timpânica se reequaliza.

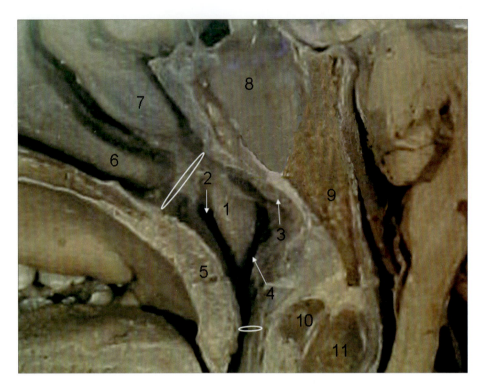

Fig. 7 Em A, vista em oblíqua lateral esquerda da área submandibular, onde 1 - ventre anterior do músculo digástrico, 2 - músculo milo-hióideo, 3 - músculo estiloglosso, 4 - ventre posterior do músculo digástrico, 5 - músculo estilo-hióideo, 6 - músculo tíreo-hióideo, 7 - tendão intermédio do músculo digástrico, 8 - mandíbula, 9 - processo estiloide, 10 - processo mastoide. Em B, corte sagital com exposição paramediana da superfície medial, onde 1 - ventre anterior do músculo digástrico, 2 - músculo milo-hióideo, 3 - músculo gênio-hióideo, 4 - músculo genioglosso, 5 - espinha geniana, 6 - corpo do osso hioide.

OROFARINGE

A orofaringe, cuja luz se configura como fenda transversa, se estende do palato mole até um plano que passa pela borda superior da epiglote. Localizada em nível dos corpos das segunda e terceira vértebras cervicais, comunica-se anteriormente com a cavidade oral através do istmo bucofaríngeo. Essa comunicação é parcialmente ocupada pelo dorso da língua que projeta seu contorno posterior convexo, pouco além do istmo bucofaríngeo, deixando ver uma fenda horizontal de comunicação entre a faringe e a cavidade oral. A relação da porção convexa do dorso da língua com o palato em repouso (aposto ao dorso da língua) gera obliquidade na fenda horizontal de comunicação entre a orofaringe e a cavidade oral. A observação videofluoroscópica, durante a fase de organização oral do bolo a ser deglutido, deixa ver que essa fenda varia sua altura por aproximação dinâmica entre o palato mole e a língua. Durante a ejeção oral, o palato se eleva e a língua passa a ocupar, de modo ajustado, todo o contorno da comunicação entre as cavidades oral e faríngea, projetando-se como um êmbolo, no interior da parte bucal da faringe.

A cada lado da orofaringe se vê a borda anteromedial do músculo palatofaríngeo revestido pela mucosa faríngea, constituindo o arco palatofaríngeo que é complementado, inferiormente, pela prega faringoepiglótica, que resulta do revestimento mucoso das fibras distais do músculo estilofaríngeo. Esse arco e a prega desenham contorno que se estende das margens posterolaterais do palato mole e vão até as bordas laterais da base da extremidade livre da epiglote. Esse contorno corresponde ao limite posterior do istmo das fauces, região que tem como limite anterior o arco palatoglosso.

O istmo das fauces ou fossa tonsilar é uma depressão triangular lateral em que a base é alargada e o vértice, no palato mole, se mostra convergente. Seu assoalho é formado pelos fascículos do constritor superior, e seu conteúdo é a amígdala palatina.

A parede muscular da orofaringe, na área posterior ao istmo das fauces, é formada por parte dos três músculos constritores da faringe, devido à obliquidade de seus trajetos. As paredes da laringofaringe são basicamente formadas pelos fascículos cricofaríngeos e porções mais anteriores dos fascículos tireofaríngeos, partes do músculo constritor inferior da faringe.

Entre a língua e a face ventral da extremidade livre da epiglote se forma depressão revestida pela mucosa, que da base da língua se reflete sobre a epiglote. Essa depressão (valécula) é septada em duas, pela presença de uma prega mucosa mediana longitudinal (prega glossoepiglótica mediana), que se estende da língua à epiglote. Os limites laterais são definidos pelas pregas faringoepiglóticas. As pregas glossoepiglóticas laterais são artefatos que surgem quando da retirada de bloco envolvendo língua e laringe. A mucosa secionada se retrai e cria as pregas glossoepiglóticas laterais que não existem nas peças íntegras. Esse fato foi constatado tanto em peças como em exames endoscópicos.

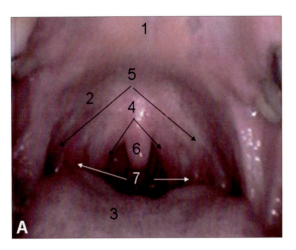
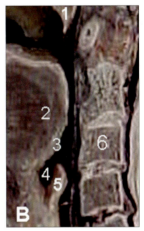
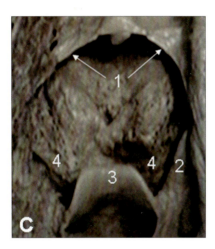

Fig. 8 Em A, vista frontal, onde 1 - palato duro, 2 - palato mole, 3 - língua, 4 - pilar posterior (palatofaríngeo), 5 - pilar anterior (palatoglosso), istmo bucofaríngeo, 6 - úvula, 7 - tonsilas palatinas (amígdalas). Em B, vista lateral de corte sagital, onde 1 - palato mole (úvula), 2 - dorso da língua, 3 - tonsila lingual, 4 - valécula, 5 - epiglote, 6 - terceira vértebra cervical. Em C, vista posterior, onde em 1 - arco palatofaríngeo, 2 - prega faringoepiglótica, 3 - epiglote, 4 - tonsilas linguais.

ORGANIZAÇÃO LINFOIDE DA FARINGE

O tubo digestivo e as vias aéreas são guardados por acúmulos difusos de tecido linfoide. Os linfócitos estão dispostos de um modo aparentemente casual, dispersos sob seus epitélios. Essas células linfoides não são estáticas e, acredita-se, estrategicamente situadas para interceptar e reagir a antígenos, induzindo a formação de anticorpos. Em adição a esse tecido linfoide difuso, existem concentrações localizadas de linfócitos, que mostram organização estrutural sob a forma de nódulos ou folículos. Geralmente os nódulos se apresentam isoladamente; no entanto, alguns se agregam e constituem massas linfoides denominadas amígdalas ou tonsilas. Essas fazem parte de um anel de tecido linfoide, localizado nas aberturas nasal e oral da faringe (anel linfoide de Waldeyer). As principais massas linfoides são as que constituem as tonsilas faríngea, tubárias, palatinas e lingual. Nos intervalos dessas massas principais se encontram aglomerados menores de tecido linfoide.

A **tonsila faríngea**, localizada no teto da rinofaringe, é um acúmulo de tecido linfoide, mais desenvolvido em crianças. Usualmente começa a se atrofiar após os seis anos. Quando mais desenvolvida, forma proeminência que se estende desde próximo ao septo nasal até a junção do teto com a parede posterior da rinofaringe. Um certo número de folículos linfoides forma prega que se irradia lateralmente. A cada lado, os prolongamentos laterais da tonsila faríngea, atrás do óstio faríngeo da tuba auditiva, formam as **tonsilas tubárias**.

Com aparência nodular, a **tonsila lingual** se destaca sob a fina mucosa da parte faríngea da língua; constitui-se de folículos de tecido linfoide que geram projeções arredondadas e produzem recessos irregulares. Um grande número de folículos se mostra relacionado com os recessos, muitos dos quais são envolvidos por cápsula derivada do conjuntivo da camada submucosa.

As **tonsilas palatinas** se localizam a cada lado na parede lateral da orofaringe, no interior de um recesso, onde aparecem ladeadas pelas pregas que delimitam o istmo das fauces. Constituem-se nas mais evidentes massas de tecido linfoide da faringe.

Sua face medial, projetada na luz faríngea, é convexa e livre. Durante a infância, seu maior volume gera acentuada projeção no interior da faringe. A superfície livre dessa face medial apresenta orifícios que conduzem a recessos profundos e estreitos (criptas tonsilares), os quais penetram em quase toda a espessura da tonsila. No interior da tonsila, numerosos folículos surgem em relação às criptas tonsilares.

Sua face lateral ou profunda é revestida por tecido fibroso, que forma uma cápsula que a separa em clivagem frouxa, exceto próximo à língua, da parede lateral da faringe aí formada pelo constritor superior. O tecido linfoide dessa face se espraia para cima, para baixo e para a frente, além dos limites alcançados pela face medial, gerando uma base lateral mais larga que o contorno medial livre. O tecido linfoide dessa face se insinua sob a mucosa, inferiormente, para o dorso da língua, superiormente, para o palato mole e, anteriormente, até o limite anterior do istmo das fauces, onde algumas vezes pode insinuar-se sob o arco palatoglosso. A parte superior da tonsila palatina apresenta uma profunda fenda de convexidade superior, que se localiza na espessura da tonsila (fenda intratonsilar).

As tonsilas são nutridas pela artéria tonsilar, ramo da facial que perfura perpendicularmente a parede faríngea e logo penetra na região medial da face lateral da tonsila. Vindo do palato mole em relação à face lateral da cápsula em nível do ângulo superior do seio tonsilar, desce a veia palatina externa, que apresenta dimensões significativas nessa região, para só depois de certo trajeto perfurar a parede faríngea, deixando de ter relação de vizinhança íntima com a tonsila. Essa relação entre a face lateral da tonsila e essa veia paratonsilar é temida como capaz de ser responsável por sangramentos significativos dessa região.

LARINGOFARINGE

A laringofaringe, segmento distal da faringe, se localiza atrás e parcialmente ao redor da laringe. Estende-se da borda superior da epiglote até um plano imaginário tangente ao limite inferior da cartilagem cricoide, onde se continua com o esôfago. Posteriormente, relaciona-se com a coluna cervical desde a parte inferior da terceira até a sexta vértebra cervical, também em seu terço inferior. A relação anterior com a laringe se faz com o ádito laríngeo, superiormente, e a seguir, com as faces posteriores das cartilagens aritenoides e cricoide.

O **ádito laríngeo**, orifício que comunica a laringe com a faringe, se apresenta como um óstio ovalado em sentido longitudinal que se projeta obliquamente de anterior para posterior, sendo delimitado, anterossuperiormente, pelo contorno posterior da epiglote; lateralmente pelas pregas ariepiglóticas e, posteroinferiormente, pelas cartilagens aritenoides, corniculadas e cuneiformes.

A porção inferior da parede anterior da laringofaringe, abaixo do ádito laríngeo, é constituída pelo contorno posterior das cartilagens aritenoide e cricoide. A mucosa dessa área cobre os músculos aritenoideos transverso e oblíquo, em relação às cartilagens aritenoides, e os crico-aritenóideos posteriores, em relação à face posterior da cartilagem cricoide. As fibras dos músculos aritenóideos oblíquos se projeta, de modo cruzado, de cada lado das bordas laterais das cartilagens aritenoides, até as bordas laterais da cartilagem epiglote, constituindo, revestidos pela mucosa regional, as pregas ariepiglóticas, que contêm, ainda, revestidos pela mesma mucosa, as cartilagens corniculadas e cuneiformes.

A parede posterior da laringofaringe se relaciona com a curvatura anterior da coluna cervical, na extensão da terceira à sexta vértebras cervicais. Essa curvatura anterior oferece superfície convexa contra a qual a faringe é comprimida por sua relação anterior com a convexidade da cartilagem cricoide. A posição anatômica das vias aéreas em repouso mostra um trajeto de anterior para posterior, que acentua a relação da cartilagem cricoide com o contorno ventral da coluna. A avaliação manométrica dessa região, durante o repouso, mostra valores pressóricos positivos, mais acentuados em relação às paredes anterior e posterior do que nas laterais, denotando compressão por pinçamento faríngeo. Quando da deglutição, verificam-se a elevação e a anteriorização do hioide e da laringe com o consequente afastamento da cartilagem cricoide da lordose cervical. Os valores pressóricos da transição faringoesofágica caem a zero, indicando que a ação de pinça produzida pela relação entre a coluna e a laringe se desfez. Osteófitos, quando presentes nessa região, acentuam essa relação e têm sido apontados como capazes de produzir ou agravar quadro de disfagia.

A luz da laringofaringe é permanente em sua metade superior, onde se relaciona e se continua com a luz laríngea, e é virtual, em sua metade inferior, onde fica pinçada entre a coluna e a cartilagem cricoide. Durante a deglutição, a luz virtual se torna real, comunicando a faringe com o esôfago, e a comunicação com as vias aéreas se interrompe por mecanismos que aumentam sua resistência.

Anteriormente, de cada lado da laringofaringe, recessos longitudinais são produzidos pela projeção parcial da laringe na luz da faringe. Esses recessos são ladeados medialmente pelas pregas faringoepiglótica e ariepiglótica e pelas cartilagens aritenoides e terço superior da cricoide, de cada lado. Lateralmente, esses recessos são delimitados pela mucosa que reveste a face interna da membrana tíreo-hióidea e a face da lâmina lateral da cartilagem tireoide. Essas formações, denominadas **recessos** ou **fossas piriformes**, apresentam, sob a mucosa da porção média de seu assoalho, os ramos internos do nervo laríngeo superior. Esse nervo, acompanhado da artéria e veias laríngeas superiores, permeia a face lateral da laringofaringe através de um forâmen circular existente na membrana tíreo-hióidea (**forame do nervo laríngeo superior**). A parede da laringofaringe, em nível desse forâmen, exibe externamente, a cada lado, uma área triangular delimitada acima pelo corno maior do osso hioide, medialmente pelas fibras laterais do músculo tireo-hióideo e inferolateralmente pela borda superior do fascículo tireofaríngeo do músculo constritor inferior da faringe. Essa área triangular, em relação ao forame da membrana tireo-hióidea, revestido internamente pela mucosa, se apresenta como ponto anatômico de menor resistência, que pode ser sede de protrusões atípicas da parede lateral da laringofaringe, determinadas por sobrecarga dos níveis de pressão intrafaríngea. Significativo número de pacientes deixa ver bombeamento uni ou bilateral nas avaliações videofluoroscópicas dessa região, apontando essa área como eventual ponto de fraqueza na parede lateral da faringe.

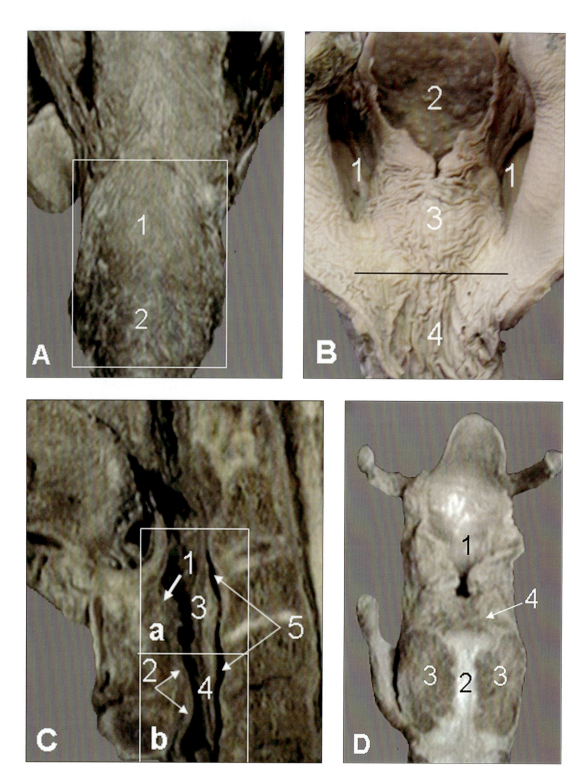

Fig. 9 (A-B) - Em A, vista posterior da faringe fechada onde quadrilátero demarca a laringofaringe tendo em 1 - músculo tireofaríngeo 2 - músculo cricrofaríngeo. Em B, vista posterior, onde linha transversa demarca acima laringofaringe e abaixo esôfago (ver disposição do pregueado mucoso) 1 - recessos piriformes 2 - ádito laríngeo, 3 - relevo da cartilagem cricoide, 4 - esôfago. (C-D) - Em C, vista medial de secção sagital, onde quadriláteros demarcam o superior (a) porção respiratória da laringofaringe permanentemente livre de contato com a parede posterior; e o inferior (b) que durante todo o período respiratório se mantém em contato com a parede posterior, só se afastando (abrindo) por elevação do hioide e da laringe, durante a deglutição. Em 1 - ádito da laringe, 2 - cartilagem cricoide, 3 e 4 - parede posterior da faringe, onde 3 - músculo tireofaríngeo, 4 - músculo cricofaríngeo e 5 - espaço conjuntivo pré-vertebral. Em D, vista posterior da laringe ou anterior da laringofaringe, retirada a mucosa que a reveste. Em 1 - ádito laríngeo, 2 - cartilagem cricoide, 3 - músculos cricoaritenoideos posteriores e 4 - músculos aritenóideos oblíquos e transversos.

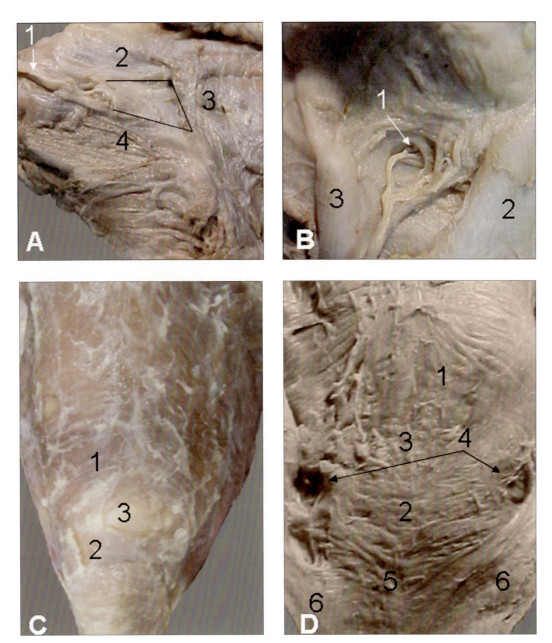

Fig. 10 (A-B) - Pontos anatomicamente menos resistentes das paredes laringofaríngeas sujeitos a dar base a formações diverticulares. Em A e B, ponto de entrada do ramo interno do nervo laríngeo superior (1). Em A, 2 - corno maior do osso hioide, 3 - músculo tíreo-hióideo, 4 - borda superior do músculo tireofaríngeo. Em B, 2 - lâmina da cartilagem tireoide e 3 - corno posterior da cartilagem tireoide. (C-D) - Em C, vista posterior da laringofaringe, onde 1 - fascículo oblíquo do músculo cricofaríngeo, 2 - fascículo transverso do músculo cricofaríngeo e 3 - zona anatomicamente menos resistente da parede posterior (ponto de rarefação muscular - Zona de Killian). Em D, vista interna retificada das paredes posterolaterais da laringofaringe, onde 1 - fascículo oblíquo do músculo cricofaríngeo, 2 - fascículo transverso do músculo cricofaríngeo, 3 - ponto de rarefação muscular, 4 - pontos de convergência da inserção na cartilagem cricoide dos fascículos do cricofaríngeo (Killian –Jamielsen), 5 - musculatura circular do esôfago e 6 - inserção na cricoide da musculatura longitudinal do esôfago.

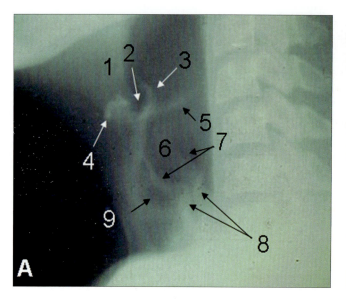 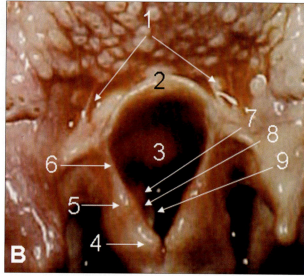

Fig. 11 Em A, imagem radiográfica em perfil com pequena obliquidade anterior direita, onde, através das suas densidades, se destacam 1 - dorso da língua, 2 - valécula, 3 - epiglote, 4 - corpo do osso hioide, 5 - corno maior do osso hioide, 6 - ádito laríngeo, 7 - pregas ariepiglóticas, 8 - cartilagens aritenoides (com calcificações), 9 - ventrículo laríngeo (de Morgani). Em B, peça não fixada com ádito laríngeo visto de topo, onde 1 - valéculas, 2 - epiglote, 3 - tubérculo da epiglote, 4 - relevo da cartilagem corniculada, 5 - relevo da cartilagem cuneiforme, 6 - prega ariepiglótica, 7 - prega vestibular, 8 - ventrículo laríngeo e 9 - prega vocal.

EPIGLOTE

Embora a epiglote seja uma estrutura laríngea, a projeção intrafaríngea e a mobilidade dessa cartilagem a tornam elemento a ser considerado por sua interação dinâmica com o fluxo faríngeo.

A análise da morfologia das relações e da dinâmica da epiglote nos permite admitir que ela participa, não isoladamente, mas como um dos elementos envolvidos na dinâmica de proteção das vias aéreas.

A dinâmica e a projeção intrafaríngea da epiglote, durante a deglutição, a colocam em relação com o bolo em trânsito de deglutição, de modo e importância nem sempre bem compreendidos.

A dinâmica da deglutição imprime à epiglote sequência de movimentos que pode ser descrita como de três tempos. Um primeiro, de elevação com arqueamento de convexidade anterior, dependente da tração transmitida pelo ligamento hioepiglótico e da projeção posterior de sua extremidade livre determinada pela língua. Um segundo, de rotação posterior determinado pela elevação da laringe contra o hioide, que se limita pelo ajustamento das pregas vestibulares com o tubérculo da epiglote, e um terceiro, de eversão da extremidade livre além do plano horizontal, que pode estar ausente nas deglutições de menor valor pressórico.

Essa dinâmica epiglótica, passiva, se faz em tempos sincronizados com a passagem do alimento pela faringe. A passagem do bolo se dá enquanto a epiglote se eleva e anterioriza e mesmo durante o seu encurvamento em sentido posterior, cessando quando de sua aposição à parede posterior da faringe. Não obstante, a posição final atingida por sua parte fixa a qualifica como capaz de participar da proteção das vias aéreas. A posição atingida por sua extremidade livre é capaz de separar morfologicamente a luz da orofaringe da luz da laringofaringe, possivelmente participando, junto com a língua, da separação funcional da orofaringe e laringofaringe. Essa separação impediria o retorno pressórico da laringofaringe para a orofaringe de modo análogo ao que se observa para o palato, na separação da orofaringe com a rinofaringe.

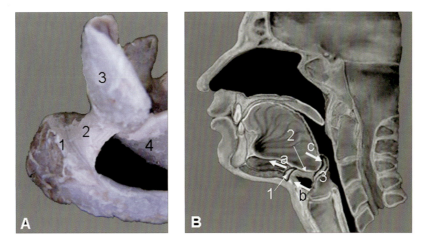

Fig.12 Em A, vista lateral de peça anatômica na qual 1 - corpo do osso hioide, 2 - ligamento hioepiglótico, 3 - cartilagem epiglote, 4 - cartilagem tireoide. Em B, figura esquemática em perfil, onde 1 - corpo do osso hioide, 2 - ligamento hioepiglótico, 3 epiglote. As setas largas (a,b, c) representam os vetores que horizontalizam a epiglote durante a deglutição, a - eleva, anterioriza e fixa o hioide elevado, dando base à horizontalização da epiglote, b - eleva a inserção tireóidea da epiglote, c - dorso da língua desloca em sentido posterior a extremidade livre da epiglote.

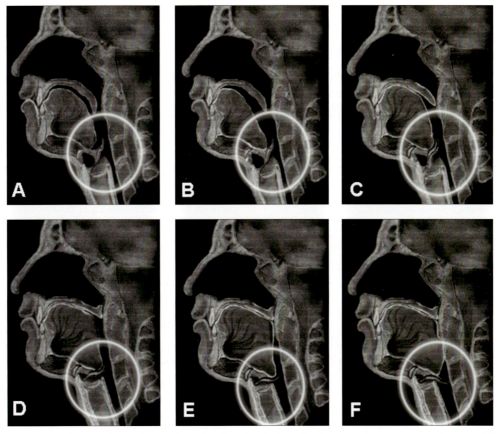

Fig. 13 Sequência esquemática onde se observa (interior dos círculos) a ação dos vetores que atuam sobre a epiglote. O hioide se eleva e anterioriza tracionado pelos músculos supra-hioideos; a laringe é arrastada nesse movimento por sua relação ligamentar com o hioide (inclusive pelo ligamento hioepiglótico que se fixa ao meio da face anterior da epiglote); a língua em movimento de projeção posterior empurra a extremidade livre da epiglote para trás; a laringe acentua sua elevação e anteriorização por contração dos músculos tíreo-hióideos que têm no hioide elevado seu ponto fixo. A resultante é a elevação da inserção tireoidea da epiglote. Assim, a epiglote à semelhança de uma gangorra se horizontaliza. Note-se que é neste tempo de elevação e anteriorização que o bolo a ser deglutido tem sua passagem ao redor da extremidade livre da epiglote. Após a total horizontalização da epiglote, toda a comunicação entre a orofaringe e a laringofaringe se torna bloqueada pela epiglote evertida.

FASE FARÍNGEA DA DEGLUTIÇÃO

A deglutição é o processo através do qual o alimento, após percebido como pronto, é organizado e ejetado da cavidade bucal para a faringe e o esôfago, de onde é conduzido ao estômago. A fase faríngea da deglutição se constitui no primeiro tempo da fase involuntária da deglutição. Essa etapa se caracteriza por uma dinâmica que impede a dissipação da pressão gerada pela ejeção oral e bloqueia as vias aéreas contra a permeação dos volumes deglutidos.

Na primeira fase da deglutição o bolo é ejetado, sob pressão, da cavidade oral para a faringe. Essa ejeção se faz pela projeção da base da língua no interior da orofaringe. A língua, como êmbolo, propele e passa ajustada pelo contorno dado pelo palato e pregas dos palatoglossos (istmo bucofaríngeo). Com o retorno oral vedado pelo ajustamento de passagem, a orofaringe tem sua pressão aumentada. O escape nasal é impedido pelo fechamento da comunicação entre a orofaringe e a rinofaringe. Esse fechamento é dado pelo ajustamento do palato contra a faringe, que impede o escape pressórico (dissipação da pressão) para a rinofaringe.

Durante a ejeção oral, a orofaringe, ampliada por ação dos dilatadores, apresenta baixa resistência, o que facilita a entrada do bolo. Essa entrada do bolo sob pressão na orofaringe coincide com a despolarização dos fascículos do constritor superior que se iniciou a partir do istmo faríngeo. Essa despolarização atinge a orofaringe e lhe dá resistência, impedindo que a pressão a ela transmitida se dissipe por distensão de suas paredes.

Com a rinofaringe e a cavidade bucal ainda seladas e a orofaringe com alta pressão, o bolo migra para a laringofaringe. Nesse tempo a laringofaringe se encontra ampliada por ação dos dilatadores, mas, em especial, pela elevação e anteriorização do hioide e da laringe, que afasta a laringe da coluna cervical, desfazendo o pinçamento do segmento distal da laringofaringe, diminuindo a resistência e facilitando a passagem do bolo para o esôfago.

Concomitantemente com a passagem do conteúdo da orofaringe para a laringofaringe, a epiglote é projetada em sentido posterior. A despolarização da musculatura constritora continua em sentido craniocaudal, atingindo os constritores médio e inferior. A constrição sobre a epiglote evertida faz com que sua extremidade livre separe a orofaringe da laringofaringe, após a passagem do bolo deglutido. Nesse tempo, as vias aéreas, por mecanismos diversos, aumentam sua resistência, enquanto a transição faringoesofágica, expandida, se apresenta franqueada e permissiva ao fluxo que progride para o esôfago. Hioide e laringe retomam a posição de repouso, a transição faringoesofágica se fecha e a fase esofágica ou esofagogástrica progride.

A fase faríngea da deglutição é um bem coordenado processo involuntário capaz de conduzir o conteúdo com valores de pressão, que se ajustam pela identificação das qualidades do bolo. O valor pressórico, determinado pelo maior ou menor esforço de deglutição, é dependente de impulsos aferentes oriundos de receptores localizados em diferentes áreas da boca e da faringe.

A partir da base da língua, passando pelos pilares palatoglosso e palatofaríngeo e se estendendo pelo palato mole e paredes da faringe, em especial a posterior, são identificadas áreas que contêm receptores capazes de, quando estimulados, iniciar o processo involuntário coordenado que caracteriza a fase faríngea da deglutição.

A observação de que se pode deixar escorrer líquido para a faringe, sem que a fase involuntária da deglutição seja iniciada, pelo simples contato do líquido com as paredes, e se percebendo que essa fase é disparada pela ejeção oral, nos permite admitir que a dinâmica involuntária iniciada na faringe seja controle dependente do estímulo pressórico difuso, produzido pela ejeção oral, que atinge, com aumento de pressão, todas as áreas receptoras da faringe, determinando a sequência e a intensidade de participação das estruturas envolvidas.

SEGMENTOS COM FUNÇÃO ESFINCTÉRICA

Um segmento com função esfinctérica é aquele capaz de controlar, facilitando ou impedindo, a passagem, em fluxo ou refluxo, do conteúdo de um compartimento para outro vizinho. Esse controle se faz por arranjos anatômicos que variam em organização e complexidade, mas cuja dinâmica e repouso alternam abertura e fechamento com consequente variação de resistência e pressão, no interior da interface que comunica os compartimentos vizinhos.

A faringe, por sua constituição e fisiologia, apresenta zonas com função esfinctérica de significativa relevância funcional, como a relação do palato com a faringe em nível do istmo faríngeo, a relação da cavidade oral com a orofaringe em nível do istmo bucofaríngeo e em nível da transição faringoesofágica, onde se descreve o esfíncter superior do esôfago. Esse tema, por sua importância e complexidade, será tratado em capítulo especialmente a ele dedicado.

PROTEÇÃO DAS VIAS AÉREAS

A faringe é região anatômica comum às funções digestiva e respiratória. A exclusão da via respiratória, verificada durante o esforço de deglutição, aponta para a existência de uma estrutura ou organização que seja permissiva durante a respiração e que fisiologicamente varie, alterando sua morfologia e relações de modo a participar da ação protetora das vias aéreas durante a deglutição. A epiglote, por sua localização, morfologia e liberdade de movimentos, foi, com certa lógica, o elemento admitido como responsável pelo cumprimento dessa função.

Foi possível observar que a epiglote não funciona como uma tampa que se everte para proteger as vias

aéreas. Sua participação na proteção das vias aéreas também não se faz por eversão de extremidade livre e não se limita ao tempo de deglutição. Observou-se que a proteção das vias aéreas se faz por ação de diversos mecanismos de proteção, que atuam de modo interdependente e com funções somadas. Muito mais do que elementos que possam interferir mecanicamente na proteção das vias aéreas, essa função se dá por um jogo pressórico no qual a dinâmica faríngea tem grande importância.

Função esfinctérica e proteção das vias aéreas se mostraram temas relevantes e merecedores de análise particular.

BIBLIOGRAFIA CONSULTADA

1. Aprigliano OQ. Motilidade do aparelho digestivo. In:Aires M. Fisiologia.1991; Guanabara Koogan, Rio de Janeiro.
2. Benson AF, King F. The ears and nasal sinus in the aerospace enviroment. In: Ballantyne J., Groves,J. Diseases of the Ear,Nose and Throat. 1979; 4a ed., Butterworth, Boston.
3. Berne RM, Levy MN. Motilidade. In:_Berne R M, Levy MN. Princípios de Fisiologia. 1991; Guanabara Koogan, Rio de Janeiro.
4. Costa M M B. Anatomia Funcional da Faringe. In: Andy Petroiani – Anatomia Cirúrgica, Rio de Janeiro, Guanabara Koogan, RJ 1999; 206-16.

5. Costa M M B, Koch H A. Lateral laryngopharyngeal diverticulum: anatomical and videofluoroscopic study, European Radiology 2005; 15(7): 1319 - 25.
6. Costa M M B, Alvite FL. Lateral laryngopharyngeal diverticula: a videofluoroscopic study of laryngopharyngeal wall in wind instrumentalists. Arq Gastroenterol 2012; 50(2): 99-106.
7. Costa M M B. Dinâmica da Deglutição: Fases oral e faríngea. In: Costa-Lemme-Koch - Temas: em Deglutição e Disfagia abordagem multidisciplinar, RJ. I Colóquio Multidisciplinar Deglutição & Disfagia 1998; 01-11.
8. Costa M M B. Como proteger fisiologicamente as vias aéreas durante a deglutição, In: Castro, Savassi, Melo & Costa.

Tópicos em gastroenterologia – Deglutição e Disfagia. Rio de Janeiro: MEDSI, 2000;10:177-85.

9. Costa M M B. Avaliação da dinâmica da deglutição e da disfagia orofaríngea, In: Castro, Savassi, Melo, Costa. - Tópicos em gastroenterologia. Rio de Janeiro, MEDSI, 2000; 177-85.

10. Costa M M B, Sá Monteiro J. Exame Videofluoroscópico das fases oral e faríngea da deglutição In: Costa, Castro. Tópicos em Deglutição e Disfagia. Rio de Janeiro – MEDSI 2003; 273-84.

11. Costa MMB, Da Nova JLL, Carlos MT, Pereira AA, Koch HA. Videofluoroscopia: um novo método. Radiol Bras 1992; 25:11-18.

12. Costa MMB, Moscovici M. Pereira AA, Koch, H.A. - Avaliação videofluoroscópica da transição faringoesofágica: esfincter esofágico superior. Radiol Bras. 1993; 26:.71-80.

13. Costa MMB. A traqueostomia como causa de disfunção da deglutição. Arq Gastroenterol 1996; 33:124-31.

14. Costa MMB. Uso do bolo contrastado sólido, líquido e pastoso no estudo videofluoroscópico da dinâmica da deglutição. Radiol. Bras 1996; 29: 35-9.

15. Costa MMB, Silva RI, Lemme EMO, Tanabe R. Apneia de deglutição no homem adulto. Arq Gastroenterol 1998; 35: 32-9.

16. Costa MMB. Avaliação Videofluoroscópica do significado funcional da epiglote no homem adulto. Arq Gastroenterol 1998; 35(3): 164-74.

17. Dantas RO, Dodds WJ, Massey BT, Kern MK. The effect of high-vs low density barium preparation on the quantitative features of swallowing. AJR 1989; 153: .1191-5.

18. Dantas RO, Dodds WJ. Influência da viscosidade do bolo alimentar deglutido na motilidade da faringe. Arq Gastroenterol 1990; 4: 164-8.

19. Freitas ECB, Costa MMB. Hyoepiglotic ligament: a morphological study and functional considerations. Braz. J. Morphol. Sci. 1996; 13: 171-5.

20. Fyke FE Jr., Code CE. Resting and deglutition pressures in the pharyngo-esophageal region. Gastroenterology 1955; 29(1): 24-34.

21. Gray LP. The relashion ship of the inferior constrictor swallow and globus histericus or the hipopharyngeal syndrome. J Laringol Otol 1983; 97: 607-18.

22. Guyton AC. Transporte e mistura do alimento do tubo digestivo. In: Guyton, AC. Tratado de fisiologia médica 1991;. 8ª ed., Guanabara Koogan, Rio de Janeiro.

23. Hamilton WJ. Tratado de Anatomia Humana. 1982; 2ª ed., Interamerica, Rio de Janeiro.

24. Kaplan JM, Grill HJ. Swallowing during ongoing fluid ingestion in the rat. Brain Research 1989; 499: 63-80.

25. Laus M, Malaguti MC, Alfonso C, Ferrari D, Zappoli FA, Giunti A. Dysphagia due to cervical osteophytosis. Chir. Organi. Mov 1995; 80: 263-71.

26. Lima EE. Anatomia comparada da laringe. Cad Cient Pasteur, Lisboa 1952; 3:55-72.

27. Mcgarrah PD, Teller D. Posttraumatic cervical osteophytosis causing progressive dysphagia. South Med. J 1977; 90: 858-60.

28. Moore KL. Anatomia orientada para clínica. 1990; 2ª ed., Guanabara Koogan, Rio de Janeiro.

29. Moore KL, Agur AMR. Fundamentos de Anatomia Clínica 1998; Guanabara Koogan, Rio de Janeiro.

30. Orts Llorca F. Anatomia humana. 1967; v3, Editorial Científico Médica, Barcelona.

31. Pansky B. Review of Gross Anatomy 1996; McGraw-Hill, New York.

32. Perrot JW. Anatomical aspects of hypopharingeal diverticulos. Austr N Zeal J Surg 1962; 4: 307-17.

33. Prates, JC., Botelho, JAA. Plica pharingo-epiglótica versus plica glossoepiglótica lateralis: com observação in vivo. Rev. Ass Med bras 1986; 4: 235-36.

34. Pressman JJ, Kelemen G. Physiology of the larinx. Physiol Rev 1955; 35: 506-54.

35. Proctor, DF. Handbook of physiology 1964; v1, Willians and Wilkins, Baltimore.

36. Sobbotta Becher. Atlas de Anatomia Humana 1977; 17 ed, v2, Guanabara Koogan, Rio de Janeiro.

37. Van Overbeek JJ, Wit HP, Paping RH, Segenhout HM. Simultaneous Manometry and electromyography in the pharyngoesophageal segment. Laryngoscope 1985; 95: 582-4.

38. Warwick R, Williams PL. Gray anatomia. 1979; 35 ed., . Guanabara Koogan, Rio de Janeiro.

39. Yotsuya,H. An X-ray TV cinematographical study on relation of the moviments of the hyoidbone, the tongue radix, the epiglottis and the soft palate during deglutition. Shikwa Gakuuho 1981, 81: 1-46.

40. Zimmerman,J.E., Oder,L.A. Swallowing disfuntion in acutely ill patients. Phis. Ther. 1981; 62: 1755-63.

CAPÍTULO VII

ANATOMIA FUNCIONAL DO COMPLEXO HIOLARÍNGEO

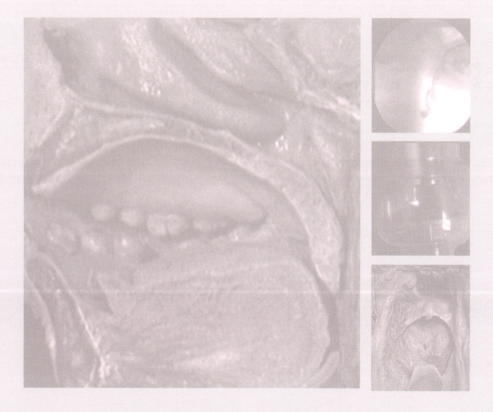

O osso hioide, localizado na linha média da região cervical logo acima da laringe, se interliga a ela, morfológica e funcionalmente através da membrana tíreo-hióidea, ligamentos tíreo-hióideos laterais, ligamento tíreo-hióideo mediano, ligamento hioepiglótico e músculos tíreo-hióideos. As estruturas tíreo-hióideas partem da borda inferior do contorno formado pelo corpo e cornos maiores do osso hioide para fixarem-se no contorno superior da cartilagem tíreo-hióidea.

Posterolateralmente unindo o corno superior da cartilagem tíreo-hióidea à extremidade distal do corno maior do osso hioide, a cada lado, identificam-se os ligamentos tíreo-hióideos laterais que contêm em sua espessura a cartilagem tritícia.

Expessamento conjuntivo anterior, o ligamento tíreo-hióideo mediano pode ser visto na linha média anterior da membrana tíreo-hióidea, estendendo-se da incisura tíreo-hióidea superior até a borda inferior do corpo do osso hioide.

Preenchendo o espaço entre o hioide e a laringe, espessada pelos ligamentos tíreo-hióideos, observamos a membrana tíreo-hióidea que se insere inferiormente na borda superior da cartilagem tireóidea e superiormente na borda inferior do corno maior do osso hioide.

Lateralmente, a meia distância do corno maior do osso hioide e do contorno anterior do corno superior da cartilagem tireóidea se observa, na membrana tíreo-hióidea, a presença de pertuito utilizado por vasos e pelo ramo interno do nervo laríngeo superior. Essa região, embora de configuração anatômica, pode, quando submetida a um regime pressórico além do fisiológico, facilitar, por ser uma área menos resistente, a

protrusão da mucosa faríngea (divertículo faríngeo lateral). Por essa razão pode ser considerada como área anatomicamente menos resistente.

Sobre a membrana tíreo-hioidea se acama o músculo tíreo-hióideo, que, fixado ao hioide e à laringe, inervado pelo plexo cervical, é o responsável pela maior aproximação da laringe ao hioide.

Ainda ligando o hioide à laringe, observa-se o ligamento hioepiglótico, lâmina conjuntiva transversa que se projeta do corpo do hioide para se fixar no terço médio da face anterior da cartilagem epiglote.

Essas estruturas ligamentares e musculares são as responsáveis pela interação dinâmica entre o hioide e a laringe, quando do deslocamento ativo do osso hioide mediado pelos músculos supra e infra-hióideos.

A dinâmica do complexo hiolaríngeo é modulada pelos músculos supra-hióideos e infra-hióideos. Os supra-hióideos se prendem ao contorno superior deste osso e se projetam para a mandíbula e o processo estiloide, havendo ainda interações musculares com a língua e o processo mastoide (digástrico, milo-hióideo e gênio-hióideo). Os infra-hióideos, músculos fitados da face anterior do pescoço, são os omo-hióideos, os esterno-hioideos, os tíreo-hióideos e também os esternotireoideos que terminam atuando sobre o hioide via sua fixação laríngea.

A mobilidade do complexo hiolaríngeo tem sua expressão maior quando da dinâmica da deglutição. O hioide se eleva, se anterioriza e se estabiliza nessa situação, servindo de ponto fixo para o músculo tíreo-hióideo que aproxima a laringe do osso hioide agora elevado.

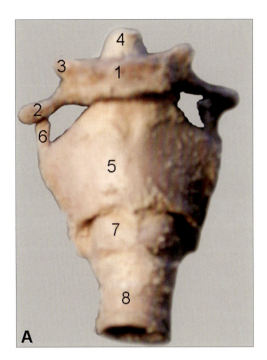 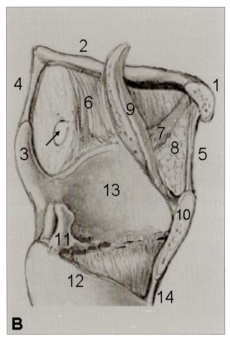

Fig. 1 Em A, conjunto hiolaríngeo em vista frontal, onde 1 - corpo do osso hioide, 2 - corno maior do osso hioide, 3 - corno menor do osso hioide, 4 - extremidade livre da cartilagem epiglote, 5 - cartilagem tireoide, 6 - corno posterior da cartilagem tireoide, 7 - cartilagem cricoide, 8 - primeiros anéis traqueais. Em B, vista esquemática da face interna de corte sagital do conjunto hiolaríngeo, onde 1 - corpo do osso hioide, 2 - corno maior do osso hioide, 3 - corno superior da cartilagem tireoide, 4 - ligamento tireo-hióideo lateral, 5 - ligamento tíreo-hióideo mediano, 6 - membrana tíreo-hióidea, onde seta aponta abertura de passagem do ramo interno do nervo laríngeo superior, 7 - ligamento hioepiglótico, 8 - corpo adiposo pré-epiglótico, 9 - cartilagem epiglote, 10 - lâmina esquerda da cartilagem tireoide, 11 - cartilagem aritenoide, 12 - cartilagem cricoide, 13 - face interna da lâmina lateral da cartilagem tireoide, 14 - ligamento cricotireóideo mediano.

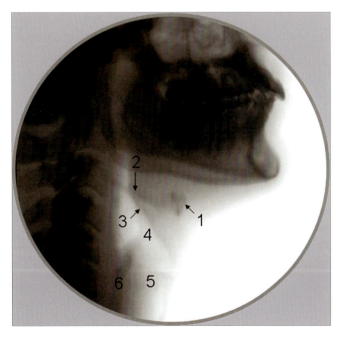

Fig. 2 Perfil esquerdo de imagem videofluoroscópica destacando na região cervical o complexo hiolaríngeo, onde 1 - corpo do osso hioide, 2 - corno maior do osso hioide, 3 - epiglote, 4 - vestíbulo laríngeo , 5 - laringe, 6 - transição faringoesofágica.

OSSO HIOIDE

O osso hioide é um osso ímpar de morfologia semicircular, semelhante à letra C em posição transversa, com a abertura voltada posteriormente. Localizado em nível do terço superior da face anterior do pescoço, ocupa igualmente os dois lados da linha média. Apresenta maior massa óssea no contorno anterior definido como corpo do osso hioide. Lateralmente apresenta dois pares de projeções: duas pequenas superiormente, os cornos menores, e duas maiores, em continuação ao corpo, os cornos maiores. O osso hioide se posiciona acima da laringe e posteroinferiormente ao contorno anterior da mandíbula. Relaciona-se com os músculos do assoalho da boca (gênio-hióideo, milo-hióideo e digástrico), da língua (condroglosso, hioglosso e genioglosso), da faringe (fascículos condrofaríngeo e ceratofaríngeo, formadores do constritor médio), do processo estiloide (estilo-hioide) e com músculos infra-hioideos (omo-hióideo, esterno-hióideo, esternotireóideo e o tíreo-hióideo).

O osso hioide pode ser definido como um osso flutuante, pois sua interligação com as estruturas vizinhas se faz por ligamentos, fáscias e músculos, não havendo, usualmente, ligação articular com outras peças ósseas, fato que explica sua franca mobilidade e os limites de deslocamento.

Os ligamentos estilo-hioideos relacionam o processo estiloide aos cornos menores do osso hioide a cada lado. Em raras ocasiões essa inter-relação pode mostrar-se parcial ou totalmente calcificada, interferindo na dinâmica hiolaríngea. O processo estiloide e o corno menor do osso hioide, derivados dos segundos arcos branquiais, podem, como marca de um desenvolvimento embriológico atípico, mostrar-se interligados por um ou dois segmentos ósseos.

O corpo do osso hioide é formado por uma cortical compacta e uma ampla medular esponjosa que explica sua imagem radiológica, em especial nas incidências em perfil, onde se mostra com hipotransparência anelar periférica e hipertransparência central.

A superfície anterior do corpo do osso hioide apresenta quatro depressões que servem de inserção aos músculos milo-hioide e gênio-hioide. O corpo do osso hioide dá inserção também aos fascículos mais posteriores do genioglosso. O estilo-hioide e a polia de passagem do tendão que une os ventres do digástrico se fixam na borda superior da transição do corpo com os cornos do osso hioide.

Medialmente, a borda superior do osso hioide e seu contorno posterior, discretamente côncavo, dão inserção ao ligamento hioepiglótico e ao ligamento tíreo-hióideo mediano.

A cada lado do corpo do osso hioide se encontram os contornos laterais dos cornos maiores. Os cornos maiores dão inserção, em especial às fibras dos músculos tíreo-hióideos e músculos infra-hióideos, importantes na dinâmica hiolaríngea. Em seu contorno superior o corno maior do osso hioide dá inserção ao músculo hioglosso (músculo extrínseco da língua) e ao fascículo ceratofaríngeo do constritor médio da faringe.

Das bordas superiores e laterais do corpo do osso hioide, duas pequenas projeções se destacam, os cornos menores que se fundem ao corpo em continuação com o ligamento estilo-hioide. Os cornos menores dão ainda inserção aos músculos condroglosso (músculo extrínseco da língua) e fascículo condrofaríngeo do constritor médio da faringe.

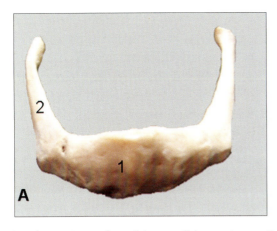 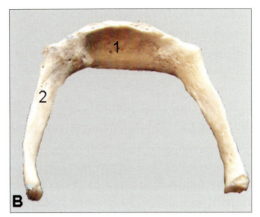

Fig. 3 Osso hioide, em A, vista frontal da superfície anterior; em B, superfície posterior. Em A e B, 1 - corpo do osso hioide, 2 - corno maior do osso hioide.

MÚSCULOS SUPRA E INFRA-HIÓIDEOS

Os músculos **supra-hióideos**, que interferem mais claramente no deslocamento anterossuperior do hioide, são os digástricos, milo-hióideos, gênio-hióideos e os estilo-hióideos.

Os músculos **digástricos** são músculos de duplo ventre muscular, ambos com massa de significativa espessura, que se insere por seu ventre anterior na mandíbula, lateralmente à linha média do contorno inferior da face interna desse osso (fossa digástrica), acamado por sobre o músculo milo-hioideo. Seu ventre posterior se encontra inserido medial e posteriormente à base do processo mastoide do osso temporal (incisura mastoide). Seus dois ventres musculares são unidos por tendão central, que se relaciona de modo indireto com o osso hioide, sobre o qual atua por intermédio de uma alça fibrosa que se insere na borda lateral superior do corpo do osso hioide e dá passagem ao tendão intermédio do digástrico. O ventre muscular anterior é inervado pelo ramo motor do trigêmeo (V nervo craniano) e o posterior pelo facial (VII nervo craniano).

Os músculos **milo-hióideos** formam o assoalho da boca. São músculos de espessura laminar que se inserem no contorno da face interna da mandíbula (linha milo-hióidea) de onde suas fibras se projetam transversalmente em sentido oblíquo medial e posterior para fazer inserção em uma rafe fibrosa mediana, que se estende até a borda superior do corpo do osso hioide. Sua inervação é dependente do ramo motor do nervo trigêmeo.

Os **gênio-hióideos** são músculos de volume próximo ao do ventre anterior do digástrico, localizados logo acima do milo-hioideo. Colocam-se lateralmente de cada lado da linha média do assoalho da boca e fazem inserção anterior na face interna da mandíbula (espinha mentual). Sua inserção posterior se faz de cada lado da face anterior do corpo do osso hioide. Esse músculo é inervado pela alça cervical, que é constituída por fibras nervosas do plexo cervical (C1) que caminham pelo nervo hipoglosso (XII par craniano).

Os **estilo-hióideos** são músculos cujos ventres musculares são um pouco menos volumosos que o ventre posterior do digástrico. Esses músculos, a partir de seu terço médio, descem obliquamente em paralelo ao ventre posterior do digástrico, usualmente acamando, com o seu ventre muscular, o tendão central do digástrico. Sua inserção superior se faz no processo estiloide, ligado ao temporal, e a inserção inferior se efetua na borda lateral do corpo do osso hioide. Sua inervação motora é dada pelo nervo facial (VII par craniano)

Alguns músculos com inserção hióidea, como o hioglosso e o condroglosso, músculos da língua, usam o hioide como ponto fixo e interferem na dinâmica de seu outro extremo, a língua. Os músculos genioglossos, formadores da língua, apresentam por seu fascículo posterior inserção hióidea capaz de permitir que eles participem, em associação com os supra-hióideos, da dinâmica de elevação, anteriorização e fixação do osso hioide.

Os músculos **infra-hióideo**, esterno-hióideo, omo-hióideo, esternotiróideo e tíreo-hióideo são músculos fitados, assim definidos por apresentarem extensão e largura mais marcantes que sua espessura. Estes músculos, todos pares, delimitam uma linha média conjuntiva que, identificada, permite o acesso à loja visceral do pescoço, sem que lesões musculares sejam produzidas. Inervados pelo plexo cervical via alça nervosa, que liga esse plexo ao nervo hipoglosso, a alça cervical, esses músculos são capazes de participar da fixação do hioide e da tração em sentido caudal tanto da laringe quanto do hioide. Os de inserção esternocostal podem ser admitidos como músculos respiratórios secundários, pois na inspiração forçada, com o hioide fixado, a contração desses músculos tende a contribuir na ampliação do gradil costal.

Os **esterno-hióideos** se fixam na face interna do manúbrio esternal e borda superior do segmento cartilagíneo da primeira costela. Ascende a cada lado da linha média do pescoço envolvido em bainha conjuntiva, que deriva da lâmina pré-traqueal. Sua inserção se faz na borda anteroinferior do corpo do osso hioide.

Os músculos **esternotireóideos** se originam na face interna do manúbrio external e face interna do segmento cartilagíneo da primeira costela. Localizam-se em um plano medial subjacente ao do esterno-hióideo; seu ventre ascende encoberto, até em nível da borda inferior da lâmina anterior da cartilagem tireóidea, onde se verifica a inserção cranial do músculo esternotireóideo. Também aqui uma bainha conjuntiva formada pela fáscia pré-traqueal é encontrada alojando o músculo esternotireóideo. Por vezes, um pequeno fascículo de fibras mais laterais desse músculo passa livre pela borda da cartilagem tireoidea e vai ganhar inserção na borda medial do corno maior do osso hioide lateralmente à inserção das fibras do tíreo-hióideo.

Os **tíreo-hióideos** são músculos infra-hióideos, curtos e planos com pouca espessura, cujas fibras, em situação vertical, se estendem do hioide à laringe de cada lado da linha média. Sua inserção superior se faz na borda inferior da extremidade lateral do corpo e no corno maior do osso hioide. A inserção inferior se faz obliquamente, de medial para lateral, na extremidade inferior da face anterolateral das lâminas da cartilagem tireoidea. Por sua posição e inserções é capaz de determinar a aproximação entre o hioide e a laringe, o que lhe empresta especial importância na dinâmica do complexo hiolaríngeo. Sua inervação motora como visto é dada pela alça cervical, por fibras de C1 e C2 do plexo cervical.

O **omo-hióideo** é um músculo digástrico cujo ventre inferior se insere na margem superior da escápula, de onde se projeta obliquamente em direção à região anterior do pescoço. Apresenta tendão intermédio que separa os ventres inferior e superior e que se mostra envolvido por polia conjuntivo-fibrosa derivada da lâmina pré-traqueal, que nessa região se liga com a bainha carótica. O ventre superior desse músculo, agora anteriormente colocado na região cervical, ascende lateralmente ao músculo esterno-hioide e por sobre a borda lateral dos músculos esterno-hioide e tíreo-hioide, para ganhar inserção na face externa da borda inferolateral do corpo do osso hioide. Esse e os demais músculos infra-hióideos são embainhados pela fáscia cervical, aqui definida como lâmina pré-traqueal que garante seu livre deslizamento durante a contração.

Aqui cabe breve consideração a respeito dos constritores médio e inferior da faringe. O constritor médio formado pelas porções condrofaríngea e ceratofaríngea e o constritor inferior formado pelas porções tireofaríngea e cricofaríngea que apresentam, o primeiro (constritor médio) inserções nos cornos menor e maior do osso hioide e o segundo (constritor inferior) inserções nas cartilagens tireoide e cricoide, não devem ser considerados nem como supra, nem como infra-hióideos, em razão de sua contração não interferir na dinâmica nem do hioide nem da laringe. O hioide e a laringe são para esses fascículos musculares pontos fixos. Desse modo, a contração desses fascículos musculares só irá interferir na dimensão e no valor pressórico da faringe e não na dinâmica hióidea como ocorre com os músculos definidos como supra e infra-hióideos.

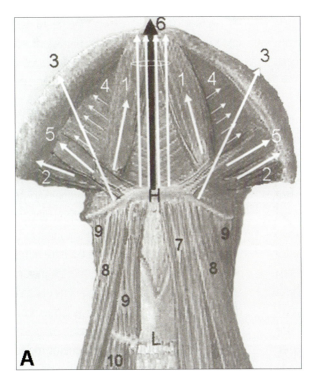
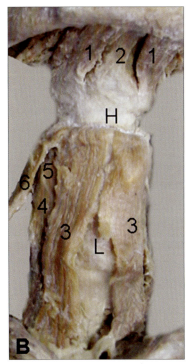

Fig. 4 Em A, desenho esquemático destacando os músculos e os vetores resultantes (setas) da atividade contrátil da musculatura supra-hióidea, a qual eleva e anterioriza o osso hioide e a musculatura infra-hióidea que modula esse movimento. H - osso hioide, L - laringe, 1 - ventre anterior do músculo digástrico, 2 - ventre posterior do músculo digástrico, 3 - vetor resultante da ação contrátil desses dois ventres que, com o do lado oposto, atua na geração do vetor resultante final (6). 4 - músculo milo-hióideo e vetores que potencializam o vetor (6), 5- músculo estilo-hióideo (assim como o ventre posterior do digástrico modula, por posição antagônica, a elevação e anteriorização do osso hioide). 7 - músculo esterno-hióideo, 8 - músculo omo-hióideo, 9 - músculo tíreo-hióideo, 10 - músculo esternotiróideo, Em B, peça anatômica e vista frontal das regiões esquematizadas onde H - hioide, L - laringe, 1- ventre anterior do músculo digástrico, 2- músculo milo-hióideo, 3 - músculo esterno-hióideo, 4- músculo esternotiróideo, 5 - músculo tíreo-hióideo, 6 - ventre superior do músculo omo-hióideo.

LARINGE: ASPECTOS GERAIS

A laringe morfológica e funcionalmente se interliga ao osso hioide, osso flutuante, que apresenta, em condições fisiológicas, mudança da sua posição de repouso em resposta à contração dos músculos a ele ligados. A posição de repouso do osso hioide se mantém por interligações musculares e ligamentares com as estruturas vizinhas; entre elas a laringe que com ele forma o complexo hiolaríngeo. A laringe é um tubo cartilagíneo com cerca de dez centímetros de comprimento, no homem adulto. Seu esqueleto cartilaginoso é formado por nove peças, três pares e três ímpares, interligadas entre si por tecido conjuntivo fibroso.

Localizada anteriormente na região cervical, apresenta luz real (cavum laríngeo) capaz de ser mantida pérvia durante a respiração. Sua abertura cranial (adito laríngeo) comunica o tubo laríngeo com a laringofaringe, segmento distal da faringe, que apresenta função digestiva e respiratória. Pela existência de lâminas conjuntivo-fibrosas abaixo da mucosa e presença de músculos intrínsecos, a laringe pode apresentar variações dinâmicas na dimensão de sua luz, fato de importância durante a deglutição e para a modulação de sons, durante a fonação. Por apresentar ligação com o osso hioide e com músculos extrínsecos, sua localização e relações podem ser ativamente modificadas. Deixa ver, durante a deglutição com o uso do método videofluoroscópico, que em associação a sua mobilização, sua luz se oclui, permitindo que se depreenda sua participação como elemento separador das vias aérea e digestiva. As características morfológicas e funcionais da laringe permitem e foram utilizadas, para que se atribuíssem a ela as funções de via aérea, de órgão fonador e elemento com função protetora para as vias respiratórias, em especial durante a deglutição.

Já no início do desenvolvimento embrionário, um brotamento endodérmico anterior surge em nível da extremidade cranial do intestino primitivo anterior. Este brotamento que dará origem ao epitélio da árvore respiratória se insinua no mesoderma regional do qual se originam as cartilagens e os músculos das vias aéreas. A comunicação assim estabelecida entre o tubo digestivo e a via respiratória é, no recém-nato e na criança, de localização cervical mais alta do que a observada no adulto e no velho, onde a laringe se mostra ainda mais distal do que o observado no adulto jovem. Essa posição mais elevada da laringe no recém-nato explica como um maior volume, e de modo sôfrego, se transfere da boca que suga, para a faringe, sem que a via aérea seja permeada pelo líquido transferido, que escoa e se acumula na faringe para ser deglutida em esforços que se processam a intervalos de tempo mais longos. A posição anatômica elevada da laringe favorece uma proteção passiva das vias aéreas. A migração distal da laringe modifica a anatomia do recém-nato, posicionando o ádito laríngeo no caminho do fluxo alimentar no adulto. A elevação ativa da laringe, que se verifica quando da deglutição, passa assim a ser importante elemento da proteção das vias aéreas.

A posição da laringe tem importante papel funcional. Admitiu-se que animais, especialmente herbívoros, que apresentam a laringe elevada, teriam, em razão dessa posição, a possibilidade de pastar e manter o contato do ar respirado com a mucosa olfatória, podendo, desse modo, perceber, pelo olfato, a presença de predadores.

A morfologia laríngea é semelhante em ambos os sexos até a puberdade, mas, a partir desse período, ela se modifica determinando diferenças (dimorfismo sexual). Usualmente a laringe masculina se apresenta maior e mais alongada no sentido anteroposterior, produzindo uma projeção cervical medial e anterior, coloquialmente conhecida como "pomo de adão". Em um corte transverso em nível da extremidade inferior do terço superior da laringe, logo abaixo do implante da cartilagem epiglote, observa-se que os diâmetros anteroposterior e laterolateral na mulher são próximos entre si e no homem esses diâmetros, universalmente maiores, destacam o predomínio do diâmetro anteroposterior. A laringe feminina é mais arredondada e a masculina mais alongada, sendo essa diferença a base morfológica responsável pela diferença de voz grave no homem e aguda na mulher. A mais evidente diferença entre as laringes masculina e feminina se verifica no ângulo formado pelas lâminas laterais da cartilagem tireoidea, que no homem é de cerca de 90 graus e na mulher de aproximadamente 120 graus. No entanto, afora a diferença na dimensão das demais cartilagens, uma outra e pouco considerada marcada diferença de forma também pode ser encontrada na epiglote, que no homem se apresenta encurvada laterolateralmente, podendo ser descrita como apresentando a morfologia semelhante à de uma "unha" em sua extremidade livre, enquanto a morfologia da epiglote da mulher melhor se compara à forma da "pétala de uma rosa" . Note-se que não se trata de um galanteio.

A mucosa laríngea é do tipo respiratório, pseudoestratificada, cilíndrico-ciliada com presença de células caliciformes, células produtoras de muco. Em algumas regiões, como em grande parte da face dorsal da epiglote, já na área vestibular e sobre as pregas vocais, podemos encontrar epitélio pavimentoso estratificado, denotando que essas regiões são áreas sujeitas a atrito.

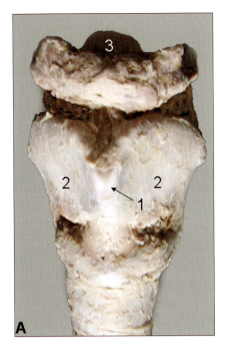 

Fig. 5 Imagens em incidência frontal onde características masculinas se destacam em (A) e femininas em (B) (características sexuais secundárias). Observar proeminência laríngea (1) mais acentuada em (A) em comparação a (B) acompanhada de angulação aguda entre as lâminas direita e esquerda da cartilagem tireóidea (2) de (A) em comparação à angulação obtusa formada por essas lâminas em (B). Observar ainda contorno superior mais largo da extremidade livre da epiglote em B (feminina) em relação ao contorno da extremidade livre da epiglote em A (masculina).

CARTILAGENS DA LARINGE

A laringe apresenta três cartilagens ímpares (epiglote, tireoide e cricoide) e três pares (aritenoides, corniculadas e cuneiformes) interligadas entre si por articulações que se fazem tanto por continuidade quanto por contiguidade.

A cartilagem **epiglote**, de tipo elástico, apresenta uma extremidade superior alargada e convexa, com encurvamentos longitudinais e laterolaterais, com marcado dimorfismo sexual que lhe confere forma de unha, no homem, e de pétala de rosa, na mulher. Apresenta um eixo cartilagíneo longitudinal espesso e lâminas laterais mais delgadas e cribiformes (pequenos orifícios e depressões observados na cartilagem que são determinados por projeções de glândulas existentes no epitélio de revestimento da epiglote). Na face dorsal de sua linha média, em nível da transição de seu terço médio para inferior, evidencia-se proeminência, o tubérculo da epiglote, que a nosso juízo é importante elemento na dinâmica de proteção das vias aéreas. Sua extremidade inferior é afilada e resulta da confluência em sentido medial das extremidades superiores alargadas. Essa extremidade distal afilada, designada como pecíolo, se continua com a cartilagem tireoide através do ligamento tireoepiglótico que se insere em nível da linha média da borda superior da face interna da cartilagem tireóidea, pouco abaixo da incisura tireoidiana superior.

A cartilagem **tireóidea**, ímpar e do tipo hialino, é a de maior dimensão. Posiciona-se centralmente, definindo uma marcada proeminência cervical no homem adulto quando comparada com o relevo cervical por ela produzido nas mulheres. Em forma de calha ou escudo (tyreos) a cartilagem tireoidea apresenta uma quilha mediana anterior e lâminas laterais, direita e esquerda, discretamente côncavas. As lâminas, mais altas que a quilha mediana, desenham depressão central que configura a incisura tireoidiana superior. Lateralmente, as lâminas apresentam, superior e inferiormente, tubérculos que se projetam superior e inferiormente. O tubérculo superior se mostra mais lateral que o inferior e entre eles, unindo-os, vê-se linha cartilagínea oblíqua. Dessa linha oblíqua em sentido posterior, as lâminas seguem em sentido medial posterior sem se encontrarem, configurando contorno posterior côncavo. Das bordas posteriores de ambas as lâminas, surgem acima e abaixo os cornos tireoidianos superiores e inferiores. Os superiores se ligam, via ligamentos tíreo-hioideos laterais, ao osso hioide, e os cornos inferiores, por suas extremidades, se articulam por contiguidade com a cartilagem cricoidea, em nível do terço inferior de sua borda posterolateral. Essa articulação é do tipo sinovial, com morfologia próxima à esferoide, mas por interdependência articular tem seu movimento de rotação limitado ao eixo laterolateral (rotação que aproxima e afasta os contornos anteriores das cartilagens cricoide e tireoide). Esse movimento é de importância no tensionamento das pregas vocais. Como nota, de significado para o estudo radiológico, essa cartilagem pode se mostrar com áreas maiores ou menores de calcificação.

A cartilagem **cricoide**, também ímpar e do tipo hialino, apresenta forma semelhante a um anel (crycos) de sinete com a placa (lâmina da cricoide) voltada posteriormente e aro (arco da cricoide) desenhando o contorto anterior. Localiza-se abaixo da cartilagem tireóidea, fechando a parte inferior da abertura posterior deixada pela cartilagem tireóidea. Anteriormente, o arco cartilagíneo da cricoide fica afastado da borda anteroinferior da cartilagem tireoidea, sendo esse espaço preenchido por lâmina fibrosa e resistente, o ligamento cricotireóideo mediano. A lâmina posterior da cartilagem cricóidea é larga, tanto no sentido transverso quanto no sentido longitudinal. A observação de sua confluência em sentido anterior, para a formação do arco anterior, deixa ver que a redução de altura é gradativa, sendo a altura lateral do arco maior do que a observada no contorno anterior.

Medialmente, a lâmina posterior deixa ver relevo cartilagíneo longitudinal que demarca placas laterais discretamente deprimidas. Sua borda inferior, retilínea, apresenta maior extensão laterolateral que a borda superior, a qual, logo após o relevo longitudinal, se oblíqua de modo descendente em sentido anterior. É no primeiro segmento da borda descendente oblíqua anterior, imediatamente após a borda retilínea superior, que encontramos superfície lisa e levemente convexa articulada com a cartilagem aritenóidea. Lateralmente, o arco cricoide

inicia forte redução de sua dimensão por confluência, tanto das bordas superiores quanto das inferiores. Essa cartilagem também pode se mostrar calcificada.

Cartilagens **aritenoides**. Das cartilagens pares da laringe as aritenóideas são as de maior dimensão e as de maior complexidade, pelo menos no que tange a sua descrição. São do tipo hialino em seus dois terços inferiores e do tipo elástico em seu terço superior, o que explica o fato de só podermos observar calcificação em seus dois terços inferiores. Articula-se por sua base com a cartilagem cricoidea que oferece uma superfície levemente convexa para essa **articulação cricoaritenóidea**. A superfície articular aritenóidea é côncava, configurando uma articulação que melhor se descreveria como uma articulação sinovial do tipo condilar. Apresenta uma cápsula fibrosa resistente, que limita movimentos que não sejam os permitidos pela congruência das superfícies articulares. Já se admitiu que essa articulação pudesse deslizar em sentido medial, como uma planartrose, e que sua morfologia fosse do tipo selar. Uma análise da capacidade de movimento dessa articulação em peças dissecadas nos mostra que o movimento livremente permitido é uma rotação anteromedial que aproxima em adução as pregas vocais em um plano abaixo do observado na abdução, que é obtida com a rotação posterolateral. Discreto deslizamento como uma articulação do tipo planar e limitada báscula laterolateral, inferior à esperada em uma superfície selar, podem ser admitidos. Acreditamos que esses movimentos discretos, selar e planar, sejam permitidos em razão de a relação condilar côncavo-convexa observada nessa articulação ser discreta e a fixação capsular permissiva. No entanto, um deslizamento medial que aproxime as cartilagens aritenoideas na linha média posterior, como admitido por função do músculo aritenóideo transverso, certamente não ocorre por limitação articular.

Comparando as cartilagens aritenóideas a pirâmides de base triangular talvez possamos melhor compreender sua função. Sua base é a superfície articular já descrita. Sua face triangular posterior, fortemente côncava, converge para o ápice; comparando essa face a um triângulo retângulo temos os ângulos retos voltados para a base e para a linha média, formando com a cartilagem contralateral o espaço interaritenóideo. Assim, os processos musculares ficam lateralmente colocados e o ápice, onde se projeta o colículo, voltado para cima em relação de fixação, de cada lado, com as também pares e de tipo elástico, cartilagens **corniculadas**. Sua face triangular anterolateral mostra no ápice o colículo, lateralmente o processo muscular e medialmente o processo vocal, onde se prendem as pregas vocais que se estendem desses tubérculos até a face interna do terço médio da cartilagem tireóidea. A forma côncava da face posterior das cartilagens aritenoideas, que as configura como concha, faz com que uma face anteromedial seja substituída por uma borda romba de confluência das faces posterior e anterolateral.

As duas últimas cartilagens que compõem o esqueleto laríngeo são as cartilagens **cuneiformes**, de tipo elástico, que, como as corniculadas, podem ser descritas como pequenos nódulos arredondados encastoados no interior das pregas ariepiglóticas. As corniculadas (de Wrisberg) se ligam às cartilagens aritenoideas e às cuneiformes (de Santorini) e se sustentam pouco acima das corniculadas, no conjuntivo subjacente à mucosa que reveste cada uma das pregas ariepiglóticas.

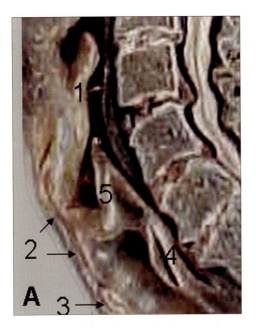
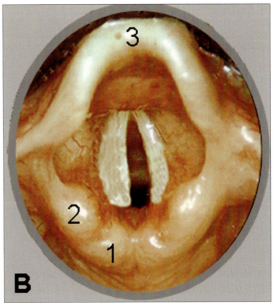
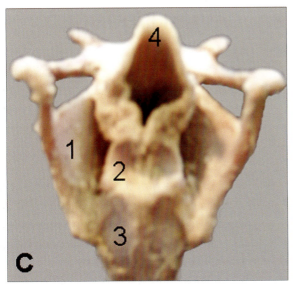
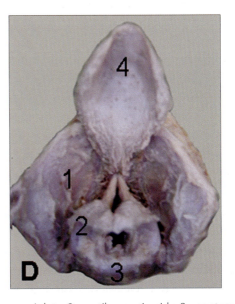

Fig. 6 (A-B) - Em A, corte sagital envolvendo a laringe, onde 1 - cartilagem epiglote, 2 - cartilagem tireoide, 3 - contorno anterior da cartilagem cricoide (arco), 4 - contorno posterior da cartilagem cricoide (lâmina), 5- cartilagem aritenoide. Em B, vista de topo da laringe (ádito), onde 1 - cartilagem corniculada, 2 - cartilagem cuneiforme, 3 - cartilagem epiglote. (C-D) - Em C, vista posterior das cartilagens laríngeas, onde 1 - lâmina esquerda da cartilagem tireoide, 2 - cartilagem aritenoide, 3 - lâmina da cartilagem cricoide, 4 - cartilagem epiglote. Em D, vista posterossuperior das cartilagens laríngeas, onde 1 - lâmina lateral esquerda da cartilagem tireoide, 2 - cartilagem aritenoide, 3 - cartilagem cricoide (borda superior da lâmina posterior), 4 - cartilagem epiglote.

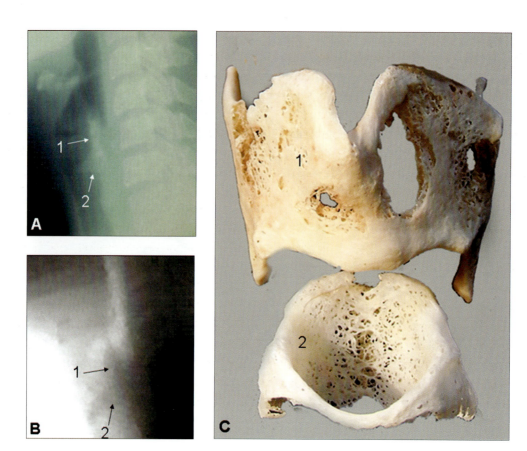

Fig. 7 Em A, imagem em filme radiográfico; em B, imagem videofluoroscópica, ambas em perfil, onde 1 - mostra base da cartilagem aritenoide e 2 - cartilagem cricoide infiltradas por calcificação que torna suas densidades aumentadas (maior rádio-opacidade). Em C, amostras calcificadas das cartilagens tireoide e cricoide (hialinas).

CAVIDADE LARÍNGEA (CAVUM LARÍNGEO)

O **cavum laríngeo** se limita superiormente com o terço superior da laringofaringe, através do ádito laríngeo; o orifício que comunica a laringe com a faringe se apresenta como um óstio ovalado, que se projeta oblíquamente em sentido anteroposterior da epiglote às aritenoideas. Esse ádito é delimitado, anterossuperiormente pelo contorno posterior curvo da extremidade livre da epiglote, lateralmente pelas pregas ariepiglóticas e posteroinferiormente pelas bordas mediais das cartilagens aritenoideas onde se define o espaço interaritenoide. Inferiormente a luz do cavum termina em um plano transverso tangente à borda inferior da cartilagem cricoidea onde se inicia a luz traqueal.

Em nível das cartilagens aritenoides, um plano transverso que corte a laringe evidencia, de cada lado da luz laríngea, os **ventrículos laríngeos**, que se mostram como uma fenda ovalada delimitada superiormente pelas pregas vestibulares e inferiormente pelas pregas vocais. Apresentam um recesso com cavidade superior que chega, no homem, a um centímetro de profundidade, configurando uma bolsa retroprega vestibular.

No cavum laríngeo, alguns espaços são definidos a partir de estruturas pertencentes às paredes que o delimitam. A glote, a infraglote e o vestíbulo. A **glote** é um espaço e não uma estrutura. Assim, glote é o espaço compreendido e delimitado pelas pregas vocais e como tal não pode haver um edema de glote, como com frequência referimos, e sim das paredes que formam a glote. De foma análoga a expressão **rima glótica** define o espaço glótico mais o espaço interaritenoideo. Não é correto descrever esses espaços como contendo as pregas vocais e as aritenoides e sim como delimitados por essas estruturas.

Na mesma linha de raciocínio o **espaço infraglótico** é o espaço delimitado acima pelas pregas vocais e, abaixo, por plano tangente à borda inferior da cartilagem cricóidea.

O espaço, cavidade, delimitado inferiormente por plano que passe pela glote e superiormente por plano tangente ao ádito laríngeo, é designado como **vestíbulo laríngeo**. A designação de **supraglótico** foi encampada pela cirurgia para definir o plano acima do qual uma determinada abordagem cirúrgica deverá se processar ou se processou. Assim, supraglote faz referência às estruturas acima de um plano transverso que passe entre as pregas vocais e as pregas vestibulares (ventrículo laríngeo).

À frente da epiglote, e desse modo contido no segmento cirúrgico designado como supraglótico, se encontra o **espaço pré-epiglótico**. Esse espaço se mostra preenchido por tecido conjuntivo areolar e é delimitado por paredes flexíveis e resistentes, configurando-se um importante elemento para proteção das vias aéreas durante a deglutição. Esse coxim de conjuntivo areolar, quando comprimido entre a laringe e o hioide, se expande no sentido da luz laríngea e desse modo medializa as pregas vestibulares, ajudando a bloquear as vias aéreas contra a permeação alimentar. Este espaço visto em corte sagital se mostra triangular com base superior. Seu limite superior é dado pelo ligamento hioepiglótico; sua parede anterior é formada de cima para baixo pelo hioide, pela membrana tíreo-hióidea e pela face interna da porção superior da cartilagem tireóidea até em nível do implante do ligamento tireoepiglótico. A parede anterior é formada pela epiglote. Inferiormente, na extremidade distal dessa parede anterior, onde a epiglote se afila medialmente, a membrana quadrangular inserida lateralmente na epiglote passa a incorporar essa parede anterior. O coxim gorduroso pré-epiglótico desse modo, em vista anteroposterior, se espraia lateralmente tendo como limite anterior a fáscia quadrangular. A possível compressão do coxim gorduroso entre o hioide e a laringe poderia, assim, participar da projeção da porção alta da parede do vestíbulo medializando as pregas vestibulares e ajudando no fechamento das vias aéreas durante a deglutição.

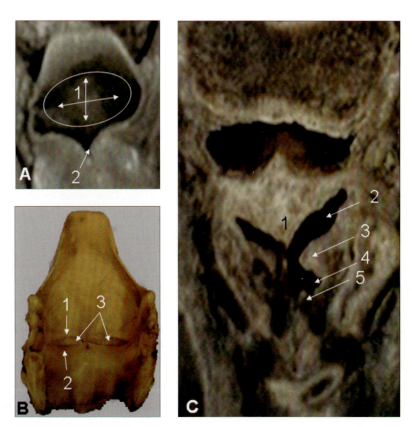

Fig. 8 Peças anatômicas onde, em A, vista posterossuperior deixa ver círculo (1) delimitando ádito laríngeo, 2 - espaço interaritenóideo. Em B, faringe aberta por corte longitudinal posterior que expõe 1 - prega vestibular, 2 - prega vocal, 3 - ventrículos laríngeos (de Morgani). Em C, corte frontal da laringe em nível do tubérculo da epiglote (1) onde 2 - vestíbulo laríngeo, 3 - prega vestibular, 4 - ventrículo laríngeo, 5 - prega vocal.

MEMBRANAS E PREGAS LARÍNGEAS

Forrando internamente o estojo cartilagíneo da laringe observamos as membranas guadrangular e triangular (cricovocal), membranas conjuntivas que estruturam as pregas vestibulares, as pregas ariepiglóticas, as pregas vocais e o cone elástico.

A **membrana quadrangular** é uma delgada, mas bem definida, lâmina conjuntiva que compõe a parede superior e lateral do cavum laríngeo. Sua borda posterossuperior define a base conjuntiva da prega ariepiglótica. A borda inferior forma o esqueleto do ligamento vestibular, ligamento que estrutura a prega vestibular. A borda anterior dessa membrana se fixa nas margens mediais da porção vestibular da cartilagem epiglote. A borda posterior da membrana quadrangular faz sua fixação na cartilagem aritenóidea, do implante da prega ariepiglótica até o implante do ligamento vestibular.

As bordas posterossuperiores das membranas quadrangulares revestidas pela mucosa constituem as **pregas ariepiglóticas**. Essas pregas contêm, além da atmosfera conjuntiva definida por essa borda da membrana quadrangular, as cartilagens corniculadas e cuneiformes e a porção ariepiglótica do músculo aritenóideo oblíquo que utiliza essa membrana para sua fixação epiglótica.

As bordas inferiores das membranas quadrangulares formam os ligamentos vestibulares. Esse ligamento revestido pela mucosa, que se reflete da parede do cavum laríngeo para a cavidade do ventrículo laríngeo, constitui, de cada lado, as pregas ou bandas vestibulares.

A **membrana triangular ou cricovocal** é uma membrana resistente, de natureza elástica, que reveste internamente, de cada lado, o espaço laríngeo delimitado cranialmente pela prega vocal e caudalmente pela borda inferior da cartilagem cricóidea. A designação cricovocal se deve a suas fixações proximal e distal. Ressalve-se que essa lâmina se continua caudalmente na traqueia com a denominação de membrana cricotraqueal.

A membrana triangular ou cricovocal, que forma cranialmente o ligamento vocal, se projeta caudalmente, fixando-se anteriormente na cartilagem tireóidea e posteriormente no processo vocal da cartilagem aritenóidea, para descer como cortina, revestindo a face interna da parede do segmento infraglótico, inclusive a do espaço intercartilagíneo anterolateral deixado pela relação do arco da cricoide com a cartilagem tireóidea. O conjunto elástico formado pela fusão das membranas de ambos os lados configura o **cone elástico**. O corte frontal permitido pela tomada radiográfica em anteroposterior ou posteroanterior deixa ver, pelo contraste com o ar do espaço morto em nível da laringe, a projeção das membranas cricovocais confluindo de uma base cricóidea larga para um ápice estreitado definido pelas pregas vocais, desenhando a projeção de uma forma cônica que se destaca quando as pregas se aduzem. A identificação videofluoroscópica da dinâmica desse cone se reveste de importância em razão de significar a dinâmica das pregas vocais. O ápice do cone deixa ver variação de sua dimensão à direita e à esquerda, permitindo se possa inferir funcionalidade ou não das pregas vocais.

MÚSCULOS LARÍNGEOS INTRÍNSECOS

Músculos laríngeos intrínsecos são os que apresentam ambas as inserções limitadas às peças cartilagíneas que formam o esqueleto laríngeo. São sete pares e um ímpar. Os pares são os cricotireoideo (partes reta e oblíqua), cricoaritenóideo posterior, cricoaritenóideo lateral, tireoaritenóideo, vocal, parte tireoepiglótica (tireoarite-

nóideo), aritenóideo oblíquo e o único ímpar, aritenóideo transverso.

Os músculos laríngeos são do tipo estriado esquelético, inervados pelo décimo par craniano (nervo vago). Os músculos cricotiroideos recebem sua inervação do ramo externo do laríngeo superior. Os demais, de cada lado, recebem fibras nervosas oriundas do laríngeo inferior (recurrente), ramo do nervo vago.

A visão da face anterior da laringe dissecada até seu plano muscular permite que se vejam, de baixo para cima e de medial para lateral, os dois fascículos do **músculo cricotireóideo**, as **partes retas** (mediais) e as **partes oblíquas** (laterais). Da face externa do contorno anterior da cartilagem cricóidea observamos um fascículo medial e outro lateral; este parcialmente encoberto em sua origem pelo fascículo medial que se projeta em direção à borda inferior das faces laterais da cartilagem tireóidea. O fascículo medial mais verticalizado recebe a denominação de parte reta e o lateral, projetado de modo oblíquo da cartilagem cricoidea para a tireóidea, é denominado de parte oblíqua.

A contração bilateral do músculo cricotireóideo é capaz de aproximar anteriormente as cartilagens cricóidea e tiróidea, diminuindo anteriormente o espaço entre elas. Essa aproximação é capaz de tensionar o ligamento vocal, que se estende da face interna da cartilagem tireoide até o processo vocal da cartilagem aritenóidea.

A observação da face posterior da laringe nos permitirá identificar em especial os músculos cricoaritenóideos posteriores, os aritenóideos oblíquos e o aritenóideo transverso.

Os **músculos cricoaritenóideos posteriores** se mostram inseridos a cada lado da linha média posterior na lâmina da cartilagem cricóidea. Suas fibras aplanadas se dirigem de medial para lateral e de baixo para cima para se inserir na face posterior do processo muscular da cartilagem aritenóidea. Como o processo muscular das cartilagens aritenóideas se localizam lateralmente ao eixo de rotação das articulações cricoaritenóideas, a contração dos músculos cricoaritenóideos determina a rotação posterolateral das aritenoides, determinando a abdução (abertura) das pregas vocais.

Os **músculos aritenóideos oblíquos** são dois fascículos de pequeno porte que se cruzam acamados por sobre o aritenóideo transverso. Suas origens de difícil individualização se fazem posteroinferiormente nas bordas laterais da face posterior das aritenóideas mescladas com a do aritenóideo transverso. Cruzam obliquamente de um lado para o outro

por sobre a face posterior das cartilagens aritenóideas e seguem a borda superior livre da membrana quadrangular, constituindo-se em pequeno filete muscular contido na prega ariepiglótica. Sua inserção na margem lateral da epiglote é difusa e pouco nítida. Sua **porção posterior**, pelo sentido cruzado de suas fibras, poderia participar da rotação posterolateral com abdução de prega vocal ou modulação da rotação de posterolateral para anteromedial participando desse modo do mecanismo de abdução e adução das pregas vocais. Sua **porção anterior**, **ariepiglótica**, no entanto, não é capaz de produzir deslocamentos nem da aritenoide nem da epiglote como admitido no passado. Sua contração, entretanto, pode produzir elevação das pregas ariepiglóticas, determinando ampliação dos canais laterais ao ádito laríngeo e potencializando desse modo a proteção das vias aéreas contra a permeação por pequenos volumes que escapam da boca para a faringe, sem que esforços de deglutição sejam efetivados. Esse fato, detectado pela avaliação videofluoroscópica, pode ser entendido como parte dos mecanismos de proteção das vias aéreas.

O **músculo aritenóideo transverso** cobre a face posterior das cartilagens aritenoides desde suas margens laterais, onde se inserem. Suas fibras são transversas de um a outro lado de modo contínuo, por isso considerado um músculo ímpar. Não obstante sua inervação, provavelmente de controle bilateral, pode lhe emprestar funcionalidade de músculo par.

As **articulações cricoaritenóideas** são articulações sinoviais que apresentam cápsula fibrosa resistente e superfície articular de relação côncavo-convexa, que não permite o deslizamento com aproximação das aritenoides da linha média posterior como já admitido ser o produzido pela contração do músculo aritenoide transverso. A contração desse músculo, quando muito, pode participar da rotação posterolateral das aritenoides, auxiliando na abdução das pregas vocais. É ainda possível que ele produza estabilização, com discreta medialização das margens mediais das cartilagens aritenoides, mas não um deslizamento com fechamento da rima glótica, o que acontece em tempo oposto quando ocorre a rotação anteromedial das cartilagens aritenoides determinada pela contração dos músculos cricoaritenóideos laterais.

Os **músculos cricoaritenóideos laterais** atuam em "oposição" funcional aos músculos cricoaritenóideos posteriores. A contração dos cricoaritenóideos laterais produzem a rotação anteromedial das aritenoides com abaixamento e medialização do processo vocal, o que determina adução das pregas vocais. As bordas mediais das aritenoides nesse processo terminam também parcialmente aproximadas da linha média, sem contudo haver a possibilidade de se ultrapassar essa linha por impedimento mecânico. Os músculos cricoaritenóideos laterais se inserem, posteriormente, na borda superior do processo muscular das cartilagens aritenóideas e anteriormente na margem superior da borda lateral do arco da cartilagem cricoidea. Suas fibras se direcionam de anterior para posterior e de baixo para cima, em trajeto que se descreve de anterolateral inferior (ponto fixo) para posteromedial superior (processos musculares das cartilagens aritenoideas - ponto móvel) determinando, quando de sua contração, a rotação anteromedial dos processos vocais das aritenoides com consequente medialização das pregas vocais.

Os **músculos tireoaritenóideos** apresentam morfologia triangular ou em leque, que se abre a partir do contorno anterior da face interna da cartilagem tireóidea (inserção anterior), espraiando-se por sobre a membrana quadrangular. As fibras desse músculo, em sua porção superior, se configuram como lâmina de pequena espessura cujas fibras se apresentam oblíquas de caudal para cranial e de anterior para posterior da face interna e anterior da cartilagem tireóidea até a borda lateral da porção fixa da epiglote e face externa da prega ariepiglótica, configurando a **porção tireoepiglótica** do músculo tireoaritenóideo. As fibras musculares que formam a porção inferior do músculo tireoaritenóideo descrevem trajeto que pode ser descrito como aproximadamente transverso.

As fibras dos músculos tireoaritenóideos desenham três margens: uma superior, uma posterior e outra inferior.

A margem superior ascende obliquamente para se inserir junto com a membrana quadrangular na borda lateral da porção vestibular da epiglote, dando margem a que se nomeie essa fração muscular como porção ou **músculo tireoepiglótico** que se configura como lâmina de pequena espessura, cujas fibras se apresentam oblíquas de caudal para cranial e de anterior para posterior da face interna e anterior da cartilagem tireóidea até a borda lateral da porção fixa da epiglote.

A margem posterior alargada do músculo tireoaritenóideo se projeta na extensão da prega ariepiglótica e se insere na superfície anterior da membrana quadrangular. Essa margem em sua porção superior se apresenta coberta pela parte ariepiglótica do músculo aritenóideo oblíquo e também não apresenta maior volume.

A margem inferior do músculo tireoaritenóideo, mais volumosa, é a que merece descrição mais atenta. De trajeto aproximadamente transverso, insere-se sobre a cartilagem aritenóidea, em toda a extensão de sua face anterolateral, desde o processo vocal até o processo muscular. Um corte em plano transverso a esse nível deixa ver que sua parte medial, inserida na lateral do tubérculo vocal, se estende, cobrindo o ligamento vocal em toda a sua extensão, até a face interna da cartilagem tireóidea onde se insere, razão pela qual pode ser designado como a parte vocal do músculo tireoaritenóideo ou músculo vocal. Lateralmente e por sobre o **músculo vocal**, com inserção no processo muscular e na face interna da cartilagem tireóidea, expressiva massa muscular remanescente mantém a designação de músculo tireoaritenóideo.

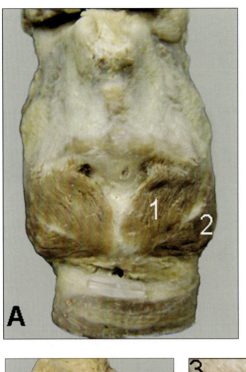
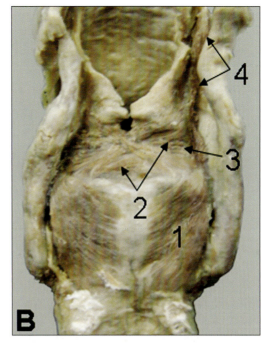
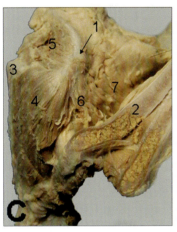
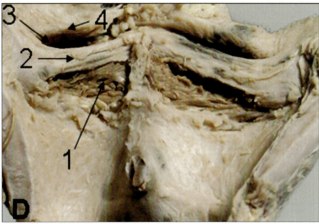

Fig. 9 (A-B) - Peças anatômicas, onde A, vista anterior da laringe, deixa ver 1 - parte reta e 2 - parte oblíqua do músculo cricotireóideo. Em B, vista posterior da laringe, onde 1 - músculo cricoaritenóideo posterior, 2 - músculo aritenóideo oblíquo, 3 - músculo aritenóideo transverso, 4 - parte ariepiglótica do músculo aritenóideo oblíquo. (C-D) - Em C, vista obliquada da laringe, onde 1 - cartilagem aritenoide, 2 - lâmina lateral da cartilagem tireoide cortada e rebatida, 3 - cartilagem cricoide, 4 - músculo cricoaritenóideo posterior, 5 - músculo aritenóideo transverso, 6 - músculo cricoaritenóideo lateral, 7 - vista lateral do músculo tíreoaritenóideo. Em D, faringe aberta por corte longitudinal posterior com exposição 1 - músculo vocal (porção medial do músculo tireoaritenóideo), 2 - ligamento vocal, 3 - ventrículo laríngeo, 4 - prega vestibular.

CONSIDERAÇÕES ADICIONAIS

A distribuição espacial, o porte e o sentido das fibras do músculo tireoepiglótico nos permite supor que sua ação seja a de tensionar a membrana quadrangular, ampliando o diâmetro transverso do adito laríngeo. Essa função decorrente da ação bilateral desse músculo só poderia ter sentido como possível moduladora da resistência ao fluxo aéreo na respiração e ou fonação. Durante a deglutição, com a eversão da epiglote em sentido posterior e a aproximação do hioide e da laringe, a membrana quadrangular e seu revestimento muscular (músculo tireoepiglótico) tornam-se redundantes e livres de maiores tensões. Nesse tempo, é possível que o coxim gorduroso do espaço pré-epiglótico, comprimido pela relação de aproximação do hioide e da laringe, se expanda pressionando a membrana quadrangular no sentido medial, preenchendo a luz do vestíbulo laríngeo. Esse mecanismo explicaria a adução das pregas vestibulares (base da membrana quadrangular) em aposição ao tubérculo da epiglote; fato que se observa através do método videofluoroscópico durante a deglutição e durante a vômica.

BIBLIOGRAFIA CONSULTADA

1. Ardran GM, Kemp FH. The mechanism of the larynx, II. The epiglottis and the closure of the larynx. Brit J Radiol 1967; 40:372-89.

2. Bülow M, Rolf O, Ekberg O. Videomanometric analysis of supraglottic swallow, effortful swallow and chin tuck in dysphagic patients. Dysphagia. 2001;16:190-5

3. Bülow M, Rolf O, Ekberg O. Videomanometric analysis of supraglottic swallow, effortful swallow and chin tuck in dysphagic patients. Dysphagia. 2001;16:190-5.

4. Bülow M, Rolf O, Ekberg O. Supraglottic swallow, effortful swallow, and chin tuck did not alter hypopharyngeal intrabolus pressure in patients with pharyngeal dysfunction. Dysphagia. 2002;17:197-201.

5. Chaudhuri G, Hildner CD, Brady S, Hutchins B, Aliga N, Abadilla E. Cardiovascular effects of supraglottic and super-supraglottic swallowing maneuvers in stroke patients with dysphagia. Dysphagia. 2002;17:19-23.

6. Costa MMB. O papel da epiglote no fechamento do ádito laríngeo durante a deglutição. An Anat. Norm 1987; 5: 29-32.

7. Costa MMB. Uso do bolo contrastado sólido, líquido e pastoso no estudo videofluoroscópico da dinâmica da deglutição. Radiol. Brás 1996; 29: 35-9.

8. Costa MMB. A traqueostomia como causa de disfunção da deglutição. Arq.Gastroenterol 1996; 33:124-31.

9. Costa MMB, Silva RI, Lemme EMO, Tanabe R. Apneia de deglutição no homem adulto. Arg Gastroenterol 1998; 35: 32-9.

10. Costa MMB, Lemme EMO. Coodination of Respiration and Swallowing: functional pattern and relevance of vocal folds closure. Arq. Gastroenterol 2010; 47 (1): 42-8.

11. Costa MMB, Maliska C. A New Hypothesis for Fluidification of Vocal-Fold Mucus: Scintigraphic Study. Journal of Voice - 2011; (doi:10.1016/j.jvoice.2011.03.009).

12. Curtis DJ, Sepulveda GU. Epiglottic motion: video recording of muscular dysfunction. Radiology.1983; 148: 473–7.

13. De Jesus-Monge WE, Cruz-Cuevas EI. Dysphagia and lung aspiration secondary to anterior cervical osteophytes: a case report and review of the literature. Ethn Dis. 2008; 18(2 Suppl 2):S2-137-40.

14. Fink BR.The human Larix; a funtional study. New york, Raven Press,1975; 26-30.

15. Flores TC, Wood BG, Levine HL, Koegel LJr, Tucker HM. Factors in successful deglutition following supraglottic laryngeal surgery. Ann Otol Rhinollaryngol 1982; 91:579-83.

16. Freitas,E.C.B. , Costa,M.M.B. - Hyoepiglotic ligament: a morphological study and functional considerations. Braz. J. morphol. Sci. 1996; 13: 171-75.

17. Jotz G P, Schneider A, Oliveira VF, Leão H Z, Estrela F, Costa R, Galvagni C. Anatomia da cavidade oral, orofaringe, hipofaringe, laringe e esôfago. In: Jotz GP, Carrara-De-Angelis E, Barros A P B. Tratado da deglutição e disfagia: no adulto e na criança. Rio de Janeiro, Revinter, 2009; 3-15.

18. Giger R, Dulguerov P, Payer M. Anterior cervical osteophytes causing dysphagia and dyspnea: an uncommon entity revisited. Dysphagia. 2006; 21(4):259-63.

19. Hall, S. J. – Basic Biomechanics, St. Louis, Mosby, 1991.

20. Hamilton WJ. Tratado de Anatomia Humana, 2ed. Rio de Janeiro, Interamerica, 1982

21. Laus M, Malaguti MC, Alfonso C, Ferrari D, Zappoli FA, Giunti A.Dysphagia due to cervical osteophytosis. Chir. Organi. Mov 1995; 80: 263-71.

22. Lima EE. Anatomia comparada da laringe. Cad cient Pasteur, Lisboa 1952; 3:.55-72.

23. Martin-Harris B, Brodsky MB, Price CC, Michel Y, Walters B. Temporal coordination of pharyngeal and laryngeal dynamics with breathing during swallowing: single liquid swallows. J Appl Physiol. 2003;94:1735-43.

24. McGarrah, P.D., Teller, D. Posttraumatic cervical osteophytosis causing progressive dysphagia. South Med. J 1977; 90: 858-60.

25. Moore, K.L., Agur, A. M. R. Fundamentos de Anatomia Clínica 1998; Guanabara Koogan, Rio de Janeiro.

26. Pansky, B. Review of Gross Anatomy, New York , McGraw-Hill, 1996.

27. Prates JC, Botelho JAA. Plica pharingo-epiglótica versus plica glossoepiglótica lateralis: com observação in vivo. Rev Ass Med bras 1986; 4: 235-6.

28. Pressman,J.J. & Kelemen,G. Physiology of the larinx. Physiol Rev 1955; 35: 506-54.

29. Proctor, D.F. - Handbook of physiology 1964; v1, Willians and Wilkins, Baltimore.

30. Putz, R & Pabst, R. Sobotta-Atlas de Anatomia Humana, 20ª ed. Rio de Janeiro, Guanabara Koogan, 1995, v1.

31. Seidler TO, Pèrez Alvarez JC, Wonneberger K, Hacki T. Dysphagia caused by ventral osteophytes of the cervical spine: clinical and radiographic findings. Eur Arch Otorhinolaryngol. 2009;266(2):285-91.

32. Shaker R, Dua KS, Ren J, Xie P, Shi AF, Schapira RM. Vocal cord closure pressure during volitional swallow and other voluntary tasks. Dysphagia. 2002;17:13-8.

33. Testut, L. & Jacob, O. Tratado de Anatomia Topográfica. Barcelona, Salvat, 1964. V2.

34. Thach BT. Maturation and transformation of reflexes that protect the laryngeal airway from liquid aspiration from fetal to adult life. Am J Med. 2001;111:69-77.

35. Stuart, A.T.P. On the mechanism of the closure of the larynx. Proc R soc (lond). 1892; 50:323-39.

36. Urrutia J, Bono CM. Long-term results of surgical treatment of dysphagia secondary to cervical diffuse idiopathic skeletal hyperostosis. Spine J. 2009;9(9):13-28.

37. Yotsuya,H. An X-ray TV cinematographical study on relation of the moviments of the hyoidbone, the tongue radix, the epiglottis and the soft palate during deglutition. Shikwa Gakuuho 1981, 81: 1-46.

38. Warwick R, Williams PL. Gray anatomia.; 35 ed. Guanabara Koogan, Rio de Janeiro, 1979.

39. Winnberg A, Pancherz H, Westesson PL. Head posture and hyo-mandibular function in man. A synchronized electromyographic and videofluorographic study of the open-close-clench cycle. Am J Orthod Dentofacial Orthop. 1988; 94: 393–404.

CAPÍTULO VIII

DINÂMICA ESFINCTÉRICA

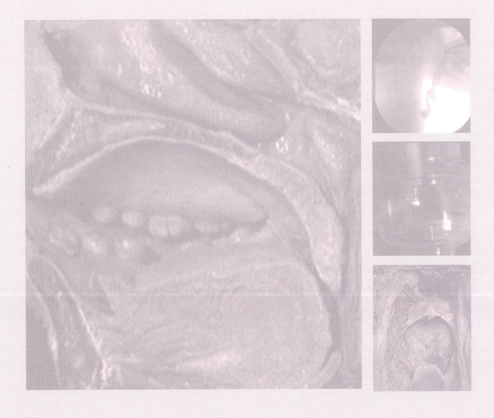

BASES MORFOFUNCIONAIS

Em diversas áreas do organismo e em diferentes sistemas, encontramos organização morfológica que designamos como esfíncter. Essas estruturas atendem a uma função que depende da separação intermitente de espaços contíguos. Assim, esses esfíncteres ora estão fechados, impedindo o fluxo de passagem, e ora se abrem total ou parcialmente, liberando ou controlando esse fluxo.

Um bom exemplo é o piloro, esfíncter que separa o estômago do duodeno. Constitui-se por um significativo anel de músculo liso, especialmente dependente da camada muscular circular da região. Estando fechado no período digestivo, ele mantém a alta concentração cloridrica no estômago, onde a constituição e a bioquímica garantem, em condições normais, resistência a altos níveis de acidez (pH 1,5 a 2). A abertura controlada do piloro limita o volume ácido transferido para o duodeno, permitindo tamponamento eficiente dado por secreção rica em bicarbonato liberada pelo pâncreas no duodeno.

Outros esfíncteres de tipo anelar liso estariam primariamente abertos, permitindo o fluxo. Ao se fecharem retêm o fluxo permitindo trocas, como se admite para a fisiologia dos esfíncteres dos capilares da microcirculação. Esses esfíncteres, também um enovelado de músculo liso na extremidade do leito capilar, ao se contraírem represariam o sangue, propiciando trocas que levariam a oxigenação necessária aos tecidos e também permitiriam a retirada, por difusão retrógrada dos catabólitos, produto do metabolismo celular, que agora atuariam como substâncias vasoplégicas capazes de abrir os esfíncteres, restabelecendo o fluxo.

Outro bom exemplo é o do esfíncter anal, onde dois anéis musculares são encontrados, um interno de músculo liso, dependente do espessamento da camada muscular circular do tubo digestivo, e outro externo de músculo estriado, originado de fibras do elevador do ânus que se organizam em redor do canal anal em nível do diafragma pélvico. Da intermitência entre abertura e fechamento, de importância óbvia, temos que o anel de músculo liso se abre de modo involun-

tário por estímulo, que se origina na distensão da ampola retal, configurando e determinando a eminência da exoneração fecal. O anel muscular externo, de músculo estriado somático, que se encontra em repouso, mantém-se permissivo ou se contrai voluntariamente, impedindo a exoneração (porção social do esfíncter).

Por definição os esfíncteres são considerados como um conjunto de fibras musculares concêntricas, as quais, em forma de anel muscular, existentes em segmentos estruturais de vísceras ocas, se relaxam ou se contraem regulando o trânsito do conteúdo dessas vísceras.

O conceito anatômico clássico de **esfíncter** o descreve como um espessamento muscular de forma anelar que envolve um orifício natural ou segmento de víscera oca. Isso implica que sua ação de controle de fluxo dependa de um tônus muscular elevado, gerado por contração continuada de sua musculatura durante o tempo em que ele estiver fechado. A abertura seria conseguida com o relaxamento da musculatura constituinte do anel.

Estar fechado por contração implica, a princípio, gasto energético; é necessária a presença de trifosfato de adenosina (ATP) para fazer frente a esse gasto energético. Músculos lisos e músculos estriados consomem diferentes quantidades de energia em seus processos contráteis. Para os esfíncteres anelares de músculo liso capazes de se manterem em contração tônica por longos períodos, identificou-se fenômeno denominado "mecanismo de tranca". Considera-se que para manter o músculo liso contraído gaste-se de 10 a 300 vezes menos energia do que seria necessário para o músculo estriado. A admissão é de que, no músculo liso, apenas uma molécula de ATP seja capaz de manter o ciclo de fixação actina/miosina durante todo o tempo de contração.

Assim, é possível se admitir, com reservas, que os esfíncteres de músculo liso possam estar fechados de modo contínuo para abrir quando da necessidade de passagem do fluxo. Não obstante, os de músculo estriado não atendem a esse preceito, pois eles necessitam de grandes quantidades de energia para sua dinâmica tanto de contração quanto de relaxamento.

O conceito anatômico clássico de esfíncter não atende à função de controle de fluxo verificada em alguns segmentos, em especial os do sistema digestivo alto. O conceito clássico ignora não só a bioquímica funcional dos músculos estriados, mas também o controle efetuado por outros arranjos morfológicos, não anelares, que desempenham evidente função esfinctérica como o observado pela relação do palato mole com a parede posterior da faringe. A função esfinctérica desse e de ouros arranjos, não anelares, se evidencia mais claramente quando de suas falências.

Há regiões onde mesmo se admitindo uma organização estruturada por músculo liso identifica-se, como principal responsável pela função, uma outra organização estrutural correlata como o sistema valvar presente na comunicação ileocecal. Há regiões em que a função esfinctérica se mostra dependente de um anel muscular do tipo estriado somático, músculo dependente de alto consumo energético, via ATP, para sua função e que por essa razão não teria a possibilidade de se manter contraído para relaxamentos transitórios, mas que se mantém relaxado só se contraindo por curto espaço funcional de tempo como verificado no canal anal e na contenção pressórica da cavidade oral permitida pela ação de aposição labial durante o esforço de deglutição. Outros segmentos, com morfologia mais complexa e interdependente, deixam ver a capacidade de septação funcional de espaços vizinhos, como a determinada pelo palato mole em sua relação com a faringe, permitindo a separação da orofaringe e da rinofaringe, também durante a deglutição.

A detecção de uma função esfinctérica, não explicada pelo arranjo clássico ou por outro evidente, abriu campo para especulações de arranjos morfológicos outros que pudessem sustentar com lógica a função esfinctérica observada. Eventualmente as dificuldades são de tal ordem ou os indícios são tão pouco evidentes que, por desconhecimento da verdadeira base anatômica que sustenta a função esfinctérica, admite-se, como para o "cárdia", um "esfíncter fisiológico". O controle de fluxo e refluxo entre o esôfago e o estômago, controlado por

esse esfíncter, tem, pelo desconhecimento de sua morfologia básica, merecido a especulação de dezenas de possíveis arranjos e mecanismos capazes de atuar, pelo menos como coadjuvantes dessa função.

Para algumas regiões admitiu-se a possibilidade de que a função esfinctérica fosse desempenhada por um coxim venoso. Esse coxim regularia o fluxo entre os espaços vizinhos. Localizado na submucosa do segmento tubular, quando vazio, permitiria o fluxo e, quando tumefeito, vedaria a luz, impedindo a passagem do conteúdo em fluxo ou refluxo. A existência desse tipo de esfíncter foi considerada para o ânus, para a relação coledocoduodenal e para a transição faringoesofágica.

Em razão da diversidade temática acima explorada, parece-nos conveniente tratar os segmentos com capacidade de controle entre os espaços, em especial aqueles que não apresentem a morfologia esfinctérica clássica de "segmentos com função esfinctérica".

Um segmento com **função esfinctérica** é aquele capaz de controlar, facilitando ou impedindo, a passagem, em fluxo ou refluxo, do conteúdo de um compartimento para outro vizinho. Esse controle se faz por arranjos anatômicos, que variam em organização e complexidade, mas cuja dinâmica e repouso alternam abertura e fechamento com consequente variação de resistência e pressão, no interior da interface que comunica os compartimentos vizinhos.

Na porção alta do sistema digestivo identificamos, por constituição e fisiologia, significativo número de zonas com função esfinctérica, a maioria delas com relevância para uma efetiva função digestiva.

Durante a fase oral da deglutição, quando a pressão é transferida da cavidade oral para a orofaringe, observa-se a oclusão firme da rima labial por forte aposição dos lábios superior e inferior. Lesão do nervo facial com comprometimento da dinâmica e força do músculo orbicular dos lábios e dos músculos bucinadores, ambos inervados pelo sétimo par craniano, deixa ver escapes pressóricos da cavidade oral para o exterior, por uma rima incapaz, que termina por inferiorizar a ejeção oral.

RIMA LABIAL

Pelo exposto podemos afiançar que o selamento sob pressão da **rima labial** se constitui em função esfinctérica, que se cumpre por interação das ações dos músculos orbicular dos lábios e bucinadores. Essa interação se dá pela inserção comum, em nível da comissura labial (rafe fibrosa lateral) do bucinador e do orbicular. Com a comissura fixada por ação dos bucinadores, a contração dos orbiculares determina firme aproximação dos lábios, em aposição compressiva capaz de preservar a pressão intraoral e dar resistência contra o escape através da rima.

ARCO PALATOGLOSSO

Delimitando a cavidade bucal e a orofaringe, detecta-se organização esfinctérica demarcada pelo **arco palatoglosso**. Durante a ejeção do conteúdo oral, a língua expande seu contorno dorsal e se ondula em progressão posterior, projetando-se como êmbolo ajustado ao contorno delimitado pela extremidade posterior da face inferior do palato mole e pregas, que, de cada lado, contêm o músculo palatoglosso. A progressão ajustada da língua em sentido posterior garante pressão que propele o alimento para a faringe, sem que escapes de conteúdo ou pressão se façam de modo retrógrado, diminuindo e prejudicando a eficiência da ejeção oral. Assim, o conjunto língua, palato e pregas do palatoglosso constitui-se em um arranjo com função esfinctérica.

RELAÇÃO PALATOFARÍNGEA

A **relação palatofaríngea (velofaríngea)** deixa ver, durante o curso da ventilação, um palato mole pendente no interior da cavidade faríngea com o fluxo ventilatório livre entre a rinofaringe e a orofaringe. Durante a deglutição, o palato e a faringe se apõem e se comprimem, lacrando de modo dinâmico a comunicação entre a orofaringe e a rinofaringe. Essa intermitência tem, no fechamento, a participação contrátil do palato mole e da parede faríngea em nível do istmo faríngeo.

Uma análise das possibilidades morfológicas da relação de firme coaptação do palato mole com o contorno faríngeo nos aponta para uma organização esfinctérica, que depende de músculos do palato e da faringe que, atuando em sincronismo, garantem a separação funcional dos espaços contíguos. O palato, tensionado por ação do músculo tensor do palato, é elevado e projetado em sentido posterior (músculo levantador do palato) contra a parede faríngea, que se contrai em aposição ao palato por ação constritiva gerada pela despolarização, em especial do primeiro fascículo do músculo constritor superior da faringe, o fascículo pterigofaríngeo. Essa ação é coadjuvada por ação de contração das fibras longitudinais do músculo da úvula, que empresta maior resistência ao contorno posterior livre do palato mole.

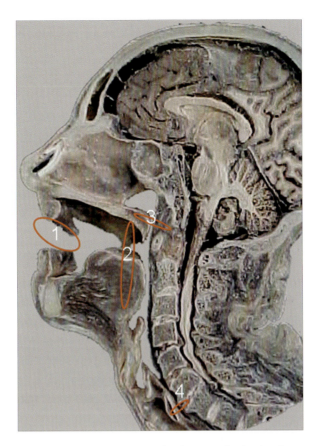

Fig. 1 Corte sagital mediano envolvendo cabeça e pescoço, onde elipses e círculos localizam zonas anatômicas com morfologia capaz de funcionar exercendo função esfinctérica. 1 - orbicular dos lábios, 2 - ajustamento do músculo palatoglosso sobre a língua, 3 - aposição do palato contra parede posterior da faringe, 4 - transição faringoesofágica.

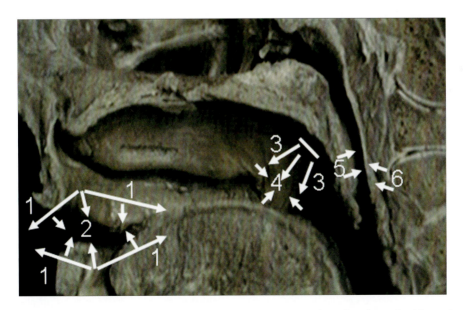

Fig. 2 Corte sagital da cavidade oral, onde 1 - representa sentido de contração dos orbiculares dos lábios durante a deglutição, onde as rafes estão fixadas e a resultante é o apertamento dos lábios, um contra o outro (2), dando resistência pressórica à cavidade oral. 3 - representa contração dos músculos palatoglossos com ajustamento sobre o contorno lateral e dorsal da língua em progressão posterior (4) . Na faringe, palato mole (5) tensionado (tensor do palato) e elevado (levantador do palato) se apõe firmemente na parede faríngea (6) que se contrai contra o palato (fascículo ou parte pterigofaríngea).

TRANSIÇÃO FARINGOESOFÁGICA (TFE)

ESFÍNCTER ESOFÁGICO SUPERIOR (EES)

A **transição faringoesofágica**, definida como sede do **esfíncter esofágico superior,** é uma área anatomicamente estreitada que apresenta uma pressão basal de repouso permanentemente elevada. A musculatura, que constitui a parede dessa transição, é a do fascículo cricofaríngeo do constritor inferior da faringe. Esse fascículo é constituído por músculo do tipo estriado esquelético. Sua inserção se faz a partir da rafe posterior da faringe e segue, anterolateralmente, para as bordas posterolaterais da cartilagem cricoide, não se constituindo em anel muscular completo. Apesar desses fatos, usualmente, o fascículo cricofaríngeo é considerado como o elemento esfinctérico dessa transição.

O conhecimento da TFE é de grande importância para o diagnóstico e tratamento das disfunções da fase faríngea da deglutição. Classicamente se tem admitido que essa TFE, definida como esfíncter esofágico superior (EES), se relaxe no momento da deglutição. A morfologia que sustenta essa concepção está centrada no músculo cricofaríngeo. Manometricamente a região de alta pressão, que caracteriza esse esfíncter, varia de 2 a 4cm de extensão. Pelo fato de a zona de alta pressão exceder a dimensão do músculo cricofaríngeo se têm acrescentado, como parte do esfíncter, o fascículo tireofaríngeo acima e as fibras circulares do esôfago, abaixo.

Deve-se rejeitar o papel central do músculo cricofaríngeo como responsável pela função esfinctérica da transição faringoesofágica.

A estruturação muscular da TFE é em meia calha e não circular, como nos esfíncteres clássicos. Além disso, o conceito de relaxamento implica a admissão de estar o músculo previamente contraído. O ato ou efeito de relaxar se segue a um estado prévio de contração, para que o músculo que se relaxa retome seu estado prévio em dimensão e tônus. As musculaturas faríngea e esofágica, em sua porção superior, são do tipo estriado esquelético, que tem seu consumo energético estimado como de 10 a

300 vezes maior do que o consumo necessário à dinâmica dos músculos de tipo liso.

A TFE, pela intermitência de seu valor pressórico em presença de uma morfologia distinta da esfinctérica clássica, sem duvida, melhor se define como zona com função esfinctérica. Essa TFE é uma zona que, durante o repouso, apresenta valor pressórico positivo com consequente maior resistência ao fluxo faringoesofágico. Esse alto valor pressórico durante o repouso é primariamente dependente da ação de pinça (sem gasto energético) determinada pela relação da coluna cervical com a laringe e ocorre em nível da região faríngea delimitada, posterolateralmente, pelo músculo cricofaríngeo e pelo revestimento conjuntivo-mucoso da face faríngea da cartilagem cricoide. Essa TFE se abre ativamente como dependência da elevação e anteriorização do hioide e da laringe.

A transição faringoesofágica é o segmento responsável por coordenar a interação digestivo-respiratória. Fechado (em repouso), quando a caixa torácica se expande, privilegia o fluxo de ar para as vias aéreas, impedindo sua dissipação para o esôfago, que neste tempo também se apresenta com pressão subatmosférica. Aberto, permite o fluxo digestivo e potencializa a resistência das vias aéreas, produzindo um decisivo reforço à resistência aumentada das vias aéreas.

O que mais desclassifica o músculo cricofaríngeo, como protagonista da ação esfinctérica da TFE, é o fato de ser ele do tipo estriado esquelético. A eletroforese em gel poliacrilamida do músculo cricofaríngeo humano comprova a similaridade em peso molecular da corrida das diversas faixas proteicas. Também o uso de inibir de cálcio (verapamil) confirma ser o músculo cricofaríngeo do tipo estriado esquelético, com as mesmas propriedades e limitações desse tipo de músculo.

Diversos experimentos nos permitem identificar a ação de pinça sobre a TFE como responsável pela manutenção do valor pressórico positivo aí encontrado durante o repouso. A manutenção do valor pressórico positivo dessa transição, após a miotomia do cricofaríngeo, é um deles. Outro é a manometria em cadáver não fixado onde se identificam resistência e pressão positiva na TFE, que se podem abolir, afastando-se a laringe da coluna.

Em conclusão, a transição faringoesofágica se abre. Sua abertura se dá ativamente e se deve especialmente à dinâmica de elevação e anteriorização do hioide e da laringe. Durante o repouso, de modo passivo, a transição se torna resistente (pressurizada) pela aposição passiva da parede posterior da laringe (cartilagem cricoide) contra a lordose anatômica da coluna cervical.

O cricofaríngeo, embora considerado como um fascículo do constritor inferior, é composto por dois feixes distintos: um inferior, transverso, que vai de um a outro lado da cartilagem cricoide sem interrupção, e outro oblíquo acima do primeiro, que se fixa na rafe mediana posterior da faringe. Essa divergência dos fascículos cria entre eles zona fascial desprovida de musculatura.

O registro manométrico da transição faringoesofágica no repouso apresenta valores positivos. Imediatamente antes da passagem do bolo, sua pressão cai (o que equivocadamente foi admitido dever-se ao relaxamento esfinctérico). O descrito é que, com a chegada da onda pressórica em nível da transição, sua pressão se eleva acima dos níveis de repouso e, após passagem do bolo, a pressão dessa transição volta aos níveis basais acima do zero, o que gerou o equivocado entendimento de uma volta ao estado de contração, que teria como consequência a manutenção de um contínuo gasto de energia pelo músculo cricofaríngeo.

Esse tipo de registro pode também ser explicado pela organização morfológica encontrada nessa região, que relaciona o contorno anterior da coluna com o contorno posterior da cartilagem cricoide. No repouso, esses elementos atuariam como ramos de pinça,

que comprimem a faringe e geram uma pressão basal elevada em nível do seguimento interposto. Durante a deglutição, a elevação e anteriorização da laringe em acompanhamento ao deslocamento do osso hioide fazem com que o pinçamento se desfaça e a pressão intraluminal caia a nível do zero. Nesse tempo o fascículo cricofaríngeo ainda se mantém relaxado, sem gasto de energia, receptivo à passagem do bolo da faringe para o esôfago. Com a chegada do bolo sob pressão a essa região, ainda receptiva, o bolo alimentar passa e a pressão regional aumenta (pressão intrabólus) potencializada pela contração do constritor inferior, agora atingido pela onda de despolarização. Com o bolo no esôfago, o constritor inferior retoma seu tônus basal, a laringe retorna à posição de repouso em aposição sobre o contorno anterior da coluna e a transição faringoesofágica, novamente pinçada, registra pressão basal positiva, sem gastos de energia.

Estudos videomanométricos mostram que a pressão registrada na transição faringoesofágica durante a deglutição e que entendíamos como pressão intrabolus é dada pela movimentação de volta da laringe a sua relação com a coluna. Não que não haja a pressão intrabolus. No entanto, os receptores até aqui usados não apresentam sensibilidade para esse registro. Como a fase faríngea apresenta dinâmica que se cumpre, em condições fisiológicas de 0,7 a 1 segundo, com facilidade se perde a real sequência temporal dos eventos. Não obstante, tem-se claro que o fechamento da TFE se processa, de modo passivo e sem gasto de energia. Sua abertura, ligada à elevação do hioide e da laringe, se faz com gasto de energia por ação de elevação do hioide e da laringe durante a dinâmica da deglutição.

Como reforço ao conceito de esfíncter estrutural anatômico para a transição faringoesofágica pode-se aduzir que a transição estriado liso vai se fazer em nível do terço superior do esôfago. Na zona com função esfinctérica temos músculo de tipo estriado esquelético com as mesmas características, estruturais e de bioquímica funcional, encontradas nos músculos estriados esqueléticos de outras regiões.

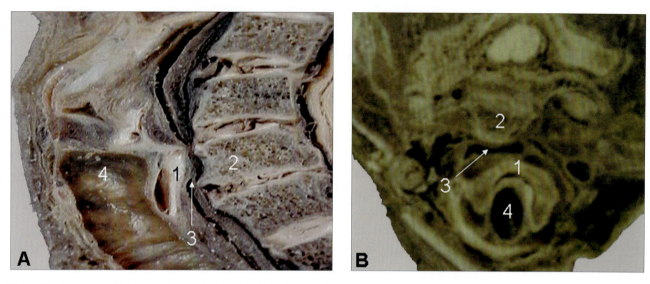

Fig. 3 Em A, corte sagital da região cervical em nível da transição faringoesofágica, onde 1- lâmina da cartilagem cricoide, 2 - corpo da sexta vértebra cervical, 3 - transição faringoesofágica (TFE), 4 - cavidade laríngea. Em B, corte transversal da região cervical em nível da transição faringoesofágica no qual 1- lâmina da cartilagem cricoide, 2 - corpo da sexta vértebra cervical, 3 - luz da TFE, 4- luz laríngea.

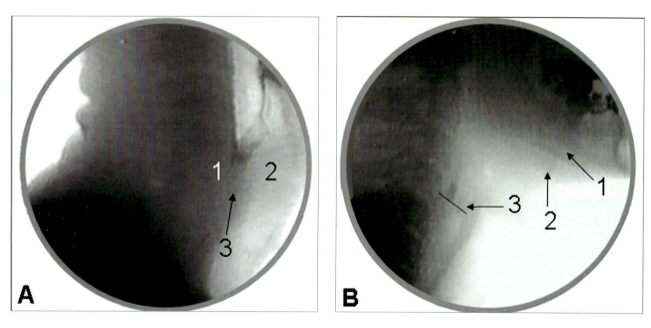

Fig. 4 Imagens em perfil esquerdo da região cervical obtidas de exame videofluoroscópico, onde em A se vê 1 - densidade da coluna cervical, 2 - da laringe, 3 - da transição faringoesofágica fechada. Em B, veem-se 1 - limite inferior da densidade que corresponde ao corpo da mandíbula, 2 - osso hioide, 3 - transição faringoesofágica aberta (devido à dinâmica de deslocamento do hioide e da laringe)

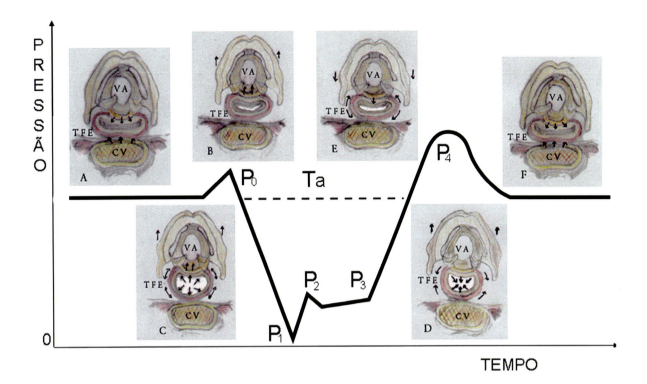

Fig. 5 Desenho esquemático correlacionando traçado manométrico da dinâmica da transição faringoesofágica (TFE) com a dinâmica estrutural de abertura da TFE. Em (A) transição fechada por aposição da laringe contra a coluna gerando pressão basal positiva que se registra no traçado (linha de base). O pico P0 se deve a atrito da TFE sobre a sonda que se dá pela elevação laríngea representado em (B) pelo início da elevação hiolaríngea. P1 - valor pressórico em nível de zero devido à abertura da transição faringoesofágica que se produz pela elevação e anteriorização do hioide e da laringe como representado em (C). Ta - tempo ou duração da abertura da TFE dependente da manutenção da elevação hiolaríngea. P2 - pressão intrabólus se deve à resistência da parede após distensão máxima da TFE potencializada pela contração do músculo cricofaríngeo (músculo estriado esquelético - constritor) que leva até P3 como representado em (C) e (D). A ascensão da pressão de P3 à linha de base se deve ao fechamento da TFE como representado em (E). P4 é produzido pelo atrito sobre o transdutor localizado na TFE. A volta a linha de base representada em (F) se dá por cessação do atrito da TFE sobre o transdutor.

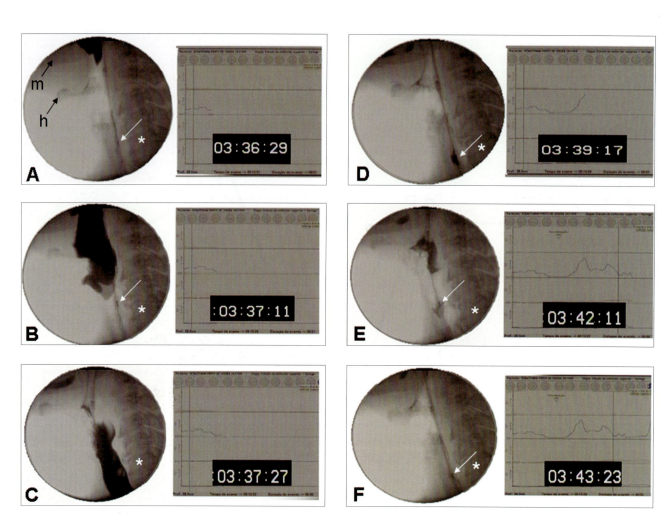

Fig. 6 Videomanometria da transição faringoesofágica (TFE) com intervalo de registro de 6 seg e 24 centésimos. Asterisco marca sexta vértebra cervical e seta transdutor manométrico em nível da TFE. Em A, início da fase faríngea (observar (h) osso hioide elevado e mantido próximo a (m) mandíbula) ainda sem registro no traçado manométrico de abertura da TFE (ver traçado acima da linha de base). Em B, contraste pouco acima da TFE e traçado mostrando TFE aberta (resistência se desfaz, traçado manométrico tende a zero - tangencia a linha de base). Em C, meio de contraste pressurizado (pressão intrabólus) distende a TFE sem produzir o existente registro dessa pressão. Observar que traçado pressórico se mantém tangente à linha de base. De A a C, 0,93 seg. De C para D ocorre um intervalo de tempo de 2,2 seg no qual com a deglutição anterior concluída, se observa movimentação da TFE sobre a sonda e deglutição complementar de limpeza que ocorre em E. De D para E se somam 3,24 segundos de registro que permitem observar que os valores pressóricos positivos são produzidos por aposição da TFE sobre o transdutor de registro. De E para F se soma 1,4 segundo de observação, onde se registra deglutição de resíduo com abertura da TFE. Observar tangência do traçado à linha de base.

EXTREMIDADE LIVRE DA EPIGLOTE

Embora a ausência da **extremidade livre da epiglote** não seja considerada como capaz de interferir de modo decisivo na dinâmica da deglutição, parece-nos que a presença dessa extremidade tenha como possível função impedir, com sua eversão e aposição à parede faríngea, o escape pressórico da laringofaringe em retorno para a orofaringe, à semelhança do papel do palato, impedindo o escape pressórico da orofaringe para a rinofaringe.

Quando da rotação posterior da epiglote durante a deglutição, vê-se que sua extremidade livre se apõe à parede faríngea, separando a orofaringe da laringofaringe.

A observação videofluoroscópica, em especial de deglutições de pequenos volumes contrastados (0,5 a 1cm de diâmetro), mostra que esses volumes se deslocam quando tocam a extremidade livre da epiglote projetada no interior da luz da faringe e, algumas vezes, esses pequenos volumes ficam retidos sobre essa extremidade livre. Também o meio de contraste líquido com frequência deixa algum resíduo sobre a epiglote. Quando se dá o ajustamento do contorno faríngeo, por constrição, sobre a extremidade livre da epiglote evertida, a comunicação entre a orofaringe e a laringofaringe se interrompe. O bolo deglutido está na laringofaringe que se encontra em seu tempo de alta pressão. A presença da septação dada pela extremidade livre da epiglote poderia garantir o impedimento da dissipação retrógrada da pressão da laringofaringe para a orofaringe. Essa função se cumpriria em associação com o dorso da língua, que ainda se encontra projetado posteriormente no interior da faringe. É possível que essa função esfinctérica da extremidade livre da epiglote esteja obscurecida pela presença da língua em projeção posterior nesse tempo.

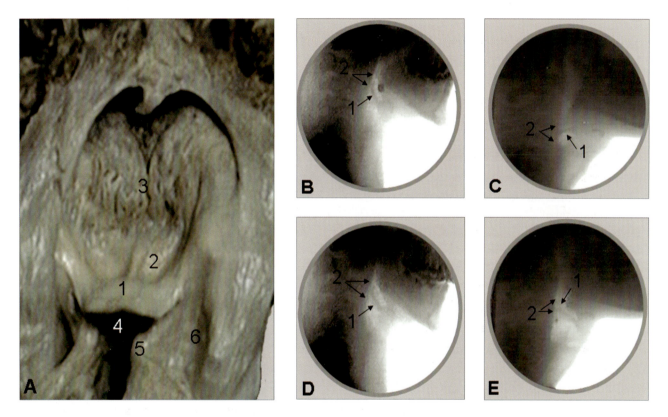

Fig. 7 Em A, vista posterior da orofaringe e laringofaringe abertas, onde 1 - epiglote, 2 - valécula, 3 - dorso da língua, 4 - ádito laríngeo, 5 - projeção da cartilagem aritenoide, 6 - recesso piriforme. B, C, D e E perfil esquerdo de registros videofluoroscópicos, onde 1 - densidade da cartilagem epiglote e 2 - limite posterior da parede faríngea. Em B, observar epiglote aposta à parede posterior com comprimido contrastado retido acima da epiglote por fechamento da comunicação entre a orofaringe e a laringofaringe. Em C, epiglote aposta e evertida sobre a parede posterior da faringe. Em D, extremidade livre da epiglote tangente à parede posterior da faringe, deixando ver que a aposição entre a epiglote e a parede posterior da faringe é uma relação normal. Em E, eversão posterior da epiglote imediatamente após passagem do comprimido contrastado.

ÓSTIO DA TUBA AUDITIVA

No contexto de segmentos faríngeos com função esfinctérica, devemos considerar também a organização que envolve o óstio da **tuba auditiva**, embora ele não tenha relação direta com a dinâmica da deglutição.

O equilíbrio da pressão entre as superfícies lateral e medial da membrana timpânica se faz pela possibilidade de o ar permear a tuba auditiva, entrando e/ou saindo da tuba, gerando pressão, que se equilibra com a pressão da caixa timpânica.

O óstio da tuba auditiva, localizado na rinofaringe, é formado por uma parte superomedial cartilagínea e uma inferolateral membranosa. No repouso, esse óstio se mantém fechado principalmente por ação da compressão do contorno cartilagíneo sobre o membranoso.

Durante a deglutição, por contração de alguns fascículos do músculo tensor do palato, que tem algumas de suas fibras inseridas na extremidade superolateral da cartilagem tubal e no contorno membranoso da tuba, o óstio se abre, ainda ajudado pela contração do músculo elevador do palato, cujo ventre vizinho à extremidade inferomedial da cartilagem da tuba a deslocaria em elevação. Desse modo o tensor e levantador do palato acabam por participar da dinâmica de abertura do óstio.

Em grandes altitudes a pressão atmosférica se reduz e o ar, no ouvido médio, se expande, bombeia a membrana timpânica e força a abertura passiva do óstio da tuba, que pode ser potencializada pela ação dos músculos tensor e elevador do palato.

No caso inverso, quando ocorre aumento da pressão atmosférica, o volume de ar do ouvido médio diminui e a membrana timpânica é forçada para dentro. Nesse caso o ar não sai passivamente pelo óstio da tuba; é necessária a abertura ativa do óstio para que a pressão se equilibre. Isso pode ser obtido por contrações do tensor e levantador do palato, que acabam por girar a cartilagem tubal abrindo o óstio da tuba.

TRANSIÇÃO ESOFAGOGÁSTRICA

Em nível da **transição esofagogástrica** na região do "cárdia", encontramos zona esfinctérica com valor pressórico positivo na ordem de 20mmHg (esfíncter esofágico inferior). Embora se admita uma função muscular subjacente a essa zona de alta pressão, não se tem claramente identificado o modo pelo qual esse arranjo atuaria. A região é formada por músculo do tipo liso, mas seu arranjo não é anelar como nas regiões em que um esfíncter anatômico clássico é identificado. A incerteza quanto à morfologia que sustentaria o mecanismo gerador da alta pressão fez com que o esfíncter cárdico fosse designado como "esfíncter fisiológico". Essa região, que se abre em concomitância com o início da atividade eletromecânica, que coordena o fluxo esofágico e que se mantém aberta por todo o tempo de trânsito, tem sua importância clínica assentada na possibilidade de impedir o refluxo do conteúdo ácido do estômago para o esôfago. Mais de uma dezena de estruturas e possíveis mecanismos isolados ou em associação são considerados como capazes de participar da mecânica antirrefluxo da transição esofagogástrica. A relação organização muscular parietal e ação de pinça produzida pelos pilares do diafragma tem merecido maior destaque.

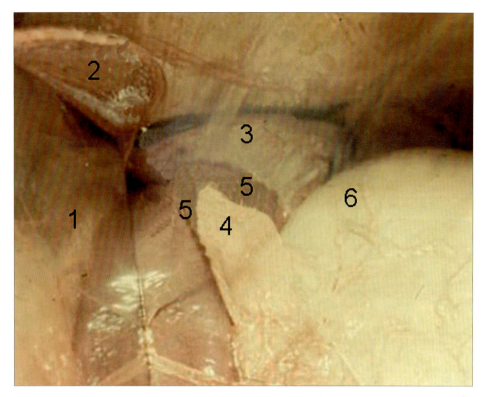

Fig. 8 Cavidade abdominal de corpo não fixado com exposição do hiato esofágico, onde 1 - lâmina metálica larga afastando para a direita o lobo esquerdo do fígado previamente liberado, 2 - segmento do lobo esquerdo do fígado, 3 - diafragma (centro frênico), 4 - segmento abdominal do esôfago (zona esfinctérica), 5 - hiato esofágico (pilares do diafragma), 6- fundo gástrico.

BIBLIOGRAFIA CONSULTADA

1. Alach JE. Disfunción cricofaringea primaria. In: Ramos,RI, Ventura A, Vidal JE Alach JE. (Org.). La Motilidad para todas las etapas y fronteras. 1 ed. VIII Simpósio de Motilidad del Aparato Digestivo. Buenos Aires: Roemmes 2010; 47-51.

2. Alberty J, Oelerich M, Ludwig K, Hartmann S, Stoll W. Efficacy of botulinum toxin A for treatment of upper esophageal sphincter dysfunction. Laryngoscope 2000;110:1151-6.

3. Ali GN, Cook IJ, Laundl TM, Wallace KL, de Carle DJ. Influence of altered tongue contour and position on deglutitive pharyngeal and UES function. Am J Physiol 1997;273:G1071-6.

4. Altmann BCE, Lederman H. A videofluoroscopia da deglutição e do esfíncter velo-faríngeo: Padronização do exame. Pró-Fono Revista de Atualização Científica 1990; 2(1):9-16.

5. Aprigliano, OQ. Motilidade do aparelho digestivo. In Aires M. Fisiologia. Guanabara Koogan, Rio de Janeiro 1991.

6. Augustini N, Schimid H, Bruhlmann WF. The importance of X-ray cinematography of deglutition for indication the need for myotomy of the pharingoesophageal sphincter. ROFO 1987; 146:510-4.

7. Andreollo NA, Brandalise NA, Leonardi LS. Esfíncter esofágico superior - estudo manométrico em indivíduos normais. Rev Col Brasil Cirurg 1984;11(1):1-4.

8. Andreollo NA, Thonpson DG, Kendal GPN. Functional relationships between cricopharyngeal sphincter and oesophageal body in response to graded intraluminal distention. Gut 1988;29:161-6.

9. Andreollo N A, Thompson D, Kendall G, Earlam R. Responses of upper oesophageal sphincter and body of graded distension. Brazilian Journal of Medical and Biological Research 1987; 20: 165-73.

10. Aquino JLB, Jacob AEL, Aquino Neto P A, Reis Neto JÁ, Micheletti MA. Osteófitos cervicais e disfagia Rev. Col. Bras. Cir 1985;12(5):146-51.

11. Abrahão Jr LJ, Lemme EMO, Domingues GR, Val FR, Silva LFD. Upper esophageal sphincter and pharyngeal function in idiopathic and Chagas' disease related achalasia. In: Pinotti HW, Cecconello I, Felix VN, Oliveira MA, editors. Recent advances in diseases of the esophagus. Bologna: Monduzzi; 2001. p 235-40.

12. Berlim BP, Fierstein JT, Tedesco F. Manometric studies of the upper esophageal sphincter. Ann Otol Rhinol Laringol 1977;86:598-602.

13. Bremer CG, Schlegel JF, Ellis Jr FH. Studies of the "gastroesophageal sphincter mechanism": The role of phrenoesophageal membrane. Surgery 1970; 67(5):735-40.

14. Brondbo K. Treatment of cricopharyngeal dysfunction by endoscopic laser myotomy. Acta Otolaryngol 2000; Suppl 543:222-4.

15. Bhattacharyya N. Cricopharyngeal Myotomy. (Updated: Oct 8, 2009) http://emedicine.medscape.com/article/836966--overview

16. Carvalho CF. Sobre o mecanismo de fechamento da transição esofago-gástrica no homem. Rev. Hosp. Clin. Fac. Med. São Paulo 1964; 19 (4): 200-9.

17. Costa M M B. Análise estrutural da laringofaringe e suas implicações na miotomia do cricofaringeo, na injeção de toxina botulínica e na dilatação por balão. Arg Gastroenterol 2003; 40(2): 63-72.

18. Costa M M B. Anatomia Funcional da Faringe. In: Andy Petroiani – Anatomia Cirúrgica. Rio de Janeiro, Guanabara Koogan RJ. 1999; 206-16.

19. Costa M M B. Transición faringo-esof'ágica: morfologia funcional y manejo de las patologias. In: Ramos,RI, Ventura A, Vidal JE Alach JE. (Org.). La Motilidad para todas las etapas y fronteras. VIII Simpósio de Motilidad del Aparato Digestivo. Buenos Aires: Roemmes 2010; 40- 2.

20. Costa M M B . Miotomia Cirúrgica do Músculo Cricofaríngeo. In: Costa MMB, Castro LP. Tópicos em deglutição e disfagia. Rio de Janeiro - MEDSI. 2003; 387-394.

21. Costa, M.M.B. - Sobre a estruturação músculo-fascial do hiato esofágico e sua aplicação médico-cirúrgica. Rev. Col. Bras 1991; 4:109-14.

22. Costa MMB, Moscovici M, Pereira AA, Koch HA. Avaliação videofluoroscópica da transição faringoesofágica (esfíncter esofágico superior). Radiol Brás 1993;26(2):71-80.

23. Curtis DJ, Cruess DF, Berg T. The cricopharyngeal muscle: a videorecording review.AJR 1984;142:497-500.

24. Dantas RO, Cook IJ, Dodds WJ, Kem MK, Lang IM, Brasseur JG. Biomechanics of cricopharyngeal bars. Gastroenterology 1990;99:269-74.

25. Dantas RO. Upper esophageal sphincter pressure in patients with Chagas'disease and primary achalasia. Braz J Med Biol Res 2000;33:545-51.

26. De Wault, KR. Incomplete upper esophageal sphincter relaxation: association with achalasia but not other esophageal motility disorders. Dysphagia 1997;12:157-60.

27. Didio LJA, Anderson MC. The "sphincters" of the digestive system. Baltimore: Willians e Wikins, 1968.

28. Dillard DH. Esophageal sphincter and reflux. Surg Clin North Am 1964; 44 (5):1201-9.

29. Elidan J, Shochina M, Bonen B, Gay I. Electromyography of the inferior constrictor and cricopharyngeal muscles during swallowing. Ann Otol Rhinol Laringol 1990; 99:466-9

30. Ellis,F.H. Jr. Upper esophageal sphincter in health and disease. Surg. Clin North Am 1971; 12: 553-65.

31. Ekeberg,O. Closure of the laryngeal vestibule during deglutition. Acta Otolaringol, 93: 123, 1982.

32. Ekeberg O. Elevation of the pharincx and thee width of the pharingo-esophageal segment during swallow. Acta Radiol Diagn (Stockh) 1986;27:293-5.

33. Ekeberg,O. & Sigurjonsson, S.W. Movements of the epiglottis during deglution. A cinerradigrafic study. Gastrintest Radiol, 7: 101, 1982.

34. Jacob P, Kahrilas PJ, Logemann J A, et al.. upper esophageal sphincter openig and modulation during swallowing. Gastroenterology 1989; 97: 1469-78.

35. Farré R. Control neuromuscular del esfincter esofágico inferior. In: Ramos,RI, Ventura A, Vidal JE Alach JE. (Org.). La Motilidad para todas las etapas y fronteras. 1 ed. VIII Simpósio de Motilidad del Aparato Digestivo. Buenos Aires: Roemmes 2010;22-7.

36. Felix VN, Cecconello I, Pinotti HW. Tratamento cirúrgico do megaesôfago. Efeito da miotomia e da valvuloplastia sobre o esfíncter inferior do esôfago. Arq Gastroenterol 1996; 33: 17-25.

37. Fuller AP, Fozzard JA, Wright GH. Sphincteric action of cricopharyngeus: radiographic demonstration. Br .J Radiol 1959; 32:32-5.

38. Fyke FE Jr. Code CF. Resting and deglutition pressures in the pharyngo-esophageal region. Gastroenterology 1955; 29:24-34

39. Garcia, O. S. Estudo morfofuncional da unidade "Diafragma - membrana freno-esofágica – segmento de transição esofagogástrico" no homem adulto. (Tese, Doutorado, Fac. Med., USP), São Paulo, 1976.

40. Gray,L.P. The relashion ship of the inferior constrictor swallow and globus histericus or the hipopharyngeal syndrome. J Laringol Otol 1983: 97: 607-18.

41. Green W, Castell JA, Castell DO. Comparison of oval and round catheters for manometric studies of upper esophageal sphincter pressure in man. Gastroenterology 1986;91: 1054-60.

42. Guyton, A.C. – Fisiologia Médica, 8ª ed. Rio de Janeiro, Guanabara Koogan, 1991

43. Haapaniemi JJ, Laurikainen EA, Pulkkinen J, Marttila RJ. Botulin toxin in the treatment of cricopharyngeal dysphagia. Dysphagia 2001;18:171-5.

44. Hamilton WJ. Tratado de Anatomia Humana, 2ed. Rio de Janeiro, Interamerica, 1982

45. Hellemans J, Agg HO, Pelemans W. Pharyngoesophageal swallowing disorders and the pharyngoesophageal sphincter. Med Clin North Am 1981;65:1149-70.

46. Hila A, Castell JA, Castell DO. Pharingeal and upper esophageal sphincter manometry in the evaluation of dysphagia. J Clin Gastroenterol 2001;33:355-61.

47. Isberg A, Nilsson ME, Schiratzik H. The upper esophageal sphincter during normal deglutition. A Simultaneous cineradiography and manometric investigation. Acta Radiol Diagn 1985; 26:563-8.

48. Jacob P, Kahrilas PJ, Logemann JA, Shah V. Ha T. Upper esophageal sphincter opening and modulation during swallowing. Gastroenterology 1989; 97:1469-78.

49. Jacobs JR, Logemann J, Pajak TF, Pauloski BR, Collins S, Casiano RR, Schuller DE. Failure of cricopharyngeal myotomy to improve postoperative dysphagia following head and neck cancer surgery. Arch Otolaryngol Head Neck Surg1999;125:942-6.

50. Jacobs JR, Logemann J, Pajak TF, Pauloski BR, Collins S, Casiano RR, Schuller DE. The failure of cricopharyngeal myotomy to improve postoperative dysphagia: is videfluoroscopic diagnosis adequate? [letters to the editors – in reply]. Arch Otolaryngol Head Neck Surg 2000;126:804.

51. Kahrilas PJ, Dodds WJ, Dent J, Logemann JA, Shaker R. Upper esophageal sphincter function during deglutition. Gastroenterology 1988; 95:52-62.

52. Kaloh J, Hayakawa M, Ishihara K, Kazumi T. Swallowing rehabilitation using balloon catheter treatment evaluated by videofluorography in a elderly patient with Wallenberg's syndrome. Nippon Ronen Igakkai Zasshi 2000;37:490-4.

53. Karsoft J, Ekeberg O, Rubesin SE. Topographic representation of the pharingo-esophageal segment during swallowing. Invest Radiol 1990; 25:184-8.

54. Kelly JH. Management of upper esophageal sphincter disorders: indication and complications of myotomy. Am J Med 2000;108 Suppl 4a:43s-6s.

55. Korblum C, Broicher R, Walther E, Seibel P, Reichmann H, Klochgether T, Herberhold C, Schroder R. Cricopharyngeal achalasia is a common cause of dysphagia in patients with mtDNA deletions. Neurology 2001;56:1409-12.

56. Lemme EM, Domingues GR, Pereira VLC, Firman CG, Pantoja J. Lower Esophageal Sphincter pressure in Idiophatic Achalasia and Chagas Disease Related Achalasia. Diseases of the Esophagus 2001; 14: 232-4.

57. Lindgren S, Ekberg O. Cricopharyngeal myotomy in the treatment of dysphagia. Clin Otolaryngol Allied Sci. 1990;15(3):221-7.

58. Link R, Bockmühl U, Haake K. Surgical rehabilitation of neuromuscular swallowing disorders with special regard to cricopharyngeal myotomy and glottopexy. Laringorhinootology 2001;80:714-8.

59. Mahomed AA. Primary cricopharyngeal achalasia in infancy – myotomy treatment of choice. S Afr J Surg 2000;38:28-30.

60. Massey BT, Hogan WJ, Dodds WJ, Dantas RO. Alterations of the upper esophageal sphincter belch reflex in patients with achalasia. Gastroenterology 1992;103:1574-9.

61. Nilsson ME, Isberg A, Schiratzki H. The location of the upper esophageal sphincter and its behaviour during bolus propagation: a simultaneous cineradiography and manometric investigation. Clin Otolaringol 1989; 14:61-5.

62. Pansky B. Review of Gross Anatomy, New York , McGraw-Hill, 1996.

63. Presman JJ. Sphincter action of the larynx. Arch Otolaring 1941; 33:351-77.

64. Putz R, Pabst R. Sobotta-Atlas de Anatomia Humana, 20 ed.Rio de Janeiro, Guanabara Koogan, 1995, v1.

65. Restivo DA, Palmeri A, Marchese-Ragona R. Botulinum toxin for cricopharyngeal dysfunction in Parkinson's disease. N Engl J Med 2002;346:1174-5.

66. Rodrigues H. Pesquisas anatômicas sobre os plexos venosos submucosos faringo-esofágico no homem. Tese para Cátedra de Anatomia. Juiz de Fora: FMUFJF, 1963.

67. Rodrigues H. Estudo morfofuncional do músculo faringo--esofágico componente do piloro faringo-esofágico. Bol Inst Ci Biol Geoci 1971; 2:3-13.

68. Rodrigues H, Nunes Jr. A. O músculo crico-faríngeo e suas relações com o músculo faringo-esofágico e com o esfíncter esofágico superior". Bol Inst Ci Biol Geoci 1974;9:3-27.

69. Shaw GY, Searl JP. Botulinum toxin treatment for cricopharyngeal dysfunction. Dysphagia 2001;16:161-7.

70. Solt J, Bajor J, Moizs M, Grexa E. Primary cricopharyngeal achalasia and its dilatation with balloon catheter. Orv Hetil 2000;141:2287-92.

71. Solt J, Bajor J, Moizs M, Grexa E, Horváth PO. Primary cricopharyngeal dysfunction: treatment with balloon catheter dilatation. Gastrointest Endosc 2001;54:767-71.

72. Spiegel JR, Albright JT. The failure of cricopharyngeal myotomy to improve postoperative dysphagia: is videofluoroscopic diagnosis adequate? [letter] Arch Otolaryngol Head Neck Surg 2000;126:804-5.

73. Stelzner F, Lierse W, Mannfrahs F. The hypoganglionic and aganglionic high pressure zone of the anterior esophagus (the esophageal opening) and its special blood sypply (angiomuscular sphincter closure). Langenbecks Arch Chir 1986; 367:187-96.

74. Taillefer R, Duranceau AC. Manometric and radionuclide assessment of pharingeal emptying before and after cricopharingeal miotomy in patients with oculopharyngeal muscular dystrophy. J Thorac Cardiovasc Surg 1988; 95; 868-75.

75. Templeton FE, Kredel RA. Cricopharyngeal Sphincter roentgenologic study. Laryngoscope 1944; 1:1-12.

76. Van Bel AM. Cricopharyngeal disfunction. Acta Otorhinolaringol Belg 1983; 36:411-7.

77. Vamdaele, D.J.; Perlman,A.L. & Cassel,M.D. Intrinsic fibre architecture and attachments of the human epiglottis and their contributions to the mechanism of deglutition. J.Anat, 186: 1,1995.

78. Viebig RG, Felix VN. Qual a expressão eletromotora do esfíncter superior do esôfago. In: Castro LP, Savassi-Rocha PR, Melo JRC, Costa MMB, editores. Tópicos em gastroenterologia 10. Rio de Janeiro: Medsi; 2000.

79. Warwick R, Willians PL. Gray anatomia. 35 ed. Rio de Janeiro, Guanabara Koogan, 1979, v2.

80. Yoneyama F, Miyachi M, Nimura Y. Manometric findings of the upper esophageal sphincter in esophageal achalasia. World J Surg 1998;22:1043-6.

CAPÍTULO IX

PROTEÇÃO DAS VIAS AÉREAS

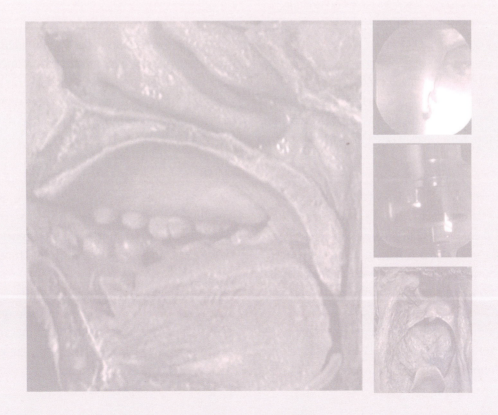

BASES MORFOFUNCIONAIS

A faringe é segmento anatômico que serve tanto à função digestiva quanto à respiratória, gerando evidente interdependência funcional entre as vias aérea e digestiva. A passagem do alimento por uma via que também é respiratória nos induz a buscar, em especial na forma e localização das estruturas inter-relacionadas, a morfologia capaz de intermitentemente servir a uma e a outra função, em especial àquela que tem a responsabilidade pela proteção das vias aéreas durante a deglutição.

A exclusão das vias aéreas verificada durante a deglutição aponta para a existência de uma estrutura ou organização, que seja permissiva ao fluxo de ar durante a respiração e que, fisiologicamente, varie modificando sua forma e relações, de modo a participar da ação protetora das vias aéreas, bloqueando-as durante a deglutição.

Não obstante, a proteção das vias aéreas não ocorre só durante a dinâmica da deglutição, quando o conteúdo da cavidade bucal é propelido para a faringe, mas também quando um conteúdo distal, pressionado de modo retrógrado, reflui para ou através da laringofaringe em retorno à cavidade oral. A proteção das vias aéreas ocorre, ainda, quando há escape do conteúdo oral para a faringe, em ausência de esforço de deglutição.

Uma sede anatômica laríngea explica, em toda a extensão, a proteção das vias aéreas? Estaria a proteção das vias aéreas na dependência de uma associação de ações mecânicas e funcionais? Quais ações? Quais funções?

Na laringofaringe identificamos o ádito laríngeo, abertura que comunica a faringe com a laringe. Este ádito representa a comunicação a ser bloqueada quando da deglutição. A liberdade dinâmica da epiglote e sua relação com o ádito laríngeo a tornaram elemento central das discussões, que visam explicar como as vias aéreas são excluídas do trânsito digestivo durante a deglutição.

Tem-se atribuído à epiglote o papel de tampa protetora que, evertida sobre o ádito laríngeo durante a deglutição, impediria, por bloqueio mecânico, a permeação das vias aéreas. Esse conceito, embora clássico, não é consensual. A epiglote foi considerada por uns como a responsável pela proteção das vias aéreas e por outros como elemento pouco importante ou mesmo desnecessário. Sua ausência foi considerada por uns como capaz de tornar desprotegida a via respiratória e por outros como podendo ser total ou parcialmente removida, sem que isso fosse capaz de causar distúrbios na proteção das vias aéreas durante a deglutição.

Diversas outras teorias foram elaboradas em associação ou em substituição ao papel protetor da epiglote. Admitiu-se organização intraluminar laríngea com ação de válvula. Sugeriu-se a possibilidade de um bloqueio laríngeo por projeção da face anterior do vestíbulo. Foram admitidos três níveis esfinctéricos sediados nas pregas ariepiglóticas, pregas vestibulares e pregas vocais. Um selo de ar no vestíbulo laríngeo dependente do fechamento da rima glótica também foi considerado.

Embora predomine o conceito anatômico para justificar a proteção das vias aéreas, a associação de ações mecânicas e funcionais foi também avaliada.

A elevação e a anteriorização do hioide e da laríngea, para uma posição na qual a base da língua, como uma marquise, pudesse participar mecanicamente da proteção laríngea foram admitidas. A ejeção oral e a dinâmica faríngea foram também valorizadas como capazes de participar dos mecanismos de proteção das vias aéreas.

O advento de novos métodos, em especial o da videofluoroscopia, permitiu perceber com mais clareza uma morfofuncionalidade, que envolve um significativo número de estruturas e funções interdependentes. Arranjos regionais se mostraram importantes, mas a integração funcional se definiu como fundamental.

À luz de novas observações, a proteção das vias aéreas se mostrou com tal complexidade que não poderia ser explicada pela simples ação mecânica de uma, ou mesmo mais de uma, estrutura anatomicamente relacionada com as vias aéreas.

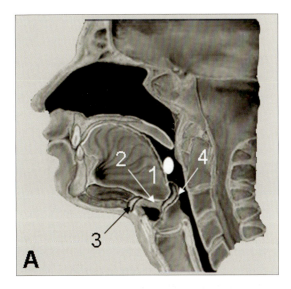 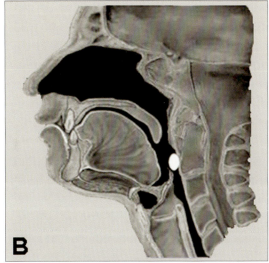
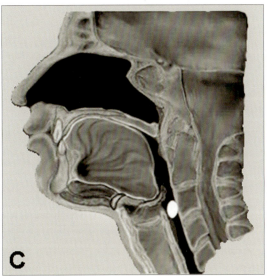 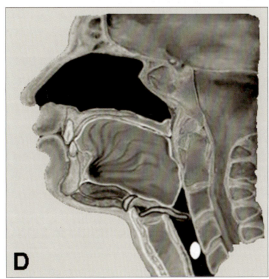

Fig. 1 Figura esquemática em perfil representativa da passagem do bolo da orofaringe para a laringofaringe. Essa passagem se faz pela extremidade posterior e laterais da porção livre da epiglote enquanto essa não se everteu totalmente, apondo-se à parede faríngea e fechando a comunicação entre a orofaringe e a laringofaringe. Em A, identificação das estruturas que se repetem na sequência mostrando 1 - dorso da língua responsável pela ejeção do bolo, 2 - corpo do osso hioide, que se eleva e anterioriza tracionado pela musculatura supra-hióidea 3 - ligamento hioepiglótico, que traciona a epiglote (4) fazendo com que essa se eleve e anteriorize, abrindo espaço para a passagem do bolo que passa pela extremidade livre como em B e C antes que ela, empurrada em sentido posterior pelo dorso da língua, se aponha à parede posterior da faringe como esquematizado em D.

MECANISMOS DE PROTEÇÃO DAS VIAS AÉREAS

O estudo dos mecanismos de proteção das vias aéreas durante a deglutição nos conduz a considerá-los sob ótica morfofuncional, que toma como base a relação dinâmica entre o bolo em progressão e as possibilidades funcionais das estruturas orofaringolaríngeas.

Essa visão morfofuncional, que diz respeito à relação dinâmica entre o bolo e as estruturas orais, faríngeas e laríngeas, considera que a independência das vias aéreas decorre da integração coordenada da dinâmica das estruturas envolvidas nas fases oral e faríngea da deglutição.

É possível identificar dois tipos distintos de mecanismos de proteção para as vias aéreas. Um no qual essa proteção resulta da interação entre o bolo em progressão e a dinâmica das estruturas, que se reorganizam durante a passagem do bolo. A outra, aparentemente passiva, se dá graças às características anatômicas regionais e à ação da gravidade.

O primeiro ocorre durante o esforço de deglutição e na regurgitação, onde um jogo de pressões e resistências surge como consequência de adaptações regionais que terminam por direcionar a progressão do bolo. Um aumento pressórico gerado em um dado segmento define o sentido de fluxo, direcionando o bolo para as regiões que apresentem menor resistência.

O segundo ocorre quando um conteúdo é transferido para a faringe pela ação da gravidade, sem que um esforço pressórico efetivo atue modificando a morfologia regional.

Na fase oral, as características (volume, densidade e viscosidade) do bolo a ser deglutido interferem na definição da força da ejeção. Procedida a ejeção oral, o bolo é transferido sob pressão para a orofaringe. Na orofaringe, a esse tempo receptiva, encontramos bloqueio a um possível escape nasal devido ao fechamento da comunicação entre ela e a rinofaringe. Esse bloqueio é determinado pela dinâmica de tensão e elevação do palato contra a faringe. Nesse tempo, a pressão na orofaringe é potencializada pela contração dos constritores dessa região e pela contínua progressão da base da língua em sentido posterior.

O material deglutido, pela alta pressão da orofaringe, é transferido para a laringofaringe, que se encontra, nesse tempo, menos resistente devido à ampliação de sua luz, que é determinada pela contração da musculatura longitudinal da faringe e pela elevação e anteriorização do hioide e da laringe.

A pressão aumentada da orofaringe é transferida para a laringofaringe. Nesse tempo, a resistência orofaríngea é alta e a abertura da transição faringoesofágica diminui a resistência à passagem do conteúdo, agora na laringofaringe, para o esôfago.

A despolarização em sentido craniocaudal dos músculos constritores da faringe, agora, atinge os constritores em nível da laringofaringe e conteúdo e pressão são em definitivo transferidos para o esôfago. O conjunto de estruturas envolvidas na dinâmica orolaringofaríngea voltam ao repouso.

O porquê de o conteúdo da laringofaringe seguir para o esôfago e não permear, em condições fisiológicas, o ádito laríngeo, também exposto ao fluxo do bolo pressurizado, se explica pelo aumento ativo da resistência das vias aéreas. Assim, os mecanismos de exclusão laríngea estão sediados nos elementos capazes de gerar aumento de resistência nas vias aéreas, durante a deglutição, mas também no rearranjo estrutural que direciona e facilita o fluxo no sentido digestivo, diminuindo a resistência à passagem do bolo pressurizado.

De modo semelhante, quando um conteúdo reflui em sentido caudocranial, observamos aumento de pressão distal com ampliação da luz faríngea e oral, diminuindo a resistência dessas regiões, ao mesmo tempo que se verifica aumento da resistência em nível das vias aéreas.

A proteção das vias aéreas, que se verifica quando o alimento escapa da cavidade bucal para a faringe, sem o esforço de ejeção oral, é distinta daquela que se observa quando há ação pressórica sobre o bolo. Evidencia-se um outro tipo de ação protetiva. Aqui, vê-se o conteúdo que escapa, relacionando-se de modo sequencial e aparentemente passivo com as estruturas anatômicas, em nítida dependência da força da gravidade e de uma morfologia regional.

Essa proteção que se verifica, sem o esforço de deglutição, se manifesta em duas circunstâncias. A primeira, durante a mastigação, quando líquido e fragmentos alimentares, em volumes variáveis, escapam da cavidade oral. Embora esse escape apresente maior volume e seja mais usualmente observado em indivíduos com desarranjos orais, não raro, indivíduos sadios o apresentam. A segunda, ao final da deglutição, quando resíduos líquidos adsorvidos ao dorso da língua e região do istmo das fauces (loja tonsilar) escapam sem esforço de ejeção, da orofaringe para a laringofaringe.

PROTEÇÃO PASSIVA

MECANISMOS DE PROTEÇÃO INDEPENDENTES DA AÇÃO PRESSÓRICA

As **valéculas** e as pregas ariepiglóticas constituem a base anatômica desses mecanismos. As valéculas são depressões localizadas entre a língua e a epiglote. Seu soalho é revestido por mucosa que se reflete da base da língua por sobre a face ventral da extremidade livre da epiglote. Os volumes que escapam da cavidade bucal encontram, nas depressões valeculares, recipientes cuja capacidade volumétrica varia com o grau de proximidade entre o dorso da língua e a face ventral da extremidade livre da epiglote.

As **pregas ariepiglóticas** são pregas mucosas que se estendem das bordas laterais da epiglote, de cada lado, até o ápice das cartilagens aritenoides. Essas pregas mucosas contêm os músculos ariepiglóticos e as cartilagens corniculadas e cuneiformes. Apresentam capacidade contrátil devido a sua base muscular. Elas delimitam ativamente as bordas mediais dos recessos piriformes, que são canais laterais ladeando o ádito laríngeo.

A videofluoroscopia tem permitido demonstrar que, quando existem escapes orais sem esforço de deglutição, tanto valéculas quanto pregas ariepiglóticas participam da proteção das vias aéreas. O volume que escapa da cavidade oral preenche a valécula para a seguir escorrer lateralmente pelas pregas ariepiglóticas, que podem apresentar dinâmica que as mobiliza em movimentos determinados por seu tensionamento. Esse tensionamento é capaz de elevar a borda medial desses canais laterais.

Em condições fisiológicas, esforço efetivo de deglutição será produzido quando a laringofaringe estiver preenchida por volume que alcance as proximidades do espaço interaritenoide.

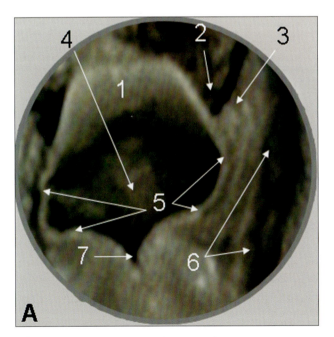 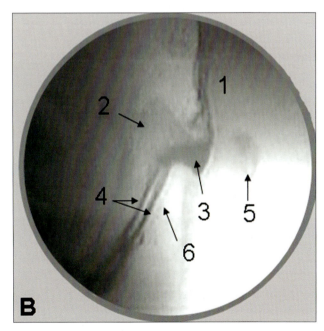

Fig. 2 Em A, imagem anatômica do ádito (laríngeo) de relação entre a faringe e a laringe, onde 1 - epiglote, 2 - valécula, 3 - prega faringo-epiglótica, 4 - vestíbulo laríngeo (ponta da seta sobre o tubérculo da epiglote), 5 - pregas ariepiglóticas, 6 - recesso piriforme, 7 - espaço interaritenoide. Em B, imagem radiológica (videofluoroscópica) em perfil esquerdo, destacando as densidades correspondentes a 1 - dorso da língua, 2 - extremidade livre da epiglote, 3 - meio de contraste coletado nas valéculas, 4 - pregas ariepiglóticas destacadas por adsorção do meio de contraste, deixando ver, entre elas, o ádito laríngeo aberto, 5 - corpo do osso hioide, 6 - hipertransparência correspondente ao vestíbulo da laringe.

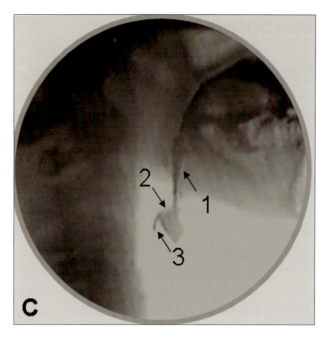 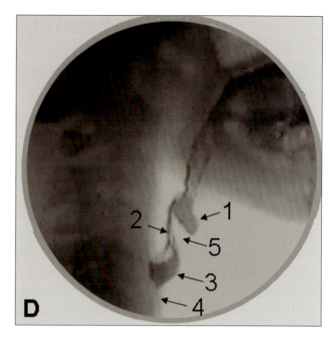

Fig. 2 C e D, imagens obtidas de sequência videofluoroscópica na incidência de perfil de indivíduo sadio que deixe o conteúdo oral escapar para a faringe de modo voluntário e progressivo. Em C, vê-se 1 - meio de contraste sobre o dorso da língua, 2 - valécula preenchida e deixando escapar por sobre a prega ariepiglótica (3) o volume excedente. Em D, vê-se 1 - valécula preenchida, 2 - pregas ariepiglóticas desenhadas pelo contraste a elas adsorvido, 3 - excesso de meio de contraste acumulando-se no recesso piriforme, 4 - transição faringoesofágica ainda fechada, 5 - vestíbulo laríngeo livre de permeação devido à proteção passiva determinada pela organização regional de correlação entre a laringe e a faringe.

PROTEÇÃO ATIVA

MECANISMOS DE PROTEÇÃO DEPENDENTES DA AÇÃO PRESSÓRICA

Esses mecanismos, que atuam em sinergismo, podem ser didaticamente subdivididos nos que: 1 - direcionam o bolo por ação pressórica e diminuição da resistência digestiva (mecanismos de ação indireta), 2 - nos que determinam aumento ativo direto da resistência das vias aéreas por ação estrutural (mecanismos laríngeos) e 3 - mecanismos que aumentam a resistência das vias aéreas por ação indireta (apneia preventiva).

Como mecanismos de ação indireta, agrupamos fatos dinâmicos de importância para a independência da via respiratória, mas cujas estruturação morfológica e ação não dependem diretamente da anatomia das vias aéreas. Esses mecanismos são a "ejeção oral" associada à dinâmica faríngea de impedimento de dissipação pressórica e a elevação e anteriorização do hioide e da laringe associada à "abertura da transição faringoesofágica".

Como mecanismos laríngeos ou de ação local, consideramos a ação dos elementos que, constituintes da laringe, podem atuar por sua dinâmica como elementos de proteção das vias aéreas. Esses elementos ou estruturas são o "tubérculo da epiglote", as "pregas vestibulares" e a "rima glótica".

O mecanismo de apneia preventiva é mecanismo de controle extralaríngeo, que bloqueia o fluxo respiratório que, em associação com o fechamento da rima glótica, aumentam a resistência das vias aéreas.

MECANISMOS DE AÇÃO INDIRETA

A ejeção oral, associada a uma dinâmica faríngea capaz de impedir dissipação pressórica, a elevação e anteriorização do hioide e da laringe, adequadas em amplitude e tempo, associadas à abertura da transição faringoesofágica e em sincronismo com a ejeção oral, são fases da deglutição cuja eficácia atua na condução do bolo alimentar e na proteção das vias aéreas.

A proteção das vias aéreas durante a deglutição se deve a um jogo pressórico, onde uma baixa resistência na via digestiva permite a passagem do bolo da laringofaringe para o esôfago, desviando-o das vias aéreas, que estão pressurizadas e resistentes ao fluxo alimentar.

A análise videofluoroscópica da dinâmica da deglutição de indivíduos sadios permite observar uma clara correlação entre a eficiência do trânsito faríngeo e a exclusão das vias aéreas, determinada pela ação dos aqui considerados mecanismos de ação indireta. A análise de casos patológicos, onde a integridade dos mecanismos de ação indireta foi comprometida, deixa ver que os demais mecanismos não são capazes de, isoladamente, manter a integridade plena da função protetiva. Com frequência aspirações de maior ou menor monta são observadas. Uma inadequada abertura da transição faringoesofágica, em dimensão e/ou tempo, e ainda, ausência de sincronismo entre essa abertura e a ejeção oral, têm se mostrado como causa frequente de aspiração.

MECANISMOS LARÍNGEOS OU DE AÇÃO LOCAL

A análise da constituição anatômica da laringe identifica estruturas cuja dinâmica, durante a deglutição, se mostra capaz de estreitar sua luz e bloqueá-la, aumentando a resistência ao fluxo do conteúdo deglutido.

As pregas ariepiglóticas não se aduzem, mantêm-se abertas, participando somente da constituição e modulação dos canais laterais que atuam quando da passagem do bolo como já analisado.

Para a extremidade livre da epliglote foi descrita sequência de movimentos que durante a passagem do bolo pelo ádito laríngeo a mantém afastada, descartando a possibilidade de ser ela, como se acreditava, uma tampa que veda o ádito durante a deglutição. No entanto, em imediata relação com a passagem do bolo pelo ádito laríngeo, tanto no fluxo quanto no refluxo, vê-se o tubérculo da epiglote ajustado às pregas vestibulares em evidente atuação, com mecânica capaz de aumentar a resistência nas vias aéreas e participar como mecanismo local da proteção dessas vias. O fato é que essa aposição do tubérculo da epiglote contra as pregas vestibulares só ocorre após a passagem do bolo alimentar para além da extremidade livre da epiglote, o que não significa que essa aposição seja menos importante

como proteção das vias aéreas, pois ainda permanece, nesse tempo, a necessidade de manutenção da resistência das vias aéreas.

Durante a deglutição, tanto as pregas vocais quanto as vestibulares se aduzem e se apõem na linha média da luz laríngea. Esse fechamento que se processa de baixo para cima, primeiro as pregas vocais e depois as vestibulares, faz com que a aposição do tubérculo da epiglote sobre as pregas vestibulares possa se fazer em um firme soalho.

A rima glótica, formada anteriormente pelas pregas vocais e posteriormente pelo espaço entre as cartilagens aritenoideas, se aduz firmemente durante a deglutição, sendo mesmo a seguir a apneia preventiva o primeiro dos eventos observáveis durante a fase faríngea da deglutição.

O bolo deglutido, com qualquer consistência, não se relaciona diretamente com as pregas vocais. Sua adução e fechamento firme definem um soalho que sustenta câmara de pressão vestibular capaz de transmitir resistência pressórica ao ádito laríngeo. Reforça o fechamento laríngeo a aposição do tubérculo da epiglote contra as pregas vestibulares.

Milton Costa

A deglutição, em especial do meio de contraste líquido, permite observar, pela videofluoroscopia, o desenho do ádito laríngeo fechado e resistente.

Em condições fisiológicas as pregas vocais aduzidas participam da proteção das vias aéreas, dando resistência à luz laríngea sem ter relação direta com o bolo em passagem. Assim, não é adequado considerar as pregas vocais como elemento esfinctérico. Não obstante, devemos observar que tanto pregas vocais quanto espaço interaritenoide apresentam função protetiva adicional, quando resíduos que tenham vencido o jogo pressórico tocam essas estruturas. Mecanismo protetório reflexo adicional é posto em ação. **Apneia defensiva** e tosse se estabelecem como mecanismos adicionais.

APNEIA PREVENTIVA (DE DEGLUTIÇÃO)

A **apneia de deglutição** se caracteriza pela interrupção da função ventilatória e, em definição simplista, pode ser considerada como o breve período no qual a respiração cessa como dependência do esforço de deglutição. É uma apneia que se estabelece de forma voluntária ainda na fase oral e que é encampada pela fase faríngea, com ela seguindo até seu final. Por ser estabelecida em antecedência à fase faríngea, melhor se definiria como de tipo preventivo. A simples observação mostra que a pausa ventilatória dessa apneia preventiva interrompe o fluxo de ar da ventilação pulmonar sem causar desconforto respiratório; surge como evento semiautomático, que marca o início da fase faríngea e o da dinâmica protetora das vias aéreas.

O estudo da apneia de deglutição estabeleceu conceitos que certamente são, em grande parte, extensíveis à **apneia preventiva**, que se pode observar no vômito e na vômica.

A apneia de deglutição determina aumento da resistência das vias aéreas. É um fenômeno que cursa reflexo e cuja via de produção é distinta da via daquela apneia que pode ser observada quando do estímulo direto de receptores laríngeos. A apneia de deglutição e o fechamento da rima glótica, que se processam em concomitância, são ações interdependentes mas distintas, dentro do conjunto de ações capazes de proteger as vias aéreas.

Embora haja a possibilidade de deglutirmos no momento em que desejarmos, e desse modo provocar a apneia a qualquer momento do ciclo respiratório, ela se processa usualmente com baixos níveis de distensibilidade pulmonar, como observado nas fases, final da expiração e inicial da inspiração, quase sempre seguidas de expiração complementar. A apneia de deglutição é o fenômeno protetório que primeiro se manifesta e que por último se interrompe.

A apneia de deglutição determina aumento da resistência das vias aéreas. É um fenômeno que cursa reflexo, e cuja via de produção é distinta da via daquela apneia que pode ser observada quando do estímulo direto de receptores laríngeos e que promove uma apneia defensiva.

A apneia preventiva é distinta da defensiva. Na defensiva o comando neural, que determina a apneia reflexa, responde a estímulo de receptores alcançados e estimulados por relação atípica do bolo em trânsito com as estruturas receptoras laríngeas. É uma apneia que se estabelece a qualquer momento do ciclo ventilatório, mas durante o curso da fase faríngea da deglutição. A apneia defensiva produz intensa adução das pregas vocais, interrompendo a ventilação pulmonar de modo abrupto e causando assim espasmo laríngeo e intenso desconforto respiratório. A apneia defensiva pressuriza e defende a via aérea por tempo que se estende, de modo desconfortável, mas necessário, até que a pressão intrapulmonar seja suficiente para produzir expiração forçada (tosse), que abre abruptamente as pregas vocais, devendo eliminar o agente irritante.

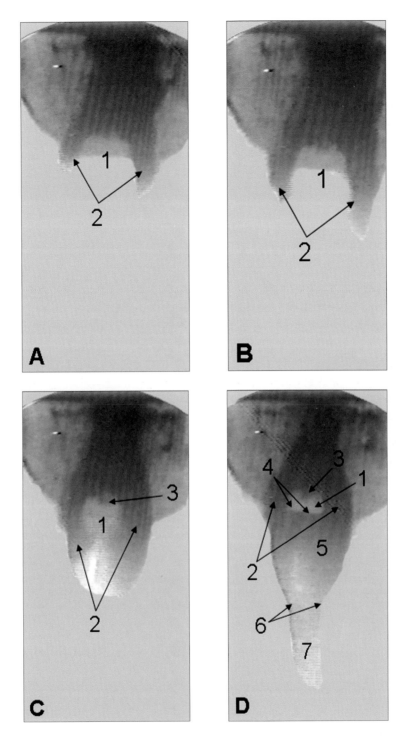

Fig. 3 Imagens obtidas de sequência videofluoroscópica em incidência frontal, destacando a associação dos mecanismos de proteção passiva e ativa das vias aéreas. Em A e B, vê-se meio de contraste ejetado, iniciando sua passagem da orofaringe para a faringolaringe onde, 1- epiglote elevada (sem qualquer eversão) defletindo o bolo que a contorna e inicia o preenchimento da faringolaringe, passando pelas pregas faringoepiglóticas e descendo pelos recessos piriformes (2). Em C, o bolo avança ainda mais ocupando (3) espaço residual da valécula (diminuído pela aposição do dorso da língua contra a epiglote) e também o espaço laringofaríngeo à frente do ádito laríngeo que se encontra pressurizado pela apneia de deglutição e demais mecnismos intrínsecos de proteção das vias aéreas. Em D, observar 1 - epiglote ainda elevada, 2 - recessos piriformes preeenchidos por contraste ainda em passagem, 3 - pequeno volume residual contido na valécula. 4 - nível hidroaéreo (linha transversa dada por contraste líquido e o ar do vestíbulo laríngeo pressurizado por selo aéreo, 5 - faringe preenchida pelo meio de contraste (solução e sulfato de bário), 6 - transição faringoesofágica aberta (fundamental para garantir que a resistência da via aérea se mantenha efetiva), 7 - meio de contraste atingindo o esôfago receptivo.

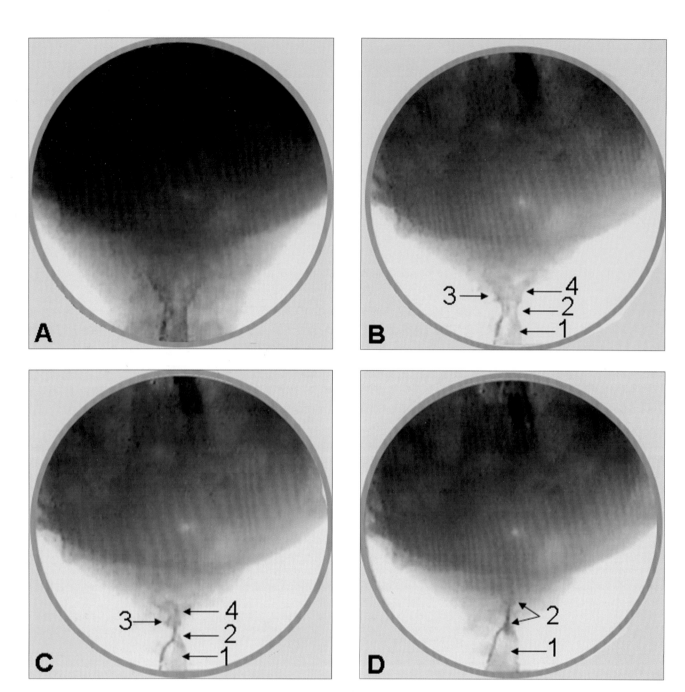

Fig. 4 Imagens obtidas de sequência videofluoroscópica em incidência frontal de indivíduo com broquiectasias, sem queixas digestivas, submetido à broncografia videofluoroscópica associada à broncoscopia, onde A, laringe tingida em sua luz com contraste iodado utilizado no exame, que terminou adsorvido à mucosa laríngea, servindo ao estudo do comportamento intralaríngeo durante a deglutição. Em B, observar início do fechamento da luz laríngea onde, 1 - projeção do cone elástico que já permite observar seu contorno superior, 2- ligamento vocal, 3 - ventrículo laríngeo (espaço delimitado abaixo pela prega vocal e acima pela prega vestibular). Em C, fechamento da luz laríngea mais acentuado e com melhor definição das densidades permitidas: 1 - cone elástico, 2 - prega vocal, 3 - ventrículo laríngeo, 4 - prega vestibular. Em D, vê-se cone elástico onde, 1 - pregas vocais e vestibulares aduzidas e 2 - luz laríngea fechada.

CONSIDERAÇÕES

A proteção das vias aéreas verificada durante a deglutição não é uma simples dependência da ação mecânica de estruturas anatômicas. Essa proteção, que se verifica durante a fase faríngea da deglutição, se dá por interações funcionais que envolvem, de modo coordenado, tanto o sistema digestivo quanto o respiratório.

Essa proteção é o resultado de um jogo de pressões e resistências que se sucedem e combinam em concomitância com a passagem do bolo a ser conduzido pelo sistema digestivo e evitado pelo respiratório. Pode ser conceituada como uma função coordenada dependente de uma dinâmica que envolve de modo sincronizado e sequencial o rearranjo de múltiplos segmentos anatômicos, que acabam por determinar o sentido do fluxo digestivo e o bloqueio temporário das vias aéreas.

Ao lado dessa proteção dinâmica associada à deglutição, vê-se uma mecânica, passível de ser produzida sem esforço pressórico, em que não há rearranjos dependentes da deglutição. Ela se verifica durante a mastigação e após a deglutição, em um tempo no qual a faringe é invadida por conteúdo, mas não se encontra pressurizada. Aqui, o conteúdo, usualmente líquido, preenche as valéculas e escorrem lateralmente pelas pregas ariepiglóticas, que podem se movimentar modulando a altura da borda medial de canais laterais, que conduzem o conteúdo que escorre, por ação da gravidade, para a laringofaringe. Esse mecanismo guarda o ádito laríngeo até que um esforço de deglutição seja produzido.

A proteção das vias aéreas durante a deglutição se deve a um jogo pressórico, onde uma baixa resistência na via digestiva determinado por mecanismos indiretos (ejeção oral, elevação e anteriorização do hioide e da laringe e abertura da transição faringoesofágica) permite a passagem do bolo da laringofaringe para o esôfago, desviando-o das vias aéreas que estão pressurizadas e resistentes ao fluxo alimentar.

A resistência das vias aéreas se deve a uma apneia preventiva e a mecanismos locais ou laríngeos. A apneia é o primeiro dos fenômenos protetores a se manifestar e é o último a se interromper, usualmente seguido de expiração complementar.

Os mecanismos locais ou laríngeos, que definem aumento da resistência, são a aposição firme do tubérculo da epiglote contra as pregas vestibulares aduzidas e uma câmara de pressão vestibular devida ao fechamento firme em adução da rima glótica, que permite a transmissão da resistência pressórica ao ádito laríngeo em redução pela aposição do tubérculo da epiglote contra as pregas vestibulares.

É a soma da resistência desse conjunto de ações na luz laríngea que garante, ao lado da apneia preventiva, o aumento de resistência das vias aéreas.

As pregas vocais, parte da rima glótica, não participam como um selo mecânico, um esfíncter, capaz de impedir a permeação das vias aéreas por corpos estranhos durante a deglutição. Seu fechamento define um soalho firme, que sustenta câmara de pressão vestibular capaz de transmitir resistência ao ádito laríngeo. No entanto, caso a resistência laríngea seja vencida, as cordas vocais funcionarão como barreira física e despertarão reflexo protetório adicional, que se caracteriza por apneia defensiva e tosse.

Como visto, a mecânica de proteção das vias aéreas é função mais complexa do que a simplista observação que atribui a essa ou àquela estrutura ou mesmo conjunto de estruturas a função de proteger funcionalmente as vias aéreas.

Apneia preventiva, fechamento da rima glótica, selo de ar e aposição entre as pregas vestibulares e o tubérculo da epiglote constituem os elementos que aumentam a resistência da via aérea e que, em associação com a abertura da transição faringoesofágica, que diminui a resistência ao fluxo em passagem para o esôfago, definem o principal conjunto responsável pela proteção das vias aéreas durante a deglutição.

Apneia preventiva, fechamento da rima glótica e aposição entre as pregas vestibulares e o tubérculo da epiglote constituem, com a diminuição da resistência oral, os elementos responsáveis pela proteção das vias aéreas durante o fluxo retrógrado.

É preciso considerar que a efetividade funcional das estruturas e as relações listadas como responsáveis maiores pela proteção das vias aéreas dependem umas das outras e da integridade morfológica e funcional do conjunto de estruturas envolvidas na adequada dinâmica, em especial a da deglutição em todas as suas fases.

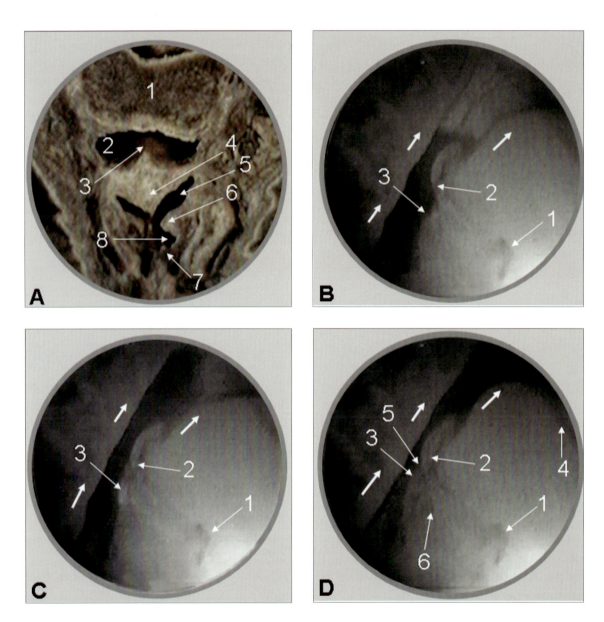

Fig. 5 Em A, imagem anatômica produzida por corte frontal da cavidade oral passando pela laringe onde 1 - língua, 2 - orofaringe, 3 - epiglote, 4 - tubérculo da epiglote, 5 - vestíbulo laríngeo, 6 - prega vestibular, 7 - prega vocal, 8 - ventrículo laríngeo. Em B, C e D, imagens obtidas de sequência videofluoroscópica na incidência de perfil de indivíduo capaz de eliminar de modo voluntário (vômica) meio de contraste contido em divertículo faríngeo posterior (de Zenker). Esse modelo permite analisar o papel das estruturas laríngeas na proteção das vias aéreas também durante o vômito. Setas mais espessas, não numeradas, representam o sentido retrógrado do fluxo. Observar preenchimento da luz faríngea de caudal para cranial. Em B, veem-se 1 - corpo do osso hioide, 2 - extremidade livre da epiglote, 3 - cartilagem aritenoide. Em C, fluxo retrógrado aumentado onde 1 - corpo do osso hioide, 2 - epiglote, 3 - cartilagem aritenoide. Em D, observam-se: 1 - hioide rebaixado em relação à mandíbula mostrando-se colado à laringe, 2 - epiglote, 3 - cartilagem aritenoide, 4 - limite inferior da mandíbula, 5 - ádito laríngeo fechado, 6 - vestíbulo laríngeo fechado (linear) por aposição do tubérculo da epiglote às pregas vestibulares.

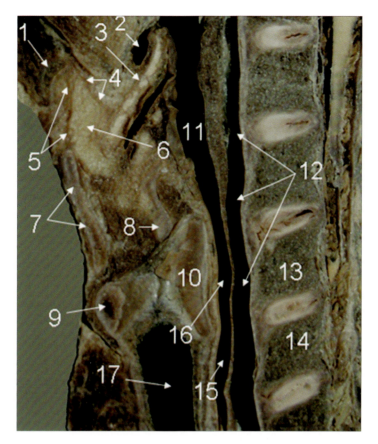

Fig. 6 Corte sagital paramediano da região cervical com identificação de estruturas e elementos envolvidos na proteção das vias aéreas e dinâmica cervical: 1 - corpo do osso hioide, 2 - valécula, 3 - cartilagem epiglote, 4 - ligamento hioepiglótico, 5 - ligamento tíreo-hioide mediano, 6 - corpo adiposo pré-epiglótico (sua compressão entre o hioide e a laringe atua na medialização das pregas vestibulares), 7 - cartilagem tireoide, 8 - cartilagem aritenoide, 9 - arco da cartilagem cricoide, 10 - lâmina da cartilagem cricoide, 11- laringofaringe, 12 - espaço pré-vertebral (espaço conjuntivo frouxo que permite o fácil deslocamento das estruturas cervicais por sobre as vértebras), 13 - corpo da quinta vértebra cervical, 14 - corpo da sexta vértebra cervical, 15 - esôfago (porção cervical), 16 - transição faringoesofágica, 17 - vias aéreas (traqueia).

CONCLUSÕES

A proteção das vias aéreas durante a deglutição se deve ao aumento da resistência das vias aéreas, determinado pela apneia e mecanismos laríngeos intrínsecos, em associação à diminuição da resistência da via digestiva, produzida pela abertura da transição faringoesofágica.

As mesmas estruturas aqui envolvidas se arranjam e conformam para proteger as vias aéreas em outras condições em que um fluxo, que não o de ar, passa em relação ao ádito laríngeo.

BIBLIOGRAFIA CONSULTADA

1. Almy TP. - Disorders of motility. In: Beeson PB, Mcdermott W. eds. Cecil-Loeb Textbook of Medicine. 12 ed. Philadelphia and London, Saunders: 1968:.837-58.
2. Ardran, GM, Kemp FH. The mechanism of the larynx, II. The epiglottis and the closure of the larynx. Brit J Radiol 1967; 40:372-89.
3. Ardran, GM, Kemp FH. The protection of the laríngeal air way during swallowing. Brit J Radiol 1952; 25: 406-16.
4. Ardran, GM, Kemp FH, Manen L. Closure of the larynx. Brit J Radiol 1953;.26: 497-509.
5. Arey LB. Developmental anatomy. A textbook and laboratory manual of embriology. Philadelphia, Saunders, 1965.

6. Bosma JF. Deglutition: Pharyngeal stage. Phisiol Rev 1957; 37:.275-300.
7. Costa MMB - Como proteger fisiologicamente as vias aéreas durante a deglutição. In: Castro, Savassi, Melo, Costa. Tópicos em Gastroentrologia – Deglutição e disfagia. Rio de Janeiro, MEDSI, 2000; 37-48.
8. Costa MMB. O papel da epiglote no fechamento do ádito laríngeo durante a deglutição. An Anat. Norm. 1987; 5: 29-32.
9. Costa MMB. Mecanismos de proteção das vias aéreas durante a deglutição. Texto apresentado em concurso público para Prof. Titular do Dep. de Anatomia do ICB/CCS/UFRJ, 1992.
10. Costa MMB. Uso do bolo contrastado sólido, líquido e pastoso no estudo videofluoroscópico da dinâmica da deglutição. Radiol Bras. 1996; 29:35-39.
11. Costa MMB. Dinâmica da deglutição– Fases oral e faríngea. In: Costa, Lemme, Koch-Temas em Deglutição e Disfagia-Abordagem Multidisciplinar. Anais do I Colóquio Multidisciplinar Deglutição & Disfagia, Rio de Janeiro, 1998;1-11.
12. Costa MMB. Avaliação videofluoroscópica do significado funcional da epiglote no homem adulto. Arq. Gastroenterol 1998; 35: 64-174.
13. Costa MMB, Lemme EMO. Coordination of respiration and swallowing: functional pattern and relevance of vocal folds closure. Arq. Gastroenterol. 2010, 47(1): 42-48.
14. Costa MMB; Silva RI; Lemme EMO; Tanabe R. Apneia de deglutição no homem adulto. Arq Gastroenterol 1998; 35: 32-39.
15. Curtis DJ, Sepulveda GU. Epiglottic motion: video-record of muscular dysfunction. Radiology 1983; 148:473-7.
16. Didio L JA. Sinopse de anatomia. Rio de Janeiro, Guanabara Koogan, 1974; 238.
17. Ekberg, O.: Cloune of the laryngeal vestibule during deglutition. Acta Otolaryngol. 1982; 93: 123-9.
18. Ekeberg, O, Sigurjonsson SW. Movement of the epiglottis during deglutition. A cineradiographic study. Gastrointest Radiol 1982; 7: 101-7
19. Fink BR. Bioenergetical foundations of consciousness. Toward a science of consciousness The first Tucson discussions and debates, Hameroff, Kasniak & Scoot, Mit Press, 1996.
20. Fink BR. The mechanism of closure of the human larynx. Trans Am Acad Ophthalmol Otolaryng 1956; 60:117-27.
21. Fink BR. The human Larix; a funtional study. New york, Raven Press, 1975; 26-30.
22. Flores TC, Wood BG, Levine HL, Koegel L Jr, Tucker HM. Factors in successful deglutition following supraglottic laryngeal surgery. Ann Otol Rhinollaryngol 1982; 91:579-83.
23. Howes GB. Additional observations upon the intra-narial epiglottis. J Anat Physiol. 1889;23(4):606-15
24. Hug E. Digestão. In: Housay BA. Fisiologia humana. Rio de Janeiro, Guanabara Koogan, 1984; 278.
25. Jeffrey HE, Page M, Post EJ, Wood AK. Physiological studies of gastro-esophageal reflux and airway protective responses in the young animal and human infant. Clin-Exp-pharmacol-physiol, 1995; 22 (8): 544-9.
26. Loch WE, Loch WE, Reiriz HM, Loch MH. Swallow apnea. Rhinomanometric manifestation and classification. Rhinology 1982; 4 (20): 179-91.
27. Luciano DS, Vander AJ, Sherman JH. The gastrointestinal system. In: Human function and structure. New York, Macgraw-Hill, 1978; 546.
28. Miller AJ. Deglution. Physiol Rev 1982; 62: 129-84..
29. Nishino T. Interaction of swallowing and control of breathing. Nippon Kyobushikkan Gakkaiþþ Zassai 1990; 1(28):16-21.
30. Nishino T, Yonezawa T, Honda Y. Effects of swallowing on the pattern of continuous respiration in human adults. Am Rev Respir Dis 1985; 132 (6):1219-22.
31. Nishino T, Hiraga K. Coordination of swallowing and respiration in unconscious subjects. J Appl Physiol. 1991; 70(3):988-93.
32. Orts Llorca F. Anatomia humana. Barcelona, Editorial Científico Médica, 1967, V.3: 441.
33. Pansky B, HouseE.L. Review of Gross Anatomy. New York, Macmilian Publishing,1975; 62.
34. Patten BM. Developement of the digestive and respiratory sistens. In: Human embriology. NewYork/Toronto, Blakiston, 1953; 487.
35. Presman JJ. Sphincter action of the larynx. Arch Otolaring 1941; 33:351-77.
36. Presman JJ, Kelemen G. Physiology of the larinx. Physiol Rev 1955;35 (3): 506-54.
37. Proctor DF. Handbook of physiology, Baltimore, Willians and Wilkins, 1964; v1.
38. Rushmer RF, Hendron JA. The act of deglutition. A cinefluorographic study. J Appl Physiol 1951; 3: 622-30.
39. Sappey C. Traite d'anatomie descriptive. Paris, Lecrosnier et Babé, 1889; V.4.
40. Selley WG, Flack FC, Ellis RE, Brooks WA. Respiratory pattern Associated with swallowing:Part1.The normal adult pattern and changes with age. Age Ageing, 1989; 18(3):168-72.
41. Smith J, Wolkove N, Colacone A, Kreisman H. Coordination of eating, drinking and breathing in adults. Chest, 1989; 96 (3): 578-82.
42. Spence AP. Anatomia humana básica. São Paulo, Manole, 1991; 519.
43. Stuart ATP. On the mechanism of the closure of the larynx. Proc R soc (lond). 1892; 50:323-39.
44. Testut L, Jacob O. Tratado de Anatomia Topografica. Barcelona, Salvat, 1964; V.1: 655.
45. Wright S. Fisiologia aplicada. São Paulo, Atheneu, 1967; 503.
46. Wilson SL, Thach BT, Broillette RT, Abu-Osba YK. Coordination of breathing and swallowing in human infants. J Appl Physiol, 1981; 50(4): 851-8.

CAPÍTULO X

FASE ESOFÁGICA DA DEGLUTIÇÃO

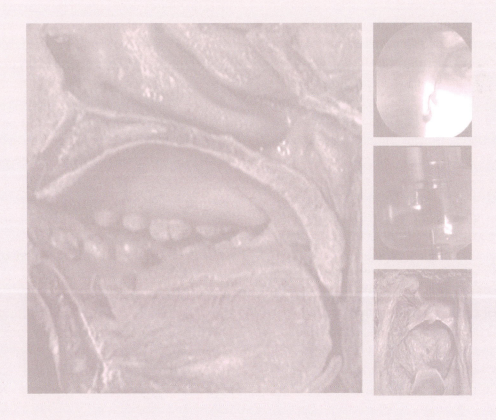

ANATOMIA FUNCIONAL

O **esôfago** é um tubo muscular que, em sua maior extensão, localiza-se no tórax, onde a pressão é subatmosférica e menor que a abdominal, onde se localiza o estômago, para o qual o conteúdo esofágico deve ser conduzido durante a deglutição e mantido após sua conclusão. Ressalte-se que, mesmo contra a força da gravidade, a dinâmica da peristalse esofágica é capaz de determinar o sentido de fluxo que conduz o conteúdo esofágico para o estômago mas também, mesmo contra ela, é possível que o refluxo se produza. Assim, é de pressupor que sua organização muscular seja suficiente para conduzir e ou gerar gradiente pressórico capaz de, em condições fisiológicas, potencializar a ação da gravidade, na determinação da força e sentido normal da progressão do bolo e de algum modo evitar, em condições fisiológicas, que o conteúdo gástrico reflua de volta ao esôfago.

Em sua extremidade distal, o esôfago apresenta zona de alta pressão designada como **esfíncter esofágico inferior** (EEI), capaz de regular fluxo e participar do mecanismo de antirrefluxo. Esôfago e estômago têm sua transição histológica demarcada pela distinção escamoso/colunar de seus epitélios. A linha de transição (linha z), entre os distintos epitélios, delimita áreas com funções e tolerâncias distintas. Desse modo, a existência de uma zona de alta pressão (resistência), capaz de delimitar funcionalmente esôfago e estômago, aponta para função mais elaborada que a de simples tubo de condução do alimento até o estômago.

Para uma adequada compreensão da fisiologia e da fisiopatologia, de muitas das funções e disfunções do esôfago e da fase esofagogástrica da deglutição, é necessário que bem se compreendam forma, estrutura, localização e relações do esôfago.

ASPECTOS GERAIS

Com início no terço inferior do pescoço, à frente da coluna vertebral, identificamos o esôfago, segmento digestivo tubular constituído por camadas, que a partir de sua luz são a mucosa, a submucosa e a muscular com uma camada circular interna e outra longitudinal externa revestidas por atmosfera adventicial que contém os nervos vago direito e esquerdo interligados em forma de rede ao seu redor. O esôfago em continuação à extremidade inferior da faringe, cruza o tórax, passando do mediastino superior para o posterior, por onde alcança e atravessa o diafragma para o abdômen, onde irá se continuar com o estômago. Partindo de sua posição cranial sobre a linha média, descreve trajeto oblíquo e descendente que o posicionará, no ponto onde atravessa o diafragma, a cerca de 2cm à esquerda da linha média. Do pescoço para o tórax, em plano anteroposterior (sagital), aproxima-se da coluna de onde, a partir da 4ª vértebra torácica, volta a se anteriorizar de modo gradual, descrevendo uma curva de concavidade anterior.

Esse órgão tubular, com cerca de 25 cm de comprimento, deixa ver em sua porção superior morfologia aplanada em sentido transverso, que se estende até o nível da bifurcação da traqueia (4ª vértebra torácica). Em sua porção inferior, apresenta contorno mais circular. Nos cadáveres fixados em formolaldeído, o diâmetro transverso da porção superior varia de cerca de 1,5 a 2 cm e o da inferior, mais circular, de 1 a 1,5 cm. Limita-se acima com a faringe em nível de um plano que tangencia o limite inferior da cartilagem cricóidea, que em repouso corresponde a plano que cruza o corpo da 6ª vértebra cervical. Inferiormente, em nível da 11ª vértebra torácica, continua-se com a luz do estômago pelo orifício cárdico.

Visto endoscopicamente, o esôfago se inicia a cerca de 15cm dos incisivos I (anteriores) por uma constrição transversa, dependente da transição faringoesofágica, e se abre no estômago a cerca de 40 cm daqueles incisivos. Além da constrição inicial, a luz esofágica é marcada por outras três. A segunda, dependente da relação com a croça da aorta, se localiza a aproximadamente 25cm dos dentes incisivos anteriores. A terceira, dependente da relação com o brônquio fonte esquerdo, se faz a 27cm, e a quarta, a cerca de 38cm, é dependente da relação do esôfago com os pilares diafragmáticos, que constituem o hiato de passagem dessa víscera do tórax para o abdômen. Essas **constrições**, ditas **fisiológicas** por serem dependentes de características anatômicas, quando consideradas a partir da asa do nariz, como de uso para manometria, devem ser consideradas com acréscimo de +/− 5 cm.

A forma tubular, a situação e o suporte dado pela ação da gravidade a seu trânsito fazem com que o esôfago seja usualmente considerado como um tubo de passagem que une a faringe ao estômago. No entanto, observação mais atenta de sua organização morfológica e relações deixa ver maior complexidade. Sua morfologia, sob controle reflexo, admite e modula de modo coordenado a onda pressórica produzida pela deglutição, conduz o bolo deglutido em sentido definido, mesmo contra a gravidade e, no repouso, em condições fisiológicas, bloqueia o refluxo gastroesofágico.

A função básica do esôfago é admitir e conduzir o bolo através de sua luz até o estômago. Esse deslocamento se deve não só à ação da gravidade, mas também às características morfológicas desse tubo que, essencialmente muscular, é capaz de movimentos peristálticos, que se caracterizam por constrições anelares que se propagam ao longo do tubo; é um movimento de contração em onda progressiva, de cima para baixo, capaz de deslocar seu conteúdo em sentido caudal.

O bolo deglutido é transferido da faringe para o esôfago em tempo no qual a fase faríngea ainda se processa. A transição faringoesofágiga (TFE), esfíncter esofágico superior (EES), se abre e admite o bolo

que progride pelo esôfago em fase que dura de 6 a 10 segundos, com velocidade que varia 2,5 a 4,0 cm/seg. Ainda no segundo inicial, com o fim da fase faríngea, a TFE se fecha e o bolo continua sua progressão pelo esôfago em sentido ao estômago. A transição esofagogástrica, esfíncter esofágico inferior (EEI), abre-se na fração de segundo em que o esôfago admite o bolo proveniente da faringe e se mantém assim, aberto, de modo receptivo, durante toda a fase esofágica.

O esôfago se relaciona tanto com a faringe quanto com o estômago, por zonas anatomicamente organizadas e capazes de desempenhar função esfinctérica.

A superior, transição faringoesofágica (TFE), também definida como esfíncter esofágico superior (EES), fechado durante o repouso, privilegia o sentido do fluxo de ar para as vias aéreas onde, por distensão da caixa torácica, a resistência diminui e se torna subatmosférica. Assim, o fluxo de ar segue o sentido da laringe, também beneficiado pela TFE fechada e resistente. A TFE, aberta durante a deglutição, facilita o sentido do fluxo da faringe para o esôfago, contribuindo para a proteção das vias aéreas que neste tempo têm sua resistência aumentada pelo fechamento da rima gótica e pela apneia de deglutição.

A inferior, transição esofagogástrica, definida como esfíncter esofágico inferior (EEI), ocorre em região que, como dito, se mantém fechada durante o repouso, abrindo-se e mantendo-se aberta durante todo o tempo da fase esofágica da deglutição. Essa zona, importante clinicamente por ser capaz de proteger o esôfago contra o possível refluxo gastroesofágico, tem tido sua função esfinctérica, ao longo dos tempos, atribuída a diversas estruturas e organizações. Por incerteza, quanto a sua base morfológica, o EEI tem sido designado como esfíncter fisiológico.

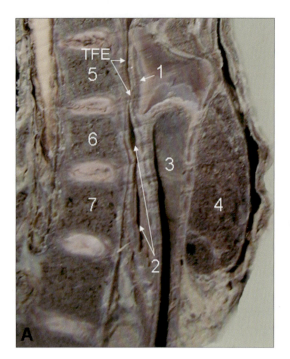 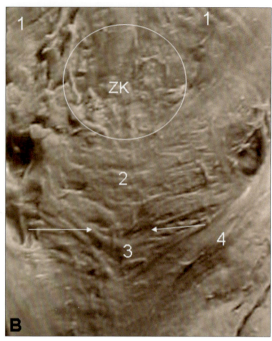

Fig. 1 Em A, corte sagital paramediano onde TFE - transição faringoesofágica, 1 - cartilagem cricoide (lâmina), 2 - porção cervical do esôfago (luz de sentido transverso), 3 - luz traqueal, 4 - glândula tireoide, 5, 6 e 7 - quinta, sexta e sétima vértebras cervicais. Em B, vista interna da face posterior da porção distal da laringofaringe e do esôfago cervical onde ZK - zona descrita por Killian (zona anatomicamente menos resistente na parede posterior da faringe - sede do divertículo faríngeo posterior "Zenker"), 1 - músculo cricofaríngeo (fascículo oblíquo), 2 - músculo cricofaríngeo (fascículo transverso). Setas delimitam acima faringe e abaixo esôfago, onde 3 - musculatura circular do esôfago e 4 - inserção cricoide da musculatura longitudinal do esôfago.

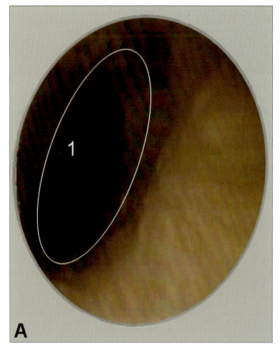 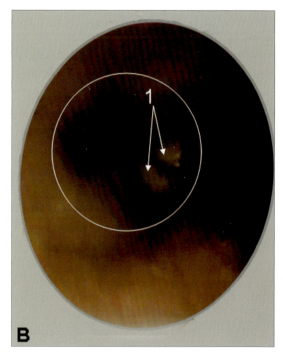

Fig. 2 Imagens endoscópicas do esôfago onde em A, porção superior do esôfago torácico no qual 1 - protrusão intraluminal da parede produzida pela relação com a crossa da artéria aorta. Observar luz com morfologia transversal mesmo acima da relação com a aorta. Em B, porção terminal do esôfago onde se identifica a transição esofagogástrica, onde 1 - mucosa gástrica herniada. Observar morfologia circular comum à extremidade distal do esôfago.

 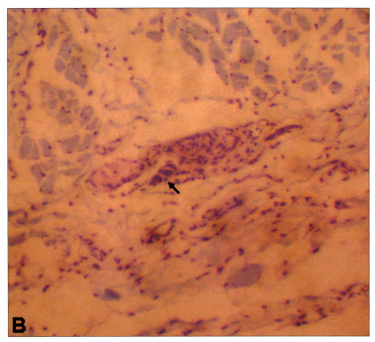

Fig. 3 Em A, segmento esofágico da junção muscular estriada e lisa no terço superior do esôfago em peça retirada de cadáver não fixado. Observar mescla dos dois tipos de músculos definida macroscopicamente pela coloração rosa mais intensa (escura) - músculo estriado esquelético e mais clara (pálida) - músculo liso. Em B, corte histológico obtido da peça exibida em A, mostrando mescla de células de músculo estriado (multinucleadas) com células de músculo liso (uninucleadas). Ao centro, em roxo mais intenso, gânglio do sistema nervoso mioentérico (seta).

SUBDIVISÃO E RELAÇÕES

Por sua extensão e localização, o esôfago pode ser dividido em três segmentos: cervical, torácico e abdominal.

O **segmento cervical do esôfago** se estende da 6ª vértebra cervical até o limite superior da 1ª vértebra torácica. Anteriormente se relaciona com a traqueia, a qual se desvia ligeiramente para a direita, deixando a face anterolateral esquerda do esôfago descoberta da relação traqueal. No ângulo diedro formado, a cada lado, pela aposição da traqueia ao esôfago se aloja o nervo laríngeo recorrente. De cada lado, o esôfago cervical se relaciona com a metade inferior dos lobos da glândula tireoide e com as paratireoides inferiores e ainda com a artéria carótida, a veia jugular e com o nervo vago. A relação posterior do esôfago cervical se faz com a fáscia de revestimento da musculatura pré-vertebral. O discreto deslocamento para a esquerda, no plano frontal, do esôfago cervical dá lugar, no esôfago torácico, a um acentuado deslocamento posterior no plano sagital.

O **segmento torácico do esôfago**, o mais longo dos três, tem como relação posterior a coluna vertebral, até sua passagem pelo hiato esofágico no diafragma. Superiormente, apresenta relação anterior com a face posterior da traqueia e a seguir, em nível da sexta vértebra torácica, com o brônquio fonte esquerdo. Em continuação, sua face anterior se aproxima, mantendo certo afastamento, do ramo direito da artéria pulmonar (contorno anterolateral direito) e do átrio esquerdo que só impressionam o esôfago em condições patológicas, diferentemente da croça da aorta e do brônquio fonte esquerdo, cuja íntima relação produz sistemática impressão. Sua face lateral direita, até o limite do cajado da veia ázigo, em nível da quarta vértebra torácica, se relaciona com a face medial do lobo superior do pulmão direito, sendo por isso mais acessível à direita do que à esquerda. À esquerda se relaciona com o tronco da artéria subclávia esquerda, e com a croça da aorta, em nível da terceira para a quarta vértebra torácica, e com a aorta descendente até o nível da oitava vértebra, onde o esôfago surge exposto em relação com a face medial do lobo inferior do pulmão esquerdo, imediatamente atrás da reflexão pleural, que constitui o ligamento pulmonar, para penetrar no abdome através do hiato esofágico, em nível da 10ª vértebra torácica.

O s**egmento abdominal do esôfago**, em peças fixadas, mede cerca de 3cm de comprimento e é o mais curto dos três segmentos. No abdômen, relaciona-se e imprime marca no lobo esquerdo do fígado, à esquerda da fissura para o ligamento venoso. A partir da incisura cárdica, configuração angular formada pela relação entre o segmento abdominal do esôfago e o contorno medial do fundo gástrico, o esôfago se une ao estômago, em um plano oblíquo de cima para baixo e da esquerda para a direita. Sua luz se comunica com a do estômago através do orifício cárdico. A junção esofagogástrica se faz na linha de encontro (linha Z) dos epitélios esofágico (pavimentoso estratificado) e gástrico (simples colunar). Essa junção, em condições normais, se encontra projetada em nível do último centímetro da porção tubular do segmento abdominal do esôfago.

O esôfago passa ajustado pelo hiato diafragmático, que é uma abertura muscular mediana, determinada, em 84,8% das vezes, pela disposição dos feixes musculares primário e secundário do pilar direito do diafragma, com participação adicional em 15,2% de feixe secundário do pilar esquerdo. O esôfago é fixado ao hiato esofágico por projeção conjuntiva da fáscia infradiafragmática com contribuição da supradiafragmática, que geram as porções ascendentes e descendentes do ligamento frenoesofágico (membrana frenoesofágica). Esse ligamento se define como uma membrana conjuntiva que, por um lado, se fixa ao diafragma e por outro, através de interdigitações conjuntivas, na camada muscular do esôfago. Essa fixação esofágica se faz nos dois últimos centímetros do esôfago torácico e a igual distância no esôfago abdominal. Embora o peritônio se reflita por sobre o esôfago abdominal, ele não peritoniza esse segmento. Ele se reflete do contorno superior do estômago, passando por sobre o esôfago sem se constituir em uma de suas camadas. Entre o segmento abdominal do esôfago e o peritônio, existe atmosfera adiposa que contém o tronco dos nervos vagos anterior e posterior.

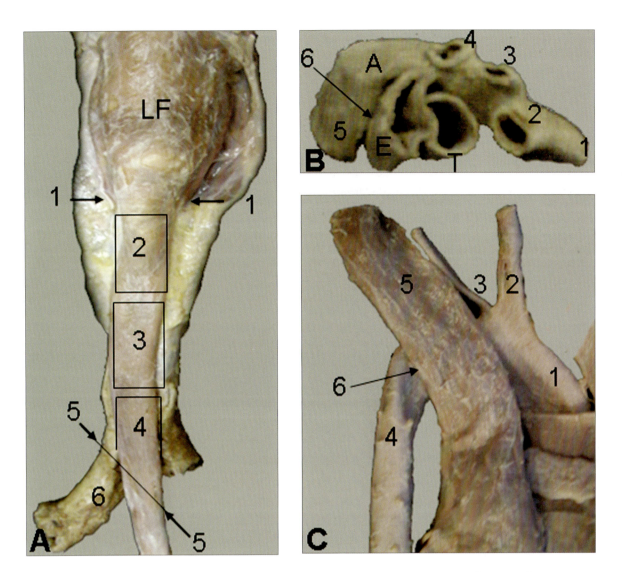

Fig. 4 Em A, vista posterior de peça fixada onde LF laringofaringe, 1 - setas apontando a transição faringoesofágica (TFE), primeira constrição fisiológica do esôfago, 2 e 3 terço superior do esôfago onde 2 - músculo estriado esquelético, 3 - zona de transição onde se encontram fibras musculares estriadas e lisas mescladas umas com as outras, 4 - início do terço médio do esôfago (músculo liso), 5 - terceira constrição fisiológica do esôfago (relação do esôfago com o brônquio fonte esquerdo), 6 - brônquio fonte esquerdo. Em B, vista de topo dos vasos da base do coração, em posição transversa, onde se identificam: A - crossa da aorta, E - esôfago, T - traqueia, 1 - aorta ascendente, 2 - tronco arterial braquiocefálico, 3 - carótida esquerda, 4 - subclávia esquerda, 5 - aorta descendente, 6- relação aórtico esofágica (segunda constrição fisiológica do esôfago). Em C, vista posterior de peça fixada, onde 1 - aorta ascendente, 2 - tronco arterial braquiocefálico, 3 - carótida esquerda, 4 - aorta descendente, 5 - esôfago, 6 - relação aórtico esofágica (segunda constrição fisiológica do esôfago).

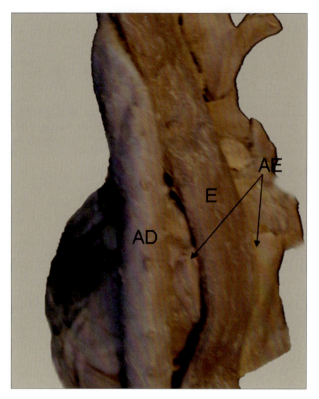

Fig. 5 Peça anatômica em vista posterior onde se vê AD - aorta descendente e se destaca a relação de tangência entre o esôfago (E) e o átrio esquerdo (AE). Essa tangência não produz constrição esofágica. Quando essa constrição esofágica estiver presente, denotará aumento por sobrecarga da cavidade atrial (ocorre em casos de hipertensão arterial).

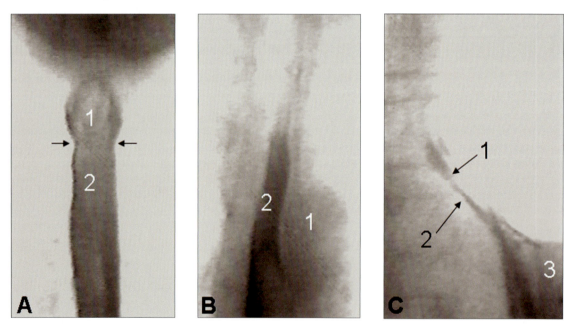

Fig. 6 Imagens obtidas de sequência videofluoroscópica em incidência posteroanterior da fase esofágica com uso de solução de sulfato de bário, onde A deixa ver entre setas a primeira constrição fisiológica do esôfago. Em 1 - densidade de resíduo final do meio de contraste na laringofaringe, 2 - porção superior do esôfago contrastada. Em B, destaca-se a imagem radiológica da segunda constrição fisiológica do esôfago determinada pela relação de 1 - crossa da aorta e 2 - esôfago. Em C, quarta constrição fisiológica do esôfago (1), onde pequeno resíduo acima marca retenção produzida pelo hiato esofágico (responsável pela produção da quarta constrição), 2 - esôfago abdominal, 3 - estômago.

ESTRUTURA, VASOS E NERVOS

O tubo esofágico é desprovido de serosa; externamente ele é envolvido por uma adventícia conjuntiva fibrosa, que contém um plexo nervoso constituído por ramificações dos troncos vagais.

Sua **organização muscular**, excetuando a muscular da mucosa, é composta por duas camadas, uma externa longitudinal e outra interna circular. Essas camadas são constituídas por fibras musculares do tipo estriado, em seu terço superior, e por fibras do tipo liso em seus terços, médio e inferior. Na transição entre os terços superior e médio se observa a coexistência de fibras musculares estriadas e lisas. Em sua porção cranial, a seguir a faringe, a camada muscular externa, definida como longitudinal, não guarda claramente esta disposição. Essa camada longitudinal, em seu primeiro centímetro, se projeta obliquamente de lateral para medial, de sua inserção cranial no contorno posterolateral da cartilagem cricoidea, para correr longitudinalmente na face posterior do esôfago, deixando a camada muscular circular exposta, em nível do contorno posterior do primeiro centímetro do esôfago.

A **submucosa** é composta por tecido elástico e fibroso, frouxamente dispostos onde encontramos, espalhadas em distribuição desigual, em maior quantidade na porção alta, a parte profunda das glândulas mucosas do esôfago.

Revestido por epitélio pavimentoso estratificado, o esôfago deixa ver, na mucosa da extremidade inferior, as glândulas cárdicas, que são pequenas glândulas mucosas semelhantes às encontradas na mucosa do estômago. Essas glândulas também podem ser encontradas na extremidade superior do esôfago. Elas não penetram na submucosa e podem ser responsáveis, nas regiões onde são encontradas, pela substituição do epitélio estratificado do esôfago por epitélio simples colunar do tipo gástrico.

A **mucosa esofágica** é redundante e, em corte transverso, mostra número variável de digitações que se projetam para a luz esofágica, gerando cristas que delimitam canais longitudinais. Essas projeções mucosas e os canais por elas formados se desfazem com a distensão do esôfago.

Uma **rede nervosa intramural** é descrita no esôfago. Esta rede se compõe de um plexo mioentérico e outro submucoso. Neurônios excitatórios e inibitórios dessa rede são admitidos capazes de coordenar a dinâmica peristáltica do esôfago e a abertura receptiva do esfíncter esofágico inferior. Essa rede nervosa intraparietal constitui o sistema nervoso entérico do esôfago, e a integração morfológica e funcional de seus gânglios garante a dinâmica fisiológica desse segmento digestivo. Lesão dos gânglios da extremidade distal, de origem chagásica, idiopática ou outra qualquer, produz irresponsividade de abertura da transição faringoesofágica com consequente comprometimento da liberdade de fluxo esofagogástrico.

A **irrigação arterial** do esôfago provém de artérias vizinhas a seu trajeto. Ramos das artérias tireoidiana inferior, subclávia esquerda, aorta torácica, intercostais, frênica e gástrica esquerda contribuem para sua irrigação. Em pontos onde vasos mais calibrosos tranfixam a parede muscular esofágica, para se ramificarem na submucosa, podem ocorrer, sob regime de hipertensão da luz esofágica, a formação de um divertículo definido como pseudo ou falso. Estes pontos de penetração vascular se constituem em pontos anatomicamente menos resistentes capazes de permitir a pulsão da mucosa e a formação da bolsa diverticular.

A **drenagem venosa** se faz para veias adjacentes de maior porte, produzindo, algumas vezes, anastomoses entre veias distintas. Uma importante relação de drenagem anastomótica é a que se faz entre a rede venosa da extremidade inferior do esôfago e a veia gástrica esquerda por um lado e o sistema ázigo por outro, tornando essa região do esôfago zona de interligação venosa entre os sistemas porta e cava superior. Comprometimento da liberdade do fluxo portal através do fígado implica hipertensão do sistema porta, com drenagem vicariante em sentido retrógrado, onde uma das vias é a que passa pela submucosa da extremidade inferior do esôfgo, explicando a formação de varizes esofágicas.

Os **vasos linfáticos** transitam na parede do esôfago especialm ente na submucosa e entre as camadas musculares, drenando para linfonodos cervicais profundos, mediastinais posteriores e gástricos esquerdos.

TRANSIÇÃO FARINGOESOFÁGICA
ESFÍNCTER ESOFÁGICO SUPERIOR

A **transição faringoesofágica** deixa ver expressiva redução da área transversa da faríngea em relação à do esôfago. A camada muscular estriada da faringe forma tubo, cuja musculatura, em meia calha, se continua com a do esôfago, também estriada, formando um tubo completo em toda a sua circunferência. Além dessa característica, nenhuma outra nítida diferenciação foi valorizada como existente em sua adventícia ou em sua mucosa em nível da transição faringoesofágica. No entanto, um marcado sentido tranverso do pregueado mucoso da parede posterior da faringe contrasta com o nítido pregueado longitudinal do esôfago. Essa redundância mucosa com sentido transverso, na parede posterior da faringe, certamente facilita a passagem do bolo para o esôfago, em especial por ser esta transição, excluída a do apêndice, a luz de menor dimensão em todo o tubo disgestivo.

O arranjo muscular estriado da transição faringoesofágica é suficientemente organizado para permitir a distinção anatômica entre a faringe e o esôfago. Note-se que essa organização muscular, que distingue a faringe do esôfago, não se apresenta com a configuração clássica de um esfíncter onde se identifica um anel muscular. Contudo, uma zona de alta pressão denominada esfíncter esofágico superior (EES) pode ser identificada, em sua maior extensão, na faringe, acima da linha de transição entre a faringe e o esôfago, na correspondência e acima, do fascículo cricofaríngeo do músculo constritor inferior da faringe. Assim, a zona com função esfinctérica, denominada esfíncter esofágico superior, tem sua base morfológica com sede na laringofaringe. O principal responsável pela pressão basal elevada dessa região é ação de pinça exercida pela aposição da cartilagem cricoidea contra o corpo da sexta vértebra cervical. O músculo cricofaríngeo, que tem sido indevidamente considerado como o gerador da pressão basal elevada dessa zona, é importante por delimitar e dar resistência a essa transição.

A zona de alta pressão da TFE alcança limites acima do músculo cricofaríngeo e avança, também abaixo, por uma pequena extensão da extremidade superior do esôfago, regiões onde o cricofaríngeo não atua. Embora já se tenha descrito que as fibras mais inferiores do cricofaríngeo, em 4% dos casos, se direcionam obliquamente para baixo, à direita e à esquerda, misturando-se com as fibras circulares da porção cranial do esôfago. Nesses casos, quando muito, essas fibras poderiam potencializar a resistência dessa transição faringoesofágica à passagem do fluxo.

A transição faringoesofágica é uma zona morfologicamente estreitada com as paredes posterolaterais formadas pelo cricofaríngeo e a anterior pelo contorno posterior da cartilagem cricóidea. Essa região, comprimida entre a cartilagem cricóidea e a lordose da coluna cervical, tem nessa relação de pinça a explicação de sua pressão basal positiva, que deixa de existir, quando da deglutição, devido ao afastamento cervicolaríngeo determinado pela elevação e anteriorização do hioide e da laringe.

A pressão da transição faringoesofágica, medida por manômetro de fluxo, registra pressões variáveis e desiguais em nível da região com função esfinctérica (zona de alta pressão). As pressões registradas anterior e posteriormente se devem à relação de aposição entre a cartilagem cricóidea e a coluna cervical. Essas pressões registradas no contorno anterior e posterior são significativamente mais elevadas do que aquelas registradas lateralmente, onde o contorno é limitado pelo músculo cricofaríngeo. A participação do músculo cricofaríngeo nessa região de alta pressão se faz por ser ele limitador do diâmetro da TFE. Observar que na TFE em nível do fascículo transverso do cricofaríngeo se encontra, à exceção do apêndice cecal, a seção tubular mais estreita do tubo digestivo. Esse fato explica os possíveis efeitos facilitadores de passagem pela transição faringoesofágica determinados pela miotomia do cricofaríngeo.

Vale relembrar que outros mecanismos foram aventados como responsáveis pela zona de alta pressão da transição faringoesofágica. Embora não confirmado, um coxim venoso localizado na submucosa dessa região foi admitido como um possível elemento na geração da alta pressão dessa transição. Contudo, esse conceito deu base à descrição de uma mecânica esfinctérica coordenada por um esfínter rabdomiovenoso (associação de ações dependentes da musculatura estriada regional com apoio do coxim venoso).

172 - Deglutição & Disfagia - Bases Morfofuncionais e Videofluoroscópicas

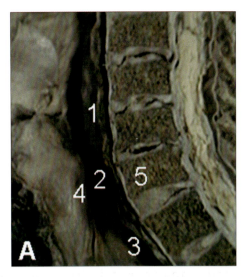
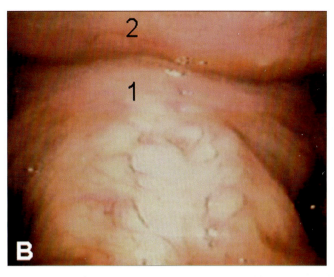

Fig. 7 Em A, corte sagital da região cervical destacando a transição faringoesofágica (TFE): 1 - cavidade laringofaríngea, 2 - luz da TFE, 3-esôfago cervical, 4 - área de projeção da lâmina da cartilagem cricoide, 5- quinta vértebra cervical. Em B, vista endoscópica, onde se destaca a relação que mantém fechada, no repouso, a TFE: 1 - projeção da lâmina da cartilagem cricoide, 2 - projeção das vértebras cervicais. Observar fenda transversa fechada pela aposição de 1 e 2.

TRANSIÇÃO ESOFAGOGÁSTRICA (ESFÍNCTER ESOFÁGICO INFERIOR)

O **esfíncter esofágico inferior** (EEI) corresponde à zona localizada na extremidade distal do esôfago, que mede dois ou pouco mais centímetros de extensão e apresenta pressão positiva de repouso na ordem de 20 mmHg.

Para essa transição com função esfinctérica não foi possível, ainda, identificar uma organização anatômica que pudesse ser apontada, com segurança, como a responsável pela geração da alta pressão aí encontrada. Não se encontrou, de modo confiável, qualquer espessamento da camada muscular circular que pudesse ser admitido como capaz de gerar ação contrátil mantida nesse segmento do tubo esofágico. Esse fato justifica o conceito de esfíncter fisiológico para denominar essa zona de alta pressão na extremidade inferior do esôfago. Esse esfíncter, como qualquer outro no tubo digestivo, tem a função básica de controlar e regular o sentido fisiológico do fluxo entre os segmentos que ele separa.

A pressão positiva do EEI durante o repouso tem sido admitida como devida à contração tônica da musculatura da região esfinctérica. Ela seria regulada por nervos intrínsecos e extrínsecos, por hormônios e neuromoduladores. A pressão basal do EEI se reduz a zero em concomitância com o início da peristalse esofágica por inibição da ação muscular esfinctérica. A inervação esofágica, ao mesmo tempo que estimula a contração peristáltica do corpo esofágico, atuaria inibindo e relaxando o EEI. Assim, fibras excitadoras vagais, predominantemente colinérgicas, atuam na despolarização e contração do corpo esofágico. O relaxamento do esfíncter, que ocorre em resposta ao início da peristalse primária no esôfago, seria mediado por fibras vagais que inibiriam os músculos do EEI. A concepção é a de que neurotransmissores tipo VIP (polipeptídio intestinal vasoativo) e NO (óxido nítrico) sejam capazes de gerar potenciais inibitórios que atuariam como mediadores do relaxamento do EEI.

O esfíncter esofágico inferior apresenta, ainda, relaxamentos transitórios. O relaxamento transitório é um relaxamento do EEI distinto daquele que ocorre produzido pela deglutição normal. Eles podem ocorrer espontaneamente em ausência do estímulo inibitório produzido ou relacionado com a deglutição. A duração do período de ausência de pressão no EEI durante o relaxamento transitório é de 5 a 30 segundos, e com frequência por tempo mais longo do que o relaxamento induzido pela deglutição normal. Essa dinâmica seria parte da fisiologia desse esfíncter e seu significado seria o de descomprimir o estômago, permitindo a eructação. O refluxo não acompanha inevitavelmente esse tipo de relaxamento. No entanto, a frequência de episódios de refluxo durante esse relaxamento transitório é maior em pacientes com a doença do refluxo do que a observada em indivíduos sadios.

O esfíncter esofágico inferior é importante elemento no impedimento do refluxo gastroesofágico. Já se admitiu que a hipotonia de uma organização muscular esfinctérica em nível da transição esofagogástrica seria a responsável primária pela doença do refluxo gastroesofágico. Constatou-se, no entanto, que é pequeno o número de pacientes que apresentam hipotonia em associação com refluxo gastroesofágico. Não obstante, a detecção da abertura do EEI sem as solicitações determinadas pelo esforço de deglutição, como se observa no período dito como de relaxamento transiente, indica uma importante participação de um contingente muscular na dinâmica de abertura dessa transição. Contudo, algumas outras evidências apontam para a existência de outros mecanismos associados no impedimento do refluxo.

O fato de o esfíncter esofágico inferior ter sua morfofuncionalidade ligada ao impedimento do refluxo gastroesofágico, em ausência de uma estrutura muscular esfinctérica, na acepção clássica, que, como visto, não foi encontrada no esôfago terminal em zona onde funcionalmente poder-se-ia presumir que existisse, tem estimulado a busca pela compreensão do mecanismo gerador da pressão da transição esofagogástrica e consequentemente do mecanismo do antirrefluxo. Por isso, foram admitidos mecanismos dependentes de outros arranjos que justificassem a função esfinctérica do esôfago terminal.

Cerca de 27 possíveis mecanismos foram considerados pela literatura como de importância para a eficiência do mecanismo antirrefluxo gastroesofágico. Foram considerados mecanismos extraparietais, parie-

tais e mecanismos que conjugam estruturas parietais e extraparietais.

Entre os mecanismos extraparietais se exemplifica a possível ação de pinçamento do esôfago realizado pelos pilares do diafragma, a influência do túnel hepatodiafragmático, a compressão do lobo esquerdo do fígado sobre o esôfago abdominal, a obliquidade da junção esofagogástrica, a pressão intra-abdominal exercida sobre o esôfago e o trabalho de contenção do ligamento frenoesofágico.

Entre os mecanismos parietais se exemplificam o arranjo pantográfico das fibras musculares em espiral do esôfago terminal, a função dada por fibras esofagianas, de trajeto elíptico, os efeitos da musculatura espiral e longitudinal sobre o esôfago terminal e o "colar de Helvetii" dado pelas fibras oblíquas que passam a cavaleiro da incisura cárdica com as fibras circulares, quase horizontais, quando cruzam aquelas em nível da junção do esôfago com o estômago. Ainda como mecanismos parietais, podem-se citar a projeção intragástrica da incisura cárdica (válvula de Gubarof), a roseta mucosa de Wolf e o coxim venoso do segmento esofagogástrico que, pela pletora venosa da região, funcionaria como um corpo cavernoso compressivo.

Como mecanismos que mostram uma inter-relação entre estruturas parietais e extraparietais, temos a admissão de que o arranjo conjuntivo extraparietal se associa anatomofuncionalmente com o arranjo conjuntivo muscular parietal de configuração pantográfica e, também, a que considera a ação de fibras musculares dispostas circularmente no esôfago e no estômago, próximo à junção, reforçadas potencialmente por expansões do pilar direito do diafragma em torno do esôfago.

A discussão entre os diversos possíveis mecanismos de antirrefluxo cedeu lugar, na década de 80, ao conceito que se alicerçava no entendimento de que o alongamento do segmento abdominal do esôfago seria o determinante do sucesso de determinadas técnicas capazes de curar o refluxo gastroesofágico. Corroborando este conceito admitiu-se ter-se demonstrado correlação linear positiva entre o esôfago estirado pela cirurgia e os testes antirrefluxo.

Esse estiramento, que recupera o mecanismo antirrefluxo do segmento inferior do esôfago, não definia o arranjo morfológico responsável pela zona funcional de alta pressão e admitiu especulações. Assim, a roseta mucosa, o coxim venoso, o mecanismo valvular e o próprio alongamento esofágico são expressões anatômicas que são invocadas como significativas para a recuperação de uma morfofuncionalidade perdida.

Admitiu-se, de modo especulativo, que a eficiência do alongamento se devesse à ação de prensa abdominal sobre o esôfago terminal. Também se admitiu que o estiramento do esôfago pudesse rearranjar a estruturação muscular do esôfago terminal, recriando uma fixação distal para a musculatura desse segmento do tubo digestivo, permitindo assim a recuperação da função perdida.

A ausência de refluxo detectável, em presença de algumas hérnias hiatais por deslizamento, não invalida o raciocínio promovido pelo estiramento do esôfago, pois pode ter sua explicação na associação de mecanismos de importância menor mas de eficiência suficiente para manter presente a competência do mecanismo antirrefluxo.

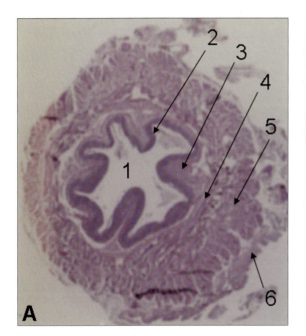 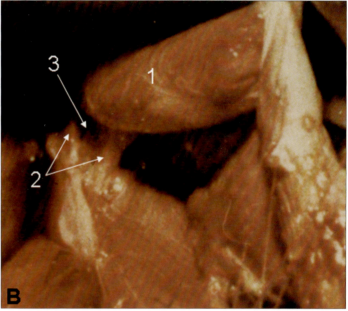

Fig. 8 Em A, corte transverso da porção distal do esôfago em pequeno aumento (hematoxilina - eosina), destacando sua característica circular onde 1 - luz esofágica deixa ver projeções digitiformes (roseta de Wolf - já admitidas como mecanismo antirrefluxo) constituídas por mucosa (2) e submucosa (3) criando recessos que, em imagens radiográficas, preenchidos por meio de contraste, dão a característica de linhas longitudinais do esôfago normal, 4 - camada muscular circular, 5 - camada longitudinal, 6 - camada conjuntiva (adventícia). Em B, vista abdominal de peça não fixada, onde 1 - segmento abdominal do esôfago (tracionado), 2 - pilares do diafragma, 3 - hiato esofágico.

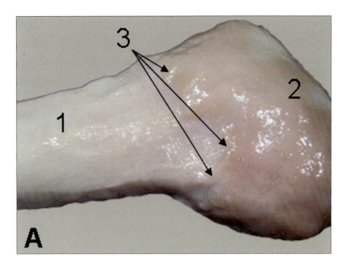 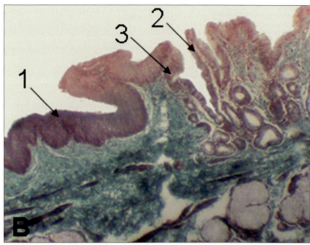

Fig. 9 Em A, imagem obtida de peça anatômica não fixada onde se inverteu o segmento esôfago - gástrico expondo a luz esofágica como superfície externa no qual, por diferença de coloração, identifica-se: 1- segmento abdominal do esôfago, 2 - estômago, 3 - linha Z (transição entre as mucosas esofágica e gástrica). Em B, corte histológico (coloração de Gomori) onde 1 - mucosa esofágica (epitélio pavimentoso estratificado) se distingue de 2 - epitélio glandular do estômago em nível de 3 - linha Z (transição entre os epitélios esofágico e gástrico).

DINÂMICA ESOFÁGICA PERISTALSE

O esôfago tem como funções admitir e conduzir seu conteúdo, seja sólido, pastoso ou líquido, através da sua luz até o estômago. Esse deslocamento se deve não só à ação da gravidade mas também, e especialmente, à contração muscular sequenciada que a organização muscular do esôfago permite tenha lugar. A essa contração muscular sequenciada se denomina peristalse.

O **movimento peristáltico**, por definição, é o determinado por constrição anular que se propaga em sentido normal ao longo do tubo digestivo; é o movimento de contração do tubo digestivo em onda progressiva, de cima para baixo, de forma a deslocar seu conteúdo no sentido caudal.

A organização muscular, longitudinal e circular, do esôfago, nos permite perceber que estas camadas se complementam em função. A contração da camada longitudinal encurta e alarga o esôfago, diminuindo sua resistência e propiciando que a pressão maior, acima, se transfira para a área receptiva, abaixo. A contração da musculatura circular gera constrição anular com aumento de pressão. A peristalse é nesse contexto uma sequência de contrações em esôfago receptivo.

Na peristalse primária a despolarização faríngea invade o esôfago e procede à despolarização da camada longitudinal, a qual se contraída, alarga o esôfago, tornando-o receptivo. Com a entrada do bolo no esôfago surgem a seguir a ele a despolarização e a contração da camada circular, que de modo sequencial propelem o bolo em sentido distal em esôfago ainda receptivo. Assim, concomitantemente com a sequência contrátil que propele o bolo, a transição esofagogástrica (EEI) se torna receptiva (permeável). Esse relaxamento receptivo, que abre a transição faringoesofágica, atinge também o estômago, que neste tempo também se mostra receptivo. À medida que a contração progride em sentido distal, as porções altas dessas camadas musculares vão se repolarizando e voltando ao repouso.

A peristalse primária nem sempre clareia o esôfago totalmente. Neste caso o resíduo remanescente estimula em nível de sua retenção intraesofágica uma onda peristáltica secundária, em tudo semelhante à primária, exceto em seu ponto de surgimento e mecanismo de iniciação. Ela se inicia no ponto em que o resíduo estimula a parede, e seu mecanismo se deve a receptores locais ligados aos plexos submucoso e mioentérico.

A fase esofágica da deglutição talvez fosse mais bem definida como fase esofagogástrica, em razão de o estômago apresentar relaxamento receptivo, simultâneo ao relaxamento receptivo da junção esofagogástrica. Observações com dieta composta por nutrientes associada a solução de sulfato de bário mostra relaxamento receptivo capaz de incluir todo o estômago, embora o admitido seja o relaxamento da porção proximal do estômago.

BIBLIOGRAFIA CONSULTADA

1. Allison PR. Reflux esophagitis, sliding hiatal hernia, and anatomy of repair.Surg. Gynecol. Obstet. 1951; 92(4): 419-31.

2. Augustini N, Sxhimid H, Bruhlmann WF. The importance of X ray cinematography of deglutition for indicating the need for myotomy of the pharingoesophageal sphincter, ROFO 1987; 146: 510-14.

3. Bombeck CT. Reflux esophagitis. In: NYHUS,L.M. & WASTELL,C. Surgery of the stomach and duodenum. Boston, Little, Brown, 1977.

4. Bombeck CT. Gastroesophageal reflux. In: NYHUS, L. M. & CONDON,R.E. Hernia. Philadelphia, J.B. Lippincott,1978.

5. Carvalho CF. Sobre o mecanismo de fechamento da transição esofagogástrica no homem. Rev. Hosp. Clin. Fac. Med. São Paulo 1964; 19 (4) : 200-9.

6. Costa M M B. Considerações críticas sobre as bases anatômicas da gastropexia posterior proposta por Hill. Rev. Col. bras. Cir 1988; 15 (6): 325-8.

7. Costa M M B . Esôfago: Anatomia Médico-Aplicada. In: Gerson Domingues – Esôfago, Rio de Janeiro Ed. Rubio 2005; 1-12.

8. Costa M M B. Sobre a constituição músculo-tendinosa do contorno do hiato aórtico. Rev. Bras. Ciên. Morfol., 1989; 6(2): 114-9.

9. Costa M M B. Sobre a estruturação músculo-fascial do hiato esofágico e sua aplicação médico-cirúrgica. Rev. Col. bras.Cir 1991; 18 (4): 109-14.

10. Costa M M B, Barreto H. Gastropexia posterior anti-refluxo gastroesofágico. Rev. Col. bras. Cir. 1986; 13(5):190 - 4.

11. Costa M M B., Barreto H. Hérnia por deslizamento do hiato esofágico - Reflexões sobre a fundamentação da terapêutica cirúrgica. Senecta 1986; 9 (2):.8-12.

12. Costa M M B, Barreto H. Pilares do diafragma. Rev. Bras. Cien. Morfol. 1986; 3 (1): 47-53.

13. Costa M M B, Pires Neto ,M A. Anatomical investigation of the esophageal and aortic hiatuses: Physiological, clinical and surgical considerations. Anatomical Science International 2004; 79: 21-31.

14. Costa M M B, Sá Monteiro J, Koch H.A. Videofluoroscopia Esofágica. In: Costa MMB, Castro LP. Tópicos em deglutição e disfagia. Rio de Janeiro - MEDSI. 2003; 307-16.

15. Costa M M B, Moscovice M, Pereira AA, Koch H A. Avaliação Videofluorocópica da Transição Faringoesofágica (esfíncter superior do esôfago) Radiol Bras. 1993; 26: 71-80, 1993.

16. Costa MMB. Análise estrutural da laringofaringe e suas implicações na miotomia do cricofaringeo, na injeção de toxina botulínica e na dilatação por balão Arquivos de Gastroenterologia, São Paulo, v. 40, n. 2, p. 63-72, 2003.

17. Dent J. Gastroesophageal Reflux Disease: A Primary Motility Disorder. In: Heading & Wood. Gastrointestinal Dysmotility focus on Cisapride, New York, Raven Press, 1992.

18. De Meester TR, Wernly JA, Bryant GH, Little AG, Skinner DB. Clinical and "in vitro" analysis of determinants of gastroesophageal competence. A study of the principals of anti-reflux surgery. Am. J. Surg 1979;137 (1):39-46.

19. Diamant NE. Phisiology of esophageal motor function. Gastroenterology Clin North Am 1989; 18: 179-93.

20. Didio LJA, Anderson MC. Esophagus. In: The sphincter of the digestive system. Willians & Wilkins, Baltimore 1968;34-89.

21. Garcia, O. S. Estudo morfofuncional da unidade "Diafragma - membrana freno-esofágica – segmento de transição esofagogástrico" no homem adulto (Tese, Doutorado, Fac. Med. , USP), São Paulo, 1976.

22. Guyton AC. Transporte e mistura do alimento do tubo digestivo. In: Tratado de fisiologia médica. 8ª ed. Rio de Janeiro: Guanabara Koogan, 1991.

23. Hamilton W J. Tratado de Anatomia Humana. 2ª ed. Interamerica, Rio de Janeiro, 1982.

24. Higtower NC Jr. . The Phisiology of symptoms (1) swallowing and esophageal motility. Amer. J. Dig Dis. 1958; 3: 562-83.

25. Ingelfinger FJ. Esophageal motility. Phisiol Rev 1958; 38: 533-84

26. Kaiser S. Alongar o esôfago abdominal: Manobra chave da cirurgia anti-refluxo. Rev. Col. bras. Cir., 6 (2): Editorial, 1979.

27. Kaiser S. Cirurgia do refluxo gastroesofágico. Rio de Janeiro,. Original datilografado (Memória Acad. Nac. Med.) 1982.

28. Kutchai HC. The gastrointestinal System. In: Berne & Levi. Physiology. 4ª ed. Mosby, St. Louis, 1998.

29. Lind JF, Warrian WG, Wankling WJ. Responses of the gastroesophageal junction zone to increases in abdominal pressure. Canad. J. Surg. 1966; 9: 32-8

30. Melo, J.R.C. Esôfago: Bases Fisiológicas e Fisiopatológicas da Dinâmica Esofágica e do Controle Esfinctérico. In: Costa MMB, Lemme EMO, Koch HÁ . Temas em Deglutição e Disfagia – Abordagem Multidisciplinar. SupraSet Rio de Janeiro. 1998; 17-27.

31. Nehra D, Lord RV, DeMeester TR, Theissen J, Peters JH, Crokes PF, Bremner CG: Physiologic basis for the treatment of epiphrenic diverticulum. Ann Surg 2002; 3:346–54.

Milton Costa

32. Netter FH. The compilations of paintings on the normal and pathologic anatomy of the digestive system. New York, Ciba, 1959. V3

33. Netter FH.. Atlas de anatomia humana. Porto Alegre, Artes Médicas, 1998.

34. Rodriques H. Pesquisas Anatômicas sobre os plexos venosos submucosos faringo-esofágicos no homem. Tese para cátedra de Anatomia. Juiz de Fora: FMUFJF,1963

35. Rodriques H, Nunes jr A. O músculo cricofaríngeo e suas relações com o músculo faringoesofágico e com o "esfíncter esofágico superior". Bol. Inst. Ci Biol Geoci 1974; 9: 3-27.

36. Savary M, Miller G: The esophagus. In: Handbook and atlas of endoscopy. City, Switzerland: Gassman AG, 1978; 135-39.

37. Shackelford RJ. Hiatal hernia In: Shackelford RJ. Surgery of the alimentary tract. Philadelphia, W.B. Saunders, 1978.

38. Testut L, Jacob. O Tratado de Anatomia Topográfica. Barcelona, Salvat, 1964. V2.

39. Warwick R, Willians PL . Gray Anatomia. Rio de Janeiro, Guanabara Koogan, 1979. V2.

40. Wolf BS. The esophagogastric closing mechanism; role of the abdominal esophagus. J. Mount Sinai Hosp. N.Y. 1960; 27 (4): 404-16.

CAPÍTULO XI

DISFAGIA ORAL E/OU FARÍNGEA E DISTÚRBIOS REFERENTES

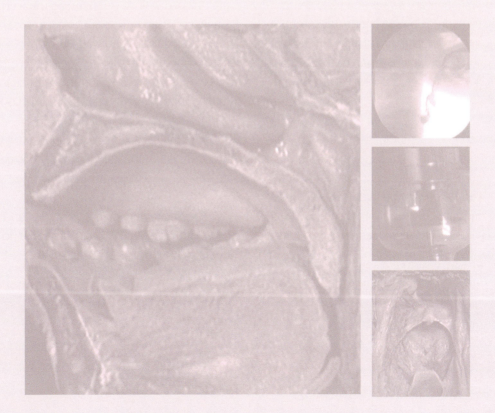

CONCEITOS BÁSICOS
(disfagia, dis = dificuldade, fagos = comer)

Por definição, "disfagia" significa dificuldade para comer, dificuldade para deglutir; deve, para mais adequada compreensão, ser adjetivada como leve, moderada ou severa. É necessário ainda considerar os limites morfológicos e funcionais, em especial da cavidade oral e da faringe. Pequenos volumes como um comprimido que se tenta deglutir a seco, ou um volume desproporcional, como uma carne fibrosa que se sabe de grande volume e que teimosamente se tenta deglutir, oferecem uma natural dificuldade que não deve ser entendida como disfagia. Aqui o limite morfofuncional foi atingido. Assim, disfagia deve ser definida como uma "dificuldade patológica para deglutir".

Como deglutição implica dinâmica que envolve as fases oral, faríngea e esofágica, é necessário ainda considerar a região ou regiões acometidas. A disfagia deve, ainda, ser subdividida em alta, quando envolver as fases oral e faríngea, e baixa, quando acometer o esôfago. Erroneamente a disfagia alta tem sido tratada como de transferência em oposição à esofágica que é definida como de condução. A fase oral ejeta seu conteúdo, de forma voluntária ou semiautomática, transferindo informação pressórica para a faringe e o esôfago. Isto permite que se definam as disfagias orais como de transferência e as faríngeas e esofágicas como de condução.

A disfagia é, ainda, e também erroneamente, considerada e entendida por muitos como um sintoma. Sintoma por definição se configura como "qualquer evidência subjetiva de doença ou alteração fisiológica, revelada pelo paciente, sugerindo a existência de algum processo patológico". "Algo que indica a presença de um distúrbio físico."

Seguramente, disfagia é muito mais que um sintoma. Uma doença que se caracteriza como uma "perturbação das funções normais de um ou vários órgãos, cujas causas podem ser conhecidas ou não, traduzindo-se por conjunto de sintomas e sinais clínicos que orientam ou asseguram o diagnóstico". Melhor ainda, uma síndrome que se define como "conjunto de sinais e sintomas que ocorrem juntos e constituem uma individualidade clínica, de causa conhecida ou desconhecida". Ou, "qualquer quadro patológico, caracterizado por determinada série de sinais e sintomas, que podem ser produzidos por mais de um agente etiológico".

As múltiplas causas etiológicas de disfagia se encontram nos acometimentos neuromusculares, nos tumorais, nos infecciosos, nos metabólicos, nas malformações, nas degenerações e nas não raras causas iatrogênicas.

O conjunto de sinais e sintomas se configura pela inabilidade do preparo do bolo alimentar, na sua percepção inadequada ou perdida, na incapacidade de se organizar o bolo e também de transferi-lo para a faringe, no escape pressórico da oro para a rinofaringe, pela inadequada condução do bolo e sobretudo pelo comprometimento da adequada abertura em dimensão e tempo da transição faringoesofágica, que termina por comprometer a proteção das vias aéreas.

Sialoestase, sialorreia, penetração, aspiração, desnutrição, pneumonias e não raro morte são comemorativos que se associam à disfagia.

Podemos concluir que disfagia não é um sintoma de múltiplas doenças, mas sim, quando pouco, uma doença de múltiplas etiologias.

DISFAGIA ORAL E FARÍNGEA

A dificuldade de deglutição por comprometimento das funções oral e/ou faríngea tem sido designada como disfagia alta ou orofaríngea (DOF). É um erro, embora confortável e aparentemente inofensivo, designar as disfagias orais e faríngeas como disfagias orofaríngeas. Esta atitude produz expressivo dano à compreensão da fisiopatologia dessas disfagias. Não se trata de uma questão semântica e sim técnica.

A disfagia não é orofaríngea; orofaringe é região faríngea que não necessariamente está comprometida na disfagia que recebe seu nome. A designação da disfagia como orofaríngea é um equívoco que não se sustenta na fisiopatologia que compromete a dinâmica integrada das fases oral e faríngea, mas se explica pelo desconhecimento que até há pouco tínhamos, em especial, a respeito da dinâmica faríngea, região que antes do advento da videofluoroscopia era considerada como "terra de ninguém" por uma dita complexa anatomia e impossibilidade de se parar o meio de contraste em seu trânsito por este segmento.

O equivocado conceito de disfagia orofaríngea induz a que se considerem as fases oral e faríngea como uma unidade funcional comprometida em sua dinâmica. Como visto, essas disfagias são entendidas e descritas como altas ou de transferência, em contraposição com as esofágicas, que são entendidas como baixas ou de condução.

As fases oral e faríngea são distintas em seu controle neural. A fase oral é voluntária, e a faríngea reflexa como a esofágica. A ejeção oral, de forma voluntária ou semiautomática, transfere informação pressórica para a faringe e o esôfago, permitindo assim que se entenda que as disfagias de transferência são um privilégio da fase oral. Faringe e esôfago estão envolvidos em um mesmo contexto de condução.

É verdade que uma transferência de condução elétrica e mecânica ocorrerá na fase involuntária da deglutição, mas não entre a faringe como anatomicamente delimitada e o esôfago e, sim, entre a musculatura estriada, que forma a faringe e o terço superior do esôfago, com o músculo de tipo liso que constituirá o restante do tubo esofágico. É nesta junção, que imbrica os músculos de característica estriada com os de característica lisa, que encontramos os primeiros gânglios do plexo mioentérico, responsáveis pela mecânica do esôfago de musculatura lisa.

Ainda como descompasso para o entendimento da fisiopatologia das disfagias orais e faríngeas, se encontra o lamentável mas ainda comum conceito de que a abertura da transição faringoesofágica se dá por relaxamento do músculo cricofaríngeo. Esta transição anatomicamente estreitada apresenta função esfinctérica basicamente dependente da relação da laringe com a lordose cervical e sua abertura depende fundamentalmente da dinâmica hioidea e laríngea, que se configura como o mais importante fator da fisiopatologia, que compromete o trânsito faríngeo em transferência para o esôfago e, consequentemente, na proteção das vias aéreas.

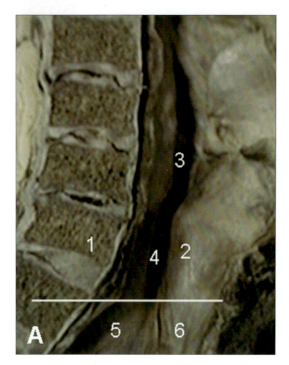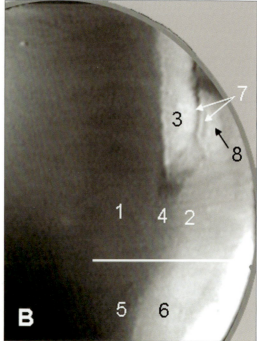

Fig. 1 Em A, corte sagital da região cervical destacando a transição faringoesofágica (TFE) e, em B, imagem videofluoroscópica em perfil esquerdo com identificação dos mesmos elementos. Linha transversa tangente à borda inferior da cartilagem cricoide demarcando o limite inferior da faringe. 1- corpo da quinta vértebra cervical, 2- laringe (lâmina da cartilagem cricoide), 3- laringofaringe (porção superior permanentemente aberta), 4- laringofaringe (porção inferior TFE - fechada na fase respiratória, aberta quando da deglutição), 5- esôfago (porção cervical), 6- projeção da traqueia. Em B, 7- meio de contraste adsorvido às pregas ariepiglóticas, 8- projeção do vestíbulo laríngeo.

Outro lamentável descompasso reside no fato de que há os que ainda acreditam que a epiglote é uma "tampinha" que se dobra para proteger as vias aéreas.

A proteção das vias aéreas durante a deglutição deve-se ao aumento da resistência dessas vias, determinado pela apneia de deglutição em associação a mecanismos laríngeos intrínsecos, que aumentam sua resistência em tempo em que a transição faringoesofágica se encontra aberta e receptiva ao fluxo digestivo.

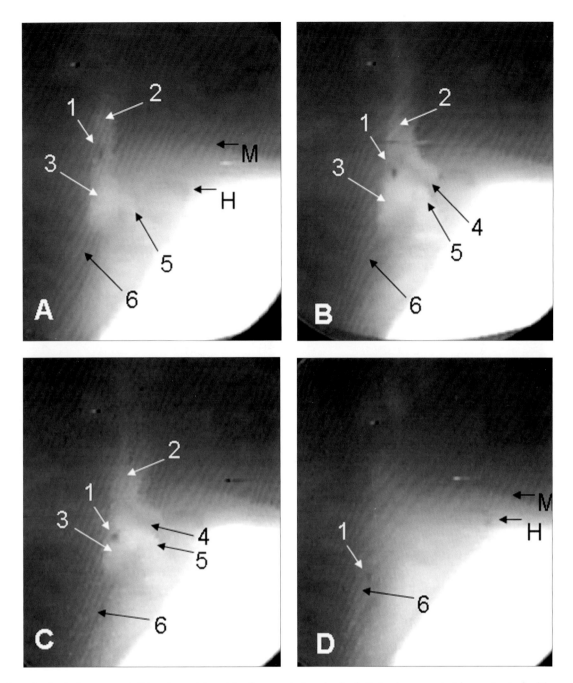

Fig. 2 Sequência de imagens obtidas de registro videofluoroscópico da deglutição de comprimido contrastado (1) que é visto passando pela extremidade livre da epiglote durante sua horizontalização. Em A, a epiglote tem sua densidade somada à do dorso da língua, não se evidenciando claramente como vista com a indicação (4) em B, C e D. Observar que de A para D osso hioide (H) se eleva e anterioriza aproximando-se de (M) limite inferior da mandíbula com consequente redução de densidade na transição faringoesofágica - TFE (6) devido à abertura dessa TFE. 2 - orofaringe, 3 - laringofaringe (porção superior), 5 - vestíbulo laríngeo.

Feitas essas ressalvas se pode falar em uma fisiopatologia para as disfagias que envolvem as fases oral e/ou faríngea, levando-se em conta as estruturas e funções comprometidas.

As disfagias orais se manifestam por ineficiência de ejeção que decorre do comprometimento, maior ou menor, de um ou mais dos estágios dessa fase como sucintamente esquematizado no quadro a seguir.

PREPARO	QUALIFICAÇÃO	ORGANIZAÇÃO	EJEÇÃO
Mastigação e insalivação (xerostomia, inadequação de próteses, reabsorção óssea, distúrbios de ATM).	Em volume, viscosidade, grau de umidificação e características sápidas (tumores, lesões inflamatórias, comprometimento do V, VII e IX nervos cranianos).	Posicionamento do bolo e ajustamento osteomusculoarticular (inadequação de próteses, tumores, lesões inflamatórias, reabsorção óssea, comprometimento do V, VII, IX e XII nervos cranianos).	Paredes bucais ajustadas; língua como êmbolo desloca pressão em sentido, transferência pressórica para a faringe (xerostomia, inadequação de próteses, reabsorção óssea, distúrbios de ATM, comprometimento do V, VII, IX e XII nervos cranianos).

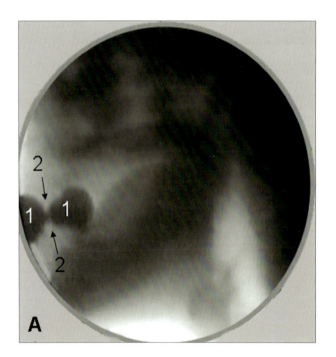 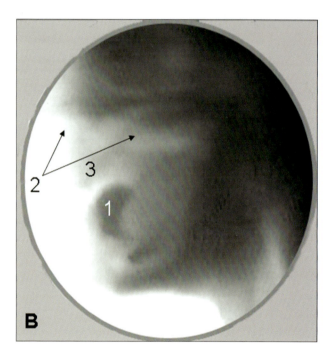

Fig. 3 Imagens sequenciais obtidas de estudo videofluoroscópico onde em A, massa contrastada (1) é mastigada (2) por paciente com prótese superior cuja densidade se deixa ver aposta à maxila durante o fechamento da boca. Em B, quando da abertura da boca, vê-se espaço aerado (2) entre a prótese (3) e a arcada cuja ossatura se mostra expressivamente absorvida devido à inatividade determinada pela extração dos dentes. 1 - massa contrastada.

A fase faríngea, como a oral, pode ter sua disfunção relacionada a distúrbios neuromusculares, estruturais e mecânicos, entre outros.

Na fase faríngea, a disfunção é de condução por escape pressórico da orofaringe para a rinofaringe ou por dissipação parietal, mas também pode se dar por bloqueio do fluxo para o esôfago por deficiente abertura da TFE. Como regra geral a disfunção faríngea se deve a comprometimento da musculatura faríngea, da dinâmica palatal e/ou da dinâmica hioidea e laríngea que, inadequada, compromete a abertura da transição faringoesofágica e a proteção das vias aéreas (as mais severas).

O mau funcionamento faríngeo, mais frequentemente, decorre de comprometimento neuromuscular e sua disfunção usualmente está associada à disfunção da fase oral. Não obstante, e não raro, podem-se encontrar lesões estruturais e mecânicas associadas ou independentes do comprometimento neuromuscular. Lembrar que a disfagia, que acomete esse segmento digestivo, pode ter sua etiologia ligada à presença de outros elementos como tumores, fixação traqueocutânea, osteófitos cervicais anteriores ou interposição de placas para fixação da coluna cervical, entre outras.

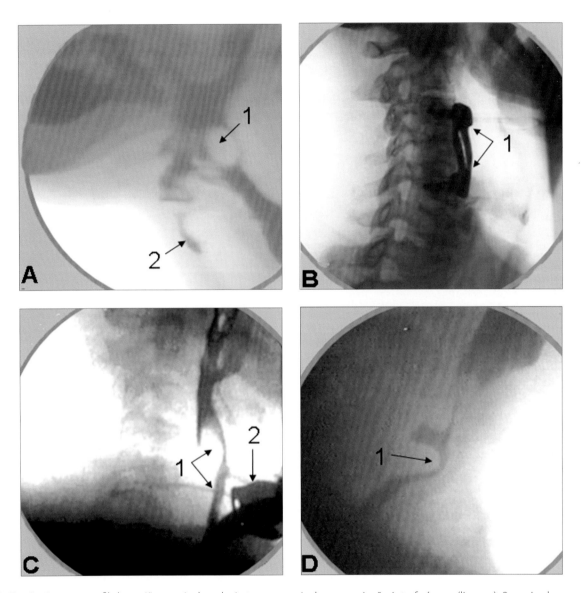

Fig. 4 Em A, vista em perfil da região cervical onde 1- tumor cervical com projeção intrafaríngea (lipoma), 2- meio de constraste aspirado. Em B, placa de fixação cervical (disfagia pós-colocação). Em C, aspiração de meio de contraste (1) relacionada com a presença de cânula de traqueostomia (2). Em D, barra faríngea produzida por miosite do cricofaríngeo.

Aqui se abre espaço para considerar algumas das disfunções que se relacionam com a morfofuncionalidade dos segmentos envolvidos com a fase faríngea da deglutição. Entre esses temas estão o globus, os divertículos e a barra faríngea. Ressalvamos que não se fala de acalasia do esfíncter superior do esôfago pelo fato de essa entidade não existir. Acalasia por definição é falta de relaxamento. Pode ser descrita para o esfíncter esofágico inferior que se compõe de músculo liso, mas não para o esfíncter superior do esôfago, que é constituído de músculo estriado esquelético.

GLOBUS FARÍNGEO

O globus é uma sensação ou sintoma referido como nó ou aperto na "garganta". Esta sensação de nó, algo como um espasmo muscular, é usualmente apontada na linha média da área supraesternal. Não é doloroso e com frequência se dissipa ou é aliviado com deglutições repetidas. Sua fisiopatologia é ainda algo obscuro, mas sua presença tem sido associada a múltiplos fatores. Distúrbios faríngeos, esofágicos e muitos outros têm sido associados ao sintoma globus. Não obstante, o globus, em um percentual próximo aos 50%, foi referido em indivíduos de meia-idade e aparentemente saudáveis.

O globus é hoje referido como faríngeo ou cervical, mas, até há pouco, era rotulado como "histericus" e associado à labilidade emocional. A prevalência no sexo feminino é hoje considerada como aparente e sua contestação tem como base os aspectos sociais. Mulheres e homens seriam igualmente acometidos pelo distúrbio.

Sua relação com a transição faringoesofágica, músculo cricofaríngeo e com distúrbios motores do esôfago não é incomum. A musculatura faríngea, constritora, pode mesmo, por contração extemporânea e intensa, ser a responsável por esse sintoma. Estudos têm demonstrado que o fechamento precoce da transição faringoesofágica, aumento das tonsilas linguais ou palatinas, aspiração laríngea, má elevação do hioide e da laringe estão frequentemente relacionados à produção da sensação de globus.

Atualmente o diagnóstico de globus se aplica aos pacientes que apresentem, por longo tempo, sensação não dolorosa de nó ou corpo estranho na garganta, de caráter persistente ou intermitente, que ocorre entre as refeições sem correlação com disfagia, refluxo ou distúrbio motor do esôfago.

BARRA FARÍNGEA
(DISFUNÇÃO CRICOFARÍNGEA PRIMÁRIA)

A transição anatômica entre a faringe e o esôfago é designada esfíncter esofágico superior (EES). Excetuando-se o apêndice vermiforme, este é o segmento que apresenta a menor área transversa (luz) do sistema digestivo. O registro manométrico de valores pressóricos positivos em nível desta transição, durante o repouso (fase respiratória), tem sido, erroneamente, atribuído ao músculo cricofaríngeo que, para tal, estaria contraído para relaxar-se durante a deglutição, permitindo a abertura e o fluxo através da zona esfinctérica, que, necessariamente, voltaria a se contrair, fechando a comunicação entre a faringe e o esôfago. Ocorre que o músculo cricofaríngeo é do tipo estriado esquelético. Tipo de músculo que, diferentemente do músculo de tipo liso, exige, para sua contração e relaxamento, grandes quantidades de fosfato de alta energia oriunda do trifosfato e adenosina (ATP). Acresça-se que os fascículos do músculo cricofaríngeo apresentam inserções anterolaterais, gerando conformação em meia calha, e não circular

como seria de esperar, para a possibilidade de função esfinctérica.

Durante a deglutição, abrir e manter aberta em dimensão e tempo a transição faringoesofágica é fundamental, não só para a passagem do bolo da faringe para o esôfago mas também para a proteção das vias aéreas.

A zona de alta pressão registrada na luz faríngea dessa transição se deve à relação de pinça que comprime a faringe entre a lordose cervical e a laringe, mais especificamente a cartilagem cricoide. Assim, abrir a transição faringoesofágica durante a deglutição depende em especial da elevação do hioide e da laringe, desfazendo a pinça e permitindo a abertura em dimensão e tempo dessa transição.

Nesse conceito a dimensão e o tempo de abertura da transição faringoesofágica (TFE) são variáveis importantes para a efetiva funcionalidade da transição faringoesofágica. Não raro, as doenças neurológicas que afetam a musculatura supra-hióidea e a faringe produzem ou podem produzir disfunção, que atinge secundariamente a abertura da transição faringoesofágica. A não abertura se processa por comprometimento da dinâmica muscular que não é capaz de abrir ou sustentar aberta, em tempo suficiente, a TFE.

De modo equivocado, mas com frequência, a barra faríngea tem sido considerada e descrita como uma alteração do tipo funcional produzida pelo não relaxamento do músculo cricofaríngeo, que assim não se distenderia de maneira normal durante a deglutição, configurando a barra faríngea.

A barra faríngea é uma disfunção cricofaríngea primária pouco frequente, que se caracteriza pela diminuição da complacência da TFE provavelmente relacionada à degeneração do conjuntivo que se relaciona com o músculo cricofaríngeo. De nossos casos, a barra mais exuberante se relacionou com alteração conjuntiva e muscular devida à miosite do cricofaríngeo. A literatura refere, como achado de estudo anatômico em cadáveres de idosos, que 1/3 dos corpos estudados apresentavam projeção em barra da parede posterior para a luz da faringe produzida por alterações compatíveis com espessamento do cricofaríngeo.

A barra faríngea, mesmo quando não muito exuberante, pode ser, com certa facilidade, diagnosticada radiologicamente através do método videofluoroscópico. Contudo, é necessário atenção. A barra faríngea, quando presente, é constante no contorno posterior da transição faringoesofágica; sua mobilidade se faz em associação com o plano de abertura da transição faringoesofágica e, se apresentar algum deslocamento, este será de caudal para cranial acompanhando a elevação hiolaríngea. A barra deve ser distinguida da dobra mucosa transversa que, também posterior, não raro se desloca, durante a deglutição, como dedo de luva que se desfaz ao final do movimento. Esse deslocamento se faz de cima para baixo acompanhando o fluxo da deglutição. Exames radiográficos podem registrar essa onda mucosa, parando-a por capricho na mesma projeção da barra faríngea e, equivocadamente, diagnosticar uma inexistente barra faríngea pela presença da dobra mucosa (pseudobarra faríngea).

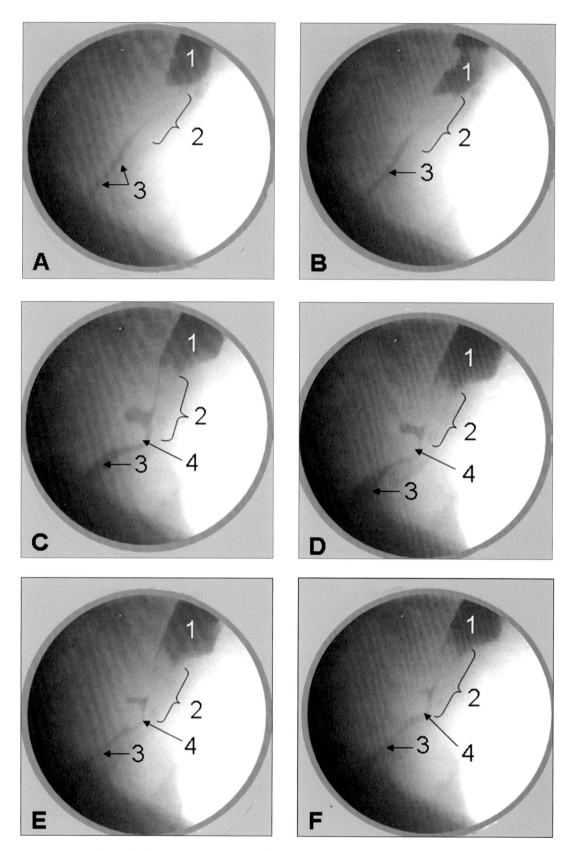

Fig. 5 Imagens em perfil esquerdo obtidas de exame videofluoroscópico de paciente com queixa de disfagia alta onde sequência de A a F destaca 1 - retenção do meio de contraste na laringofaringe (recessos piriformes), 2 - transição faringoesofágica (TFE) resistente por falta de abertura, 3 - esôfago contendo pouca quantidade de meio de contraste que passou pela TFE resistente, 4 - evidenciação de barra faríngea na projeção do fascículo transverso do músculo cricofaríngeo.

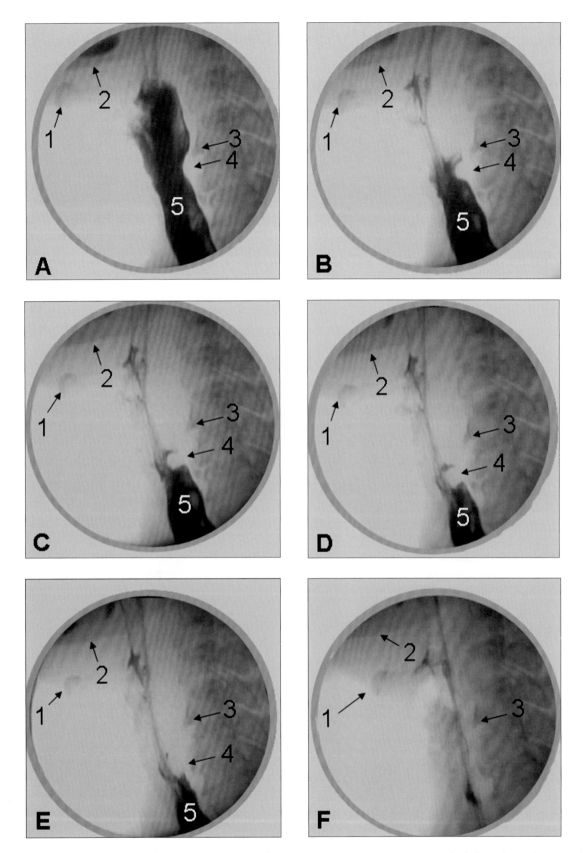

Fig. 6. Imagens em perfil direito obtidas de sequência videofluoroscópica de paciente com queixa de disfagia alta onde 1 - osso hioide, 2 - limite inferior da mandíbula, 3 - osteófito, 4 - dobra mucosa transversa (pseudobarra faríngea). Observar relação do dedo de luva (pseudobarra) com o osteófito - vê-se o deslocamento da dobra mucosa em sentido caudal com atenuação de sua dimensão de (A) para (E) e desaparecimento em F. De (A) para (F) vê-se livre fluxo do meio de contraste, 5 (ausência de retenção na laringofaringe).

DIVERTÍCULOS FARÍNGEOS

Divertículos são projeções saculares de dimensão variável que, preenchidos por meio de contraste, configuram imagens de somação em relação à luz de um órgão tubular. A relação da bolsa diverticular com o tubo primário se faz por colo, cuja luz varia em dimensão.

Os divertículos podem ser congênitos ou adquiridos. Os adquiridos podem ser considerados como pseudos ou falsos, quando a bolsa diverticular for constituída por parte das camadas existentes no tubo, e verdadeiros quando formados por todas as camadas formadoras do tubo gerador.

Na faringe os divertículos, na maioria, são adquiridos e do tipo pseudo e se fazem em pontos anatomicamente menos resistentes.

A protrusão ou divertículo faríngeo lateral superior pode se fazer a cada lado imediatamente abaixo do corno maior do osso hioide, em ponto anatomicamente menos resistente destinado à passagem do ramo interno do conjunto vasos e nervo laríngeo superior. Esse espaço é formado medialmente pela borda lateral músculo tireoideo e inferolateralmente pela borda superior do músculo tirofaríngeo. Esses divertículos são usualmente assintomáticos, mas podem indicar dificuldade para o esvaziamento faríngeo. Essa protrusão é considerada como um pseudodivertículo.

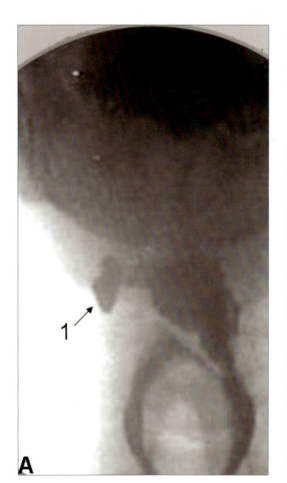
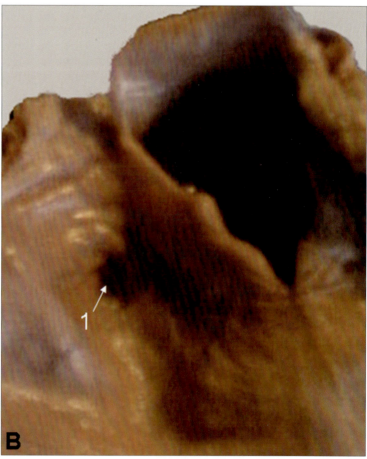

Fig. 7 Em A, vista frontal da faringe em imagem obtida de exame videofluoroscópico, onde 1 - contraste retido em bolsa diverticular (divertículo faríngeo lateral). Em B, vista da face interna anterior da faringe de peça anatômica, onde se vê no recesso piriforme esquerdo o ósteo de bolsa do divertículo faríngeo lateral (forma-se no ponto de entrada do nervo e vasos laríngeos superiores).

Na parede posterior em nível da transição faringo-esofágica se observa zona que, transiluminada, se mostra mais delgada que as áreas vizinhas. Essa região, descrita por Killiam, se faz acima do fascículo transverso do cricofaríngeo e ladeada pela deflexão dos fascículos oblíquos deste mesmo músculo, que circunscreve área por onde a formação diverticular descrita como de Zenker pode se fazer. Por ser constituído por todas as camadas da região onde se faz, esse divertículo pode ser considerado como verdadeiro, mas, usualmente, é considerado como pseudo por não apresentar a camada muscular na sua constituição. Seu tamanho varia. Quando com expressiva dimensão, acumula restos alimentares, sendo responsável por hálito fétido. Por regurgitação de seu conteúdo, pode produzir penetração e/ou aspiração. Quando de maior dimensão, pode, por sua posição, comprimir o esôfago e interferir no trânsito normal, sendo causa de disfagia. Sua aparição pode também ser atribuída a valores pressóricos aumentados em nível da faringe.

O divertículo faríngeo lateral inferior, de diagnóstico muito menos frequente que os anteriores, é descrito como de Killian-Jamielsen. Esse mais raro divertículo se faz lateralmente em ponto onde o músculo cricofaríngeo se insere na cartilagem cricoide. Sua presença quando diagnosticada é um achado, pois não há sintomatologia identificável.

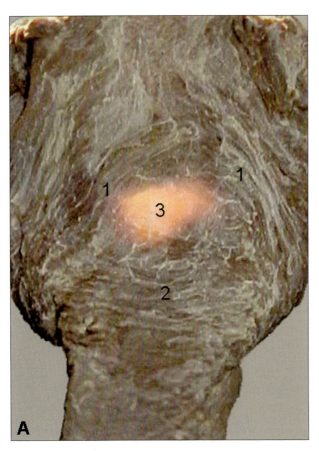 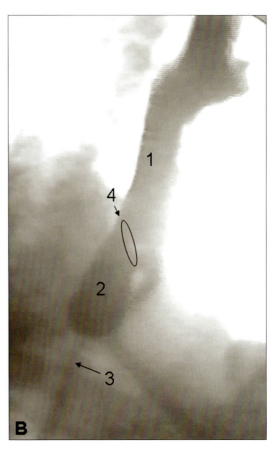

Fig. 8 Em A, vista posterior da laringofaringe onde 1 - fascículos oblíquos do músculo cricofaríngeo, 2 - fascículo transverso do músculo cricofaríngeo, 3 - zona anatomicamente menos resistente da parede posterior da faringe transiluminada (Zona de Killian), área - sede dos divertículos faríngeos posteriores (divertículo de Zenker). Em B, vista em perfil de imagem obtida de exame videofluoroscópico onde 1 - luz faríngea contrastada, 2 - divertículo faríngeo posterior, 3 esôfago, 4 - projeção estimada do colo diverticular na zona de menor resistência na parede posterior da faringe.

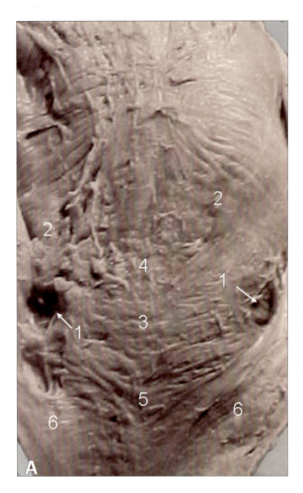 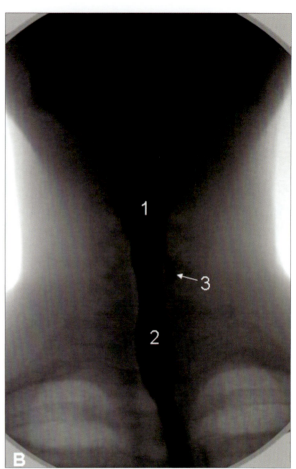

Fig.9 Em A, vista interna da face posterior da laringofaringe e parte do segmento superior do esôfago após retirada da mucosa onde se pode identificar 1 - cavitações anterolaterais em relação aos pontos de fixação na cartilagem cricoide dos fascículos oblíquos e do transverso do músculo cricofaríngeo (ponto anatomicamente menos resistente, sede dos divertículos laterais inferiores da laringe - Killian-Jamielsen), 2 - fascículos oblíquos do músculo cricofaríngeo, 3 - fascículo transverso do músculo cricofaríngeo, 4 - zona de Killian (ponto anatomicamente menos resistente da parede posterior da faringe), 5 - camada muscular circular do esôfago, 6 - projeção das inserções cricoideas da camada muscular longitudinal do esôfago. Em B, vista frontal da região cervical com via digestiva contrastada, onde 1 - laringofaringe, 2 - esôfago e 3 - divertículo faríngeo lateral inferior (Killian-Jamielsen).

A faringe, mais raramente, pode ser sede de divertículo congênito. Com o desenvolvimento, em especial, do segundo arco branquial, as fendas faríngeas, à exceção da primeira que forma o meato auditivo externo, tendem a desaparecer, formando, primeiro, cavitação que se faz por aproximação dos arcos branquiais em desenvolvimento. Eventualmente, essa cavidade, como um seio cervical, pode remanescer e drenar para a segunda bolsa faríngea, onde se origina a amígdala palatina, formando um divertículo cujo colo alongado se abre na loja amigdaliana.

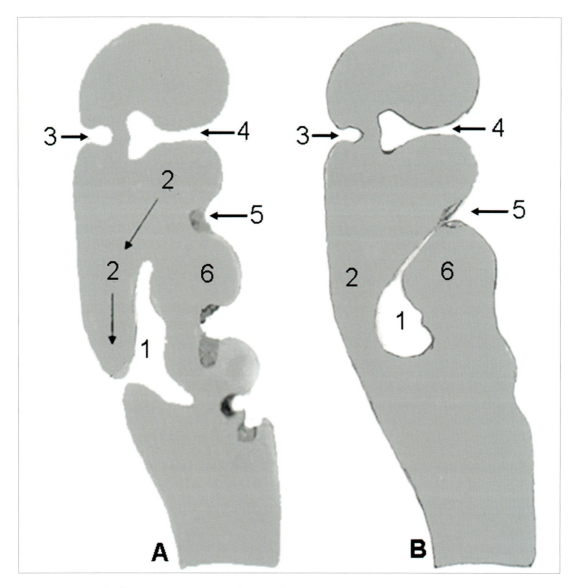

Fig. 10 Vista esquemática das faces interna e externa dos arcos branquiais onde em A se veem 1 - segunda, terceira e quarta fendas branquiais sendo envolvidas pelo crescimento, em especial do segundo arco branquial (2) que, em condições ideais, absorverá totalmente essas fendas; 3 - primeira fenda branquial, 4 - primeira bolsa branquial, 5 - segunda bolsa branquial (origem da tonsila palatina), 6 - terceiro arco branquial. Em B, se veem 1 - saco diverticular resultante da absorção parcial das segunda, terceira e quarta fendas branquiais, que poderiam se manter como um cisto (cisto branquial) ou drenar para (5) segunda bolsa branquial, 2 - segundo arco branquial, 3 - primeira fenda branquial, 4 - primeira bolsa branquial, 6 - terceiro arco branquial.

BIBLIOGRAFIA CONSULTADA

1. Ali GN, Cook IJ, Laundl TM, Wallace KL, de Carle DJ. Influence of altered tongue contour and position on de glutitive pharyngeal and UES function. Am J Physiol 1997; 273: G1071-6.
2. Astrachand DI, Kirchner JC, Goodwin WJ. Prolonged intubation vs. tracheostomy: complications, practical and psychological considerations. Laryngoscope, 98: 1165-69,1988.
3. Atkinson L. Pharyngeal Diverticula with particular reference to lateral protrusions of various types. Arch Middx Hosp 1952; 2:245–54
4. Bachman AL, Seaman WB, Macken KL. Lateral pharyngeal diverticula. Radiology 1968; 91:774–82.
5. Bailey H. The clinical aspects of branchial fistula. Br J Surg. 1933; 21:173–82

6. Bagatzounis A, Geyer G. Lateral pharyngeal diverticulum as a cause of superior laryngeal nerve neuralgia. Laryngorhinootologie 1994;73:219–21.

7. Bonanno PC. Swallowing dysfunction after tracheostomy, Ann Surg 1971; 174: 29-33.

8. Bosma J.F. Deglution: pharyngeal stage. Phisiol. Rev. 1957; 7: 275-300.

9. Buchholz DW, Bosma JF, Donner MW. Adaptation, compensation and decompensation of the pharyngeal swallow. Gastrointest Radiol 1985;10:235-9.

10. Costa MMB. A traqueostomia como causa de disfunção da deglutição. Arq Gastroenterol 1996;33:124-31.

11. Costa MMB Transición faringo-esofágica: morfologia funcional y manejo de las patologias. In: Ramos, RI; Ventura, A; Vidal, JE, Alach,JE. (Org.). La Motilidad para todas las etapas y fronteras. 1 ed. Buenos Aires: Roemmes, 2010; 40-2.

12. Costa MMB, Alvite FL. Lateral laryngophapharyngeal diverticula: a videofluoroscopic study of laryngopharyngeal wall in wind instrumentalists. Arq. Gastroenterol 2012;50(2):99-106.

13. Costa MMB, Koch HA. Lateral laryngopharyngeal diverticulum: anatomical and videofluoroscopic study. Eur Radiol 2005;15:1319–25.

14. Costa MMB. Dinâmica da deglutição: fases oral e faríngea. In: I Colóquio Multidisciplinar de Deglutição e Disfagia do Rio de Janeiro. Rio de Janeiro: PAEDD – Programa Avançado de Estudo da Deglutição e Disfagia, 1998:1–11.

15. Costa MMB - A traqueostomia como causa de disfunção da deglutição. Arquivos de Gastroenterologia 1996; 33 (3): 124-31.

16. Curtis DJ, Crues DF, Crain M, Sivit C, Winters C. Lateral pharyngeal outpouchings: a comparison of dysphagia and asymptomatic patients. Dysphagia 1998; 2:156-61.

17. Daniels SK, Braile y K, Priestly DH, Herrington LR, Weisberg, LA, Foundas AL. Aspiration in patients with acute strok e. Arch Phys Med Rehabil 1998;79:14-9.

18. Elliot JL. Swallowing disorders in the elderly: a guide to diagnosis and treatment. Geriatrics 1988;43:95-113.

19. Ekberg O, Nylander G. Lateral diverticula from the pharyngo-esophageal junction area. Radiology 1983; 146:117–22

20. Ekeberg O, Nylander G. – Cineradiography of the pharyngeal stage of deglutition in 250 pacients with dysphagia. Br. J. Radiol 1982:55:258-62.

21. Ettman IK, Ramey DR. Lateral pharyngeal diverticulum: unusual cause of dysphagia and hoarseness. Am J Gastroenterol1967; 47:490–97

22. Fowler WG. Lateral pharyngeal diverticula. Ann Surg 1962;155:161–65.

23. Feldman SA, Deal CW, Urquhart TW. Disturbance of swallowing after tracheostomy, Lancet 1966; 1: 954-5.

24. Futran ND, Dutcher PO, Roberts JK. The safety and efficacy of bedside tracheostomy, Otolaryngology - Head and neck Surgery 1993; 4: 707-11.

25. Hankins WD. Traumatic hernia of the lateral pharyngeal walls. Radiology 1944;42:499

26. Huang PC, Scher RL.Endoscopic management of lateral pharyngeal pouch. Ann Otol Rhinol Laryngol 1999; 108:408–10

27. Irie H, Lu CC. Dynamic evaluation of swallowing in patients with cerebrovascular accident. Clin Imaging 1995;19:230-43.

28. Junqueira P. Avaliação videofluoroscópica da fase oral de crianças de 8 a 12 anos com má oclusão dentária. [Tese]. São Paulo: Escola Paulista de Medicina; 2000.

29. Kahrilas PJ. Anatomy, physiology and pathophysiology of dysphagia. Acta Otorhinolaryngol Belg 1994;48:97-117.

30. Kaufman SA. Lateral pharyngeal diverticula. Am J Roentgenol 1956; 75:238–41

31. King FLJ, Nickels C, Drake T, Kelly DJ, Maitin I. Zenker's diverticulum as a cause of aspiration in stroke. Am J Phys Med Rehabil 2000;79 (5 Suppl):208.

32. Langman J. Embriologia Médica. Atheneu, São Paulo 1966; 207–22

33. Linden P, Siebens AA. Dysphagia: prediction laryngeal penetration. Arch Phys Med Rahabil 1983; 64:281-4.

34. Liston SL Lateral pharyngeal diverticula. Otolaryngol Head Neck Surg 1985; 93:582–85.

35. McMyn JK . Lateral pharyngeal diverticula. J Fac Radiol 1957; 8:421–25.

36. Marchesan IQ, Junqueira P. Atipia ou adptação: como considerar os problemas da deglutição? In: Junqueira P, Dauden ATB. Aspectos atuais em terapia fonoaudiológica. São Paulo: Pancast. 1997.

37. Meng NH, Wang TG, Lien IN. Dysphagia in patients with Brainsteim stroke:incidence and outcome. Stroke 2000;79:170-5.

38. Monteiro JS. Sistema de registro e recuperação de exames da dinâmica da deglutição (Dissertação de Mestrado). Rio de Janeiro: Universidade Federal do Rio de Janeiro, 2002.

39. Montesi A.; Pesaresi, A.; Antico E. & Piloni,V. Dinamic radiologic study whith video recording of the oral and pharyngeal stages of normal deglutition. Radiol Med (Torino). 1988; 75: 166-172.

40. Myers EN, Carrau MRL. Early complication of tracheostomy: Incidence and manangemet. Clinics in Chest Medicine 1991;12(3):589-95.

41. Nasha M. Swallowing problems in the tracheeostomized patient. Otolaryngol Clin North America 1988; 221(4):701-9.

42. Pace-Balzan A, Habashi SM, Nassar WY. View from within: radiology in focus lateral pharyngeal diverticulum. J Laryngol Otol 1991; 105:793–5.

43. Perrot JW. Anatomical aspects of hypopharingeal divertícula. Austr N Zeal J Surg 1962;4:307-17.

44. Rosso AL, Miliauskas CR, Campos FS, Basto LT, Moraes MA, Costa MMB. Dysphagia in Parkinson's disease: videofluoroscopy analysis. In: Sixth International Congress of Parkinson's Disease and Movement Disorders; 2000; Barcelona, Spain. Movement Disorders. Barcelona; 2000. p.180 [Abstracts].

45. Rommelfanger KW. Lateral pharyngeal pouches. Laryngol Rhinol Otol 1980;59:710–4.
46. Rubesin SE. The pharynx-structural disorders. Radiol Clin North Am 1994; 32:1083–101.
47. Rubesin SE, Jessurum J, Robertson D. Lines of the pharynx. Radiographics 1987;7:217–37.
48. Rubesin SE, Levine MS. Killian-Jamieson Diverticula: Radiographic Findings in 16 Patients. AJR 2001;177:85-9.
49. Scheider A , Dautdt C, Protinick B. Traqueostomia na assistência ventilatória. Rev. Col Bras. Cir. 1996; 23(1): 9-12.
50. Sedgwick CE, Walsh JF. Branchial cysts and fistulas. Am J Surg 1933; 83:3–8.
51. Shaker R, Milbraath M, Ren J, Campbell B, Toohill R, HoganW. Deglutitive aspiration in patients with tracheostomy: Effect of tracheostomy on duration of vocal cord closure. Gastroenterology 1995; 108(5):1357-60.
52. Subtelny JD. Malocelusions, Orthodontic corrections and orofacial muscle adaptation. Angle Orthodont. 1970; 40 (3):171-201.
53. Weller MD, Porter MJ, Rowlands J. An audit of pharyngeal pouch surgery using endoscopic stapling. The patient s viewpoint. Eur Arch Otorhinolaryngol. 2004;261(6):331-3.
54. Xerez D R. Carvalho YSV, Costa M M B. Estudo Clínico e videofluoroscópico da disfagia na fase subaguda do acidente vascular encefálico Radiologia Brasileira, 2004; 37 (1): 9-14.
55. Yamada E K, Siqueira K O, Xerez D, Koch H A, Costa M M B . A Influência das Fases Oral e Faríngea na Dinâmica da Deglutição Arq Gastroenterol 2004; 41 (1): 18-23.
56. Zhang M, Dannes PJD. An Anatomical protrusion exists on the posterior hypopharyngeal wall in some elderly cadavers. Dysphagia 2005; 20: 8-14.

CAPÍTULO XII

DISTÚRBIOS ESOFÁGICOS

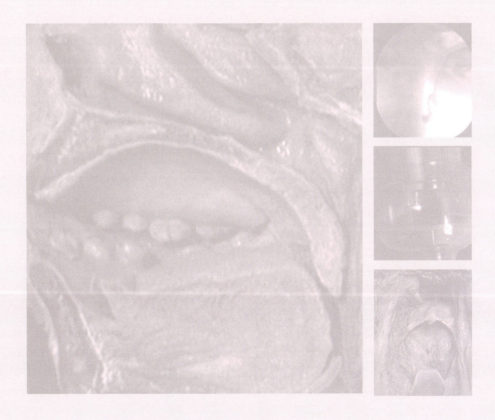

O esôfago é o tubo muscular que conecta a faringe com o estômago; equivocadamente considerado como um simples tubo de passagem, deixa ver arranjo estrutural que conduz o bolo por atividade mecânica apoiada, mas independentemente da ação da gravidade. Sua organização muscular parietal conduz seu conteúdo em sequência contrátil peristáltica primária que se inicia associada à abertura do esfíncter esofágico inferior que, de modo receptivo, se abre e assim se mantém, durante todo o tempo de trânsito esofágico (6 a 10 segundos). Resíduos remanescentes que tenham escapado dessa peristalse primária produzem, por estímulo parietal local, onda contrátil secundária (peristalse secundária) que tende a clarear o esôfago.

Na transição esofagogástrica (cárdia) se encontram o esfíncter inferior do esôfago e a transição entre os epitélios: pavimentoso estratificado do esôfago e o glandular do estômago (zona Z). Essa transição separa a mucosa do estômago capaz de tolerar o pH ácido de 1,5 a 2 da mucosa do esôfago, que se encontra protegida dessa acidez, que lhe causaria dano, pela competência do esfíncter esofágico inferior (EEI).

Além dos danos à mucosa esofágica causados pelo ácido gástrico refluído por incontinência do EEI, o esôfago pode apresentar comprometimento estrutural, mecânico ou motor. A repercussão clínica de seu acometimento, ao lado das possíveis disfagias, varia de discreta a intoleráveis e limitante. A dor se configura na mais frequente das queixas, seja ela em queimação, constrita ou pungente, que se assemelha à da angina ou infarto do miocárdio.

Seu fluxo pode ser comprometido em diversos níveis. A restrição de seu fluxo, muitas vezes descrita como um entalo, aponta para um quadro de disfagia com etiologia a esclarecer. Preocupante é o fato de um expressivo número de acometimentos do tubo esofágico cursar silencioso ou com clínica cuja pequena exuberância inicial conduz à negligência do paciente e não raro dos profissionais cuidadores.

DISFAGIA

A interferência em maior ou menor intensidade na condução esofágica do bolo deglutido até o estômago se configura em disfagia, que se define como baixa ou de condução e determina, na dependência de sua monta, dificuldade que repercute na dinâmica e eventualmente na morfologia faríngea pela resistência ao fluxo com transferência pressórica retrógrada. Não raro um obstáculo ao fluxo esofágico, mesmo de localização distal, produz clínica como se fosse alto; é referido pelo paciente em nível da fúrcula do osso esterno, como um desconforto, uma dificuldade de trânsito bem definida pela expressão entalo. Pode-se ainda observar, relacionados a esses obstáculos com aumento da resistência ao fluxo esofágico, deformidades como protrusões e/ou divertículos em áreas anatomicamente menos resistentes da faringe.

A disfagia, nem sempre presente ou claramente percebida em associação ao comprometimento do esôfago, é a disfunção que mais frequentemente se instala, seja em grau leve, moderado ou severo. Muitas vezes, pela complacência do tubo esofágico, o comprometimento do fluxo é percebido pelo paciente como menos intenso. Não obstante, distensão esofágica, trânsito lento e volume residual em variados graus selam o diagnóstico da disfunção.

DIVERTÍCULOS

São lesões estruturais caracterizadas pela formação, ao longo do tubo esofágico, de bolsas (protrusões) que podem ser produzidas por mecanismo de pulsão ou de tração. Os de pulsão, geralmente associados ao aumento da pressão intraluminal, formam bolsas mucosas que se projetam da parede esofágica, através de orifícios naturais por onde passam vasos que irrigam o esôfago. Os de tração derivam de processos inflamatórios vizinhos ao esôfago, cuja cicatrização ao retrair, fixados à parede esofágica, geram bolsas constituídas por todas as camadas do tubo, sendo por isso designados como verdadeiros em oposição aos descritos como de pulsão, que são definidos como falsos divertículos.

A dimensão das bolsas diverticulares, assim como a de seus óstios de abertura variam significativamente. Pequenos divertículos podem cursar sem clínica e se configuram como achados radiológicos ou endoscópicos. Outros podem ter dimensão tal que retenham tão expressivos volumes, que podem, pela distensão gerada na bolsa diverticular, comprimir o tubo esofágico restringindo sua luz e o seu fluxo e até mesmo podendo, na dependência de sua localização e dimensão, produzir arritmias cardíacas.

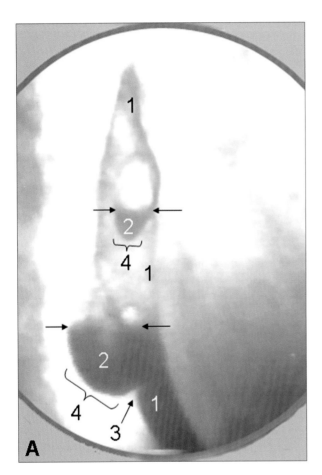
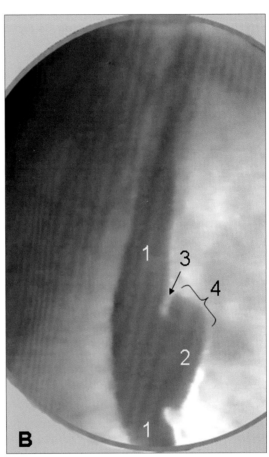

Fig 1 Em A e B, divertículos esofágicos de terço médio evidenciados em incidência oblíqua com paciente em posição ortostática. Em A, vê-se esôfago (1) com dois divertículos de pulsão. Observar setas delimitando nível hidroaéreo. 2 - meio de contraste contido nos divertículos, com seu fundo fazendo ângulo com o esôfago no contorno inferior (3). Observar fundo de saco inferior côncavo por ação da gravidade sobre o meio de contraste líquido (4). Em B, esôfago (1) e divertículo de tração (2) repletos pelo meio de contraste. Observar ausência de fundo de saco inferior com ângulo de relação esôfago - diverticular na parte superior do saco (3). Observar ainda contorno superior convexo (4) determinado pela tração geradora do divertículo.

HÉRNIAS HIATAIS

Ainda como lesões estruturais se podem descrever as hérnias paraesofágicas e as hiatais por deslizamento. Nas **paraesofágicas**, menos frequentes, o fundo gástrico se projeta para o tórax através do hiato, deixando o segmento esofagogástrico no abdômen. Aqui o fundo gástrico e o esôfago distal, em relação atípica, comprimidos pelo hiato esofágico, podem causar dificuldade ao fluxo esofagogástrico.

As hérnias hiatais **por deslizamento** se fazem pelo deslocamento da transição esofagogástrica de sua localização abdominal para o tórax, através de um hiato esofágico incontinente. As hérnias hiatais por deslizamento em si, usualmente, não causam maiores desconfortos. A questão é a sua frequente associação com o refluxo gastroesofágico, embora possamos ter hérnia hiatal por deslizamento sem refluxo e mesmo refluxo em ausência de hérnia hiatal. As técnicas cirúrgicas propostas como reparo para as hérnias hiatais são as mesmas propostas para coibir o refluxo quando presente e de indicação cirúrgica.

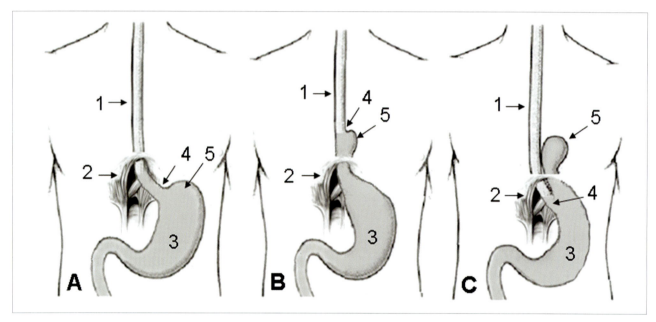

Fig. 2 Esquemas em visão frontal destacando a relação do segmento esofagogástrico com hiato esofágico onde 1 - esôfago, 2 - hiato esofágico, 3 - estômago. Em A, situação anatômica normal onde 4 - transição esofagogástrica e 5 - fundo gástrico se encontra em situação intra-abdominal. Em B, hérnia hiatal por deslizamento, onde 4 - transição esofagogástrica e 5 - fundo gástrico se encontra em situação intratorácica. Em C, hérnia hiatal paraesofágica onde 4 - transição esofagogástrica se encontra em situação intra-abdominal e 5 - fundo gástrico se encontra em situação intratorácica.

Radiologicamente as hérnias hiatais por deslizamento surgem como uma dilatação que se segue ao esôfago, localizada no tórax, logo acima do diafragma. De tamanho variável, essas hérnias se caracterizam por apresentar, no segmento tubular localizado acima do diafragma, o padrão mucoso gástrico, largo e irregular, o qual é distinto do esofágico, linear e de sentido longitudinal. Muitas vezes uma dilatação acima do diafragma, semelhante à produzida pelas hérnias hiatais, pode-se dever a uma ampola frênica, designação que define uma ectasia (bolsa contrastada) produzida pelo fechamento, por contração do hiato esofágico, em tempo em que a sequência peristáltica propele o conteúdo esofágico em sentido distal. Essa dinâmica termina por distender a extremidade distal do esôfago, que se mostra dilatada em semelhança à hérnia. O diferencial é o padrão da mucosa, que na ampola frênica é a esofágica enquanto na hérnia é a gástrica.

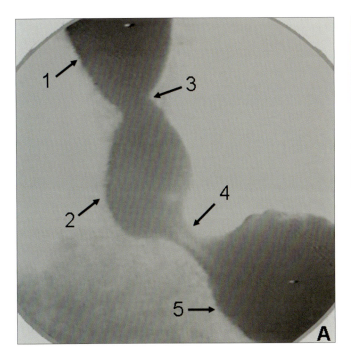 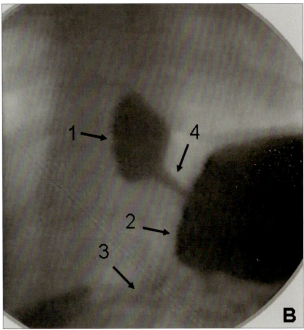

Fig. 3 Em A, imagem em incidência frontal obtida em decúbito dorsal onde 1 - esôfago, 2 - estômago (hérnia hiatal por deslizamento), 3 - transição esofagogástrica, 4 - estômago enlaçado pelo hiato esofágico (observar zona hipertransparente produzida por mucosa de padrão gástrico, 5 - fundo gástrico. Em B, imagem em incidência frontal obtida em decúbito dorsal com extremidade cranial em nível mais baixo que a caudal (mesa em Trendelemburg), onde 1 - ampola frênica, 2 - fundo gástrico, 3 - corpo gástrico, 4 - transição esofagogástrica em passagem pelo hiato esofágico (observar ausência de padrão de mucosa gástrica).

REFLUXO GASTROESOFÁGICO E PIROSE

O refluxo gastroesofágico se caracteriza pelo escape retrógrado do conteúdo ácido do estômago para o esôfago, o que pode ocorrer em diferentes intensidades no que se refere a volume, extensão e frequência. No refluxo, o conteúdo ácido do estômago invade o esôfago, não adaptado a recebê-lo (pH 1,5 a 2,5), gerando dor em queimação, usualmente retrosternal (pirose), que pode ser restrita à porção baixa do esôfago ou atingir níveis tão altos quanto a laringe, causando rouquidão e espasmos, e até a cavidade oral promovendo erosões dentárias. A frequência e a intensidade da dor em queimação retrosternal (pirose) deste refluxo configuram os parâmetros que darão base à discussão que indicará a terapêutica clínica e/ou cirúrgica dessa entidade. Além da dor, o refluxo pode agredir a integridade da mucosa esofágica, causando esofagite, ou mesmo ulcerações de maior monta, que podem progredir, pela reincidência, para estenose com consequente disfagia. É também sabido que a agressão ácida continuada sobre o esôfago terminal pode produzir metaplasias com potencial de evolução para neoplasias malignas.

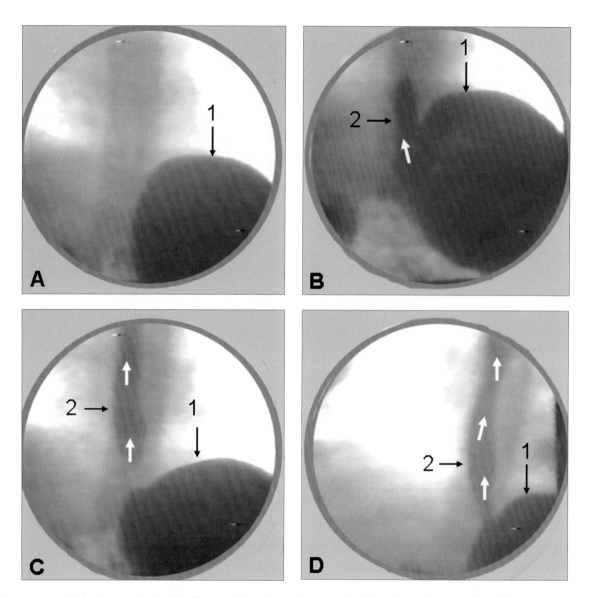

Fig. 4 Imagens obtidas de sequência videofluoroscópica de paciente em decúbito dorsal (mesa em Trendelemburg - extremidade cranial em nível mais baixo que a caudal) solicitado a proceder esforço para aumento da pressão intra-abdominal (tossir - por exemplo). De A a D, 1 - fundo gástrico, 2 - esôfago e setas em cor branca representando sentido retrógrado do fluxo do meio de contraste (refluxo gastroesofágico).

A pirose (do grego pyrosis - ato de queimar), às vezes referida como azia, define-se por dor em queimação de intensidade variável, que com frequência se inicia no epigástrio e ascende ao tórax onde a dor, ou se localiza na região retroesternal, ou não raro continua sua ascensão até a região cervical. Muitas vezes o refluxo ascende com tal intensidade que se evidencia pela chegada do volume ácido refluído até a boca. Em sua passagem à frente do ádito laríngeo, este ácido produz espasmo com apneia defensiva muitas vezes seguida de tosse e intenso desconforto.

O sintoma pirose, dor em queimação, não é inibido pelo uso tópico de anestésicos e por esta razão tem-se admitido que sua mediação possa ser também dependente de quimiorreceptores localizados em plano mais profundo da mucosa esofágica. Embora o principal estímulo à pirose seja o ácido, ela pode também ser referida quando da distensão esofágica e do refluxo biliar. Um pequeno percentual de pacientes com queixa de pirose terminam classificados como portadores de uma pirose funcional, em razão de os exames adequados, incluindo a pHmetia prolongada, mostrarem-se normais.

DOR TORÁCICA RETROESTERNAL
DE ORIGEM NÃO CARDÍACA

A dor projetada na região anterior do tórax, em especial quando mais marcada e entendida como precordial, é de imediato associada ao coração, pelo paciente e pelo médico assistente, devido ao temor de se tratar de patologia que ponha a vida em risco. É bom saber que existe uma dor torácica de origem não cardíaca (DTNC). A frequência estatística dessa dor de origem não cardíaca não é conhecida, mas, a julgar pelo grande número de pacientes com clínica sugestiva de doença coronária, cuja dor não se confirma como de origem cardíaca, fala a favor de que a frequência da dor não coronariana não deve ser pequena. Aponta nesse sentido o fato de que dor torácica com coronariografia normal apresenta, em acompanhamentos por longo tempo, índices baixos de mortalidade por doença cardíaca.

A dor de origem esofágica vem sendo admitida como a principal causa de dor torácica não cardíaca. O refluxo gastroesofágico, os distúrbios motores e um esôfago admitido como irritável seriam as causas dessa dor torácica não cardíaca que, pelo temor de se diagnosticar como dor torácica de origem não cardíaca uma dor produzida por uma angina microvascular, se sugeriu fosse designada como dor torácica de origem indefinida ou indeterminada.

O mecanismo de produção da dor esofagiana ainda não está totalmente esclarecido. Pode originar-se a partir de estímulos mecânicos e/ou químicos, representados, respectivamente, pelos distúrbios motores e refluxo gastroesofágico. A mucosa esofagiana é sensível à distensão, ao ácido, à hipertonia e a estímulos térmicos, sendo a maioria desses estímulos mediada pelo vago. A semelhança entre dor torácica de origem esofagiana e dor torácica de origem cardíaca pode ser explicada pela convergência de fibras aferentes primárias, originadas nesses dois órgãos, para o mesmo segmento da medula espinhal (dor referida).

DISTÚRBIOS MECÂNICOS

Os distúrbios mecânicos, na dependência de sua magnitude, interferem dificultando ou impedindo o fluxo esofágico. Essas lesões podem ser definidas como extraparietais(extrínsecas), parietais ou intraluminares.

CAUSAS MECÂNICAS EXTRAPARIETAIS

As lesões extraparietais são produzidas pelo acometimento de estruturas vizinhas ao esôfago que, aumentadas em volume, terminam por comprimir o esôfago, interferindo com seu fluxo em menor ou maior extensão. Comprometimento tumoral, em especial dos linfonodos mediastinais, pode terminar por também envolver o esôfago. Aumentos volumétricos do coração, em especial da cavidade atrial esquerda, cuja parede vizinha do esôfago pode, por aumento da cavidade, produzir rechaço do esôfago, dificultando mas quase nunca interferindo de modo mais intenso em seu fluxo. A artéria pulmonar distendida pela hipertensão pulmonar pode vir a marcar o esôfago, sem contudo causar danos expressivos a seu fluxo. A **crossa da aorta**, em condições normais, é a responsável pela segunda constrição fisiológica do esôfago; quando de sua ectasia, com dilatação fusiforme ou sacular, acentua sua relação com o esôfago, podendo comprimi-lo a ponto de dificultar sua expansão e fluxo.

Milton Costa

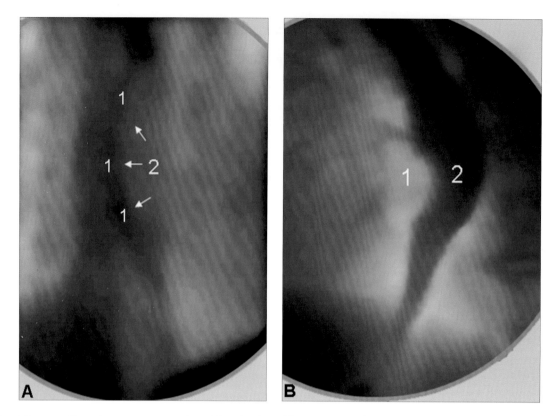

Fig. 5 Em A, imagem frontal em anteroposterior evidenciando esôfago contrastado (1) comprimido por aumento volumétrico da cavidade atrial esquerda (2). Setas destacam linha e compressão. Em B, imagem em incidência oblíqua anteroposterior onde se evidencia artéria pulmonar aumentada (1) marcando o contorno esquerdo do esôfago (2) sem interferir de modo significativo em seu fluxo.

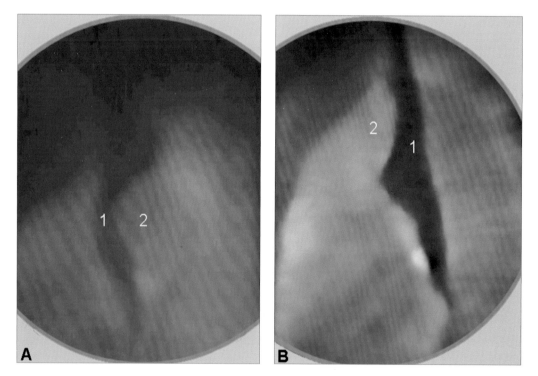

Fig. 6 Em A imagem em posteroanterior evidenciando esôfago contrastado (1) com acentuado aumento de sua relação com a crossa da aorta (2) que se apresenta volumetricamente aumentada. Em B, imagem oblíqua em anteroposterior, mostrando compressão do esôfago contrastado (1) pela artéria aorta (2) que apresenta aumento difuso de seu volume.

FUNDOPLICATURA

Como capaz de produzir comprometimento extra-parietal vamos incluir as fundoplicaturas que, propostas como terapêutica contra o refluxo gastroesofágico, podem, eventualmente, mas não raro, comprometer o livre trânsito do fluxo esofágico.

A fundoplicatura é o procedimento cirúrgico frequentemente proposto para a correção do refluxo gastroesofágico, associado ou não à presença de hérnia hiatal por deslizamento (técnica de Nissem). Implica a tração da extremidade distal do esôfago para ser envolvido com o fundo gástrico liberado de suas fixações para esse fim. Esse envolvimento do esôfago pelo fundo gástrico cria uma válvula que deve impedir o refluxo e o escape da transição esofagogástrica para o tórax.

Esde procedimento leva a uma alteração estrutural da junção esofagogástrica, que pode, e não raro, por ajustamento mais intenso produzido pela fundoplicatura, causar dificuldade ao esvaziamento esofágico, configurando uma disfagia de causa iatrogênica. Essa disfagia muitas vezes é discreta e pode remitir, mas, muitas outras, pode ser severa com sintomatologia intensa e desconfortável a ponto de exigir novo reparo cirúrgico.

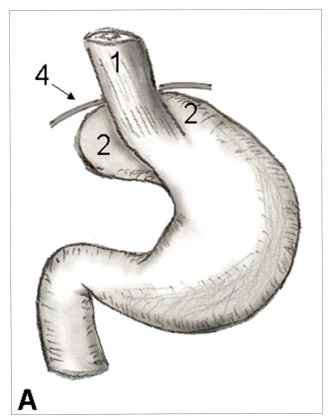
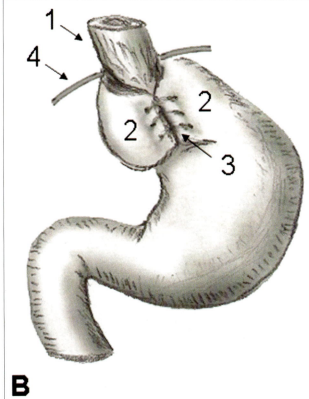

Fig. 7 Sequência esquemática de uma fundoplicatura à Nissem onde em A o esôfago (1) liberado de suas fixações é enlaçado pelo fundo gástrico (2) também liberado de suas fixações conjuntivo-vasculares e passado por trás do esôfago já intra-abdominal abaixo do diafragma (4). Em B, o fundo gástrico (2) enlaça o esôfago (1) e é suturado anteriormente (3) constituindo elemento de tração e fixação do esôfago que fica ancorado ao diafragma (4).

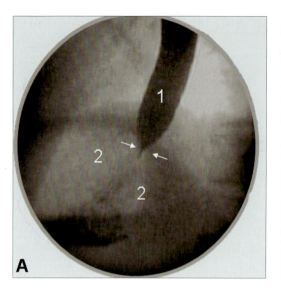 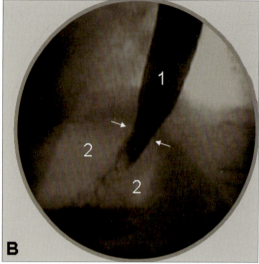

Fig. 8 Imagens obtidas de exame videofluoroscópico efetuado em incidência oblíqua anterior em paciente com queixa de disfagia pós-fundoplicatura à Nissem onde 1- esôfago contrastado, 2 - fundo gástrico envolvendo segmento de esôfago tracionado para a cavidade abdominal (fundoplicatura). Observar em A, setas demarcando resistência filiforme ao livre fluxo esofágico e, em B, abertura ainda restrita. Nota: diagnóstico confirmado por manometria.

MALFORMAÇÕES DOS VASOS AÓRTICOS

Malformações no desenvolvimento dos vasos ramos da artéria aorta podem também ser responsáveis por compressões esofágicas e traqueais. Durante o desenvolvimento embrionário identificamos duas aortas em posição dorsal, uma à direita e outra à esquerda. O desenvolvimento dessas aortas dorsais direita e esquerda, interligadas por arcos arteriais, implica evoluções e involuções que terminam por um arco aórtico que, em visão frontal anteroposterior, passa à frente e à esquerda da traqueia e do esôfago por formar crossa que se curva de anterior para posterior, da direita para a esquerda e de onde, a sua direita, emerge o tronco braquiocefálico, que dá origem à subclávia e à carótida direita, seguido da distinta emergência da carótida e subclávia esquerda.

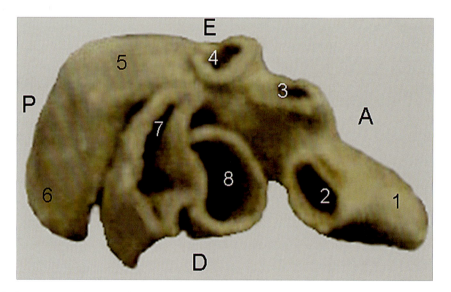

Fig. 9 Vista superior de peça anatômica onde A - anterior, P - posterior, D - direito, E - esquerdo, 1 - aorta ascendente, 2 - tronco braquiocefálico, 3 - carótida esquerda, 4 - subclávia esquerda, 5 - crossa da aorta, 6 - aorta descendente, 7 - esôfago, 8 - traqueia.

Um desenvolvimento embriológico atípico produz variações, cuja relação vascular com o esôfago e a traqueia pode causar compressões cuja monta pode ou não gerar sintomatologia obstrutiva. Embora essas anomalias sejam raras, pode ocorrer a formação de um anel vascular, onde o arco aórtico e os vasos a ele associados circundam a traqueia e o esôfago, formando um anel completo em torno dessas estruturas como na persistência do arco aórtico direito.

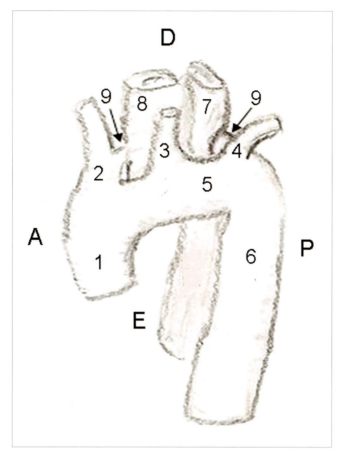

Fig. 10 Desenho ilustrativo da persistência do arco aórtico direito, onde A - anterior, P - posterior, D - direito, E - esquerdo, 1- aorta ascendente, 2- tronco braquiocefálico, 3 - carótida esquerda, 4 - subclávia esquerda, 5 - crossa da aorta, 6- aorta descendente, 7 - esôfago, 8 - traqueia, 9 - arco aórtico direito.

Há ainda as malformações que, embora não formem um anel vascular completo, o vaso resultante abraça por passagem anômala o esôfago e a traqueia, podendo comprimi-los. As mais comuns dessas alterações ocorrem com formação anômala do tronco braquiocefálico, também designado como artéria inominada, e na origem da subclávia direita após a esquerda, passando por trás do esôfago. Toda essa variabilidade anatômica produz, em algum grau, compressão do esôfago e/ou das vias aéreas.

A artéria subclávia direita retroesofagiana é a mais comum dessas malformações. Ela se deve à involução do quarto arco aórtico e da aorta dorsal direita, com permanência da ligação da sétima artéria intersegmentar à aorta descendente. Essa artéria intersegmentar assume uma posição retroesofágica à medida que deixa o tórax em direção ao braço. Essa malformação é assintomática na maioria dos casos. Sua manifestação compressiva geralmente ocorre em adultos, quando e se a artéria se torna rígida pelo surgimento de placas de ateroma, tortuosa e/ou dilatada. A disfagia produzida por essa subclávia de trajeto retroesofágico foi designada como disfagia lusória (do latim *lusus naturae*), uma aberração ou loucura da natureza, termo que caberia a todas as disfagias causadas pelas malformações vasculares aqui descritas.

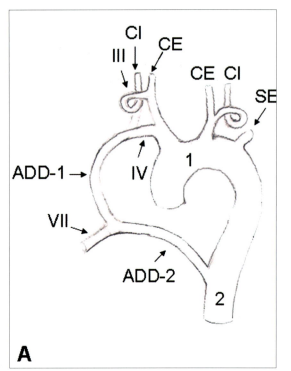 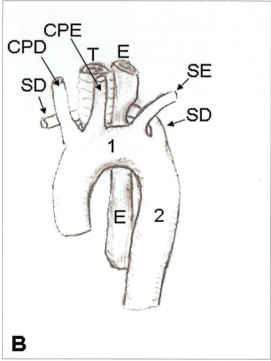

Fig. 11 Em A, ilustração básica da formação dos vasos da base para compreensão da origem anômala da subclávia direita (SD), que se representa em B emergindo após SE- subclávia esquerda. Na ontogênese esperada o segmento 2 da aorta dorsal direita (ADD-2) involui e SD se forma pela permanência do IV arco aórtico primitivo e do segmento 1 da aorta dorsal direita (ADD-1), que se continua na intersegmentar VII. A anomalia se dá pela involução de ADD-1 e do IV arco aórtico e evolução de ADD-2, que se continua pela intersegmentar VII por um lado e pelo outro em 2 - aorta descendente. (1 - crossa da aorta, E - esôfago, T - traqueia, CI - carótida interna, CE - carótida externa , CPD - carótida primitiva direita, CPE - carótida primitiva esquerda, III - terceiro arco aórtico primitivo.)

CAUSAS PARIETAIS

As lesões parietais são aquelas que vão acometer o esôfago por comprometimento de um ou mais de seus planos constituintes. Nessa classe, os mais frequentes comprometimentos se fazem na camada mucosa e terminam por vegetar para o interior da luz esofágica, constituindo-se também em lesões intraluminares.

PÓLIPO ESOFÁGICO

Os pólipos da mucosa esofágica são neoplasias benignas raras. São usualmente únicos, pediculados, longos e cilindroides. São tipicamente compostos por tecido fibroelástico vascular recoberto por mucosa normal. Por seu volume, podem produzir disfagia e dilatação esofágica. Podem ter sua mucosa ulcerada, produzindo hematemese (vômito de sangue) e melena (sangue digerido nas fezes). A avaliação radiológica e a endoscopia são os métodos mais adequados para seu diagnóstico, que nem sempre é simples, em especial para o método radiológico, pelas dimensões por eles assumidas, pois ocupam espaço e geram imagem com defeito de enchimento nem sempre de fácil diagnóstico.

ESTENOSE DO ESÔFAGO

A causa mais comum da estenose do esôfago é cáustica de origem péptica decorrente da doença do refluxo gastroesofágico crônico. São estenoses geralmente anelares com menos 1cm de extensão e tipicamente localizadas no segmento distal do esôfago. Outras causas são a ingestão acidental ou proposital de substâncias corrosivas e em consequência da escleroterapia de varizes.

Na grande maioria dos casos, a causa da estenose cáustica é obtida pela história clínica. O estudo radiológico e o endoscópico são importantes para o estabelecimento da extensão do acometimento e a exclusão de uma doença maligna. Estabelecida a estenose, a clínica é semelhante, a disfagia obstrutiva domina o quadro. A gravidade e a proposta terapêutica dependerão da causa e da intensidade da agressão. As substâncias cáusticas destroem os tecidos, produzem necroses e escaras que, quando cicatrizam, retraem e angustiam por estenose a luz do tubo. Por essa razão podem-se estudar outras estenoses benignas, como as produzidas pelo uso de sondas nasoenterais, radioterapia e esofagites infecciosas, entre outras, junto com as cáusticas, pois a estenose gerada permite interpretações diagnóstica e terapêutica semelhantes.

CÂNCER DO ESÔFAGO

O câncer do esôfago consta como um dos dez mais incidentes na espécie humana. O carcinoma epidermoide é o tipo mais frequente; eles têm sido associados ao fumo, ao consumo de bebidas alcoólicas e ao de bebidas quentes. O carcinoma epidermoide é de longe o mais frequente dos tumores malignos do esôfago. Contudo, tem-se registrado um crescente aumento da incidência do adenocarcinoma esofágico, possivelmente relacionado com refluxo gastroesofágico e com o esôfago de Barret, doença que produz um crescimento anormal de células do tipo colunar gástrica para dentro do esôfago.

O câncer de esôfago na fase inicial não apresenta sintomas, o que dificulta sua detecção precoce. Na maioria das vezes a disfagia, que geralmente progride de sólidos para pastosos e líquidos, se instala em períodos mais avançados da doença. Não obstante, quando presentes, os sintomas associados à progressão da disfagia são característicos: odinofagia, dor retroesternal, dor torácica, sensação de obstrução à passagem do alimento, náuseas, vômitos, perda de apetite e de peso. O diagnóstico por imagem e a endoscopia são importantes no estudo e estadiamento das lesões.

SÍNDROME DE PLUMMER-VINSON

Plummer-Vinson ou Paterson-Kelly é uma síndrome rara definida pela tríade disfagia alta, presença de membrana ou rede mucosa em nível do esôfago cervical e grave diminuição das taxas séricas de ferro (sideropenia). Glossite, queilite e deformidades nas unhas podem também ser encontradas. Relacionadas à depleção de ferro são vistas fraqueza, palidez e taquicardia. Embora possa ocorrer em crianças e adolescentes, é mais comum em mulheres brancas da quarta à sétima década. Os portadores desta síndrome têm maior risco de desenvolver carcinoma de células escamosas da faringe ou do esôfago. A sideropenia é considerada como seu possível fator etiológico, mas outras possíveis causas incluem a má nutrição, predisposição genética e processo autoimune.

A disfagia, intermitente ou progressiva, se dá pela obstrução produzida pela membrana mucosa localizada abaixo do músculo cricofaríngeo, projetando-se de forma transversa a partir da mucosa da parede anterior com extensão para as laterais. A razão do surgimento da membrana mucosa não está plenamente esclarecida, mas já foi admitida como sendo uma resposta muscular e mucosa à redução de enzimas oxidativas dependentes da taxa de ferro. O seu diagnóstico pode ser feito pela clinica, pela imagem radiológica e mais usualmente pela endoscopia. Sua terapêutica se faz com a ruptura endoscópica da membrana e reposição do ferro sérico.

ANEL ESOFÁGICO INFERIOR OU DE SCHATSKY

A junção esofagogástrica se localiza no abdômen. Endoscopicamente podemos, pela observação da mucosa, identificar a transição entre os epitélios esofágico e gástrico (linha Z), pouco acima da entrada do esôfago no estômago. Externamente, contudo, a camada muscular longitudinal externa do esôfago se continua no estômago e a marca da relação do esôfago com o estômago é o ângulo esofagogástrico (de Hiss), pouco além da linha Z. A dimensão transversa da junção esofagogástrica pode ser estimada como em torno de 35 a 40 mm, sendo distensível até 50 ou pouco mais milímetros. Não obstante, dimensões outras podem ser observadas e as menores de 20 milímetros se mostram, pela distensão produzida pelo meio de contraste deglutido, acima e abaixo, como anel de dimensão reduzida (anel de Schatsky.) em relação às regiões acima e abaixo, da zona de anelar. Esses anéis são considerados como capazes de interferir de modo intermitente, na dependência do volume e da consistência, na passagem de alimentos para o estômago. As maiores dificuldades se observam na deglutição dos sólidos. Anéis de dimensões ainda menores explicam o quadro designado como mal da churrascaria, descrito como a impactação aguda de um pedaço de carne na junção esofagogástrica com sintomatologia obstrutiva (disfagia aguda).

Nas hérnias hiatais, com o deslizamento da junção esofagogástrica para o tórax, essa junção se mostra evidente e, quando de sua expansão pela passagem do contraste, se nota claramente sua menor dimensão. Esse anel se mostra como imagem de subtração que surge como endentação bilateral. Essa endentação se deve a maior dimensão que as porções esofágicas e gástricas apresentam em relação à zona anelar. Essa imagem, primeiro descrita por Schatsky, além de registrar a menor dimensão da transição esofagogástrica é patognomônica de hérnia hiatal por deslizamento.

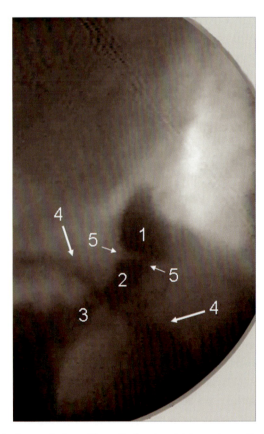

Fig. 12 Imagem frontal em anteroposterior, onde 1 - esôfago, 2 - fundo gástrico acima e 3 - fundo gástrico abaixo do diafragma (4), e 5 - anel de Schatzky (imagem patognomônica de hérnia hiatal por deslizamento).

DISTÚRBIOS MOTORES

Os movimentos peristálticos, primário e secundário, correspondem à adequada sequência contrátil da musculatura esofágica. De cranial para caudal uma onda contrátil caminha pela musculatura do esôfago, gerando pressão intraluminal que conduz o bolo no interior desse órgão no sentido do esfíncter esofagogástrico que, aberto, permite o fluxo para o estômago. Os distúrbios motores comprometem essa sequência contrátil com a produção de contrações aberrantes ou a não abertura adequada de sua porção distal (esfíncter esofágico inferior), como acontece nas acalasias e nas aberturas atípicas desse esfíncter.

O presbiesôfago, esôfago do idoso, com frequência deixa ver, pelo natural envelhecimento dos tecidos, a presença de contrações não produtivas e de intensidade variável definidas como contrações terciárias. Não raro essas alterações se associam ou antecedem a contrações espúrias mais severas, que podem interferir na condução do bolo ou mesmo produzir dor espasmódica precordial muitas vezes confundida com isquemia do miocárdio.

Esses espasmos da musculatura esofágica podem ser simples, de pouca interferência no fluxo, ou difusos que se afiguram como uma incoordenação da contratilidade do esôfago.

Os distúrbios motores podem cursar com hipertonia ou com hipotonia, onde a motilidade esofágica se mostra ineficaz. A hipertonia pode comprometer o esfíncter ou corpo esofágico como no espasmo hipertônico designado por sua intensidade como quebra-nozes e que é de diagnóstico manométrico.

Esses distúrbios da motilidade podem produzir dificuldades na progressão do bolo através do esôfago ou agravar essa dificuldade devida a outras etiologias, configurando possível responsabilidade nas disfagias baixas ou de condução.

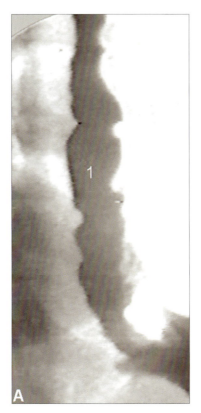 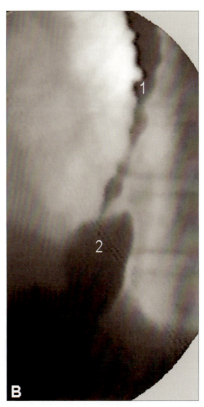

Fig. 13 Em A e B, imagens obtidas de exame videofluoroscópico onde se evidenciam espasmos difusos do esôfago (1). Em B, os espasmos são evidenciados em paciente que também apresenta hérnia hiatal por deslizamento (2).

ACALASIA

A acalasia (ausência de relaxamento múscular) é o processo obstrutivo determinado por irresponsividade da extremidade distal do esôfago, que deixa de responder com mecânica adequada (abertura do esfíncter) em associação à pressurização a montante do esôfago, determinando o bloqueio do fluxo esofagogástrico. Essa irresponsividade se deve a uma destruição do plexo nervoso da extremidade distal do esôfago, que pode ser de origem chagásica, química ou idiopática. Observa-se que a porção sadia, acima da zona angustiada, distende-se e, em fases mais iniciais, é capaz de mostrar contração de luta. A morfologia radiológica típica da zona irresponsiva permite que se a defina como em "bico de pássaro" ou "rabo de rato".

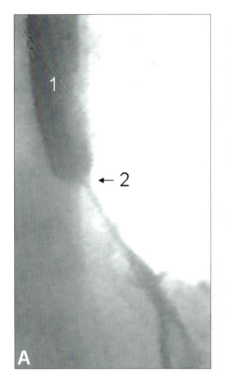
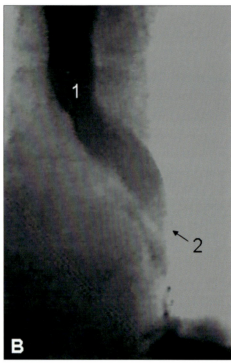
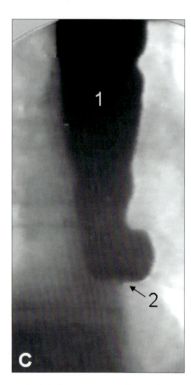

Fig. 14 Imagens de acalasia onde 1 - esôfago evidenciado pela retenção do meio de contraste devida à irresponsividade de sua porção distal em A, B e C. Em A, com morfologia que pode ser descrita como rabo de rato (2), em B, como bico de pássaro (2) e em C, megaesôfago (1) com acalasia vigorosa em (2).

BIBLIOGRAFIA CONSULTADA

1. Abrahão-Jr LJ, Lemme EMO. Papel dos testes provocativos esofagianos na investigação de pacientes com dor torácica de origem indeterminada. Arq. Gastroenterol.2005;42(3): http://dx.doi.org /10.1590/S0004-28032005000300003
2. Aguero GC, Lemme EMO, Alvariz A, Biccas B, Schechter RB, Abrahão Jr LJ. Prevalência de queixas supra-esofágicas em pacientes com doença do refluxo erosiva e não não--erosiva. Arq. Gastroenterol 2007; 44(1) 39-43.
3. Allison PR. Reflux esophagitis, sliding hiatal hernia, and the anatomy of repair. Surg. gynecol. Obstet., 92 (4):419-31,1951.
4. Alvariz A, Lemme EMO, Abrahão Jr LJ, Biccas B , Aguero GC, Schechter RB. Prevalência de queixas dispépticas em pacientes com doenças do refluxo erosiva e não erosiva. GED 2010; 29 (3): 96-100.
5. Andreollo NA, Lopes LR, Brandalise NA. Distúrbios motores do esôfago. In: Endoscopia Digestiva. 1ª ed. Rio de Janeiro: Sobed, Medsi, 1994. pp 58-68.
6. Andreollo NA, Lopes LR, Inogutti R, Brandalise NA, Leonardi LS. Tratamento conservador das estenoses benignas do esôfago através de dilatações. Análise de 500 casos. Revista da Associação Médica Brasileira. 2001; 47 (3): 236-43.

7. Atmatzidis K, Papaziogas B, Pavlidis T, Mirelis CH, Papaziogas T. Plumer- Vinson syndrome. Diseases of the Esophagus. 2003; 16:154-7.

8. Aubertin JM, Iseni MC, Tordjman T, Bloch F, Petite JP. "Dysphagia lusoria". Physiopathological discussion apropos of a clinical case. Gastroenterol Clin Biol. 1995;19(6-7):629-32.

9. Bak YT, Lorang M, Evans PR, Kellow JE, Jones MP, Smith RC. Predictive value of symptom profiles in patients with suspected oesophageal dysmotility. Scand J Gastroenterol 1994;29:392-7.

10. Barreto H, Leal AM. Hérnias axiais do hiato esofagiano. (Revisão dos fundamentos anatômicos e fisiológicos da cirurgia reparadora.) Rev Col Bras Cir 1974; 1 (2): 92-102.

11. Benjamin SB, Gerhardt DC, Castell DO. High amplitude peristaltic esophageal contractions associated with chest pain and/or dysphagia. Gastroenterology 1979;77:478-83.

12. Biccas B, Lemme EMO, Abrahão Jr LJ, Aguero GC, Alvarez A, Schechter RB.– Maior Prevalência de Obesidade na Doença do Refluxo Gastroesofagiano Erosiva. Arq. Gastroenterol 2009; 46 (1): 15-9.

13. Bombeck CT. Gastroesophageal reflux. In: Nyhus L M, Condon RE. Hernia. Philadelphia, J.B. Lippincott,1978.

14. Caldeira A, Casanova P, Souza R, Martins P, Banhudo A, Pimentel J. Alimentação entérica e impactação alimentar esofágica – que relação? Acta Med Port. 2010; 23(2): 183-190.

15. Cameron DG, Towsend SR, Mckay JW. Dysphagia due to a lower oesophageal ring. Canadian Medical Association Journal 1957; 76(12):1049-50.

16. Carrizo GJ, Marjani MA. Dysphagia lusoria caused by an aberrant right subclavian artery. Tex Heart Inst J 2004;31(2):168-71.

17. Cherri J, Carneiro, JJ, Piccinato CE, Moryia T, Vicente WVA, Sader AA. Tratamento cirúrgico da disfagia lusória. Arq. bras. cardiol 1991; 56(1):51-5.

18. Clouse RE. Spastic disorders of the esophagus. Gastroenterologist 1997;5:112-27.

19. Costa M M B. Considerações críticas sobre as bases anatômicas da gastropexia posterior proposta por Hill. Rev. Col. bras. Cir 1988; 15 (6): 325-8.

20. Costa M M B . Esôfago: Anatomia Médico-Aplicada. In: Gerson Domingues – Esôfago, Rio de Janeiro ed. Rubio 2005; 1-12.

21. Costa M M B. Sobre a constituição músculo-tendinosa do contorno do hiato aórtico. Rev. bras. ciên. morfol., 1989; 6(2): 114-9.

22. Costa M M B. Sobre a estruturação músculo-fascial do hiato esofágico e sua aplicação médico-cirúrgica. Rev. Col. bras.Cir 1991; 18 (4): 109-14.

23. Costa M M B, Barreto H. Gastropexia posterior anti-refluxo gastroesofágico. Rev. Col. bras. Cir. 1986; 13(5):190 - 4.

24. Costa M M B., Barreto H. Hérnia por deslizamento do hiato esofágico - Reflexões sobre a fundamentação da terapêutica cirúrgica. Senecta 1986; 9 (2):.8-12.

25. Costa M M B, Barreto H. Pilares do diafragma. Rev. Bras. Cien Morfol. 1986; 3 (1): 47-53.

26. .Costa M M B, Pires Neto, M A. Anatomical investigation of the esophageal and aortic hiatuses: Physiological, clinical and surgical considerations. Anatomical Science International 2004; 79: 21-31.

27. Costa M M B, Sá Monteiro J, Koch H.A. Videofluoroscopia Esofágica In: Costa MMB, Castro LP. Tópicos em deglutição e disfagia. Rio de Janeiro - MEDSI. 2003; 307-16.

28. Cross FS, Johnson GF, Gerein AN: Esophageal diverticulum associated to neuromuscular changes in the esophagus. Arch Surg 1961; 83:525–33.

29. Cruz MGA, Fonseca LMB, Lemme EMO, Marinho MJR, Penas ME. -Refluxo Gastroesofágico – Correlação entre Métodos Diagnósticos Radiol Brás 1999; 32: 27-33.

30. D'Abreu AL: Diverticula of the oesophagus. Br J Radiol 1949; 22:423–26.

31. Dantas RO. Dysphagia in patients with Chagas' disease. Dysphagia 1998;13:53-7.

32. Dantas RO. Idiopathic achalasia and chagasic megaesophagus. J Clin Gastroenterol 1988;10:13-5.

33. Dantas RO. Motilidade do esôfago no paciente com mais de 70 anos. Arq Gastroenterol 1995;32:3-7.

34. De Meester TR, Wernly JA, Bryant GH, Little AG, Skinner DB. Clinical and "in vitro" analysis of determinants of gastroesophageal competence. A study of the principals of anti-reflux surgery. Am. J. Surg.,137 (1):39-46,1979.

35. Dent, J. Gastroesophageal Reflux Disease: A Primary Motility Disorder. In: Heading & Wood . Gastrointestinal Dysmotility focus on Cisapride, New York, Raven Press, 1992.

36. Domingues GRS, Lemme EMO. Diagnóstico diferencial dos distúrbios motores esofagianos pelas características da disfagia. Arq. Gastroenterol 2001; 38 (1): 14-8.

37. Domingues GRS,Winograd R, Lemme EMO, Lammert F, Silny J, Maten S, Nguyen HN. Characteristics of Oesophageal Bolus Transport in Pacients with Mild Oesophagitis. European Journal of Gastroenterology & Hepatology 2005; 17 (3): 323-32.

38. Drabek J, Keil R, Namesny I. The endoscopic treatment of benign esophageal strictures by balloon dilatation. Dis Esophagus. 1999;12:28-9.

39. Duda M, Sery Z, Vojacey K, Rocek V, Rehulka M: Etiopathogenesis and classification of esophageal diverticula. Int Surg 1985; 70:291–95.

40. Evander A, Little AG, Ferguson MK, Skinner DB: Diverticula of the mid and lower esophagus: Pathogenesis and surgical management. World J Surg 1986; 10:820–28.

41. Feldman M. Esophageal achalasia syndromes. Am J Med Sci 1988;295:60-81.

42. Flores PP, Lemme EMO, Coelho HSM. Alterações da Motilidade Esofagiana em Pacientes Cirróticos com Varizes de Esôfago não submetidos a tratamento endoscópico. Arq. Gastroenterol 2005; 42 (4): 213 – 20.

43. Frobert O, Funch-Jensen P, Bagger JP. Diagnostic value of esophageal studies in patients with angina-like chest pain and normal coronary angiograms. Annals of Internal Medicine 1996; 124 (11): 959-69.

44. Fulp SR: Esophageal Diverticula In: Castell DO (eds.) The Esophagus. Boston: Little, Brown, 1992; 351–66.

45. Garcia -Luna PP, Garcia E, Pereira JL, Garrido M, Parejo J, Migens V, Serrano P, Romero H, Gomes-Cia T, Murillo F. Esophageal obstruction by solidification of the enteral feed: a complication to be prevented. Intensive Care Med 1997;23(7):790-2

46. Garcia, O. S. Estudo morfofuncional da unidade "Diafragma - membrana freno-esofágica – segmento de transição esofagogástrico" no homem adulto. (Tese, Doutorado, Fac. Med. , USP), São Paulo, 1976.

47. Giuli R, Estenne B, Richard CA, Jacob L: Diverticules de l'oesophage. A propos de 221 cas. Ann Chir 1974; 26:435–43.

48. Gross RE. Surgical relief for tracheal obstruction from a vascular ring. N Engl J Med 1945;233:586-90.

49. Habein HC Jr, Moerrsch HJ, Kirklin JW. Diverticula of the lower part of esophagus: a clinical study of one hundred and fourty nine non-surgical cases. Arch Intern Med 1956; 97:768–77.

50. Harrington SW. Various types of diaphragmatic hernial treated surgically; report of 430 cases. Surg Gynecol Obstet 1948; 100(3): 735-55.

51. Hewson EG, Ott DJ, Dalton CB, Chen YM, Wu WC, Richter JE. Manometry and radiology. Complementary studies in the assessment of esophageal motility disorders. Gastroenterology 1990;98:626–32.

52. Hoffman RM, Jaffe PE. Plummer-Vinson Syndrome: A Case Report and Literature Review. Arch Intern Med. 1995; 155 (18): 2008-11.

53. Ingelfinger,F.J. Esophageal motility. Phisiol. Rev 1958; 38: 533-84.

54. Ingelfinger FJ, Kramer P. Dysphagia produced by a contractile ring in the lower esophagus. Gastroenterology 1953; 23(3):419-30.

55. Kaiser, S. Alongar o esôfago abdominal: Manobra chave da cirurgia anti-refluxo Rev. Col. bras. Cir. 1979; 6 (2): Editorial.

56. Kaiser, S. Cirurgia do refluxo gastroesofágico. Rio de Janeiro,. Original datilografado. (Memória Acad. Nac. Med.) 1982.

57. Kjellen G, Fransson SG, Lindstrom F, Sokjer H, Tibbling L. Esophageal function, radiography, and dysphagia in Sjogren's syndrome. Digest Dis Sci 1986;31:225–9.

58. Lapadula G, Muolo P, Semeraro F, Covelli M, Brindicci D, Cuccorese G, Francavilla A, Pipitone V. Esophageal motility disorders in the rheumatic diseases: a review of 150 patients. Clin Exp Rheumatol 1994;12(5): 515–21.

59. Lee M G, Samuel EHC, Clarke W F, Spencer H, Ritch,M. Dysphagia lusoria: a rare cause of dysphagia. West Indian med j. 1986;35(3):197-9.

60. Lemme EMO. Doença do Refluxo Gastroesofágico. Brás. Méd. 2002; 59: 147-56.

61. Lemme EMO, Penas ME, Fonseca LMB, Souto FJD, Martinho MJR. Cintilografia dinâmica do esôfago um método para disfunção esofagiana. Arq. Gastroenterol. 1987; 24(3/4): 139-45.

62. Listerud MB, Harkins HN. Anatomy of the esophagea e hiatus. Arch. Surg. 76:835,1958.

63. Madi N, Kumata NE, Gonzáles JM. Artéria subclávia direita como artéria lusória: variaçäo anatômica. Folha méd 1989; 99(4):203-5.

64. Malafaia O, Brenner S, Marchesini JB, Souza FJ, Ribas Filho JM, Oda CT, Artigas GV. Divertículo esofagiano. Rev Col Bras Cir 1983; 10(6):179–82.

65. Mandelli JP, Rusarin M, Mandelli NC, Vilela A C. Disfagia Lusória: Apresentação de Três Casos. Arq Catarin Med 1996; 25(4):339-43.

66. Melo, J.R.C. Esôfago: Bases Fisiológicas e Fisiopatológicas da Dinâmica esofágica e do controle esfinctérico. In: Costa MMB, Lemme EMO, Koch HÁ . Temas em Deglutição e Disfagia – Abordagem multidisciplinar. SupraSet Rio de Janeiro. 1998; 17-27.

67. Myo A, Nicholas P, Rosin M, Bryant GD. An unusual oesophageal obstruction during nasogastric feeding. BMJ 1986;293:596 -7.

68. Nascimento FAP, Lemme, EMO, Costa MMB. Esophageal diverticula: pathogenesis, clinical aspects, and natural history, Dysphagia 2006: 1-8.DOI: 10.1007/s00455-006-9028-5.

69. Nasi A, Moraes Filho J P P, Cecconello I, Pinotti H W. Dor torácica. Aspectos gastrenterológicos. Rev Bras Med Cardiol, n. 1, p. 265-269, 1991.

70. Nissen R , Rosseti M. Chirurgie de la hernie hiatale et du syndrome de reflux. La fundoplicature et la gastropexie. J. Clin. (Paris), 83 (5/6): 659-71, 1962.

71. Novais P, Lemme EMO. Associação de refluxo e acalasia virgem de tratamento: relato de caso e revisão de literatura. GED 2005; 24 (5): 227-30.

72. Novais P, Lemme EMO, Equi C, Medeiros C, Lopes C, Vargas C. Estenoses benignas de esôfago: Abordagen endoscópica com velas de Savary-Gilliard. Arq. Gastroenterol 2008; 45(4): 290-4.

73. Oliveira RB, Rezende-Filho J, Dantas RO, Iazigi N. The spectrum of esophageal motor disorders in Chagas' disease. Am J Gastroenterol 1995;90:1119-24.

74. Paschoal1 AT, Carvalho HF, Filgueiras CL, Herdy CDC, Marques CP. Dificuldades respiratórias causadas por compressão traqueal por tronco braquiocefálico arterial de origem anômala. PULMÃO RJ 2004; 13 (4): 277-81.

75. Pinotti HW, Cecconello I, Zilberstein B, Pollara WM. Tratamento cirúrgico do divertículo faringoesofágico. In: Pinotti HV et al (eds.): Atlas de Cirurgia do Esôfago. São Paulo, 1983; 54-59.

76. Pinnotti H W, Cecconello I, Zilberstein B, Venco F, Parada A A. Esôfago de Barrett. In: Pinotti HW. (Org.). Tratado de clínica cirúrgica do aparelho digestivo. São Paulo: Atheneu, 1994; 391-400.

77. Sauvanet A, Gayet B, Leme´e J, Fe´ke´ te´ F: Les cancers sur diverticule de l`oesophage. Presse Méd 1992; 21:305–8.

78. Schatzki R, Gary JE. Dysphagia due to a diaphragm-like localized narrowing in the lower esophagus (lower esophageal ring). The American Journal of Roentgenology, Radium Therapy, and Nuclear Medicine 1953; 70(6):911-22.

79. Schechter RB, Lemme EMO, Coelho HSM. Gastroesophageal Reflux in Cirrotic Patients with Esophageal Varices Without Endoscopic Treatment. Arq. Gastroenterol, 2007; 44 (2): 145-50.

80. Seiddel A C. Disfagia lusória . Cir. vasc. angiol 2000;16(4): 145-48.

81. Sheehan NJ. Dysphagia and other manifestations of oesophageal involvement in the musculoskeletal diseases. Rheumatology 2008;47:746–52.

82. Silva LFD, Lemme EMO. Are There Any Differences Between Nutcracker Esophagus With and Without Reflux? – Dysphagia 2007; 22: 245-50. DOI: 10.1007/s00455-007-9081-8

83. Silva LFD, Lemme EMO. Esôfago em Quebra-Nozes- Avaliação Clínica de 97 pacientes. Arq. Gastroenterol 2000; 37(4): 217-23.

84. Singhal S, Kar P. Management of acid - and alkali-induced esophageal strictures in 79 adults by endoscopic dilation: 8-years' experience in New Delhi. Dysphagia. 2007;22:130-4.

85. Sladek KC, Byrd RP Jr, Roy TM. A right-sided aortic arch misdiagnosed as asthma since childhood. J Asthma. 2004;41(5):527-31.

86. Traube M, Peterson J, Siskind BN, McCallum RW. Segmental aperistalsis of the esophagus: a cause of chest pain and dysphagia. Am J Gastroenterol 1988;83:1381-5.

87. Winder EL, Fryer EL. Etiologic considerations of Plummer-Vinson (Paterson-Kelly) syndrome. Annals of internal medicine. 1958; 49(5): 1106-28.

88. Wolf, B.S. The esophagogastric closing mechanism; role of the abdominal esophagus.J. Mount Sinai Hosp. N.Y., 27(4): 404-16, 1960.

CAPÍTULO XIII

BASES RADIOLÓGICAS MÉTODO VIDEOFLUOROSCÓPICO

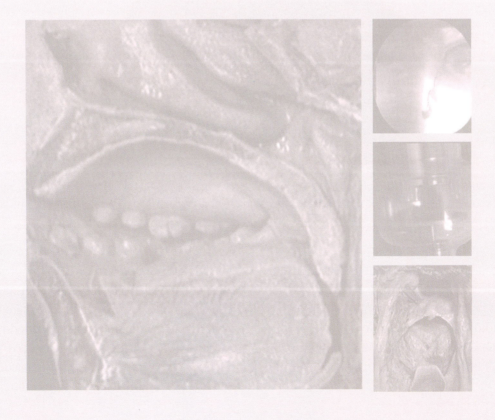

Em novembro de 1895, Wilhelm Conrad Röntgen identificou e denominou raios X uma radiação invisível capaz de produzir luminescência em sais fluorescentes e escurecer chapas fotográficas na vizinhança de tubo de vidro com gás a baixa pressão e anodo submetido a descarga elétrica de alta tensão. Em dezembro publica seus primeiros resultados, identificando a fonte e a capacidade de penetração dessa radiação na dependência de sua intensidade e do tipo de material exposto.

Em janeiro de 1896 ele radiografa em público. O método se difunde; nesse mesmo ano, na Inglaterra, o método é utilizado para localizar uma agulha introduzida na mão de um paciente.

A descoberta dos raiosX deu a Röntgen o prêmio Nobel de Física de 1901 e abriu as portas para o diagnóstico por imagem, estabelecendo-se como extraordinário avanço médico.

Fig.1 Wilhelm Conrad Röntgen - Físico alemão (27 de março de 1845 a 10 de fevereiro de 1923). Em novembro de1895 identifica e denomina os raios X. A medicina ganha um poderoso instrumento e uma larga estrada para seu progresso. Em 1901 Röentgen é premiado com o Nobel de Física.

A propriedade de produzir luminescência em anteparo fluorescente constituiu a base da radioscopia; assim como a de impressionar chapas fotográficas, a do registo radiológico. Com grande poder de penetração, mas absorvidos por materiais de alta densidade como chumbo, puderam ser controlados e direcionados.

Nas **ampolas de raios X**, essa radiação é produzida quando elétrons acelerados em alta velocidade colidem com obstáculo metálico. As ampolas de raios X apresentam um polo positivo (anodo) e um polo negativo (catodo). Esses estão contidos no mais alto vácuo em uma ampola de vidro plúmbico. Essa ampola se encontra inserida em cápsula metálica revestida por blindagem de chumbo, que deixa livre janela de vidro fino, para onde os raios emitidos são direcionados e saem, podendo ser modulados por cone e colimadores capazes de controlar direção e área a ser irradiada.

Peça de tungstênio, metal de elevado ponto de fusão (34220 C), constitui o catodo, polo que, quando adequadamente aquecido, libera elétrons que podem ser emitidos. O anodo, anteparo também de tungstênio, inserido em base maciça de cobre para melhor dissipar calor, é alvo dos elétrons a serem emitidos pelo catodo.

No **tubo de raios X**, ao se fazer passar corrente elétrica pelo catodo, e quanto maior a intensidade desta corrente, mais aquecido fica o catodo, mais instáveis ficam os elétrons por estarem menos atraídos pelo núcleo, podendo ser emitidos contra o anodo. A intensidade da corrente, miliamperes por segundo (mAs), diz respeito ao aquecimento do catodo e consequentemente ao número de elétrons (quantidade de elétrons) passíveis de serem emitidos pelo catodo na unidade de tempo. Os elétrons são liberados no catodo por um efeito termoiônico que é função da temperatura deste filamento e que depende da intensidade de corrente (mA). Maior a miliamperagem, maior a quantidade de elétrons liberados, maior a "quantidade" de raios X gerada ao final do processo.

Corrente elétrica contínua de alta tensão, regulável em painel de controle, é capaz de produzir elevada diferença de potencial entre o anodo e o catodo. A diferença de potencial entre catodo e anodo depende da quilovoltagem (kV). Maior kV, maior diferença de potencial, maior a energia da radiação; maior a "velocidade", maior a "aceleração" com que estarão dotados os raios que deixarão o tubo.

Aplicada uma determinada intensidade de corrente medida em (mileampere – mA) no filamento de tungstênio do catodo, este se aquecerá a altas temperaturas e liberará elétrons que serão acelerados no vácuo do tubo pela diferença de potencial (kilovolt – kV), atingindo alta velocidade para colidir com anodo gerando calor (95% da energia dos elétrons), luz visível, ultravioleta (4%) e raios X (1% da energia).

Os raios X são consequência da interação, determinada pelo encontro dos elétrons em alta velocidade provenientes do catodo com os átomos do anodo de dois modos distintos: colisão e desaceleração.

Na colisão são produzidos os raios X ditos característicos, que se devem à interação elétron/elétron. Quando os elétrons colidem, a energia dos elétrons provenientes do catodo, transferida aos elétrons das camadas mais internas dos átomos do anodo, provoca ionização e retirada desses elétrons de suas órbitas. A manutenção de um elétron em sua órbita demanda energia de tração exercida pelo núcleo. Esse arrancamento cria uma vacância e produz a migração dos elétrons mais externos para vacâncias nas camadas eletrônicas internas com emissão de raios X do tipo característico. A colisão dos elétrons catódicos com os elétrons das camadas mais externas dos átomos do anodo produzem ainda mais luz e calor.

Na desaceleração, por interação elétron/núcleo, são produzidos os raios X de frenagem. O elétron proveniente do catodo, ao se aproximar do núcleo do átomo do anodo, sofre desvio, mudando direção e velocidade. Nesse processo parte de sua energia é liberada sob a forma de raios X. Esses raios, ditos de frenagem, terão sua energia variando com o ângulo de desvio produzido pelo núcleo atômico.

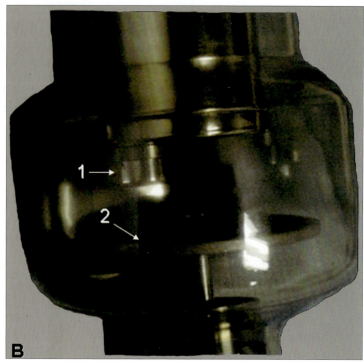

Fig.2 Em A, tubo de raios X, cápsula metálica blindada, com janela de vidro, por onde os raios X são emitidos. Em B, ampola de raios X constituída de vidro plumbífero a ser inserida no interior do tubo A, onde 1 - catodo, polo negativo de onde os elétrons são emitidos contra 2 - anodo, polo positivo também constituído de tungstênio. Existem ampolas com anodo fixo e anodo giratório; essa apresenta anodo giratório que muda a área bombardeada de modo contínuo, prolongando sua vida útil.

CONCEITUAÇÃO E CARACTERÍSTICAS

Os **raios X** são radiações eletromagnéticas de pequeno comprimento de onda que se propagam em linha reta, com a velocidade da luz, ionizando a matéria, inclusive o ar. Podem atravessar, ser absorvidos ou refletidos pela matéria, dependendo do peso atômico desta e da energia dos raios.

Grosso modo, podemos considerar que o uso médico da radiação X depende das variáveis "qualidade e quantidade" da radiação.

A "qualidade da radiação X" nos é dada pelo KV, que define a diferença de potencial e assim a energia da radiação. Quanto maior a KV, maior a velocidade dos elétrons que irão interagir com anodo e maior a produção de raios X, em especial os produzidos por frenagem. Essa maior diferença de potencial se transfere para a radiação X e pode ser entendida como energia. Assim, quanto maior a diferença de poten-cial, maior será a energia dos raios X, maior a energia, maior a capacidade de penetração.

A "quantidade de raios X" nos é dada pela mA, que define a intensidade da corrente. Quanto maior a mA, maior aquecimento do filamento catódico, mais elétrons liberados para sofrer aceleração, maior a quantidade de raios X produzidos.

Essas grandezas, "quantidade e qualidade", têm relação direta com a interação tecidual e, por conseguinte, com formação de imagem e proteção radiológica.

Como conceituado, um feixe retilíneo de raios X projetado sobre corpo exposto o atravessará em parte e, em parte, será absorvido na dependência da qualidade e quantidade de raios X e também da densidade dos componentes do corpo irradiado. Como os corpos expostos aos feixes de raios X são compostos por estruturas e tecidos com densidades distintas, teremos que, para um mesmo regime de quantidade e qualidade de raios X, os tecidos mais densos reterão (absorverão) mais radiação que os menos densos. Assim, a radiação que lograr atravessar o corpo terá, agora, qualidade e quantidade modulada pelo corpo atravessado. Vale dizer que essa radiação, ao impressionar uma superfície capaz de registrar sua condição, vai refletir, como consequência, as várias densidades teciduais e também a imagem das densidades do corpo exposto.

Como complemento desse conceito exposto é preciso que se compreenda que se deve buscar um nível ótimo de relação entre quantidade e qualidade de raios X e densidades a serem vencidas. Se irradiarmos um determinado corpo com radiação excessiva, poderemos atravessá-lo sem que uma imagem adequada seja formada pela pouca absorção tecidual. De modo oposto, o mesmo corpo, se irradiado com radiação deficiente, irá absorvê-la em sua quase totalidade,

não resultando imagem por não haver radiação para sensibilizar de modo adequado o substrato que iria registrar a imagem gerada.

A relação das propriedades dos raios X com a densidade das estruturas, que compõem o corpo exposto, se define pelo conceito de transparência que se vê registrado nas imagens obtidas. Elementos densos (metal, osso, contrastes radiológicos) absorvem mais radiação e geram imagens ditas hipotransparentes. De modo inverso, elementos pouco densos (ar, água, tecidos moles) para um mesmo regime absorvem menos radiação e geram imagens ditas hipertransparentes. Devemos considerar que as densidades são relativas, tanto para os elementos muito densos como para os pouco densos. Assim, um elemento pouco denso poderá ser visto como denso, hipotransparente, quando comparado a outro menos denso que em relação àquele será hipertransparente. Graças a essas diferenças de densidade com distintos graus de transparência podemos identificar as diversas estruturas que compõem o corpo irradiado.

INTERAÇÃO RAIOS X/OBJETO (ABSORÇÃO)

Os feixes de raios X são formados por fótons (energia) que, por não possuírem massa, interagem unicamente com os campos elétricos e magnéticos dos átomos do corpo objeto da análise radiológica. Os principais mecanismos de interação radiação/corpo, que definem a absorção da radiação X, são o efeito fotoelétrico, o efeito Compton, o espalhamento coerente e a interação Reyleigh.

No **efeito fotoelétrico** a energia dos raios X é totalmente transferida para elétrons orbitais dos átomos atingidos. Assim, quanto maior o número atômico dos átomos da estrutura bombardeada, vale dizer estrutura mais densa, e, quanto menor a intensidade de radiação X, maior interação eletromagnética dos raios X com os elétrons dos átomos formadores do corpo, maior a absorção. Nesse efeito a energia dos raios X incidente, ao interagir, desloca elétrons (fotoelétrons) do objeto irradiado, em especial das camadas mais profundas, mais próximas ao núcleo.

No **efeito Compton**, a energia da radiação X se transfere somente em parte para os tecidos irradiados. A radiação atinge especialmente os elétrons orbitais, deslocando-os com transferência parcial de sua energia, deixando a restante prosseguir como uma radiação de menor energia. O efeito Compton, por redirecionar os fótons absorvendo parte da energia da radiação, gera emissões secundárias de menor energia em todas as direções e que acaba como interferente no melhor da qualidade das imagens. Sabe-se ainda que a transferência de energia por esse processo será tanto maior quanto maior for o ângulo de deflexão da radiação e que a sua ocorrência varia pouco com o número atômico (densidade) do átomo irradiado.

A energia transferida aos elétrons orbitais, tanto pelo efeito fotoelétrico quanto pelo efeito Compton, tanto nas estruturas irradiadas primariamente (objeto do exame) quanto nas irradiadas secundariamente (mesa e aparatos do equipamento), gera radiação secundária interferente, o que deve ser alvo de nossa atenção em especial no que tange aos cuidados de proteção radiológica.

No espalhamento coerente, a energia da radiação incidente não atinge os elétrons orbitais dos átomos, que assim não sofrem alterações no seu comprimento de onda, preservando as características do feixe primário, podendo alterar a sua direção de deslocamento de acordo com as condições da interação. Esse espalhamento, como os demais efeitos, importa a formação da imagem.

Um quarto tipo de interação da radiação com os elétrons dos átomos-alvo é a denominada Reyleigh. Essa interação gera espalhamento que, no que se refere à dose, é pouco importante, pois toda energia transferida é reemitida. Nesse efeito a radiação incide sobre os elétrons do átomo-alvo, excita-os, mas não os modifica. Posteriormente, o elétron excitado retorna ao seu estado inicial, reemitindo toda a energia absorvida, não havendo portanto deposição de energia no alvo.

EXPOSIÇÃO À RADIAÇÃO X - CONSIDERAÇÕES

Os exames radiodiagnósticos representam a maior causa de exposição às fontes artificiais de radiações ionizantes. Acresça-se a possibilidade de altas doses geradas e fornecidas por equipamentos defeituosos. O reconhecimento da possibilidade de se produzirem efeitos nocivos com o uso da radiação X acabou por ser responsável pela segurança hoje observada nos métodos de radiodiagnóstico. Não obstante, embora se tendo a consciência da necessidade de doses o mais possível baixas, os exemplos de não aplicação desse conceito se repetem. Contudo, rege-nos o conceito de que um exame radiológico que traz benefício tem sua realização justificada. Não há dose alta se o benefício é evidente; em contrapartida, não há dose baixa se o exame não tem indicação. O exame indicado e necessário justifica o risco inerente ao uso da radiação X.

A radiação determina absorção de energia, cuja distribuição no corpo pode ser calculada. A energia absorvida por unidade de massa em um órgão ou tecido do corpo humano exposto pode ser considerada como dose absorvida no tecido. A unidade de dose absorvida é o gray (Gy). Um Gy é a energia absorvida de 1 joule por quilograma e corresponde a 1000 mGy ou 100 rad.

A dose recebida em um determinado exame se distribui de modo variável no corpo, sendo máxima na pele exposta ao feixe primário da radiação. As doses nos tecidos dependem em grande parte dos fatores técnicos empregados no exame radiológico.

A videofluoroscopia, exame que usa a fluoroscopia em TV como base, favorece a ponderação risco/benefício quando comparado a outros exames, que além de usarem a escopia para localizar e definir região procedem ao registro em filmes radiográficos. O registro das imagens em vídeo, além de dispensar o registro radiográfico, reduzindo a exposição à radiação, permite análise dinâmica por registrar, em mídia magnética no sistema NTSC, 30 imagens por segundo. As imagens são registradas ao mesmo tempo que o examinador analisa a região objeto do estudo sem a necessidade de novas exposições, tanto do paciente quanto do examinador. Reduz-se, ainda, a possibilidade de se ter que repetir registros radiográficos, por movimentação indevida do paciente ou erro técnico, pelo fato de o método videofluoroscópico registrar os eventos em dinâmica de tempo real.

É conveniente destacar que a intensidade de radiação necessária à realização da fluoroscopia clássica, aquela em que as imagens no écran são visualizadas em sala escura, demanda cerca de 13 vezes mais energia da radiação que a necessária à avaliação semelhante através do método videofluoroscópico, que, com o uso de intensificador, gera as imagens a serem exibidas em um monitor em sala clara, com registro simultâneo em mídia magnética.

Embora pareça óbvio, não é demais diferenciar emissão de radiação por substâncias radioativas, que emitem espontaneamente, da emissão dos raios X produzidos pelos aparelhos radiológicos, que não emitem radiação quando desligados; só o fazem quando ligados e sob ação efetiva da corrente elétrica.

A **dosimetria** do paciente pode ser efetuada medindo-se a dose absorvida na superfície da pele onde a radiação incide. Pequenas bolsas contendo dosímetros termoluminescentes (TLDs) podem ser distribuídos e fixados sobre a superfície a ser irradiada, permitindo assim que a radiação incidente naquelas áreas durante o exame seja estimada. A avaliação com esse tipo de dosimetria mostrou que a exposição de pacientes, durante o estudo videofluoroscópico da dinâmica da deglutição, é expressivamente mais baixa do que o estudo que utiliza a radiografia como documento de registro.

O todo da radiação emitida durante um exame pode ser determinado. A medida pode ser efetuada através de um "medidor do produto dose-área", aparelho que mede em cGy.cm2 a quantidade de radiação que irá atingir o paciente durante aquele exame. O produto dose-área (DAP) é uma grandeza dosimétrica que interessa aos indivíduos expostos diretamente à radiação. Fala da maior ou menor exposição determinada pela técnica. Caracteriza um determinado exame. Assim, não só a dose da radiação (kV – mA) mas também a dimensão em cm2 da área exposta importam para que se estime a exposição à radiação produzida por um determinado exame.

Durante um exame dinâmico, regiões com distintas densidades são expostas à radiação. As diferentes regiões, por interesse da técnica e da menor exposição, podem ser colimadas variando a área exposta. Desse modo, durante um exame, diferentes produtos dose-área são obtidos. Os diferentes DAPs registrados são somados pelo "medidor de produto dose-área", permitindo que se quantifique a dose de radiação produzida pelo exame. Essa característica de somar no tempo do exame as variações dos DAPs torna o produto dose-área um excelente balizador para o método videofluoroscópico.

Utilizando um Diamentor, "medidor do produto dose-área" da PTW, procedemos à dosimetria da avaliação videofluoroscópica da dinâmica da deglutição

e obtivemos doses referências muito confortáveis, com a média de 577 cGy.cm2 por minuto de exame em um primeiro grupo. Em um segundo grupo obtivemos 119 cGy.cm^2/min. Esses resultados díspares foram obtidos em grupo semelhante ao anterior. As doses, cinco vezes mais baixas, obtidas no segundo grupo, retratam mais adequadamente a exposição determinada pela videofluoroscopia da deglutição. As doses mais altas, no primeiro grupo, se deveram ao desconhecimento do desempenho, nem sempre perfeito, dos equipamentos radiológicos. Essa conclusão encontra apoio no fato de, em nosso meio, não ser usual que os serviços de radiodiagnóstico tenham implementado um rotineiro "programa de garantia de qualidade" e aponta para a importância do DAP na qualificação dos métodos e equipamentos radiológicos.

Com interesse continuado na redução da dose necessária aos exames videofluoroscópicos da deglutição, procedemos à interposição de filtros adicionais de alumínio e cobre, buscando reduzir a radiação sem perda da qualidade da imagem. Os resultados mostraram não só redução da dose minuto para 104 +/-5 cGy.cm^2/min, mas também ganho na qualidade das imagens videofluoroscópicas determinado pela maior separação dos tons de cinza e aumento da relação brilho/contraste da curva de cinza.

O limite de risco de radiação para um determinado paciente está implícito na decisão médica de que o exame é necessário e na possibilidade de se utilizarem aparelho e técnica adequados. Um exame justificado por correta indicação clínica e o emprego de equipamento e técnica adequados anulam a limitação explícita de doses de radiação.

Tem-se buscado adotar, como padrão para a proteção radiológica dos pacientes, os níveis de referência de dose, ou seja, busca-se definir e padronizar a radiação mínima necessária para a adequada realização de um determinado exame para que esse valor possa ser usado como balizador desse tipo de exame.

Ao lado do cuidado em medir a dose e otimizar a exposição para pacientes, está a preocupação em se estimar a dose a que estão sujeitos aqueles que participam da execução do exame. Aqui já não se trata de uma grandeza dosimétrica, mas sim de uma grandeza dita dose equivalente, que não se mede mas que pode ser calculada e expressa em milisivert (mSv).

A dose equivalente é obtida pela soma dos produtos da multiplicação das doses de radiação em cada órgão ou tecido do corpo pelo fator de sensibilidade específico de cada um desses órgãos ou tecidos.

Os limites de dose fixados para exposição de membros do público não são aplicáveis às doses devidas à irradiação de pacientes com fins médicos.

Os limites de dose equivalente para os operadores, dose ocupacional, é da ordem de 20mSv ano obtida pela média do registrado em um período de cinco anos. Em áreas mais expostas, como cristalino e pele, a dose efetiva ocupacional é de 150 mSv para o cristalino e 500mSv para a pele.

EFEITOS DETERMINÍSTICOS E ESTOCÁSTICOS

O **efeito determinístico** é aquele claramente produzido pela ação direta da radiação sobre uma determinada área do indivíduo exposto. Ele se deve ao uso de doses altas sobre uma determinada área ou região. Hiperemia, queimadura com formação de bolhas, queda de cabelos e lesões necróticas cutâneas são as mais comuns. Esse efeito aparentemente nocivo é o que dá base à teoria da radioterapia, quando altas doses focadas em uma lesão tumoral destroem as células malignas em tentativa de remissão ou cura de um câncer.

Não obstante houve época em que, por ignorância dos efeitos e uso despreocupado da radiação X, em especial com a radioscopia, lesões determinísticas foram produzidas em especial nos examinadores, expostos por longo tempo a doses altas.

Exames diagnósticos corretamente efetuados, com tecnologia adequada, não produzem efeitos determinísticos (eritema cutâneo, perda de pelo, queimaduras, bolhas e lesões) porque as doses utilizadas estão muito abaixo dos níveis sabidamente capazes de determinar esses efeitos. No entanto, é possível que não haja limite inferior de dose para início de algum efeito biológico nocivo (efeito estocástico).

O **efeito estocástico** se define como a possível virada biológica passível de ser produzida no organismo vivo pela exposição à radiação ionizante, como as altas doses de radiação já observadas em vazamentos de usina nuclear, contaminação direta por substân-

cia radioativa, conforme verificado com o césio em Goiânia ou em comunidades como no Japão, onde os resíduos de explosões nucleares fizeram com que as populações expostas apresentassem estatisticamente quase 40% a mais de incidência de câncer que o observado em populações não expostas.

Assim, doses muito altas produzem efeito estocástico. Mas, qual o limite entre dose alta e dose baixa? Não se tem esta resposta. Assim, o efeito estocástico é um temor permanente, que nos exige o uso da radiação necessária, mas sempre buscando seja ela a mais baixa possível.

A relação dose e efeito se baseia na suposição de que o risco de efeitos nocivos seja relativo às doses altas; portanto, proporcional à dose a que os indivíduos são expostos. No entanto, não existe um patamar abaixo do qual, com certeza, não se produzam efeitos biológicos. A partir desse conceito foi estabelecido o sistema de ponderação risco/benefício. Não existem doses baixas se o uso da radiação não traz benefício, mas, também, não existem doses altas se há benefício no uso da radiação.

Os efeitos temidos são os estocásticos; mesmo uma dose baixa de radiação cursa com algum risco. Uma dose baixa para um indivíduo é baixa para um outro? Novamente não sabemos.

Outra importante questão é saber se existe risco de uma alteração cromossômica ser capaz de produzir efeitos hereditários. Admite-se que altas doses de radiação, provenientes de radioterapia e acidentes nucleares, em animais e no homem, sejam capazes de produzir alterações gênicas e cromossômicas com possível produção de mutações nas gerações futuras, além de gerar câncer.

Contudo, permanece o temor da ocorrência de um efeito produzido por uma dada dose de radiação, independentemente do valor dessa dose.

A Organização Pan-Americana de Saúde chama atenção para a possibilidade de em seres humanos se observarem efeitos da radiação sobre o desenvolvimento fetal, cuja natureza e frequência dependeriam da dose recebida e do estágio do desenvolvimento durante o qual o feto é exposto.

Somos conduzidos a entender que a radiação não é para ser temida nas doses diagnósticas hoje conhecidas e utilizadas e que, estatisticamente, se mostram seguras. Não obstante, devemos ter em mente que a radiação é para ser respeitada, buscando-se conhecê-la e dominá-la em seus riscos e benefícios, procurando, sempre que possível, reduzir a exposição a ela, sem contudo negligenciar o exame em sua necessária extensão.

A IMAGEM RADIOLÓGICA

Quando a radiação X adequada atravessa o segmento exposto, tendo sofrido absorção parcial e distinta para os diversos tecidos e arranjos regionais, ela pode ser considerada como carreando uma "imagem fotônica" capaz de impressionar um substrato adequado. O écran fluorescente e o filme radiográfico se constituem no substrato adequado.

O filme radiográfico, de diversos tamanhos, coberto por emulsão com sais de prata e ainda virgem, é posto, protegido da luz, no interior de um chassi, estojo metálico ou plástico blindado posteriormente, que é forrado por um écran. O écran é uma lâmina fina e lisa, de plástico ou papelão, que emite luz quando irradiado por estar revestido por substância fluorescente. O chassi de tamanho adequado é posicionado perpendicularmente ao sentido da radiação, de modo a ser impressionado, quando atingido pela "imagem fotônica".

Em câmara escura, para que luz não o vele, destruindo a imagem já registrada, o filme é retirado do chassi, revelado e fixado. A revelação expõe as distintas alterações produzidas na emulsão de prata que reveste a película, e a fixação interrompe as reações produzidas na revelação, estabilizando a imagem gerada.

Onde pouca radiação incidiu, como por exemplo nas áreas de projeção de peças ósseas, elementos mais densos que absorvem mais radiação, os sais de prata são retirados pela revelação, deixando aquela área do filme clara, com pequena presença ou ausência de sais de prata. Esta área é dita hipotransparente pelo seu mecanismo de geração.

Onde o obstáculo determinado pelos tecidos expostos é pouco denso, como por exemplo na projeção dos pulmões, onde a quantidade de ar e tecido mole predominam, menor a quantidade de radiação absorvida, mais radiação atinge o filme radiográfico, maior a quantidade regional de sais de prata modificados, maior a presença residual da prata após a revelação, o que deixa a área escura. Quanto mais escura a área, maior a sua transparência.

Para a adequada compreensão da imagem radiográfica, temos que considerar não só a densidade específica de um determinado tecido, mas também as diversas espessuras deste mesmo tecido e o fato de estarmos superpondo em plano bidimensional estruturas tridimensionais. Assim, as diversas transparências registradas em um mesmo filme devem ser observadas, levando-se em conta o significado da somação, da configuração morfológica e o da constituição tecidual.

As imagens videofluoroscópicas são obtidas de modo semelhante. O écran da fluoroscopia está inserido no intensificador de imagem e, quando estimulado pela "imagem fotônica", gera imagem luminosa que é amplificada no intensificador, que a converte em fótons de luz a serem capturados por câmara de TV inserida no equipamento. A imagem exposta em monitor, definida por radiação de baixa frequência não ionizante, é uma imagem gerada por fótons de luz, que não expõe o examinador como acontecia com as imagens geradas em écrans fluoroscópicos observados diretamente.

As imagens videofluoroscópicas são registradas em mídia magnética a partir daquelas fornecidas por uma filmadora e exibidas por um monitor de TV, sem que haja necessidade de revelação. Por essa razão, nas gravações em vídeo, as fitas já prontas para exibição e análise apresentam imagens, onde os tecidos que absorvem maior quantidade de radiação (mais densos), hipotransparente se mostram com imagens localizadas na parte escura da curva de cinza, de modo inverso àquelas registradas em radiografias, onde, devido à necessária revelação, os tecidos hipotransparentes se apresentam com imagens localizadas nas áreas claras da escala de cinza. Assim, nas imagens da videofluoroscopia teremos que o claro é hipertransparente e o escuro hipotransparente. No mais, todo o restante do raciocínio para as imagens radiográficas vale para as videofluoroscópicas. Ressalte-se que o registro videofluoroscópico é contínuo e que no sistema NTSC norma M são registradas 30 frames por segundo (60 campos ou imagens por segundo), frequência que permite o registro, sem distorções, das estruturas em movimento. Os diversos "fotogramas" conterão as informações das variações das posições e densidades das estruturas geradoras das imagens na unidade de tempo. Desse modo, as características morfológicas obscurecidas pela superposição das estruturas podem ser identificadas, de modo claro, pelo desdobramento das imagens permitido pelo registro dinâmico das estruturas regionais.

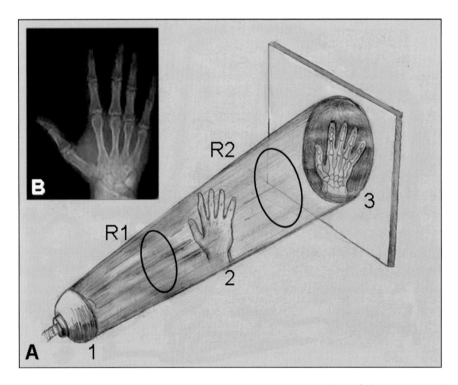

Fig. 3 Em A, desenho esquemático onde 1- fonte da radiação X , 2 - objeto a ser radiografado, 3 - écran sobre o qual a imagem é gerada, R1- feixe primário pré-interação com objeto, R2 - feixe primário modificado pelas distintas densidades do objeto. Em B (encarte) imagem radiológica onde as estruturas da mão se mostram pós-revelação, com densidades cujos tons de cinza se apresentam invertidos em relação ao que se observa nos registros videofluoroscópicos.

INCIDÊNCIA RADIOLÓGICA

Ainda no contexto da formação da imagem, devem-se considerar as incidências de registro radiológico. O paciente pode ser examinado em perfil, direito ou esquerdo, em posição frontal anterior ou posterior e ainda em posições oblíquas, além de outras especialmente desenvolvidas para atender à observação de pontos específicos. Como as imagens obtidas são bidimensionais resultantes da superposição das diversas densidades atravessadas na espessura do indivíduo pela radiação, torna-se importante definir as relações, fonte de raios X/objeto/filme ou écran.

Por convenção, define-se que as imagens que registrem o paciente em posteroanterior (PA) e anteroposterior (AP) sejam designadas segundo o ponto de entrada da radiação, ou seja, a fonte determina a designação da incidência. Assim, paciente cuja imagem for gerada com o dorso voltado para a ampola de raios X terá uma imagem em PA. De modo análogo, se a imagem for gerada por radiação que penetre em primeiro lugar na superfície ventral (anterior), teremos uma imagem em AP. O pleno conhecimento da incidência na qual as imagens podem ser geradas é de fundamental importância para a correta interpretação das imagens obtidas. Uma imagem vista à direita do examinador no PA estará à esquerda no AP.

As imagens em perfil e oblíquas já se designam segundo a superfície aposta sobre o filme ou écran.

O perfil direito terá a superfície direita da região que se quer documentar aposta ao écran. No perfil esquerdo, a superfície aposta ao écran é a esquerda.

As imagens geradas em um e outro perfil são semelhantes, mas as posições espaciais serão opostas e as densidades superpostas poderão gerar modificações na clareza de determinados contornos.

As imagens em incidência oblíqua também se designam segundo a superfície aposta ao écran em direito e esquerdo. Aqui se acrescentam os termos anterior e posterior. Assim, existem as incidências oblíqua anterior direita, oblíqua anterior esquerda, oblíqua posterior direita e oblíqua posterior esquerda.

As incidências em oblíqua partem do perfil, direito ou esquerdo. A oblíqua anterior significa que a porção anterior da região examinada está mais próxima do écran. De modo semelhante, a obliquidade posterior significa que a área posterior da região examinada está mais próxima do écran. Assim, se um indivíduo a partir do perfil direito, é instruído a apor a superfície anterior de sua hemiface sobre o écran, pretende-se obter uma imagem em oblíqua anterior direita. Se a partir do perfil direito se oblíqua a cabeça para se apor a região occipital mais próximo ao écran, temos uma incidência oblíqua posterior direita. Esse raciocínio para as oblíquas direitas vale também para as oblíquas esquerdas.

Eventualmente, incidências especiais podem se fazer necessárias. A sua obtenção será norteada pela avaliação que se pretenda, mas sua definição deverá seguir os mesmos critérios observados para as incidências clássicas.

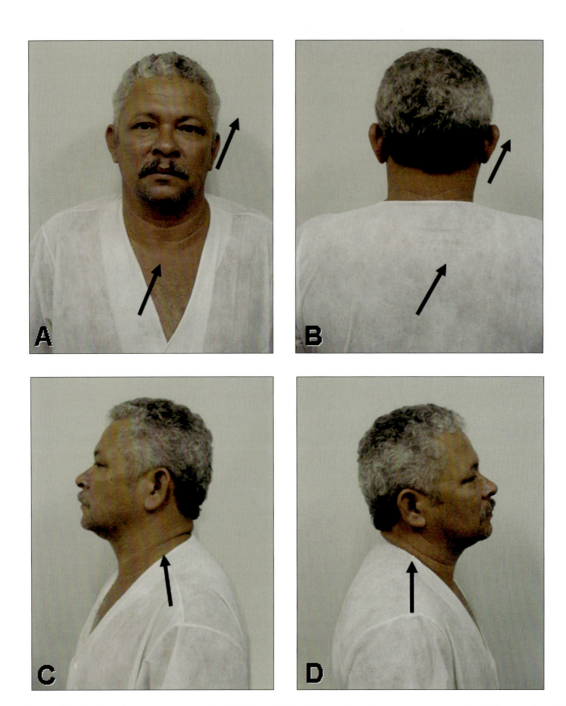

Fig. 4 Em A, incidência frontal em anteroposterior (AP), em B, incidência frontal em posteroanterior (PA), em C, perfil direito, em D, perfil esquerdo. Setas representam o sentido de incidência da radiação X.

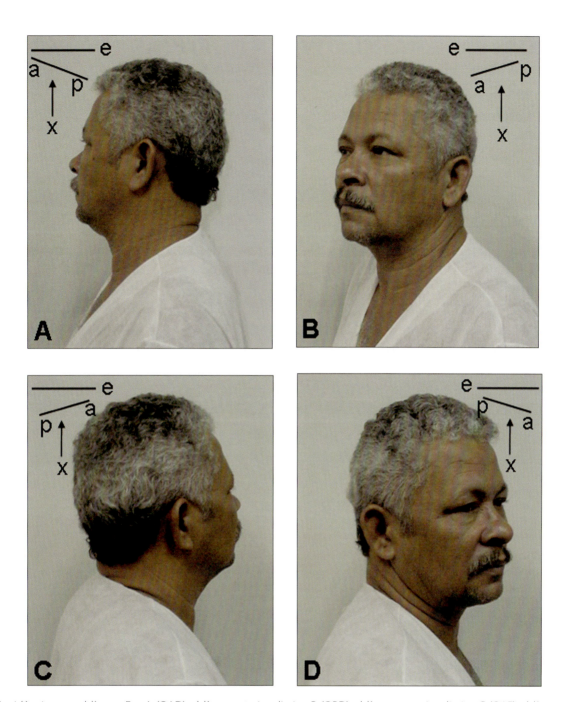

Fig. 5 Incidências em oblíquas. Em A (OAD) oblíqua anterior direita, B (OPD) oblíqua posterior direita, C (OAE) oblíqua anterior esquerda, D (OPE) oblíqua posterior esquerda, a - anterior, p - posterior, e- écran, x - radiação X. Diagramas ilustram a incidência da radiação sobre o objeto e a relação do objeto com o écran.

NOÇÕES BÁSICAS RELATIVAS À QUALIDADE DA IMAGEM

A boa qualidade da imagem radiológica é admitida segundo um conceito, em parte subjetivo, que se sustenta sobretudo na possibilidade diagnóstica oferecida pela imagem obtida. Como base para essa qualificação é necessário que se obtenham imagens que apresentem forma e limites bem definidos, uma adequada saturação dos contrastes e um correto enquadramento, do objeto.

Para que obtenhamos imagens com qualidade suficiente, alguns requisitos devem ser observados.

É necessário que se opere com aparelho calibrado, em especial quanto à centralização dos raios emitidos. Aparelhos cujos raios não estejam corretamente centralizados produzirão distorções por ampliação desigual de uma imagem interposta entre a fonte e o écran.

A região pretendida deve ser criteriosamente enquadrada dentro dos limites do campo radiográfico com a estrutura, objeto do exame, centralizada no campo radiológico. Distância foco/filme; dimensões relativas de campo e objeto; nitidez de contornos e limites; forma, trajeto e densidades são atributos a serem considerados quando do registro das imagens. A videofluoroscopia permite que esses requisitos sejam adequados de modo dinâmico e permanente durante a avaliação, resultando em registros cuja boa qualidade é facilmente obtida.

VIDEOFLUOROSCOPIA – CONCEITOS BÁSICOS

A videofluoroscopia se define pelo registro em fita (mídia) magnética de eventos biológicos dinâmicos, observáveis em écran fluoroscópico, gerados pela submissão de voluntários e/ou pacientes a exposição continuada à radiação X. A videofluoroscopia da deglutição ou videodeglutograma é o uso desse método com vistas ao estudo da deglutição e seus distúrbios.

Na videofluoroscopia, a exposição à radiação X é regrada em área, tempo e regime, caracterizando o método por adequados (baixos) índices de exposição à radiação X. O método permite a visibilização e registro, com qualidade bastante, de trinta quadros (sessenta campos) de imagem por segundo.

Podem-se ver e rever os eventos registrados sem a necessidade de novas exposições à radiação. "Slow motion", quadro a quadro, e outras vantagens da videogravação ficam disponíveis.

As imagens devem ser analisadas de modo qualitativo, e podemos, ainda, quantificar a dinâmica registrada (dimensões, tempo e velocidade) quando pertinente!

O método videofluoroscópico é considerado como o mais indicado dos exames para a avaliação das fases oral e faríngea da deglutição. Sua eficiência pode, sem dúvida, ser estendida à observação da dinâmica e da morfologia esofágica.

Observar as três fases da deglutição é tarefa mandatória para prevenir que não se deixe passar despercebida uma associação, ou mesmo causa preponderante em nível do esôfago, que pode estar presente mesmo em ausência de queixas formais. Incluir o estudo da fase esofágica, a despeito do aumento do tempo de exame e consequentemente da exposição à radiação X é fundamental. Não raro uma disfagia suspeita como sendo resultante de alterações orofaríngeas deixa ver associação com alguma alteração morfológica ou funcional do esôfago, em especial nos pacientes idosos. Devemos ainda lembrar que pacientes com disfagia de origem baixa podem, por aumento da resistência ao fluxo em nível do esôfago, referir queixas semelhantes às das disfagias de origem alta. É nossa convicção que esses fatos justificam, de modo mais do que suficiente, a inclusão da fase esofágica em protocolos de avaliação videofluoroscópicas das doenças disfágicas. A avaliação esofágica aumenta o tempo de exposição à radiação, mas na relação custo/benefício certamente o benefício prevalece.

Apesar da admissão da qualidade do exame videofluoroscópico para avaliação da dinâmica da deglutição, não é incomum vê-lo criticado por ser método que utiliza a radiação X. Note-se que usualmente esses mesmos críticos, na defesa da óbvia eficiência de métodos como manométrica, pHmetria, faringo-laringo-endoscopia e mesmo endoscopia digestiva alta, necessitam e admitem o uso da radiologia como apoio a seus procedimentos.

Quase sempre os pacientes a serem submetidos ao exame videofluoroscópico da deglutição nos chegam com o provável diagnóstico etiológico, exame clínico e alguns exames complementares. Mesmo assim, é importante que reavaliemos clinicamente cada paciente a ser submetido ao exame videofluoroscópico, com vistas a gerar compreensão pessoal para as queixas e sintomas mais valorizados e para identificar sinais subestimados ou ainda não identificados.

Criterioso protocolo de exame, conhecimentos da anatomia e da fisiologia de inter-relação das estruturas envolvidas na dinâmica dessas fases são pré-requisitos indispensáveis a um adequado exame videofluoroscópico.

Embora a videofluoroscopia usualmente exponha a baixas doses de radiação, essa se tornará desnecessariamente elevada, se não tivermos programado um estruturado protocolo de avaliação. É preciso que tenhamos questões a responder e que nos programemos para tal, traçando previamente os procedimentos adequados.

PROTOCOLO BÁSICO

O protocolo básico por nós sugerido para avaliação das fases oral e faríngea consta de: registro orofaringolaríngeo em perfil durante inspiração/expiração (1) nasal e (2) oral profundas; e durante a (3) fonação. Registro oral e cervical em posteroanterior (PA) e perfil durante a deglutição: (1) de saliva, (2) de água, (3) de bolo teste contrastado de 0,5 a 1cm de diâmetro somente com ensalivação. Registro oral e cervical da deglutição a partir da mastigação de bolo teste contrastado de 1,5 a 2,5 cm de diâmetro, em perfil. Registro oral e cervical em PA e perfil durante a deglutição de bolo líquido contrastado com volumes definidos pelas possibilidades dos indivíduos examinados.

Se alguma deglutição foi efetivada, se alguma quantidade de meio de contraste foi ingerida, o esôfago pode e deve ser observado em sua dinâmica, liberdade de trânsito e forma. O que será mais facilmente observado quando um maior volume de meio de contraste puder ser deglutido. O esôfago deve ser estudado nas incidências frontais e oblíquas que são as mais efetivas; o que não elimina outras opções de incidência. A observação em decúbitos variáveis pode, algumas vezes, ser indicada, em especial quando o esôfago for o alvo do estudo radiológico.

O protocolo proposto não deve ser tomado como único e definitivo. Pode e deve ser modificado e adaptado às necessidades específicas de um determinado grupo de pacientes ou mesmo às possibilidades de um determinado indivíduo. Outros tipos de consistência e apresentações para os bolos testes são exemplos de possíveis modificações do protocolo. Supressão ou acréscimo de consistências ou acréscimo de manobras que possam ou que acreditemos que possam auxiliar na investigação devem ser considerados. Importante é que se programe o protocolo; que se pense o exame antes de realizá-lo e que não se fique testando o que e o como fazer durante o exame.

Importante dado técnico para uma adequada observação dos fenômenos da dinâmica das fases oral e faríngea da deglutição é que, após a definição do regime de intensidades (kilovoltagen/miliamperagem) e enquadrada a região a se avaliar, não se mude o campo de exame rapidamente; a deglutição é dinâmica, as estruturas envolvidas é que devem se mover, não o equipamento. Um único campo não permite que todas as regiões envolvidas sejam visibilizadas ao mesmo tempo e com qualidade bastante. Analise quantos campos se fizerem necessários, um a um, reproduzindo os cuidados de regime, de foco, de enquadramento e de paciência. E as informações surgirão com clareza.

Milton Costa

BIBLIOGRAFIA CONSULTADA

1. Airth GR. Image requirements. In: Hospital Physicists' Association (conference reports series-26) Quality control in diagnostic radiology. London: Hospital Physicists' Association; 1976; 26–7.

2. American Association of Physicists in Medicine. AAPM Report No. 74. Quality control in diagnostic radiology. Report of Task Group #12. Diagnostic X-ray Imaging Committee. Madison: Medical Physics Publishing; 2002.

3. Beck TJ, Gayler BW. Image quality and radiation levels in videofluoroscopy for swallowing studies: a review. Dysphagia. 1990; 5: 118–28.

4. Bóscolo FN, Gonçalves A, Rollo JMDA, et al. Effects of aluminum-copper alloy filtration on photon spectra, air kerma rate and image contrast. Braz Dent J. 2005; 15: 214-9.

5. Brasil. Ministério da Saúde. Secretaria de vigilância Sanitária. Diretrizes de proteção radiológica em radiodiagnóstico médico e odontológico. Portaria nº 453, de 1º de junho de 1998. Diário Oficial da União, Brasília, 2 de junho de 1998.

6. Canevaro LV. Avaliação de doses em fluoroscopia gastrointestinal (tese mestrado). Programa de Engenharia Nuclear, UFRJ, 1995.

7. Caronna G, Santoro G, Testa P. Preference study of peak luminance vs. resolution for color television tubes. SMPTE J. 1998; 107: 538–43.

8. Christensen EE, Curry TS, Dowdey JE. Television In: An Introduction to the Physics of Diagnostic Radiology, Lea & Febiger, Philadelphia 1973; 241–3.

9. Costa MMB. (editorial) Videofluoroscopia: método radiológico indispensável para a prática médica. Radiol Brás. 2010; 43(2): VII-VIII - http://dx.doi.org/10.1590/S0100-39842010000200002

10. Costa MMB. (editorial) Videofluoroscopy: the gold standard exam for studying swallowing and its dysfunction. Arq. Gastroenterol. 2010; 47(4) http://dx.doi.org/10.1590 /S0004-28032010000400001

11. Costa MMB. Uso de bolo contrastado sólido, líquido e pastoso no estudo videofluoroscópico da dinâmica da deglutição. Radiol Bras. 1996; 29:35–9.

12. Costa MMB, Canevaro LV, Koch,H.A., De Bonnis R. Cadeira especial para o estudo videofluoroscópico da deglutição e suas disfunções. Radiol. Bras. 2009 Mai/Jun;42(3): 179-184

13. Costa MMB, Canevaro LV, Azevedo ACP. Análise dosimétrica do método videofluoroscópico aplicado ao estudo da dinâmica da deglutição. Radiol Bras. 2000; 33: 353–7.

14. Costa MMB, Canevaro LV, Azevedo ACP. Dosimetric assessment of swallowing examinations with videofluoroscopy. In: International Conference on the Radiological Protection of Patients in Diagnostic and Interventional Radiology, Nuclear Medicine and Radiation Therapy; Malaga, Spain. C&S Paper Series 7/P, 2001; 143-8.

15. Costa MMB, Canevaro LV, Azevedo ACP, Marinha MDS. Valores típicos do "produto dose área" (DAP) obtidos durante o estudo videofluoroscópico da deglutição. Radiol Bras. 2003;36:17–20.

16. Costa MMB, Da Nova JLL, Canevaro LV. Efeito da filtração adicional em doses de radiação e qualidade de imagem em estudos videofluoroscópica. Radiol. Bras. 2009; 42(6): 379- 87.

17. Costa MMB, Da Nova JLL, Carlos MT, Pereira A A, Koch H. A. Videofluoroscopia: um novo método. Radiol Bras. 1992; 25: 11–8.

18. Costa MMB. Dose referência: quantificação das doses de raios X necessárias ao estudo videofluoroscópico da deglutição. SIICSalud, Expertos del Iberoamérica; 2004. [acessado em 3 de junho de 2009]. www. siicsalud.com/des/des042/05414002.htm

19. Cox MS, Petty J. A videofluoroscopy chair for the evaluation of dysphagia in patients with severe neuromotor disease. Arch Phys Med Rehabil. 1991; 72: 157–9.

20. Cowen AR, Clarke OF, Coleman NJ, Craven DM, McArdle S, Hay GA. Leeds X-ray test objects instruction manual (4th Edn). The University of Leeds, 1992.

21. Cranley K, Gilmore BJ, Fogarty GWA, Desponds L. Catalogue of diagnostic X-ray spectra and other data. IPEM Report 78. SRS-780. York: Institute of Physics and Engineering in Medicine; 1997.

22. Curry TS, Dowdey JE, Murry Jr, JC. The radiographic image. In: Christense's Physics of Diagnostic Radiology, Lea & Febiger, 4 ed. Philadelphia 1990; 196 – 218.

23. Da Nova, J.L.L Videodosimetria: Avaliação da Radiação X através da Imagem Videofluoroscópica. Rio de Janeiro: COPPE/UFRJ. (Tese de Mestrado),1996.

24. Da Nova JLL. Qualidade da imagem. In: Costa MMB, Lemme EMO, Koch HA, organizadores. Deglutição e disfagia: abordagem multidisciplinar. Rio de Janeiro: Supraset; 1998; 29–34.

25. European Commission. Guidance on diagnostic reference levels (DRLs) for medical exposures. Radiation Protection 109 Report. General Directorate Environment, Nuclear Safety and Civil Protection. Luxembourg: Commission of the European Community; 1999.

26. Economides S, Hourdakis CJ , Kalivas N, Kalathaki M, Simantirakis G, Tritakis P, Mnousarides G, Vogiatzi S, Kipouros P, Boziari A, Kamenopoulou V. Image quality evaluation and patient dose assessment of medical fluoroscopic X-ray systems: a national study. Radiat Prot Dosimetry. 2008;129(4): 419–25.

27. Evans DS, Mackenzie A, Lawinski CP, Smith D. Threshold contrast detail detectability curves for fluoroscopy and digital acquisition using modern image intensifier systems. British Journal of Radiology 2004; 77: 751-8.

28. Faulkner K, Bosmans H, O'Brien R, Whitacher CJ. Optimisation of dose and performance in interventional and digital imaging. Radiat Prot Dosimetry. 2005;117 (1-3):1–2.

29. Franca EP, Castro MB. Aplicação de Radiações em Ciências Biomédicas Inst. De Biof. Carlos Chagas Filho CCS. UFRJ, 1995.

30. Freitas MB, Yoshimura EM. Dose measurements in chest diagnostic X rays: adult and paediatric patients. Radiat Prot Dosimetry. 2004;111:73–6.

31. Gonçalves A. Estudo da liga de alumínio-cobre, como filtração alternativa para radiação X [tese de doutorado]. Piracicaba: Universidade Estadual de Campinas; 2000.

32. Gonçalves O D, Cosatis C, Mazzaro I. Solid-state effects on Rayleigh scattering experiments - Limits for the free atom approximation. Phys. Rev. A48. 1993; 4405 – 10.

33. Gonçalves O, Santos WM, Eichler J, Borges AM. Rayleigh scattering from crystals and amorphous structures. Phys. Rev. A49. 1994; 889-93.

34. Giger ML, Doi K. Effect of pixel size on detectability of low--contrast signals in digital radiography. J. Opt. Soc. Am. 1987; 4: 966 -75.

35. Haiter CFS. Estudo da liga de alumínio-zinco como filtração alternativa para a radiação X [dissertação de mestrado]. Piracicaba: Universidade Estadual de Campinas; 2000.

36. Hay GA, Clarke OF, Coleman NJ, Cowen AR. A set of X-ray test objects for quality control in television fluoroscopy. Br J Radiol 1985;58:335–44.

37. Hofmann FW, Marhoff P. High resolution fluoroscopic equipment. In: Quality control in diagnostic radiology. Conference Reports Series-26. London: The Hospital Physicists' Association; 1976; 27–9.

38. Holmes B, Liggins R. A television x-ray image amplifier. SMPTE J. 1965;74:102–4.

39. International Atomic Energy Agency. Dosimetry in diagnostic radiology: an international code of practice. Technical Reports Series No. 457. Vienna: International Atomic Energy Agency; 2007.

40. International Commission on Radiological Protection. ICRP Publication 103: The 2007 Recommendations of the International Commission on Radiological Protection. Oxford: Elsevier; 2007.

41. International Commission on Radiological Protection. ICRP Publication 73: Radiological protection and safety in medicine. Oxford: Elsevier;1997.

42. International Commission on Radiological Protection. ICRP Publication 73: Radiological protection and safety in medicine, 73. Annals of the ICRP. 1997;26(2).

43. International Commission of Radiological Protection – Resolution 60 - 1990

44. International Commission of Radiological Protection – Resolution 73 - 1996

45. Junqueira P, Costa M M B.- Protocolo para avaliação videofluoroscópica da dinâmica da fase oral da deglutição de volume líquido. Pro Fono - Revista de Atualização Científica, São Paulo, 2001; 13(2) 165-68.

46. Junqueira P. Videofluoroscopia da fase oral da deglutição em crianças de oito a doze anos com má-oclusão dentária; Tese de Doutorado; Universidade Federal de São Paulo, Escola Paulista de Medicina; São Paulo, 2000.

47. Koch HA. Métodos radiológicos de investigação das doenças disfágicas. In: Costa MMB, Lemme EMO, Koch HA, organizadores. Deglutição e disfagia: abordagem multidisciplinar. Rio de Janeiro: Supraset; 1998. p. 93–8.

48. Koch H A, Ribeiro E C O, Tonomura ET. Radiologia na Formação do Médico Geral. Revinter R.J. 1997.

49. Luz A L. Compressão de imagens sem perdas. Engenharia de Televisão. 2000;10(46): 50-2.

50. Martin CJ. Radiation dosimetry for diagnostic medical exposures. Radiat Prot Dosimetry.2008; 128:389–412.

51. Monteiro J S. Sistema de registro e recuperação de exames da dinâmica da deglutição; Tese de Mestrado; Universidade Federal do Rio de Janeiro, Faculdade de Medicina; Rio de Janeiro, 2002.

52. Magalhães R. Os raios não conhecem fronteiras. Secretaria de Saúde do Estado do Rio de Janeiro, em vídeo educativo. NUTES – Núcleo de Tecnologia Educacional para Saúde. Rio de Janeiro: Universidade Federal do Rio de Janeiro; 1990.

53. Nicholson RA, Thornton A, Akpan M. Radiation dose reduction in paediatric fluoroscopy using added filtration. Br J Radiol. 1995;68:296–300.

54. Morrell RE, Rogers AT, Jobling JC, Shakespeare KE. Barium enema: use of increased copper filtration to optimize dose and image quality. Br J Radiol. 2004; 77:116–22.

55. Nawfel RD, Chan KH, Wagenaar DJ, Judy PF. Evaluation of video gray-scale display. Med Phys. 1992;19:561–7.

56. Richard D. Nawfel, Karen H. Chan, Douglas J. Wagenaar, and Philip F. Judy.

57. National Council on radiation protection Measurements. Radiation protection for medical and allied health and Measurements n. 105. Bethesda, 1989.

58. Oftedal P, Searle AG. An overall genetic risk assessment for radiological protection purposes. J Med Genet . 1980; 17:15-20.

59. Organization Panamericana de la salud. Proteccion del paciente en radiodiagnóstico. 30 Caderno Técnico, 1987.

60. Pan American Health Organization. Protección del paciente en radiodiagnóstico: informe del Comité de la CIPR, adoptado por la Comisión en mayo de 1982. Cuaderno Técnico 3. Washington: Pan American Health Organization; 1987.

61. Oliveira ML. Doses de entrada na pele de pacientes em radiologia pediátrica. Expertos de Iberoamérica, abril 2005. [acessado em 22 de junho de 2009]. Disponível em: http://www.siicsalud.com/dato/dat043/05425015.htm

62. Santos R.. Manual do vídeo. Rio de Janeiro: UFRJ, 1993.

63. Tapiovaara MJ. Review of relationships between physical measurements and user evaluation of image quality. Radiat Prot Dosimetry. 2008;129: 244–8.

64. Travassos LV, Boechat MCB, Santos EN, Oliveira SR, Silva MO, Carvalho ACP. Avaliação das doses de radiação em uretrocistografia miccional de crianças. Radiol Bras. 2009; 42:21–5.

65. Vinhas L. Os raios não conhecem fronteiras. Instituto de Radiodosimetria da Comissão Nacional de Energia Nuclear, em vídeo educativo. NUTES - Núcleo de Tecnologia Educacional para Saúde. Rio de Janeiro: Universidade Federal do Rio de Janeiro; 1990.

66. Yotsuya H. An x-ray TV cinematographical study on relation of the movements of the hyoid bone, the tongue radix, the epiglottis and the soft palate during deglutition (author's transl). Shikwa Gakuho. 1981;81:1–46.

67. Watanabe PCA. Filtração adicional da radiação X em odontologia. Estudo comparativo entre filtros de alumínio e cobre [tese de doutorado]. São Paulo: Universidade de São Paulo; 1999.

CAPÍTULO XIV

VIDEOFLUOROSCOPIA DAS FASES ORAL E FARÍNGEA DA DEGLUTIÇÃO

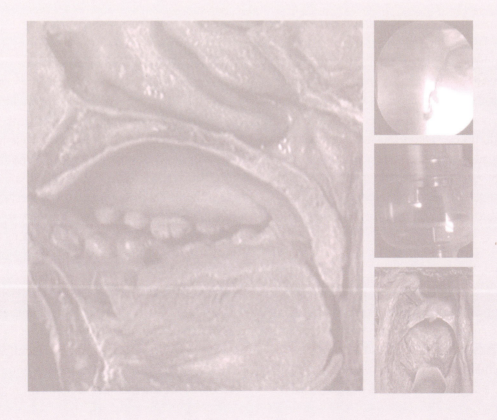

Quase sempre os pacientes a serem submetidos a exame videofluoroscópico da deglutição nos chegam com o provável diagnóstico etiológico, exame clínico, alguns exames complementares e muitas dúvidas em relação a que estruturas foram comprometidas, em que extensão se deu esse comprometimento e qual o significado e o prognóstico desses acometimentos.

Embora a videofluoroscopia seja considerada o melhor dos exames para a avaliação das fases oral e faríngea da deglutição, nem todas as questões serão facilmente respondidas ou mesmo respondidas, mas sem dúvida uma clara identificação de quais e em que extensão se deu o acometimento será permitido pelo exame. Para um melhor e mais proficiente resultado devemos proceder a uma rigorosa reavaliação de cada caso. As informações trazidas, obviamente relevantes, devem ser consideradas. Não obstante, todo exame videofluoroscópico deve ser precedido por exame clínico que conste de anamnese e exame físico dirigido que, no caso das fases oral e faríngea, além da inspeção e palpação oral e cervical, avalie o território dos nervos cranianos envolvidos na deglutição.

Criterioso protocolo de exame, conhecimentos da anatomia e da fisiologia de inter-relação das estruturas envolvidas na dinâmica dessas fases são pré-requisitos indispensáveis a um adequado exame videofluoroscópico.

PROTOCOLO DE AVALIAÇÃO

Embora a videofluoroscopia usualmente exponha voluntários e pacientes a baixas doses de radiação, elas se tornarão desnecessariamente elevadas, se não tivermos programado um estruturado protocolo de avaliação. É preciso que tenhamos questões a responder e que nos programemos para atender a nossas indagações com procedimentos adequados.

O protocolo, que sugerimos como base para a avaliação das fases oral e faríngea, é executado em associação com protocolo de avaliação esofágica. O tempo de exposição à radiação X para o cumprimento de todo protocolo é de cerca de sete (7) minutos. Embora aqui, por razões didáticas, estejamos considerando o estudo do esôfago em separado, esse estudo deve ser efetuado em associação ao estudo das fases oral e faríngea. Quando nada, pelo menos a avaliação do trânsito esofágico deve ser efetuada em todo e qualquer protocolo de exame videofluoroscópico da deglutição.

O protocolo básico por nós sugerido para avaliação fases oral e faríngea, como já referido no capitulo anterior, consta de: registro oral e cervical em perfil durante inspiração/expiração nasal e oral profundas; e durante a fonação. Registro oral e cervical em posteroanterior (PA) ou anteroposterior (AP) e perfil durante a deglutição: de saliva, de água e de bolo teste contrastado de 0,5 a 1cm de diâmetro somente com ensalivação. Registro oral e cervical da deglutição a partir da mastigação de bolo teste contrastado de 1,5 a 2,5 cm de diâmetro, em perfil. Registro oral e cervical em PA ou AP e perfil durante a deglutição de bolo líquido contrastado com volumes definidos pelas possibilidades dos examinandos.

O protocolo proposto não deve ser tomado como único e definitivo. Ele pode e deve ser modificado e adaptado às necessidades específicas de um determinado grupo de pacientes ou mesmo às possibilidades de um determinado indivíduo. Outros tipos de consistência e apresentações para os bolos testes são exemplos de possíveis modificações do protocolo. Supressão ou acréscimo de consistências, ou acréscimo de manobras que possam ou que acreditemos possam auxiliar na investigação devem ser considerados. Importante é que se programe o protocolo, que se pense o exame antes de realizá-lo e que não se fique testando o que e o como fazer durante o exame.

Importante dado técnico para uma adequada observação dos fenômenos da dinâmica das fases oral e faríngea da deglutição é, após a definição do regime de kilovoltagem/miliamperagem e enquadrada a região a se avaliar, que não se mude o campo de exame rapidamente; a deglutição é dinâmica, as estruturas envolvidas é que devem se mover, não o equipamento. Um único campo não permite que todas as regiões envolvidas sejam visibilizadas ao mesmo tempo e com qualidade bastante. Analise quantos campos se fizerem necessários, um a um, reproduzindo os cuidados de regime, de foco, de enquadramento e de paciência. E as informações surgirão com clareza.

EXAME FÍSICO DIRIGIDO

Após o registro da queixa principal, usualmente a disfagia, colhemos em breves linhas a história patológica pregressa, em especial a valorizada pelo paciente, para a seguir efetuar exame dirigido.

Devemos observar o estado geral, o grau de nutrição, a elasticidade e o turgor cutâneo. A presença ou ausência de vias alternativas para introdução de alimentos. O uso de medicamentos, sua periodicidade e indicação. Observar o grau de consciência: se preservado, abolido ou diminuído ou ainda se existem sinais de demência.

Na face, devemos pesquisar a capacidade do indivíduo em perceber e discriminar variações de intensidade de pressão, temperatura e outros estímulos mecânicos (raízes sensitivas do quinto nervo craniano). O tônus facial, se preservado, diminuído ou aumentado, deve ser testado. Avalia-se a motricidade do orbicular dos lábios e dos bucinadores (sétimo nervo craniano). É fundamental não esquecer de avaliar a potência dos músculos mastigadores (raiz motora do quinto nervo craniano).

Observar o estado de preservação dos dentes; a presença de próteses e a sua estabilidade durante a mastigação; dar especial atenção à presença e estado das próteses totais.

Analisar o estado das glândulas salivares (volume e superfície) e atentar para queixa e história de xerostomia ou sialorreia.

Na cavidade oral devemos testar, na língua, além da gustação (VII e IX nervos cranianos), sua sensibilidade (V e IX nervos cranianos), se preservada, diminuída, abolida ou aumentada. O volume e a motricidade (XII nervo craniano) devem também ser observados. Especial atenção deve ser dada para movimentos involuntários e rigidez da língua.

O exame do palato é dos mais relevantes (V, IX e X nervos cranianos). Observar por visão direta se há ou não comprometimento à direita ou à esquerda. Paralisias unilaterais em imagens videofluoroscópicas de perfil ficam mascaradas, pois o lado sadio arrasta o paralisado e se tem a impressão de dinâmica adequada.

As primeiras observações do exame videofluoroscópico devem ser dirigidas ao estudo da integridade morfológica das estruturas anatômicas regionais. Também a integridade dos ossos deve ser observada; se existem hiperostoses ou lises ósseas a serem informadas.

VIDEOFLUOROSCOPIA – FASE ORAL

Esta é a fase na qual 1 – prepara-se, 2 – qualifica-se, 3 – organiza-se e 4 – ejeta-se o conteúdo a ser deglutido da cavidade oral para a faringe. Uma bem definida organização osteomusculoarticular dá base dinâmica e sustenta a constituição da boca e da câmara bucal, onde os eventos dessa fase têm lugar. Glândulas salivares, língua, dentes e uma complexa interação neural complementam a base morfofuncional dessa fase da deglutição.

1 – PREPARO

Primeiro estágio da fase oral da deglutição, onde o alimento é triturado e umidificado para a formação do bolo (mastigação).

1.1. Adequado – A organização dentária e a ensalivação se mostram adequadas para fragmentar e umidificar os alimentos, em especial os sólidos. Não há queixa de dificuldades e não há história de seleção de tipos de alimento para facilitar seu preparo.

1.2. Dificuldade parcial – Usualmente associada ao uso de próteses, à má conservação dos dentes e à xerostomia (boca seca). Procurar história de adaptação a novos tipos de apresentação do alimento.

1.3. Inadequado – Associado a alterações mais graves do aparelho mastigador. Com frequência ocorre em pacientes desdentados ou com próteses mal adaptadas, que escapam ou ferem, levando o paciente a suprimir ou evitar a dieta sólida.

2 – QUALIFICAÇÃO

Estágio que se interpenetra com o de preparo. O bolo é percebido em seu volume, consistência, densidade e grau de umidificação. Os gostos fundamentais (doce, salgado, azedo e amargo) são discriminados. Em síntese, todas as características físicas e químicas que importam para a eficiência da ejeção oral são percebidas e qualificadas.

Embora possa ser afetado por processos que agridam a percepção na cavidade oral ou por lesões nervosas tronculares, seu mais frequente e relevante acometimento se deve a doenças neurológicas que acometem o sistema nervoso central. Nos casos em que essas questões existirem ou forem suspeitadas, avaliação instrumental da cavidade oral deve ser procedida como complementação às informações colhidas. Atentar para

deficiências unilaterais, que podem ser mascaradas pela eficiência contralateral.

Anosmias (diminuição ou perda do olfato) ligadas a processos virais (quadros gripais ou alérgicos) devem ser consideradas e informadas à parte, em razão de interferirem mas, não constituírem dano específico da função de qualificação.

2.1. Sem queixa – Paciente testado ou inquirido deixa ver ou informa adequada percepção oral no que respeita a todas as sensibilidades e não só aos gostos básicos.

2.2. Deficiente – Existem a queixa e/ou a identificação de uma inadequada percepção do conteúdo oral.

3 – ORGANIZAÇÃO (ACOMODAÇÃO)

Esse estágio deve ter suas características observadas com o uso do meio de contraste líquido. Ele é volume dependente e por isso devemos usar um volume entendido como confortável pelo paciente.

Nesse estágio o bolo contrastado é posicionado dinamicamente na cavidade oral. Usualmente, sobre o dorso da língua. Esse estágio, que antecede o de ejeção, se caracteriza pela acomodação do bolo, o qual

será posicionado de maneira a permitir uma eficiente ação de ejeção do conteúdo oral para a orofaringe. O estojo bucal se compõe ativamente; a extremidade da língua se apõe ao trígono dos incisivos e o corpo da língua se expande lateralmente e se deprime centralmente, acomodando o bolo no espaço formado entre seu dorso e o palato, configurando uma organização fechada. Em certas ocasiões, por variações morfológicas (adaptação) ou deficiências funcionais, o bolo se expande para outros espaços criados na cavidade oral. Assim, parte do bolo se mantém sobre a língua e parte ocupa espaço à frente e abaixo da língua, configurando uma organização aberta.

3.1. Organização aberta – Acomodação observada com líquidos (meio de contraste) onde parte do bolo se coloca anteriormente à língua, que é retraída posterioriormente (aberta anterior). Maiores volumes ocupam esse e demais espaços na cavidade oral (aberta anterossuperior). Acomodação usualmente observada na relação organização/ejeção do tipo "Dipper".

3.2. Organização fechada – Acomodação de bolo líquido sobre a língua. O meio líquido se organiza e se mantém acomodado em concavidade ativamente definida sobre o dorso da língua. É vista na relação organização/ejeção do tipo "Tipper".

3.3. Inconsistente – Observa-se incapacidade relativa ou absoluta de manutenção do bolo líquido sobre a língua. Esse bolo escapa de um espaço para o outro, enquanto o paciente tenta mantê-lo sobre a língua. Essa inconsistência é volume-dependente. Pequenos volumes são mais facilmente organizados do que os grandes. Observar tendência adaptativa na seleção dos volumes.

4 – EJEÇÃO

Estágio no qual as paredes musculares bucais se contraem e se ajustam e, por ação da língua, a cavidade oral se pressuriza de anterior para posterior, fazendo com que o bolo, por ação dessa pressurização, seja transferido da cavidade oral para a orofaringe.

A invasão pressórica da orofaringe inicia a fase faríngea da deglutição. Desse modo, observa-se que em concomitância com a ejeção oral há o fechamento da comunicação da oro com a rinofaringe e a elevação do hioide e da laringe com abertura da transição faringoesofágica (TFE). O fechamento da comunicação entre a oro e a rinofaringe, a abertura da TFE em sincronismo com a ejeção oral e o aumento de resistência das vias aéreas são os responsáveis pela eficiência e adequada função da fase faríngea da deglutição.

4.1. Eficiente, em sincronismo com a abertura da transição faringoesofágica (TFE). Define uma ejeção oral que foi capaz de transferir o conteúdo oral para a faringe, que recebeu e transferiu para o esôfago todo o volume recebido, sem que resíduo atípico ficasse retido em nível da transição faringoesofágica, ou seja, a TFE se manteve aberta em dimensão e tempo suficientes para a transferência do volume deglutido.

4.2. Eficiência relativa, sem sincronismo com a abertura da transição faringoesofágica. Define um esforço de deglutição que foi capaz de transferir o conteúdo oral para a orofaringe, com relativa ou aparente eficiência, mas que se segue por uma dinâmica faríngea, onde se observa que a TFE não se abre ou é capaz de se abrir, mas o faz com retardo em relação à ejeção.

4.3. Deficiente, com apoio da força da gravidade, em sincronismo com a abertura da transição faringoesofágica. Define uma ejeção oral ineficiente potencializada pela ação da gravidade, mas que permite ver sincronismo com a abertura da transição faringoesofágica, usualmente de pequena expressão funcional.

4.4. Deficiente – Define uma ejeção oral ineficiente e dissociada da dinâmica faríngea.

4.5. Ausente/Força da gravidade – Aqui a transferência do conteúdo oral para a faringe se deve quase exclusivamente à ação da gravidade. Embora possa haver dinâmica de estruturas orais, essas não são capazes de ejetar o conteúdo oral que escapa passivamente para a faringe.

5 – ORGANIZAÇÃO/EJEÇÃO

Diz respeito à relação entre o modo de organização do bolo na cavidade oral e o modo e eficiência da ejeção oral. Em última análise, fala da eficiência da relação entre o estojo oral e a língua; e ainda da capacidade da língua para gerar pressão de transferência para o bolo oral. Mais bem observado com o bolo líquido.

5.1. Tipper – O bolo é organizado sobre a língua (acomodação fechada) e daí transferido em massa e de uma só vez para a faringe. A ponta da língua se apõe sobre o trígono dos incisivos.

5.2. Dipper – A língua se mostra retraída, criando espaço anterior. O bolo se acomoda sobre e sob a língua e é transferido para a orofaringe, em esforço que afeta primeiro o volume que está sobre e a seguir o que está sob a língua, em movimento contínuo. A língua se projeta em sentido anterior, deslizando sobre o soalho da boca, e termina aposta em nível do trígono dos incisivos

5.3. Tipper adaptado (posição atípica da língua) – Passível de ser observado em alguns casos como mordida cruzada, em que a língua se interpõe entre os dentes mas é capaz de separar a cavidade oral de seu assoalho e manter o bolo líquido acomodado sobre seu dorso, de onde ele é ejetado em massa e de uma só vez para a faringe.

5.4. Dipper adaptado (posição atípica da língua) – A língua deixa espaço lateral e inferior. O meio de contraste se acomoda sobre e sob a língua e é transferido para a orofaringe, em esforço que transfere primeiro a parte que está sobre e a seguir a que está sob, em movimento contínuo. A língua interposta entre os dentes comprime o soalho da boca e segue pressurizando a cavidade oral de anterior para posterior

5.5. Dois tempos – Ocorre quando o conteúdo oral inicia sua transferência de sobre a língua para a orofaringe por ação da gravidade, sendo, logo a seguir, propelida por ação pressórica oral. Usualmente o líquido escorre sobre o dorso da língua e, mal atinge as valéculas, já está sendo pressurizado em ejeção efetiva. Em alguns casos vê-se depressão da base da língua. Observa-se que o volume líquido sai da cavidade oral, iniciando a sua transferência para a faringe por um abaixamento da base da língua, o qual permite transferência parcial do conteúdo oral, que é ejetado em sequência a esse abaixamento.

5.6. Escape intraoral – Durante o esforço de ejeção parte do volume escapa para sob a língua ou de volta à cavidade bucal. Enquanto parte do líquido é transferido para a orofaringe, parte se perde de volta para a cavidade oral. O escape é volume-dependente. Grandes volumes potencializam o escape intraoral.

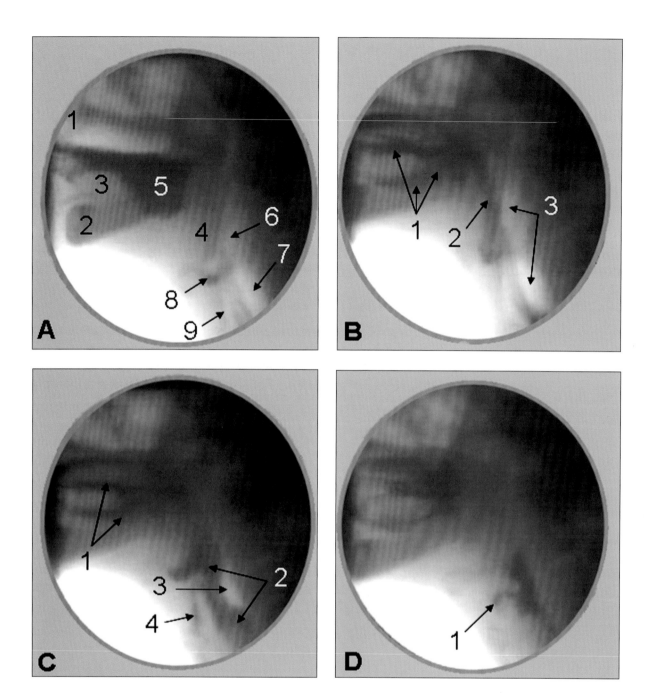

Fig. 1 Sequência de imagens obtida de exame videofluoroscópico de indivíduo edentado com queixa de disfagia. Em A se vê 1 - maxila e 2 - mandíbula com densidade óssea reduzida por reabsorção óssea devido à edentação, 3 e 4 língua, 5 - meio de contraste mal organizado no interior da cavidade oral (observar nível hidroaéreo em toda extensão da cavidade sem contenção posterior), 6 - hipertransparência orofaríngea, 7 - hipertransparência laringofaríngea, 8 - valécula com resíduo do meio de contraste, 9 - vestíbulo laríngeo. Em B se registra ejeção oral deficiente com 1 - meio de contraste que escapa de modo retrógrado (escape intraoral - parte do conteúdo é ejetada para a faringe e parte escapa da força de ejeção), 2 - meio de contraste sem a adequada pressurização, escorrendo sobre o dorso da língua. Esse fato pode ser identificado pela presença de 3 - hipertransparência da faringe (orofaringe e laringofaringe). Em C se vê em 1 - meio de contraste residual na cavidade oral, 2 - meio de contraste já na oro e laringofaringe, 3 - hipertransparência residual na laringofaringe (pressurização deficiente) e 4 - penetração. Em D se pode identificar o início do clareamento do vestíbulo laríngeo.

VIDEOFLUOROSCOPIA – FASE FARÍNGEA

Constitui-se no primeiro tempo da fase involuntária da deglutição. Caracteriza-se por uma dinâmica que impede a dissipação da pressão gerada pela ejeção oral, que bloqueia as vias aéreas contra a permeação por corpos estranhos e direciona o bolo alimentar no sentido do esôfago.

1. Escape da oro para a rinofaringe (insuficiência palatal) - Usualmente produzido por paresia ou paralisia unilateral da musculatura palatal. Permite, por insuficiência da aposição palato/faríngea, que haja escape pressórico da oro para a rinofaringe, produzindo ineficiência na propulsão do bolo com consequente prejuízo da eficiência das funções faríngeas.

1.1. Queixa. Sim/não - O *sim* deve buscar caracterizar escape efetivo e usual que tem como significado uma deficiente aposição palato/faríngea. O *não* precisa ser avaliado em busca de aposições palato/faríngeas deficientes que, de pequena monta, mas importantes, podem pela ação da força da gravidade passar despercebidas.

1.2. Não observado - Deve se constituir em área a ser cuidadosamente analisada durante o exame.

1.3. Observado em ortostatismo - Quando é aqui observado, significa efetiva deficiência de aposição palato/faríngea. Mesmo que não haja queixa de escape líquido. Significa que a ejeção está perdendo força efetiva de ejeção por escape pressórico para a rinofaringe.

1.4. Observado em decúbito - Deglutir volume de meio de contraste líquido em decúbito dorsal permite, por se ter abolida a ação da gravidade, que se potencialize, quando há deficiência, o escape palatal que passaria despercebido se só o avaliássemos em posição ortostática.

2. A videofluoroscopia da fase faríngea deve ainda observar se elevação hióidea e laríngea se fazem de modo adequado; se há elevação, anteriorização e manutenção dessa elevação durante todo o tempo de trânsito faríngeo. Se essa dinâmica de elevação, anteriorização e estabilização se inicia em sincronismo com a ejeção oral

e se produz efetiva abertura da transição faringoesofágica. Em outras palavras, no que se refere à dinâmica hióidea e laríngea devemos defini-la como adequada ou inadequada. Adequada se ela produz a abertura da TFE em dimensão (largura) e tempo compatíveis com fluxo transferido pela ejeção oral. Observar se esse binômio é capaz de permitir a transferência faringoesofágica de todo o volume projetado da cavidade oral para a faringe. Inadequada, ou comprometida, quando parte ou o todo do volume transferido pela ejeção oral fica retida(o) na faringe. O grau de ineficiência pode ser estimado pelo volume retido e pelas consequências faríngeas dessa retenção.

2.1. A dinâmica hiolaríngea apresenta intima relação com a abertura da transição faringoesofágica que deve, em condições normais, apresentar-se adequada em dimensão e tempo de abertura. Observar então a possível existência de hipertrofia regional (barra faríngea – projeção fixa) ou presença de prega mucosa que simula barra faríngea (projeção móvel).

2.2. Sequência contrátil - Presente ou ausente. A dinâmica da fase faríngea é dependente da eficiência da fase oral. A sequência contrátil da musculatura constritora da faringe se deve à despolarização em sequência craniocaudal dos fascículos constituintes dos constritores superior, médio e inferior. Essa despolarização se inicia por estímulo transferido pela fase oral e, desse modo, pode apresentar-se comprometida ou mesmo ausente, não por lesão faríngea, mas por deficiência da fase oral. No comprometimento da inervação da musculatura faríngea, direita ou esquerda, na dependência de sua severidade, podemos observar ineficiência ou paralisia unilateral da dinâmica faríngea representada por desvios de fluxo e mobilização em balanço do conjunto hiolaríngeo.

Não muito frequente, pode-se observar uma dinâmica atípica da parede faríngea. Essa dinâmica atípica, usualmente associada ao uso de neurofármacos, glossectomias ou lesão do hipoglosso, se mostra como amplas ondas contráteis que se projetam da parede posterior da faringe para o interior de sua luz. Sua sequência é craniocaudal e pode surgir ou ser evidenciada em qualquer nível da parede muscular faríngea. Essa dinâmica atípica parece se dever à contração da musculatura faríngea sem contraposição pressórica sincrônica da ejeção oral. Em nível da parede posterior da transição faringoesofágica, uma onda semelhante, mas de menor amplitude, aparentemente mucosa, também de sentido craniocaudal, pode ser vista em alguns casos que se acompanham de uma abertura ineficiente dessa transição faringoesofágica. É possível que essa onda mucosa seja compensatória, mas pode ser confundida, em imagens radiográficas, com a barra faríngea. Essa onda de predomínio mucoso se diferencia da barra faríngea, por não ser uma projeção intraluminal fixa como a barra faríngea.

3. Alterações morfológicas funcionais. A faringe é um tubo, cujas paredes posterolaterais se constituem pela superposição de fascículos musculares. Sua pressão interna é intermitentemente elevada pela dinâmica da deglutição. Sob ação pressórica acima do normal, áreas específicas da faringe podem ceder por serem pontos anatomicamente menos resistentes, permitindo o surgimento de alterações morfológicas da parede faríngea (protrusões ou divertículos).

3.1. Protrusão orofaríngea - Deve-se à fragilização do assoalho da loja amigdaliana pela retirada das amígdalas com cicatrização que deixa o assoalho da loja pouco resistente. Em amigdalectomizados é possível se observar, algumas vezes, e em visão posteroanterior ou anteroposterior, durante a deglutição de meio contrastado líquido, o surgimento de abaulamento da parede da orofaringe acima e lateralmente à projeção das valéculas. Essa protrusão apresenta colo e base alargados. Surge e desaparece de forma intermitente com aumento e diminuição da pressão faríngea.

3.2. Protrusão laringofaríngea proximal - Lateralmente e pouco abaixo da projeção das valéculas pode-se observar, uni ou bilateralmente, com pequeno volume e morfologia variável, usualmente sacolar ou cônica, protrusão que surge com a pressurização faríngea e desaparece rapidamente, às vezes deixando discreta marca

de contraste em nível de sua projeção. Evidenciada nos registros em posteroanterior ou anteroposterior da deglutição de meio contrastado líquido, exige discreta hiperestensão cervical para desdobrar sua imagem da imagem da mandíbula. Essa protrusão se faz em região que, quando dissecada, deixa ver área triangular com base superior cujo soalho é a mucosa faríngea. Ela é delimitada, superiormente, pela borda inferior do corno maior do osso hioide, medialmente, pela borda lateral do músculo tiro-hióideo e, inferolateralmente, pela borda superomedial do fascículo tiro-hióideo do músculo constritor inferior da faringe.

3.3. Divertículo laringofaríngeo medial distal (de Zencker) - Formação sacolar, gerada por hiperpressão positiva da luz faríngea, que se projeta da parede posterior desse segmento do tubo digestivo, em nível da zona conjuntiva, delimitada acima pelos fascículos oblíquos do músculo cricofaríngeo e, abaixo, pelo fascículo transverso deste músculo.

4. Proteção das vias aéreas (penetração – aspiração) - Deve ser definida como adequada ou inadequada. A capacidade de deglutir, sem que haja sistemática permeação das vias aéreas pelo conteúdo deglutido de qualquer natureza, caracteriza uma proteção adequada das vias aéreas. A permeação das vias aéreas pode se dar por penetração, quando o conteúdo que invade as vias aéreas não ultrapassa os limites das pregas vocais, ou por aspiração, quando esse conteúdo atravessa o limite das pregas vocais. Importante definir se o conteúdo aspirado é ou não clareado, expulso por reflexo da tosse do interior da laringe ou mesmo da traqueia. Muitas vezes aspirações até os primeiros anéis traqueais são, em determinados indivíduos, sistematicamente clareados, o que certamente tem prognóstico mais próximo ao das penetrações. Importante observar se as penetrações e/ou aspirações se fazem pelos meios sólido, líquido e pastoso. Eventualmente o paciente é capaz de se proteger de um meio e não de outro. Penetrações e aspirações com meio líquido são mais frequentes. Importante referir retenção faríngea de resíduos e a monta dessa retenção.

Milton Costa

Deglutição & Disfagia - Bases Morfofuncionais e Videofluoroscópicas - 243

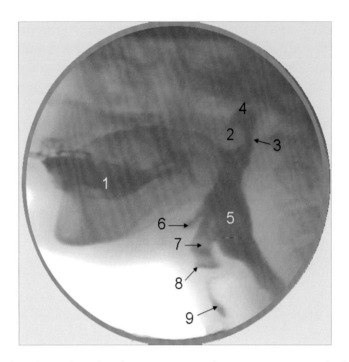

Fig.2 Paciente disfágico com diagnóstico de esclerodermia apresentando comprometimento das fases oral, faríngea e esofágica. Observar cavidade oral onde 1 - resíduo de meio de contraste baritado pós-ejeção, 2 - palato mole, 3 parede posterior da faringe (observar inadequada coaptação de 2 e 3 permitindo o escape pressórico da oro para a rinofaringe demonstrado pela presença de 4 - meio de contraste na rinofaringe), 5 - cavidade faríngea preenchida pelo meio de contraste, 6 - valécula, 7 - vestíbulo laríngeo, 8 - ventrículo laríngeo, 9 - meio de contraste no interior das vias aéreas pós-ventrículo laríngeo (aspiração).

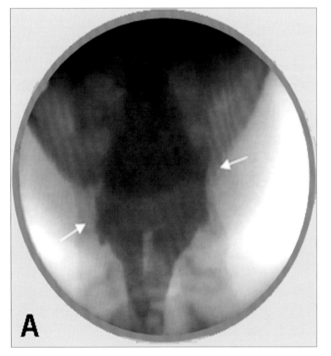
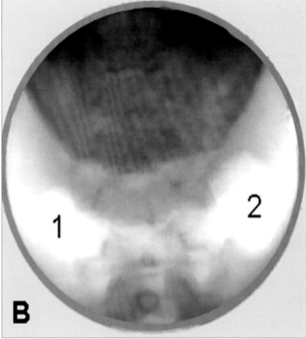

Fig. 3 (A-B) - Imagens obtidas de voluntário assintomático, instrumentista de sopro, submetido a exame videofluoroscópico para estudo da fase faríngea da deglutição. Observar em A discreta irregularidade das paredes laterais da laringofaringe que com facilidade passaria despercebida. Em B, C e D se veem, em sequência obtida com voluntário soprando contra resistência, grandes divertículos faríngeos laterais, onde o do lado esquerdo (1) é menor do que o do lado direito (2).

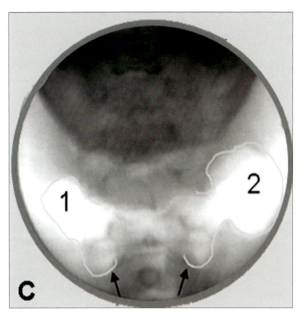 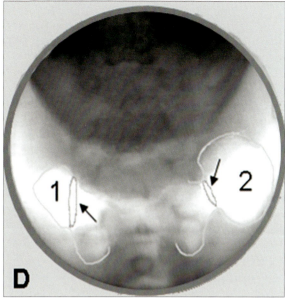

Fig. 3 (C-D) - Em C e D acentuamos artificialmente o contorno distendido da laringofaringe. Em C (setas) apontam o recesso piriforme, ampliado, pelo soprar contra resistência. Em D (setas) apontam círculos desenhados como estimativa de limite para os colos dos divertículos faríngeos laterais 1 - esquerdo, 2 - direito.

CONSIDERAÇÕES

A videofluoroscopia tem sido considerada, com justiça, o melhor dos métodos para a avaliação da dinâmica normal e patológica das fases oral e faríngea da deglutição. Sem qualquer preocupação pode-se dizer que a videofluoroscopia é, até aqui, o melhor dos métodos para a avaliação de toda a deglutição, incluindo também a fase esofagogástrica. Essa assertiva de modo algum retira o mérito de qualquer outro método ou mesmo a importância e/ou a necessidade de se recorrer a outro ou outros métodos em uso, para uma melhor e mais adequada avaliação da deglutição. Por permitir observar de modo irrestrito e reprodutível, sem interferir na fisiologia do fenômeno deglutição, a videofluoroscopia se revelou de valor inestimável. Por ser método que utiliza os raios X, é às vezes criticado, porém de modo indevido, pois expõe a doses expressivamente menores que as admitidas para as avaliações médicas. Protocolo bem formulado, conhecimentos anatômico e funcional adequados tornam o método excelente ferramenta de diagnóstico e apoio terapêutico. Contudo, não devemos e não podemos prescindir das informações que são mais bem fornecidas por outros métodos. Sempre que possível e indicado, devemos procurar associar as informações permitidas pela videofluoroscopia àquelas permitidas pelos diversos outros exames disponíveis. Por sua excelência e pelo fato de não ser método invasivo, a videofluoroscopia deve iniciar a sequência de avaliações quando for disponível. Outros métodos complementam a avaliação videofluoroscópica.

BIBLIOGRAFIA CONSULTADA

1. Ardran GM, Kemp FH, Manen L. Closure of the larynx. Br J Radiol. 1953;310:497-509.
2. Ardran GM., Kemp FH. The mechanism of the larynx, II. The epiglottis and the closure of the larynx. Brit J Radiol 1967; 40:372-89.
3. Bilton T. Estudo da dinâmica da deglutição e suas variações associadas ao envelhecimento avaliadas por video-deglutoesofagograma, em adultos assintomáticos de 20 a 86 anos [tese]. São Paulo: Universidade Federal de São Paulo, Escola Paulista de Medicina; 2000.

4. Bosma JF. Deglution: Pharyngeal stage. Phisiol Rev 1957; 37:.275-300.

5. Butler SG, Postma GN, Fischer E. Effects of viscosity, taste, and bolus volume on swallowing apnea duration of normal adults. Otolaryngol Head Neck Surg. 2004;131:860-3.

6. Carnaby-Mann G, Crary M. Pill swallowing by adults with dysphagia. Arch Otolaryngol Head Neck Surg. 2005;131:970-5.

7. Charbonneau I, Lund JP, McFarland DH. Persistence of respiratory-swallowing coordination after laryngectomy. J Speech Lang Hear Res. 2005;48:34-44.

8. Costa MMB. A traqueostomia como causa de disfunção da deglutição. Arq.Gastroenterol 1996; 33:124-31.

9. Costa MMB. Avaliação da dinâmica da deglutição e da disfagia orofaríngea, In: Castro, Savassi, Melo & Costa. - Tópicos em gastroenterologia. Rio de Janeiro, MEDSI, 2000;177-85.

10. Costa MMB. Avaliação videofluoroscópica da dinâmica da deglutição. In: Gerson Domingues – Esôfago. RUBIO 2005; 21-36.

11. Costa MMB. Avaliação videofluoroscópica do significado funcional da epiglote no homem adulto. Arq. Gastroenterol 1998; 35: 64 -74.

12. Costa MMB. Como proteger fisiologicamente as vias aéreas durante a deglutição, In: Castro, Savassi, Melo, Costa. Tópicos em Gastroenterologia 10 - Deglutição e Disfagia. MEDSI, Rio de Janeiro 2000; 177-85 -

13. Costa MMB. Dinâmica da Deglutição: Fases oral e faríngea. In: Costa, Lemme, Koch. Temas em Deglutição & disfagia, Supraset, Rio de Janeiro, 1988; 1-11

14. Costa MMB. Estudo qualitativo da deglutição pelo método videofluoroscópico. . In: Furkim AM, Santini CS. Disfagias Orofaríngeas. São Paulo Carapicuíba: Pró-fono; 2008; 173- 88.

15. Costa MMB. O papel da epiglote no fechamento do ádito laríngeo durante a deglutição, An Anat. Norm. 1987; 5: 29-32.

16. Costa MMB. Transición faringoesofágica: morfologia funcional y manejo de las patologias. In: Ramos,RI; Ventura,A; Vidal,JE Alach,JE. (Org.). La Motilidad para todas las etapas y fronteras. Roemmes, Buenos Aires 2010; 40-2.

17. Costa MMB. Uso do bolo contrastado sólido, líquido e pastoso no estudo videofluoroscópico da dinâmica da deglutição. Radiol. Bras. 1996; 29:35-9.

18. Costa MMB. Almeida JT, Sant'anna E, Pinheiro GM. Viscosities reproductive patterns for use in videofluoroscopy and rehabilitation therapy of dusphagic petients. Arquivos de Gastroenterologia 2007; 44(4):.297- 303.

19. Costa MMB, Lemme EMO. Coordenação da respiração com a deglutição: padrão funcional e relevância do fechamento das pregas vocais. Arq Gastroenterol. 2010; 47(1):42-8.

20. Costa MMB, Sá Monteiro J. Exame Videofluoroscópico das fases oral e faríngea da deglutição. In: Costa & Castro. Tópicos em Deglutição & Disfagia. MEDSI Rio de Janeiro 2003; 273- 84.

21. Costa MMB, Silva RI, Lemme, E.; Tanabe, R. Apneia de deglutição no homem adulto. Arg Gastroenterol 1998; 35: 32-39.

22. Curtis DJ, Sepulveda GU. Epiglottic motion: video recording of muscular dysfunction. Radiology.1983; 148: 473–7.

23. Dantas, RD, Dodds WJ, Massey BT, Kern MK. The effect of high-vs low-density barium preparation on the quantitative features of swallowing. AJR 1989; 153: 1191-5.

24. Dantas R., Dodds WJ. Influência da viscosidade do bolo alimentar deglutido na motilidade da faringe. Arq Gastroenterol 1990; 4: 164-8.

25. Ekberg O, Feinberg MJ. Altered swallowing function in elderly patients without dysphagia: radiologic findings in 56 cases. Am J Radiol. 1991;156:1181-4.

26. Furkim AM. Deglutição em crianças com paralisia cerebral do tipo tetraparética espástica: avaliação clínica fonoaudiológica e análise videofluoroscópica [Dissertação de Mestrado]. São Paulo: Escola Paulista de Medicina da Universidade Federal de São Paulo; 1999.

27. Furkim AM, Behlau MS, Weckx LLM. Avaliação clínica e videofluoroscópica da deglutição em crianças com paralisia cerebral tetraparética espástica. Arq Neuropsiquiatr. 2003; 61: 611-6.

28. Gonçalves MIR, Vidigal MLN. Avaliação Videofluoroscópica das Disfagias. In: Furkim AM, Santini CS. Disfagias Orofaríngeas. São Paulo - Carapicuíba: Pró-Fono; 1999; 189-201.

29. Junqueira P, Costa M M B.- Protocolo para avaliação videofluoroscópica da dinâmica da fase oral da deglutição de volume líquido. Pró-Fono - Revista de Atualização Científica, São Paulo, 2001; 13(2) 165-68.

30. Junqueira P. Videofluoroscopia da fase oral da deglutição em crianças de oito a doze anos com má-oclusão dentária; Tese de Doutorado; Universidade Federal de São Paulo, Escola Paulista de Medicina; São Paulo, 2000.

31. Jones B, Kramer SS, Donner MW. Dynamic imaging of the pharynx. Gastrointest Radiol. 1985; 10: 213–24.

32. Laus, M.; Malaguti, M. C.; Alfonso,C. et al. Dysphagia due to cervical osteophytosis. Chir. Organi. Mov 1995; 80: 263-71.

33. Linden P. Videofluoroscopy in the rehabilitation of swallowing dysfunction. Dysphagia. 989;3: 189–91.

34. Macedo Filho, ED. - Avaliação endoscópica da deglutição no diagnóstico da disfagia orofaríngea. In Temas em deglutição e disfagia – abordagem multidisciplinar. Rio de Janeiro. Suprase, 1998: 77-82.

35. Miller AJ. Deglutition. Physiol Rev. 1982;62:129-84.

36. Monteiro J S. Sistema de registro e recuperação de exames da dinâmica da deglutição; Tese de Mestrado; Universidade Federal do Rio de Janeiro, Faculdade de Medicina; Rio de Janeiro, 2002.

37. Marrara JL, Duca AP, Dantas RO, Trawitzki LVV, Lima RAC, Pereira JC. Swallowing in children with neurologic disorders: clinical and videofluoroscopic evaluations (original title: Deglutição em crianças com alterações neurológicas: avaliação clínica e videofluoroscópica). Pró-Fono Revista de Atualização Científica. 2008 outdez; 20(4):231-6.

38. Rocha PR. Videofluoroscopia. Cedimagem J 1990;1:1.
39. Rushmer RF, Hendron JA. The act of deglutition. A cinefluorographic study. J Appl Physiol 1951; 3: 622-30.
40. Skolnick ML. Videofluoroscopic examination of the velopharyngeal portal during phonation in lateral and base projections – a new technique for studying the mechanics of closure. Cleft Palate J. 1970; 7: 803–16.
41. Suzuki HS, Nasi A, Ajzen S, Bilton T, Sanches E P. Avaliação clínica e videofluoroscópica de pacientes com distúrbios da deglutição - estudo comparativo em dois grupos etários: adultos e idosos. Arq. gastroenterol 2006; 43(3): 201-5.
42. Xeres DR, Carvalho Y S V, Costa M M B. Estudo clínico e videofluoroscópico da disfagia na fase subaguda do acidente vascular encefálico. Radiologia Brasileira.2004; 37(1) 9-14.
43. Yamada E K. Avaliação videofluoroscópica da fase oral da deglutição com vistas a definir a inter-relação dinâmica dos estágios de organização e ejeção; Tese de Mestrado; Universidade Federal do Rio de Janeiro; Rio de Janeiro, 2002.
44. Yotsuya,H. An X-ray TV cinematographical study on relation of the moviments of the hyoidbone, the tongue radix, the epiglottis and the soft palate during deglutition. Shikwa Gakuuho 1981, 81: 1-46.
45. Wilson PS, Bruce-Lockhart FJ, Johnson AP. Videofluoroscopy in motor neurone disease prior to cricopharyngeal myotomy. Ann R Coll Surg Engl. 1990; 72: 375–7.

CAPÍTULO XV

VIDEOFLUOROSCOPIA ESOFÁGICA

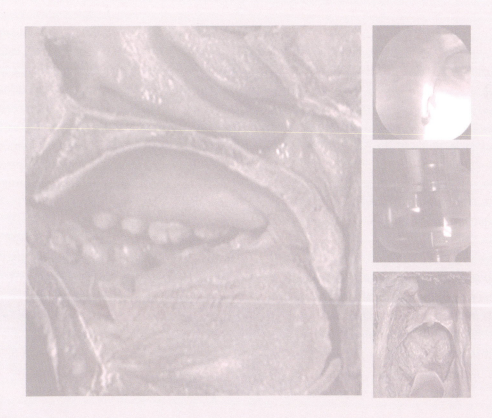

Embora já tenhamos tratado das características anatômica e funcionais do esôfago no capítulo Fase Esofágica da Deglutição: Anatomia Funcional, não nos parece demais retomar o tema em associação ao estudo videofluoroscópico desse órgão.

O esôfago é um tubo muscular, com em média vinte e cinco centímetros de comprimento e 1,5 cm de diâmetro, que se estende desde a região cervical até o abdômen. Da região cervical, onde apresenta pequeno seguimento, continua-se no tórax em toda a extensão dos mediastinos superior e posterior, passando ao abdômen através do hiato esofágico para, após curto percurso, continuar no estômago. O esôfago, em contraste com a maior parte do tubo digestivo, não é revestido por uma camada serosa. Encontra-se envolvido na atmosfera conjuntiva do mediastino onde nervos, vasos e linfonodos com ele se relacionam. Os nervos vagos, direito e esquerdo, formam rede a seu redor e o penetram na espessura de sua parede para se relacionarem com plexos intraparietais. Os vasos arteriais, oriundos da artéria aorta, de artérias brônquicas e de outras artérias vizinhas, o perfuram e se distribuem na parede. As veias esofágicas, ao deixarem o esôfago para se dirigirem para veias vizinhas maiores, produzem aberturas parietais de passagem, assim como as artérias.

Sua evidente função é a de conduzir o bolo alimentar da faringe até o estômago, embora não seja adequado considerá-lo como um mero tubo de passagem. Essa condução, em condições normais, se processa livremente em tempo que oscila entre seis e dez segundos, apoiada pela ação da gravidade que, contudo, não é determinante do trânsito esofágico. A organização muscular esofágica, longitudinal e circular, estriada e lisa, tem coordenação neural que determina, em continuação à fase faríngea, sequência contrátil que propele o alimento no sentido do estômago.

Durante o repouso, a luz esofágica é praticamente inexistente, encontra-se colabada não só pela ação pressórica das relações mediastinais, mas também pela projeção luminal do exuberante conjunto mucosa /submucosa do esôfago. Essa projeção luminal resulta em endentações mucosas longitudinais que ocupam toda a extensão da luz esofágica. Essa morfologia cria delicados e finos canais longitudinais que se evidenciam radiologicamente, quando ocupados por meio de contraste (solução de sulfato de bário). Esse pregueado mucoso e a constituição muscular permitem ao esôfago ampliação de sua luz, sem que resistência maior seja oferecida ao trânsito do bolo em seu interior.

Alguns pontos do esôfago, por características anatômicas regionais, sem que se constitua em anormalidade, apresentam maior limitação à distensão. Esses pontos são definidos como constrições fisiológicas do esôfago.

A primeira dessas constrições é delimitada pelo fascículo transverso do músculo cricofaríngeo, que se situa no colo do afunilamento faríngeo, estendendose até o plano transverso imaginário que tangencia o limite inferior da cartilagem cricoide, onde o esôfago se inicia. Essa constrição, considerada como esofagiana superior, se superpõe, em parte, à zona de alta pressão da transição faringoesofágica, que é determinada pela ação de pinça produzida pela relação entre a coluna e a laringe, ação que excede de muito a dimensão da zona constrita produzida pelo fascículo transverso do músculo cricofaríngeo.

A segunda constrição fisiológica do esôfago é concavidade supressiva à esquerda do esôfago, que se pode observar em imagens radiológicas contrastadas e que se deve à relação de vizinhança do terço superior do esôfago com a crossa da aorta.

O brônquio fonte esquerdo, embora de modo menos intenso, pode também marcar sua vizinhança com o esôfago, constituindo-se na terceira das constrições designadas como fisiológicas.

A passagem do esôfago do tórax para o abdômen é marcada pela quarta constrição fisiológica determinada pela relação do tubo esofágico com a fenda muscular que define o hiato esofágico. Aqui, uma inspiração profunda permite acentuar de modo evidente essa relação.

O coração, embora próximo, não determina compressão fisiológica. O aumento patológico do átrio esquerdo é capaz de, por sua relação de vizinhança maior, produzir marca compressiva no esôfago. Essa relação, que passa a comprimir o esôfago, é patológica e denota sobrecarga atrial esquerda.

A dinâmica contrátil primária do esôfago se verifica em sentido craniocaudal em sequência a fase faríngea da deglutição (peristalse primária) e, também, como consequência de resíduos esofágicos, em sua porção muscular lisa, que estimulem localmente sua contração (peristase secundária) ou em sentido caudocranial, em associação ao ato de vomitar. Essa antiperistalse verificada na emesis foi admitida como mais evidente na porção cervical do esôfago. Na ausência do esforço de peristalse ou de emesis, o esôfago está submetido às variações pressóricas intratorácicas devidas ao ciclo ventilatório pulmonar e estará isolado da faringe, pela ação pressórica da transição faringoesofágica e do estômago, pelo esfíncter inferior do esôfago.

A deglutição pode ser produzida por interferência da vontade em qualquer das fases do ciclo respiratório. Contudo, quando produzida de modo natural, ocorrerá na imensa maioria das vezes nas fases, final da expiração ou inicial da inspiração, quando a resistência esofágica é discreta, a pressão mediastinal é ainda subatmosférica e não há grandes interferências das estruturas de relação.

A seguir a dinâmica faríngea o esôfago se despolarizará em sequência contrátil craniocaudal que configura a peristalse primária. A interação neuromecânica entre a faringe e o esôfago se faz por ação excitatória e inibitória. A despolarização ao se transmitir para o esôfago determina relaxamento receptivo, em especial da transição esofagogástrica e contração em onda propulsiva que percorre o tubo esofágico (peristalse primária) no sentido craniocaudal. Estímulos repetidos, como na de-

glutição em sequência de goles, em posição ortostática, mantêm o esôfago receptivo em espera contrátil, que se verifica após o término da contração da faringe.

O bolo transferido pode escapar à ação propulsiva primária e terminar retido no interior do tubo esofágico. O resíduo alimentar remanesceste retido no esôfago liso é capaz, agora, de determinar estímulo local com resposta contrátil que surge em nível ou pouco acima do bolo residual, iniciando-se assim nova sequência contrátil (peristalse secundária) que, em complementação à primária, buscará conduzir o bolo para o estômago.

O esôfago isolado pode apresentar, em nível de sua musculatura lisa, sequência contrátil definida como peristalse terciária. *In situ*, no homem, as contrações terciárias são aberrantes e não peristálticas ou propulsivas. Essas contrações, de intensidade e frequência variáveis, se configuram em distúrbio motor do esôfago capaz de interferir no livre trânsito esofágico, não se configurando em sequência capaz de propelir em sentido definido o conteúdo esofágico.

Na extremidade distal do esôfago, identificamos o esfíncter esofágico inferior. Esse esfíncter, que se abre e se mantém permissivo durante a ação peristáltica, se mantém fechado, impedindo o refluxo gastroesofágico e o consequente contato do conteúdo clorido-péptico do estômago com a mucosa esofágica não adaptada ao pH ácido da secreção gástrica. Esse indesejável refluxo pode ocorrer por falha dos mecanismos de contenção gastroesofágica e muitas vezes se associa com a projeção do segmento abdominal do esôfago em porções variáveis em dimensão do estômago para o interior do tórax, configurando as hérnias hiatais por deslizamento.

DA AVALIAÇÃO ESOFÁGICA – CONSIDERAÇÕES

A adequada condução do conteúdo deglutido através do esôfago é fato de extrema importância. Diversas são as doenças que podem interferir nessa condução, afetando não só a fisiologia da deglutição,

mas também o conforto e o estado nutricional do paciente. Por sua localização e dimensões a manipulação do esôfago não é simples e implica significativo grau de morbidade e mortalidade. Assim, avaliar e prevenir disfunções e doenças esofágicas é importante tarefa.

Diversos são os métodos que se propõem e permitem avaliar o esôfago. Em passado não tão distante, o registro radiológico estático era o único método disponível e, mesmo com suas limitações, foi e, em alguns centros por ausência de opções, ainda é largamente utilizado. O método radiológico estático vem cedendo espaço a métodos mais interativos e com maior potencial diagnóstico como a endoscopia, a manometria, a pH-metria e a videofluoroscopia a ser considerada de modo mais atento.

A endoscopia tem a vantagem da visão direta, que permite observar as características anatômicas da luz esofágica e possíveis interferências sobre ela, produzidas por estruturas vizinhas e ainda permite a retirada de fragmentos para análise histopatológica.

A manometria permite inferir, através da análise dos traçados pressóricos registrados em diversos níveis do esôfago, sobre a existência e qualidade da peristalse e sobre os possíveis distúrbios elétricos e mecânicos do corpo esofágico e em especial da transição esofagogástrica (esfíncter esofágico inferior).

A pH-metria melhor define a presença, a intensidade e a morbidade da doença do refluxo gastroesofágico.

É pratica comum eleger como o melhor (*the gold standard*) um dos métodos em uso, quando contamos com diversos. Esse conceito, às vezes defendido com entusiasmo por aqueles que praticam o método, pode provocar a negligência com a necessária indicação de outro, muitas vezes melhor e mais específico, do que aquele considerado genericamente como o melhor. Assim, a indicação de um método deve ser decidida caso a caso por avaliação clínica criteriosa e que permita não só a indicação do melhor método para aquele caso especifico, mas também a sequência dos exames complementares a serem solicitados, quando mais de um tipo de exame for necessário ou indicado para o estudo do caso em questão.

O conceito de método *gold standard* deve ser conferido, sem paixões, ao método capaz de dar o maior número de informações morfológicas e funcionais para o maior número possível de condições fisiológicas e patológicas exigidas pela pesquisa médica. Baixo custo e fácil acesso também devem ser variáveis a se considerar. É nesse contexto que a videofluoroscopia esofágica se inscreve.

A videofluoroscopia permite o registro da forma e da função do esôfago em toda a sua extensão e em tempo real. É possível registrar as características do órgão no repouso e suas variações em resposta às solicitações funcionais. Contrações peristálticas, variações da dinâmica associadas a distúrbios motores (contrações terciárias), aberrações luminares localizadas, como nas formações diverticulares, ou gerais, como no dolico e megaesôfago. Fluxo e refluxo, retardos de trânsito, compressões extrínsecas pulsáteis ou não, projeções intraluminares e acalasia são fenômenos facilmente identificados e registrados pela videofluoroscopia, permitindo reprodução e reanálise.

Os exames, de um modo geral, podem fornecer resultados qualitativos e/ou quantitativos. Muitas vezes, por se ter um resultado quantitativo, supõe-se ser ele mais preciso ou mais relevante que um resultado qualitativo. A videofluoroscopia esofágica, sem dúvida, em relação aos outros exames, fornece maior e mais profunda gama de informações qualitativas, mas também em solução a críticas formuladas no passado pode prover resultados quantitavivos no que diz respeito a tempo de trânsito, dimensões lineares e áreas que hoje se constituem em mensurações passíveis de serem realizadas no material de registro videofluoroscópico. Apesar dessa possibilidade, a grande importância da videofluoroscopia reside na definitiva e clara avaliação qualitativa permitida pelo método.

Nesse contexto, em associação à avaliação videofluoroscópica das fases oral e faríngea, desenvolvemos o software AVIDD (Avaliação Videofluoroscópica da Deglutição e seus Distúrbios), que inclui protocolo para estudo da morfofuncionalidade esofágica. Esse programa convertido em protocolo de avaliação é apresentado em fichas e glossário como anexo aos capítulos deste livro.

VIDEOFLUOROSCOPIA
PROTOCOLO DE ESTUDO DA FASE ESOFÁGICA

Embora a videofluoroscopia possa ser indicada de modo seletivo para o estudo de diversas patologias esofágicas, aqui ela será abordada dentro do protocolo (AVIDD), que foi proposto como base para estudo da dinâmica da deglutição e dos diversos comprometimentos que podem produzir ou agravar os processos disfágicos.

Faz parte do protocolo qualificar as queixas esofágicas. Sensação de aperto e dores retroesternais, dificuldades de trânsito referida como sensações de distensão ou "entalo". Queixas e observações sobre o estado geral. Dificuldades de deglutição que apontem para bloqueios baixos devidos a possíveis impedimentos do trânsito esofágico.

A observação videofluoroscópica do esôfago será feita sobretudo com o uso de solução de sulfato de bário, com o paciente em posição ortostática e em decúbitos variados.

Em posição ortostática o paciente deverá selecionar, por possibilidade, o maior volume confortável e possível, para ser deglutido e registrado videofluoroscopicamente nas incidências em frontal (posteroanterior ou anteroposterior), perfil e oblíquas. Em decúbito, já na fase final do exame, o paciente deglute volumes também por ele selecionados e gira ativamente nos diversos decúbitos, em especial quando existem queixas e pesquisa de refluxo gastroesofágico.

1 – TRÂNSITO ESOFÁGICO

O trânsito esofágico é estudado em posição ortostática.

1.1 - **Preservado**. Deve ser referido ao esôfago normal. Embora não formalmente mensurado, as dimensões transversas e longitudinais devem sugerir normalidade. O trânsito se processa livremente em tempo médio de seis a dez segundos, não deixando resíduos além do que se pode perceber como líquido de adsorção a uma parede esofágica anatômica. Não devem existir compressões esofágicas que não as definidas como constrições fisiológicas e o pregueado mucoso deve surgir como linear, longitudinal e fino. A luz enquanto definida deve ser tubular. A peristalse deve ser sequencial e consequente.

1.2 - **Livre** (com alterações associadas). Aqui, embora o trânsito se processe livremente sem obstáculos que

determinem volumes residuais de retenção, podem ser observados deslocamentos, deformidades, compressões ou constrições atípicas que marcam e deformam a anatomia normal do tubo esofágico.

1.3 - **Lento**. Define-se como lento o trânsito que nitidamente ultrapassa os dez segundos de duração, quase sempre com esvaziamento se processando em etapas onde retenções temporárias e contrações subsequentes podem ser observadas, mas que, ao final de tempo nitidamente mais longo, deixa ver um esôfago sem resíduo ou com discreto resíduo, sem que nível hidroaéreo relevante tenha sido formado.

1.4 - **Com resíduo**. Aqui um nítido obstáculo mecânico ou funcional pode ser observado. A retenção é marcada e o volume residual com seu nível hidroaéreo se mantém por longo e indefinido tempo.

2 – CONTRAÇÕES TERCIÁRIAS

Distúrbio da condução motora do esôfago observado como constrições da parede do esôfago, que ocorrem em diversos níveis de forma simultânea, mostrando anarquia da condução motora, que resulta em contrações não produtivas do órgão.

2.1- **Presentes**. Podem ser vistas desde como um pequeno serrilhado nos contornos laterais da imagem em posteroanterior, até intensa segmentação que faz o tubo esofágico poder ser definido como em rosário. Usualmente surge em intensidade variável e de modo concomitante em dois, três ou mais pontos, em diferentes níveis do tubo esofágico.

2.2 - **Ausentes**. Implica análise que conclui pela existência de sequência peristáltica permanentemente normal, durante todo o tempo de observação.

3 – CONSTRIÇÕES

Em seu trânsito pela região cervical, mas em especial em seu longo percurso torácico, o esôfago se relaciona mais ou menos intimamente com diversas estruturas que podem estabelecer com ele relações compressivas fisiológicas e/ou patológicas. Na região cervical doenças tireoidianas que cursem com aumento, como os bócios, ou infiltrativas, como as tireoidites, podem comprometer o livre trânsito esofágico. Linfonodos aumentados, tumores e até bolsas diverticulares podem interferir na liberdade de trânsito. No tórax, pela maior extensão do esôfago e pelo consequente maior número de relações, maiores são as possibilidades compressivas fisiológicas e produzidas por doenças.

3.1- **Fisiológicas**. São quatro as constrições descritas como fisiológicas no esôfago. A primeira, em nível da sexta vértebra cervical, corresponde à transição faringoesofágica. A segunda constrição, cerca de dez centímetros abaixo da primeira, em nível da terceira para a quarta vértebra torácica, se deve à relação do esôfago com a crossa da aorta que, ao se encurvar da direita para esquerda e de cima para baixo, tangencia o contorno esquerdo do esôfago, determinando discreta compressão que se vê marcada como uma concavidade na parede externa do esôfago. A cerca de dois centímetros abaixo da segunda se pode identificar a terceira constrição, que se deve à relação do esôfago com o brônquio fonte esquerdo. A quarta constrição, em nível próximo à décima vértebra torácica, se deve ao hiato esofágico.

Esse ponto pode ser identificado radiologicamente, pelo pinçamento do esôfago, repleto por meio de contraste, que se pode produzir pela inspiração profunda.

3.2 - Crossa da aorta aumentada. A relação da crossa da aorta com o esôfago dentro de limites é considerada como fisiológica. No entanto, é conveniente observar que esse limite pode ser superado e essa relação pode tornar-se de tal forma intensa que pode vir a determinar dificuldade ao trânsito esofágico, passando a ser uma compressão patológica. O envelhecimento, a aterosclerose e a hipertensão arterial são comemorativos que podem intervir na acentuação da relação aorticoesofágica, determinando que uma relação antes fisiológica se torne patológica.

3.3 - Átrio esquerdo. O aumento da área cardíaca, em especial as determinadas por comprometimento do átrio esquerdo, o mais próximo do tubo esofágico, quando se verifica, produz compressão proporcional a seu aumento. A compressão produzida pelo átrio esquerdo é patológica, diferente das descritas como fisiológicas.

3.4 - Outras. Formações aneurismáticas, aglomerados de linfonodos produzidos por alterações reacionais, tumores benignos e malignos de tecidos periesofágicos podem também ser responsáveis por compressões extrínsecas.

4 – LESÕES INTERFERENTES

Diversos são os tipos de acometimento capazes de interferir em maior ou menor monta com a função esofágica: estenose, acalasia, refluxo gastroesofágico, hérnia hiatal por deslizamento, associada ou não à doença do refluxo, tumores parietais, pólipos, fístulas.

4.1 - **Estenose**. Configura-se como lesão restritiva capaz de produzir obstrução luminal. Surge como resultado da cicatrização de lesões ulceradas, resultante de processos corrosivos que atingem a parede esofágica. Essas lesões usualmente são produzidas por agentes químicos ácidos ou bases. O processo cicatricial determina retração tecidual e enrijecimento fibrótico da parede esofágica com impedimento da distensão da luz e bloqueio parcial ou total ao livre fluxo. Tumores parietais muitas vezes são capazes de produzir infiltração parietal com projeção luminal, determinando estenose tumoral. A radioterapia pode, também, ser responsável pela formação de estenose, assim como doenças que produzam intensa reação inflamatória.

4.2 - **Acalasia**. É o processo obstrutivo determinado por irresponsividade da extremidade distal do esôfago, que deixa de se relaxar em associação à pressurização a montante do esôfago, determinando o bloqueio ao fluxo esofagogástrico. Essa irresponsividade se deve a uma aganglionose da extremidade distal do esôfago, que pode ser de origem chagásica, química ou idiopática. Observa-se que a porção sadia acima da zona angustiada se distende e, em fases mais iniciais, é capaz de mostrar contração de luta. A morfologia típica da zona irresponsiva, vista em imagem radiológica, permite que se a defina como em "bico de pássaro" ou "rabo de rato".

4.3 - **Refluxo** gastroesofágico. A transição esofagogástrica deve ser fisiologicamente resistente ao retorno do conteúdo do estômago para o interior do esôfago. Mecanismo com função esfinctérica separa o estômago, com seu conteúdo ácido (pH de 1,5 a 2), do esôfago cuja mucosa, diferente da do estômago, não apresenta barreira protetora capaz de defendê-la da ação do ácido refluído. O refluxo gastroesofágico, quando presente, é facilmente percebido e qualificado

pela videofluoroscopia. Distendendo o estômago com meio de contraste, podemos estimular seu surgimento por aumentos da pressão intra-abdominal. O refluxo do meio de contraste líquido pode ser observado quanto a sua exuberância volumétrica e quanto à extensão (altura) que ele é capaz de atingir. Deve-se pesquisar e referir sua frequência e forma de surgimento, se espontâneo ou forçado por tosse ou outra forma de aumentar a pressão intra-abdominal.

4.4 - **Divertículos**. Constituem-se em saculações cuja luz se comunica com a luz esofágica, através de uma abertura ou colo de dimensão variada. Podem ser classificados como verdadeiros ou falsos, quanto a sua estrutura, e como de pulsão ou tração, quanto a seu mecanismo gerador. Podem surgir em qualquer dos terços do esôfago. Os verdadeiros têm sua parede constituída por todas as camadas que compõem a parede esofágica. Os falsos têm sua parede formada pelo conjunto mucosa e submucosa, que se insinua através de orifício natural, mais alargado, da parede esofágica. Os verdadeiros são usualmente produzidos por tração resultante da cicatrização de processos inflamatórios que, por vizinhança, produzem aderência e tração esofágica. Suas extremidades são usualmente afiladas e direcionadas no sentido da tração. Os de pulsão são produzidos pelo aumento da pressão intraluminal que termina por projetar o conjunto mucosa e submucosa através de um orifício parietal vascular alargado.

Na avaliação faringoesofágica pode-se diagnosticar uma formação diverticular faríngea posterior (de Zenker) que tem sua origem acima do fascículo transverso e abaixo dos fascículos oblíquos do músculo cricofaríngeo, onde se encontra uma zona anatomicamente menos resistente, que muitas vezes por hipertensão faríngea permite a formação de um divertículo verdadeiro que, embora faríngeo, quando de maior monta, projeta-se em sentido distal, relacionando-se com a porção cervical do esôfago.

4.5 - **Hérnia do hiato** esofágico. Pode ocorrer por deslizamento, onde a transição esofagogátrica desliza através do hiato para o tórax, ou ser do tipo paraesofágica, onde o fundo gástrico migra para o tórax. mas a transição permanece no abdômen. Aquela que se faz por deslizamento, onde a transição esofagogástrica se transfere para o tórax, é entidade relativamente comum. Pode estar relacionada ou não com o refluxo gastroesofágico. A hérnia, quando de pequena monta e não associada ao refluxo gastroesofágico, se constitui em patologia pouco relevante. As de muito grande volume podem produzir compressões por vizinhança. Quando associadas ao refluxo, passam a ter significativa relevância pelos danos passíveis de serem causados pela doença do refluxo. O refluxo gastroesofágico pode produzir esofagite em diversos graus, desde uma inflamação de pequena expressão até esofagites tão sérias que podem cursar com ulcerações e estenoses.

4.6 - **Outras**. Tumores parietais, pólipos, fístulas broncoesofágicas são também lesões de fácil observação pela videofluoroscopia.

OBSERVAÇÕES

Relevantes imagens para o estudo do esôfago foram utilizadas nos capítulos X, Fase Esofágica da Deglutição, e XII, Distúrbios Esofágicos. Dentre as que faltaram estão, entre outras, as que definem o conceito de "regurgitação esofagoesofágica".

Essa designação serve para definir um fluxo esofágico retrógrado, que se faz sem que o meio de contraste que reflui retrogradamente venha do estômago como refluxo gastroesofágico. Essa ocorrência se deve a um distúrbio motor do esôfago que, repleto e distendido, deixa ver seu conteúdo refluir no interior do esôfago, de distal para proximal, devido a contrações espasmódicas do corpo do esôfago contra uma transição esofagogástrica fechada. Esse mecanismo é semelhante àquele que resulta na formação da ampola frênica na porção distal do esôfago.

As diversas e mais comuns patologias que deformam o esôfago, por ser esse um órgão tubular, podem ser estabelecidas por padrões específicos de somação e subtração. Na somação, uma ou mais imagens contrastadas além dos limites da parede do tubo, como as bolsas diverticulares, poderão ser vistas somadas aos limites do tubo original. As imagens de subtração, com morfologias variadas, deformam o tubo, reduzindo as suas dimensões e por isso são definidas como de subtração.

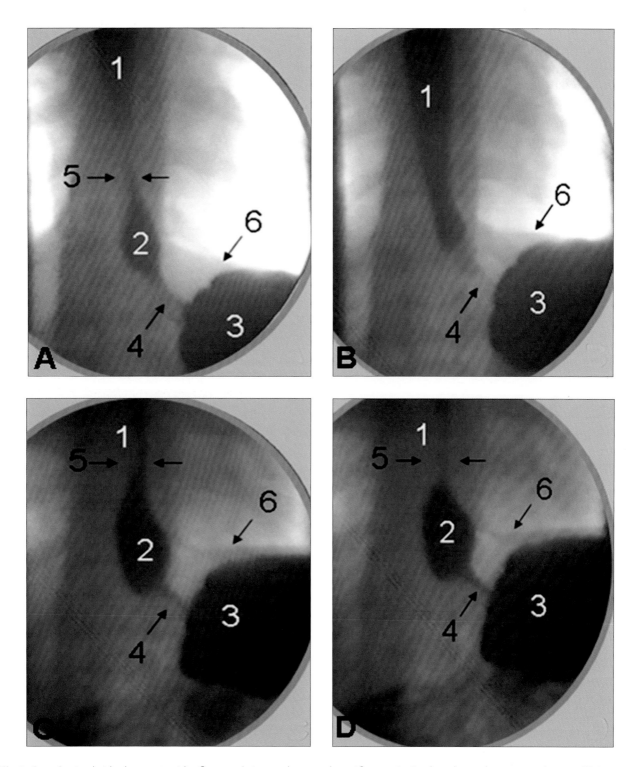

Fig.1 Sequência obtida de exame videofluoroscópico onde se pode verificar variação do volume de contraste intraesofágico sem abertura da transição esofagogástrica, configurando a regurgitação esofagoesofágica. Em A se veem 1 - terço médio do esôfago, 2 - ampola frênica (distensão do esôfago terminal por contração contra transição resistente - fechada), 3 - fundo gástrico, 4 - transição esofagogástrica fechada, 5 - contração esofágica, 6 - hemicúpula diafragmática. Em B se vê 1 - esôfago preenchido por contraste que chega de cima para baixo, 3 - fundo gástrico, 4 - transição esofagogástrica fechada, 6 - hemicúpula diafragmática. Em C se vê 1 - esvaziado por fluxo retrógrado, 2 - ampola frênica, 3 - fundo gástrico, 4 - transição esofagogástrica fechada, 5 - contração esofágica, 6 - hemicúpula diafragmática. Em D se vê 1 - esôfago vazio por regurgitação esofagoesofágica de seu conteúdo, 2 - ampola frênica, 3 - fundo gástrico, 4 - transição esofagogástrica fechada, 5 - contração esofágica, 6 - hemicúpula diafragmática.

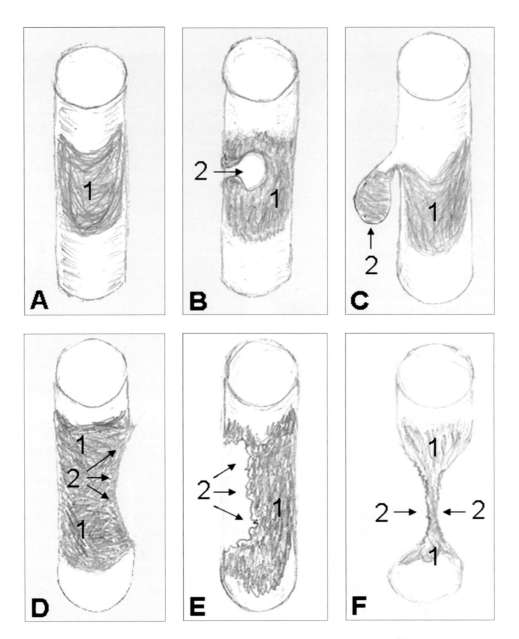

Fig. 2 Imagens esquemáticas dos mais comuns comprometimentos estruturais do tubo esofágico. Em A, estrutura tubular distendida por 1 - meio de contraste em passagem sem aparente alteração estrutural (esôfago anatômico). Em B, imagem de subtração desenhada por 1 - meio de contraste que envolve 2 - pólipo pediculado (o contorno liso sugere benignidade). Em C, meio de contraste (1) preenche bolsa lateral (2) produzindo imagem de somação (divertículo), Em D, meio de contraste (1) contido no esôfago se mostra comprimido mostrando imagem de supressão lisa e chanfrada (2) compatível com compressão extrínseca. Em E, meio de contraste (1) desenha imagem de supressão (2) de contorno irregular comumente vista em tumoração maligna. Em F, meio de contraste (1) desenha imagem de supressão circunferencial (2) no mais das vezes alongada e irregular, sugere estenose cáustica. Quando na porção terminal do esôfago, sugere acalasia (desenervação com aganglionose do plexo mioentérico - Imagem descrita como rabo de rato ou bico de pássaro).

CONSIDERAÇÕES

Os distúrbios esofágicos aqui referidos são passíveis de clara análise através do uso da videofluoroscopia. É certo que alguns métodos podem apresentar maior especificidade para uma dada doença e mesmo permitir uma abordagem mais conclusiva em determinadas condições. A pH-metria definirá a qualidade da acidez do refluxo de modo claro e preciso. A endoscopia, além da visão direta, permite a realização de biópsias. A manometria permitirá definir o comportamento motor, a dinâmica peristáltica e a intensidade pressórica de uma sequência contrátil. Mas a videofluoroscopia, sem interferir mecanicamente na dinâmica do esôfago, permitirá a observação do refluxo e de sua frequência. Mostrará, em muitas ocasiões, a lesão suspeita que necessita de biópsia. Permitirá que se diferencie a sequência contrátil fisiológica e adequada daquela ineficiente e/ou associada a distúrbios motores. Além disso, de modo não invasivo e em tempo real, a videofluoroscopia permitirá que se identifique a grande maioria das afecções orgânicas e funcionais que afetam o esôfago. Essas considerações sustentam a crença de que a videofluoroscopia, quando disponível, deva ser o primeiro método de avaliação a ser usado na sequência de exames que se pretenda utilizar no estudo do tubo esofágico.

BIBLIOGRAFIA CONSULTADA

1. Costa M M B. Esôfago: Anatomia Médico-Aplicada. In: Gerson Domingues - Esôfago, Rio de Janeiro, Rubio. 2005; 01-12.

2. Costa MMB. Uso do bolo contrastado sólido, líquido e pastoso no estudo videofluoroscópico da dinâmica da deglutição. Radiol. Bras. 1996; 29:35-9.

3. Costa M M B, Barreto H. Hérnia por deslizamento do hiato esofágico - Reflexões sobre a fundamentação da terapêutica cirúrgica. Senecta 1986; 9(2): 8-12.

4. Costa MMB, Da Nova JLL, Carlos, MT, Pereira A A, Koch H. A. - Videofluoroscopia - Um Novo Método, Radiol. Bras. 1992; 25: 11-18.

5. Costa M M B, Moscovici M, Koch H, Pereira A A. Avaliação videofluoroscópica da transição faringoesofágica (esfíncter superior do esôfago). Radiol Bras. 1993; 26(2): 71-80.

6. Costa M M B, Pires-Neto M A. Anatomical investigation of the esophageal and aortic hiatuses: Physiological, clinical and surgical considerations. Anatomical Science International 2004; 79: 21-31.

7. Costa M M B, Sá Monteiro J, Koch HA. Videofluoroscopia Esofágica In: Costa, Castro. Tópicos em deglutição & Disfagia. Rio de Janeiro - MEDSI. 2003; 307-16.

8. Koch HA. Métodos radiológicos de investigação das doenças disfágicas. In Costa, Lemme, Koch.Temas em deglutição e Disfagia. Rio de Janeiro, Supraset, 1998.

9. Koch HA, Ribeiro ECO, Tonomura ET. Radiologia na formação do médico geral, Rio de Janeiro, REVINTER, 1997.

10. Torres ZB, Souto FJD, Lemme EMO, Farias SHT, Pereira AA.. Radioscopia com Pão Baritado em Distúbios da Motilidade Esofágica. Radiol Bras. 1989; 22: 75-9.

11. Nascimento FAP, Lemme EMO, Costa MMB. Esophageal diverticula: pathogenesis, clinical aspects, and natural history, Dysphagia 2006, 21(3):198-205.

12. Maluf Filho F, Sakai P, Ishioka S. Endoscopia digestiva alta(esofagoscopia) diagnóstica: Estado atual e perspectivas futuras. Coletânea Symposium, São Paulo, Frontis Editorial, 1998. 93-6.

13. Melo JRC. Esôfago: Bases fisiológicas e fisiopatológicas da dinâmica esofágica e do controle esfinctérico. In: Costa, Lemme, Koch.Temas em deglutição e Disfagia. Rio de Janeiro, Supraset, 1998; 17-27.

14. Monteiro J S. Sistema de registro e recuperação de exames da dinâmica da deglutição; Tese de Mestrado; Universidade Federal do Rio de Janeiro, Faculdade de Medicina; Rio de Janeiro, 2002.

CAPÍTULO XVI

VIDEOFLUOROSCOPIA COMO MÉTODO QUANTITATIVO

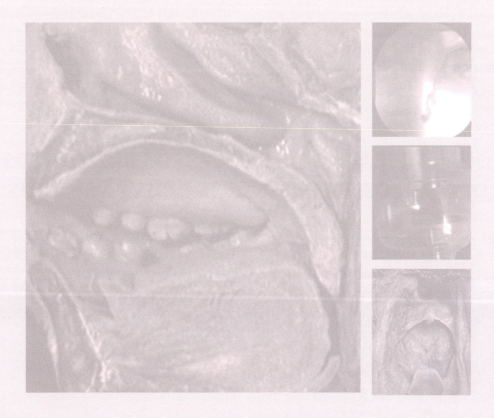

Métodos complementares são instrumentos que adequadamente utilizados nos servem, na clínica, para reforçar ou definir impressões diagnósticas e, na pesquisa, para firmar ou infirmar hipóteses.

Na clínica, a indicação de um exame deveria se subordinar a sua especificidade. No entanto, as variáveis que terminam por determinar essa escolha são a facilidade de acesso, a maior desenvoltura na interpretação e não raro o custo e o modismo.

Com frequência somos influenciados pela discussão estabelecida pelos que detêm a competência desses exames e creem ou defendem seja este ou aquele o melhor método ou, pelo menos, o que deva ser primeiro indicado para o diagnóstico ou estabelecimento de condutas para essa ou aquela patologia.

Na pesquisa, não se defendem os métodos. O que se busca é a compreensão dos fenômenos e para isso se usam tantos quantos sejam os métodos disponíveis e indicados. Se necessário, adaptam-se ou se desenvolvem novos métodos.

O estudo da deglutição e das disfagias experimentou, e de certo modo ainda experimenta, conflito que discute se este ou aquele é o melhor método para seu estudo. A pergunta a ser formulada em cada caso é: que exame é o mais indicado? Sabendo-se que nem sempre a opção disponível é aquela considerada como a melhor.

A discussão sobre a qualidade e a valia dos diversos métodos tem, no entanto, ao lado do despropósito da defesa de vaidades, o estímulo à discussão que termina por redefinir indicações e limites.

A videofluoroscopia, considerada como o "padrão ouro" para o estudo das disfagias, é às vezes criticada, por defensores de outros métodos, por utilizar os raiosX como elemento gerador da informação e por ser método que privilegia a análise qualitativa.

No que se refere à radiação X, tem-se demonstrado que a dose a que os pacientes estão expostos, durante o exame, é significativamente menor do que a aceita como adequada e necessária à realização da grande maioria dos exames radiológicos em uso corrente.

No que se refere à análise qualitativa, o método tem se revelado ímpar. A possibilidade de se analisarem com riqueza de detalhes, de modo não invasivo e portanto não interferente, todos os eventos morfofuncionais das três fases da dinâmica da deglutição os tornou ferramenta indispensável ao estudo da deglutição e de suas disfunções.

Aceito o valor qualitativo do método, o que se quer discutir é a indevida afirmativa de que não se podem quantificar os achados videofluoroscópicos e que essa impossibilidade seria a deficiência do método, frente a alguns outros que podem nos fornecer algum valor numérico como expressão de uma dada função.

QUANTIFICAÇÃO DE PROCESSOS BIOLÓGICOS DINÂMICOS EM REGISTROS BIDIMENSIONAIS

Os fenômenos biológicos dinâmicos que envolvem macroestruturas se caracterizam por deslocamentos que, ao fim de um evento, retornam à posição de repouso, tornando-se prontos para um novo ciclo.
Esses fenômenos, voluntários ou reflexos, têm como variáveis básicas a amplitude do deslocamento e o seu tempo de ocorrência. O sentido no qual os deslocamentos ocorrem, quando projetados nos eixos cartesianos (X,Y,Z), permite a definição de variáveis métricas, angulares e temporais. Largura, altura, profundidade, área, volume, ângulos de relação e tempo de ocorrência são grandezas passíveis de serem medidas sobre imagens registradas em um determinado tempo, desde que alguns parâmetros sejam estabelecidos.

Medir estruturas registradas em imagem única e estática é procedimento relativamente simples, desde que se conheça o grau de ampliação produzido na imagem registrada. Medir imagens de estruturas registradas em sua dinâmica é um pouco mais complexo. Além do grau de ampliação, é preciso conhecer os pontos de início e fim do intervalo dinâmico que se quer medir.

Medir é possível, mas o que medir é a questão que se impõe. É preciso se ter certeza de que a medida a ser procedida tem significado e que o valor obtido expressa esse significado.

Fenômenos voluntários não são bons objetos para medidas estruturais dinâmicas, pois a reprodutividade de suas características e dimensões pode ser influída pela vontade. Claro que dimensões máximas, posturas passivas e limitações patológicas orgânicas podem ser dimensionadas com protocolos bem cuidados.

Os fenômenos reflexos são o melhor alvo da quantificação estrutural, pois os deslocamentos não são influídos pela vontade. O curso do deslocamento e o tempo de duração do fenômeno dinâmico reflexo têm características que, mensuradas, podem definir os limites entre o normal e o patológico.

Os fenômenos biológicos estruturais dinâmicos são mediados por contrações musculares sinérgicas, cuja intensidade e sentido caracterizam os vetores-resposta, os quais, modulados pelos estímulos que os determinam, produzem ações que variam em amplitude e tempo. Essas variáveis podem ser mensuradas em registros videofluoroscópicos.

No entanto, mensurar um fenômeno biológico dinâmico implica entendê-lo em suas etapas. É necessário que as medidas a serem obtidas sejam capazes de expressar a dinâmica que se quer quantificar. Com frequência, a eficiência de uma função dinâmica não depende da dimensão isolada do curso de uma dada estrutura; depende também do tempo de ocorrência e manutenção do processo. Mais ainda, e não raro, o que importa mensurar é o comportamento funcional de um dado segmento, ou seja, sua capacidade de transferir ou acomodar volumes, a quantidade de resíduos remanescentes ou a velocidade e o tempo de trânsito.

Outro fato a se ponderar, quando se pretende quantificar um fenômeno biológico dinâmico, é o tipo de interferência que o método de registro produz sobre as estruturas a serem observadas.

As imagens radiológicas registram em duas dimensões, com superposição de densidades, os elementos constituintes das três dimensões da região documentada. As estruturas sofrem distorções, em especial ampliações dimensionais, que precisam ser conhecidas e consideradas. O regime radiológico empregado tem que ser adequado para não mascarar ou suprimir informações. Em se tratando de registro dinâmico é fundamental que saibamos a quantidade de imagens registradas na unidade de tempo e que esse registro, com segurança, é constante.

Não raro soluções simplistas terminam por se mostrar inadequadas. Em uma dada incidência, a dimensão profundidade se perde e teoricamente poderia ser recuperada com o registro em incidências complementares. Como exemplo, um registro em incidência frontal permite observar, em uma dada cavidade preenchida por contraste, a largura e a altura, e teria no perfil o resgate da profundidade. Esse recurso na verdade não resolve a questão, pois as cavidades e estruturas-alvo das variações dimensionais, no homem, nem sempre se constituem em figuras geométricas regulares e, assim, um único corte em profundidade não seria suficiente para resgatar a forma a ser medida se fossemos utilizar, para obter o volume, as imagens em frontal e em perfil.

As variáveis dimensionais mais facilmente mensuráveis são as que se projetam sobre os eixos dos X (largura - L) do Y(altura - H). Mas como visto não é simples se identificar variação dimensional no eixo Z (profundidade - P). O exposto nos deixa ver que, entre as variáveis dimensionais, a que se refere ao volume (L x H x P) não está facilmente acessível à mensuração em imagens bidimensionais. Contudo, este não é um óbice absoluto, pois a área de secção do volume, que expressa as variações volumétricas, pode ser facilmente obtida, devendo ser usada como expressão das variações volumétricas de uma dada cavidade.

O QUE MEDIR?

A identificação do que medir surge usualmente como uma questão a ser respondida. Se formos capazes de formular uma questão justificável, passível de ser beneficiada ou respondida através da quantificação de um fato ou de diversos deles, é possível que estejamos frente a uma quantificação a ser efetuada.

É necessário, no entanto, que sejamos capazes de formular questões consistentes. É preciso que se tenha o cuidado de não cair no lugar comum de medir por medir, sem que tenhamos uma questão de base e sem que definamos com clareza reprodutível os elementos representativos a serem mensurados.

Não seria conveniente, por exemplo, medir-se o tempo de abertura da boca em indivíduos sadios, pois este é um fenômeno voluntário e assim podem os examinandos interferir livremente na duração do evento segundo suas vontades. E que significado prático teria esse valor quando obtido? Embora a princípio pareça não existir, é possível que em protocolo específico sejamos capazes de identificar uma razão verdadeira para essa mensuração; aí, e só assim, ela então teria significado.

Nessa linha e como exemplo, qual seria o interesse em se medir a abertura máxima da boca considerada entre planos que tangenciassem as bordas dos incisivos superiores e inferiores. Simplesmente para registrar, um valor médio não teria grande significado. Mas se fôssemos estabelecer um valor normal padrão para compararmos com dimensão obtida em pacientes com

disfunção limitante da articulação temporomandibular (ATM), por exemplo, poderia ter valor.

Cada vez mais somos cobrados no sentido de oferecer valores numéricos para quantificar eventos biológicos que se expressam mais claramente por seus valores qualitativos.

Um bom exemplo é a tentativa de se estabelecer uma comparação entre o tempo consumido para se transferirem volumes da cavidade oral para a faringe entre grupos de indivíduos sadios e indivíduos com comprometimento neurológico. O óbvio resultado são valores dentro de limites numéricos baixos para os indivíduos sadios e valores numéricos altos para os pacientes, variando segundo o grau de comprometimento neurológico; quanto maior o comprometimento, maior o valor numérico da dificuldade. Embora se possam precisar melhor os limites, esta quantificação numérica, quando obtida, não trará grandes diferenças em relação àquela qualitativa, que se obteria atribuindo uma, duas ou três cruzes ao grau de dificuldade observado. Poderíamos ainda considerar a hipótese de os indivíduos sadios resolverem não deglutir. Isto poderia até inverter os resultados não fosse nesse dito método quantitativo a observação qualitativa que impede o erro. Mais razoável, nesses casos, seria manter a análise qualitativa.

Em se tratando da videofluoroscopia da dinâmica da deglutição podemos com propriedade, identificar e medir elementos das fases oral, faríngea e esofágica. As medidas podem estar ligadas à dimensão, ao tempo e à relação dessas variáveis entre si.

FASE ORAL

Por ser essa fase passível de interferência por força da vontade, temos que ter maiores cuidados na escolha do que medir.

Quantificar valores normais ou patológicos de uma dada estrutura como área, altura ou densidade pode ter significado, se adequadamente contextualizado em

questões relevantes ou propostas com explicação convincente. Pode-se, por exemplo, medir a perda óssea de um segmento devido ao seu desuso ou medir áreas de densidade distinta em dada região.

O que se quer dizer é que podemos medir o resultado de uma dinâmica ou mais facilmente dimensões de uma estrutura, de um acidente anatômico ou de lesões circunscritas a uma estrutura ou região, sejam elas sólidas ou císticas ou ainda calcificadas ou líticas.

O diferencial, a grande vantagem, é que se pode medir, e quantificar os valores dinâmicos registrados pela videofluoroscopia.

Protocolo de avaliação videofluoroscópica da ATM nos tem permitido a observação dos movimentos de rotação, translação e rebaixamento do côndilo mandibular em relação à superfície articular do osso temporal. Essa dinâmica registrada por regime videofluoroscópico adequado nos permite mensurar, não só a dimensão de deslocamento anterior, mas o rebaixamento articular. Além desses, alguns valores angulares podem ser obtidos.

É possível que essa quantificação venha a representar, no futuro, um padrão de normalidade a ser utilizado como base para o estabelecimento de limitações funcionais uni ou bilaterais dessa articulação.

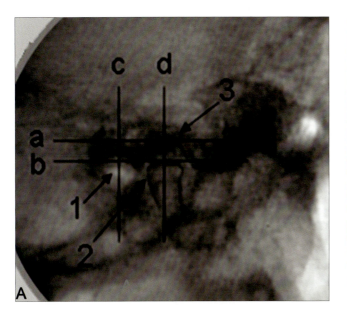 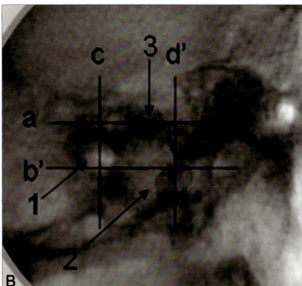

Fig. 1 Imagens da ATM em oblíqua anterior esquerda onde 1- projeção do poro acústico esquerdo, 2 - projeção do côndilo mandibular, 3 - limite superior da projeção da fossa mandibular esquerda, (a) linha horizontal traçada tangente a (3), (c) linha perpendicular à linha (a) centralizada em relação ao poro acústico, (b) e (b') linhas horizontais tangentes ao limite superior de (2), (d) e (d') perpendicular à linha (a) passando pelo centro de (2). Observar deslocamento de (b) e (d) em (A) para (b') e (d') em (B) tendo como referência as linhas (a) e (c) permitindo estimativa de deslocamento anterior e rebaixamento do côndilo mandibular no movimento de translação. Nota: os valores dessas medidas são obtidos por medição digital por correlação com os valores obtidos com a calibração que deve ser feita com placa obedecendo às mesmas obliquidades necessárias para o estudo do objeto.

FASE FARÍNGEA

As fases faríngea e esofágica, por serem involuntárias, se prestam mais adequadamente à quantificação de seus eventos.

Na fisiologia da fase faríngea a dinâmica se verifica por variações de dimensão e tempo. Assim, usualmente não é conveniente, para definir efetividade funcional, que mensuremos isoladamente a extensão do deslocamento dessa ou daquela estrutura ou mesmo a resultante dimensional desses deslocamentos. É preciso correlacionar os valores dimensionais com o tempo de efetiva vigência dos eventos.

Um bom exemplo é o da elevação e anteriorização do hioide e da laringe. Medir somente o deslocamento dessas estruturas tem pouco valor, em razão de serem seus movimentos limitados em extensão pela configuração anatômica regional e também por não se estar considerando o tempo de duração dessa ação. O hioide e a laringe, em condições fisiológicas se elevam e se anteriorizam em extensão limitada pela anatomia regional e, assim, se mantêm por tempo variável, de acordo com a viscosidade e o volume do alimento que está sendo deglutido. A deglutição de um determinado volume de substância de baixa consistência se fará em tempo menor do que a de um alimento de maior volume e viscosidade. É a variável tempo que compensará a dimensão dos deslocamentos que se limitam pela configuração anatômica regional. A musculatura que eleva, anterioriza e sustenta o hioide elevado é do tipo estriado esquelético e sua contração depende da despolarização de unidades motoras, que se despolarizam em quantidade, intensidade e tempo que varia com o volume e consistência do bolo a ser deglutido. Assim, medir-se somente o deslocamento do hioide e da laringe, ignorando o tempo de duração do fenômeno pode não trazer informação relevante ou verdadeira.

Também devemos atentar para as variações posturais do paciente ou voluntário ao longo de um exame.

A avaliação videofluoroscópica pretende registrar sequência que reproduza o mais fielmente possível a dinâmica funcional do indivíduo em estudo. Assim, não podemos imobilizá-lo. Dentro de limites, variações posturais são esperadas. Desse modo, para que possamos medir um fenômeno dinâmico, temos de ter pontos de referência para que possamos avaliar o deslocamento da estrutura, ao longo do tempo de duração do fenômeno.

Tomando ainda como exemplo a dinâmica do hioide e da laringe, pode ser observado que é comum que se use um ponto sobre a mandíbula como referência para o deslocamento do hioide. A projeção de um ponto marcado sobre a mandíbula quase inevitavelmente se deslocará da região onde ele inicialmente se projetava, quando observado ao final do processo dinâmico, devido à natural movimentação do paciente ou voluntário durante o exame. Assim, é necessário que se compense esse deslocamento, pois as medidas finais estarão prejudicadas em razão de o ponto que seria o de referência para a medida do deslocamento ter também se deslocado em direções e sentidos nem sempre previsíveis, tornando difícil a compensação dos indesejados deslocamentos.

Para que se obtenha essa compensação é necessário que tenhamos um ponto de referência (A) sobre o elemento móvel, cujo deslocamento se quer mensurar, e um ponto fixo (B) em estrutura imóvel e bem definida no campo de registro. As mudanças de posição dos pontos de referência A e B marcados sobre o indivíduo deverão ser consideradas em relação a pontos marcados nos eixos X e Y de um plano sobreposto ao examinando.

Diferente do exposto, para evitar dificuldades, quando o interesse for o de medir dimensões estáticas nos eixos X e Y, como largura e/ou altura de um elemento ou mesmo uma dada área delimitada por densidade específica na imagem, a tarefa pode ser de muito simplificada. Um exemplo dessa possibilidade na fase faríngea é se aferir a dimensão da abertura máxima da transição faringoesofágica (TFE). Essa dimensão se obterá da mensuração em uma única imagem (frame ou quadro). Se essa informação for a requerida, ela será obtida com simplicidade e segurança, bastando que saibamos de quanto a imagem está aumentada em relação ao objeto examinado.

No entanto, como já observado, em fenômenos dinâmicos a variável tempo deve ser considerada. Aqui na fase faríngea, medir o tempo de trânsito de um dado bolo é questão relevante a ser aferida. Desse modo, a contagem do número de frames contidas em um dado fenômeno tem grande importância.

Um nova questão surge quando se pretende medir o tempo de um evento. A questão é qual o tempo zero do evento e quando ele termina. De quando a quando vamos medir. De que ponto a que ponto.

Em se tratando de fase faríngea, sabemos que ela se inicia com a transferência do bolo da cavidade oral para a orofaringe e termina quando o conteúdo deglutido deixou a faringe e se transferiu para o esôfago. Que imagens na videofluoroscopia marcam esses limites?

Os limites da fase faríngea podem ser definidos em imagens videofluoroscópicas obtidas, tanto no perfil quanto nas incidências frontais. Podemos visibilizar, usando solução de sulfato de bário, o bolo contido na cavidade oral por aposição do palato contra o dorso da língua. Quando da deglutição, identificamos a transferência do bolo contrastado para a faringe e podemos acompanhar o seu trânsito que gradativamente se transfere para o esôfago, passando pela transição faringoesofágica aberta. Essa transição será vista aberta durante toda a fase faríngea e se fechará por aposição das paredes faríngeas quando a fase terminar. Tanto nas incidências em perfil quanto nas em frontal, os pontos de início e fim podem ser identificados e marcados para que se contem os quadros que separam uma imagem da outra. Como cada quadro dura 0,033 segundo, teremos que o

produto desse valor pelo número de frames determina o tempo de trânsito.

O tempo de trânsito faríngeo, mesmo isoladamente, é importante informação. No entanto, o valor numérico em milímetros da abertura máxima da transição faringoesofágica e o tempo de duração da fase faríngea retratam, com mais precisão, o grau de eficiência dessa fase. Esses valores podem ser utilizados como índice de eficiência da fase faríngea.

MEDIR VOLUME

Questão relevante a se considerar é a medida do volume de cavidades ou de estruturas normais ou tumorais projetadas na região faríngea.

Quantificar, por exemplo, os volumes que terminam retidos nos recessos faríngeos de um paciente disfágico e poder acompanhar as variações desse volume em intervalos de tempo no curso de sua terapêutica é poder dispor de informação de expressiva importância clínica. Infelizmente, a dimensão profundidade, necessária ao cálculo do volume em razão da morfologia da cavidade faríngea, não pode ser obtida com a facilidade que a princípio se pode supor existir pela simples obtenção de imagem em plano complementar.

No entanto, informação de valor semelhante à obtida pela mensuração do volume pode ser obtida pela aferição da área.

O volume seria obtido através da fórmula (L x H x P = volume) em que L (largura) x H (altura) = área. Assim, área x P (profundidade) = volume. As varia-

ções de volume serão decorrentes de variações nos três eixos e as variações da área em dois deles. Embora figuras geométricas distintas, suas variações guardam proporcionalidade. Assim, seria válido dizer que a área de secção do volume varia para mais ou para menos em proporção que respeita as variações volumétricas.

Um indivíduo que retivesse meio de contraste em sua faringe poderia ter esse valor definido pela área de secção do volume. Assim, quando este volume aumentar ou diminuir, sua área de secção também aumentará ou diminuirá proporcionalmente. Desse modo, a informação obtida com a variação da área de secção é semelhante à que se obteria se fôssemos capazes de quantificar a variação de volume.

Um bom exemplo seria a medida da área de secção de um resíduo faríngeo antes e em tempos depois de um procedimento terapêutico, que se acredita capaz de promover o esvaziamento do segmento mensurado. A comparação das áreas de secção da retenção inicial e final informará se houve ou não redução volumétrica.

FASE ESOFÁGICA

Tempo de trânsito, duração e dimensão de abertura da transição esofagogástrica, área de secção do volume líquido retido antes e depois de uma miotomia para acalasia, dimensão, em especial a transversa do tubo

esofágico, dimensão de imagens obstrutivas intra e extraluminares, áreas estenosadas etc., são mensuráveis e podem fornecer importantes subsídios morfofuncionais à terapêutica desses comprometimentos esofágicos.

Aqui, o conteúdo retido no esôfago distal poderia ter seu valor aferido volumetricamente, considerandose o segmento distal do esôfago torácico, onde o resíduo estaria retido, como figura cilíndrica. Desse modo, também aqui a área de secção do volume de retenção daria informação semelhante à que obteríamos com a medição volumétrica.

CALIBRAÇÃO

As imagens radiológicas, e entre elas as videofluoroscópicas, são projeções que se formam na dependência da espessura das áreas expostas, das características das estruturas regionais, das densidades teciduais, da intensidade da radiação e do posicionamento do objeto. No que se refere ao posicionamento do objeto, importa a relação de incidência dos raios X e sua localização entre a fonte emissora de raios e o écran sobre o qual a imagem projetada se formará.

Os valores dimensionais da imagem obtida guardam relação com o objeto exposto. Quanto mais próximo do écran estiver o objeto, menor a ampliação da imagem produzida sobre ele. Quanto mais próximo da ampola localizarmos o objeto, maior sua ampliação na imagem obtida. Em equipamento adequadamente calibrado, a ampliação dimensional da imagem é a distorção mais importante a ser observada, quando se quer medir na imagem fatos que ocorrem no objeto.

Desse modo, para que possamos medir em imagens a dimensão de uma estrutura ou de eventos dinâmicos, que ocorrem no objeto e se registram nas imagens, precisamos definir a razão, o quanto de ampliação ocorreu. A isso chamaremos de calibração. A calibração visa estabelecer uma referência para ajuste do sistema de medida. Como as imagens são ampliadas, tanto no sentido transverso (eixo do X), quanto no longitudinal (eixo do Y) buscamos corrigir as ampliações nos dois eixos.

As estruturas a serem registradas se encontram a meia distância entre a ampola emissora de radiação e o écran onde a imagem se formará. Essa distância do foco ao écran (distância foco/filme) é usualmente de (1) um metro. A janela no tubo, por onde os raios são emitidos, determina a divergência que termina por ampliar a imagem do objeto quando essa se forma sobre o écran. Por isso, quanto mais próximo do écran estiver o objeto, menor será a sua ampliação. Contudo, sempre haverá alguma ampliação. Tanto nas incidências frontais quanto nas laterais ou em qualquer outra, o objeto estará posicionado a certa distância do écran e, assim, sempre teremos uma imagem ampliada do segmento exposto.

Admitindo-se que a ampola no interior do tubo esteja adequadamente posicionada, a questão é definir quanto de aumento estamos observando em nossas imagens. Para tanto desenvolvemos uma placa quadriculada por linhas metálicas (hipotransparentes) que, exposta aos raios X, gera imagem quadriculada cujas distorções sofridas serão as mesmas que qualquer outro objeto, submetido a esse mesmo equipamento radiológico e a igual distância, sofrerá.

Essa placa rígida e radiotransparente, com 2mm de espessura, é construída com quadriculado hipotransparente de 2cm x 2cm distribuídos por toda a sua superfície. Será utilizada posicionando-a de modo perpendicular ao sentido dos raios X entre o écran e a fonte emissora. A placa, sempre perpendicular ao feixe de radiação, será registrada, de cm em cm, gerando escala de ampliação própria do equipamento e detectando possíveis pequenas outras distorções da imagem.

A placa acrílica quadriculada apresenta círculo central com densidade distinta que permite aferir, quando exposta, se os raios centrais (feixe primário) estão sendo emitidos sem qualquer desvio. Isso permite aferir se o equipamento em uso tem ou não sua ampola adequadamente posicionada no interior do tubo. A análise nas imagens, da posição do círculo e das dimensões perpendicular e transversa das quadrículas, nos informa da adequada centralização da ampola e por conseguinte do feixe primário da radiação. Pequenas distorções são toleráveis e podem ser compensadas pela calibração, que estabelece um padrão de referência para o sistema a ser utilizado para medir.

Ao se posicionar o paciente a meia distância entre a fonte e o écran poderemos, na dependência do que se pretenda quantificar, usar a escala de magnificação previamente construída, usando-se aquela medida que corresponda ao plano que se quer mensurar. Como padrão devemos usar aquela medida (padrão de ampliação) que corresponda à distância do écran ao plano sagital mediano (incidências em perfil) ou frontal mediano (incidências em PA ou AP) do paciente. Não obstante, se a medida a ser obtida corresponde a uma estrutura lateral, devemos usar aquela escala que corresponda à distância do plano da estrutura ao écran.

Em conclusão, construir-se-á um banco de imagens contendo as distorções produzidas centímetro a centímetro, próprias de cada equipamento, contendo as variações padrões de cada distância objeto/écran. As ampliações contidas em cada imagem placa servirão de base para definir as variações sofridas nas imagens registradas pelo equipamento. A escolha da placa de calibração se fará pela medida da distância do objeto ao écran.

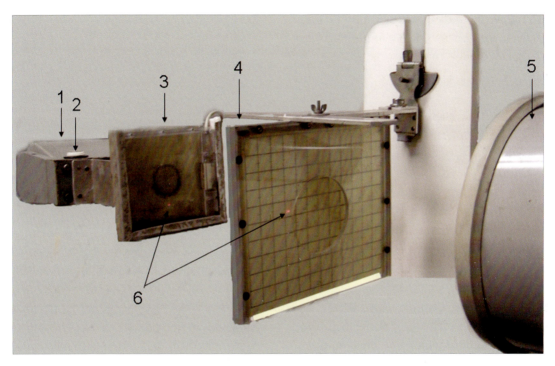

Fig. 2 Sistema de calibração onde 1 - tubo de raios X, 2 - nível de bolha (permite nivelamento vertical e horizontal do sistema), 3 - cone de afastamento (associado à câmara de ionização), 4 - placa de calibração (quadrículas de valor conhecido), 5 - intensificador de imagens, 6 - ponto luminoso projetado na placa para verificação da centralização do sistema.

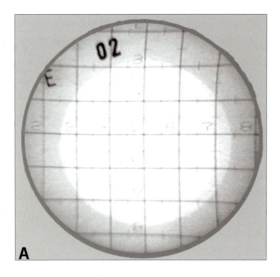 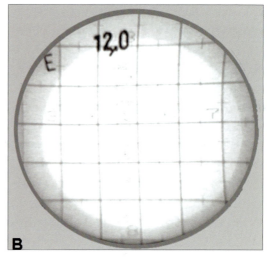

Fig. 3 Imagens da placa de calibração obtidas em (A) a 2 e em (B) a 12cm do intensificador de imagens. A imagem de placa obtida a igual distância do objeto de exame será usada como parâmetro de calibração, pois sofre as mesmas distorções do objeto em estudo. Observar que a mesma placa em B mais afastada do écran contido no intensificador apresenta maiores ampliações quando em comparação com o registro na distância A. Tanto a calibração quanto as medidas devem ser efetuadas no centro das imagens, pois a periferia sofre maiores distorções.

MEDIÇÃO ANALÓGICA

A videofluoroscopia registra suas imagens em meio magnético. É possível gravá-las em fitas de vídeo ou em *hard disk* de computadores. A medição analógica utilizará recursos inclusos em um videogravador, enquanto a medição digital necessita de um microcomputador e de um programa (*software*) específico.

A medição analógica é realizada diretamente do material gravado em fita. Esse método de medição apresenta certa limitação, pois necessita de recursos não disponíveis na maioria dos videogravadores disponíveis no mercado. Necessitamos em especial de equipamento com capacidade de avanço e recuo, quadro a quadro, com registro identificado de cada quadro.

Embora qualquer formato de fita magnética possa ser usado, é a fita VHS a mais utilizada. O padrão originalmente americano de videogravação, o NTSC, também o mais difundido, registra 30 quadros (frames) por segundo. Assim, cada quadro tem a duração de 0,033 mseg, o que nos permitirá realizar a simples contagem de quadros entre os momentos que marcam o início e o fim de um evento para definirmos a duração em segundos desse definido evento.

Um significativo número de videogravadores de uso doméstico oferece contadores que indicam o tempo da fita em hora, minuto e segundo, diretamente em seu painel de controle, mas esse tipo de contagem é impreciso, pois esses mostradores apresentam um tempo de fita com diferença de valores na ordem de segundos, o que é muito grosseiro para eventos que duram fração de segundo.

Equipamentos de uso profissional ou industrial exibem contagens com intervalos medidos em quadros (frames). Nesse caso, o mostrador indica hora, minuto, segundo e quadros já exibidos.

Mesmo quando se tem a indicação dos quadros contidos na imagem, existem aspectos que diferenciam os videogravadores em sua precisão. Isso se dá em razão da referência que é utilizada para a contagem de tempo da fita. Alguns videogravadores têm seus contadores referenciados no sinal de CTL (*control tracking line*) e outros no sinal de tempo codificado (*time code*).

A sinalização CTL se encontra gravada na fita de vídeo. É um sinal de controle usado como referência no ajuste eletromecânico do videogravador, regulando por exemplo sua velocidade de exibição, indicando o início de um quadro de imagem, o que ocorre regularmente de modo cíclico e repetitivo a cada intervalo de 0,033 mseg.

A referenciação dada pelo time code (TC), geralmente disponível em equipamentos de uso profissional e industrial, é um sinal que contém uma representação numérica com valores de hora, minuto, segundo e frames gravados na fita de vídeo.

A diferença entre o sinal CTL e o sinal dado pelo TC é que no CTL o sinal é cíclico sem distinção entre uma e outra frame; ele indica o início de cada frame. O TC numera especificamente cada frame. Há, portanto, uma relação de especificidade entre o TC e o quadro da imagem exibida, garantindo distinguir quadros pelo número de time code associado. Desse modo, é possível realizar contagem de tempo com precisão de milésimos de segundo, bastando para isso calcular a diferença entre o time code do quadro que inicia daquela do quadro que encerra o fenômeno em estudo.

Mesmo não dispondo de um time code que informe o número de quadros contidos entre dois pontos selecionados, é possível contá-los, em um grande número de equipamentos que, em função de pausa, permitem o avanço frame a frame. Embora isso seja trabalhoso e exija contagens repetidas para minimizar erros, é possível ser feito. O número de quadros contados no intervalo pretendido multiplicado por 0,033 mseg (duração de um quadro) nos dará o tempo em segundos do fenômeno em estudo.

Para que possamos medir dimensões lineares de modo analógico é também necessário que procedamos à calibração. Devem-se usar placas de calibração quadriculadas em centímetros quadrados a fim de permitir a definição da ampliação das quadrículas, com relação à distância na qual a placa foi posicionada em relação ao écran. Isto nos permitirá, por simples regra de três, determinar as ampliações existentes em nossas imagens que apresentarão distorções semelhantes às sofridas pela placa de calibração, quando o objeto tiver sido posicionado a igual distância do écran. Assim, dimensão de nosso objeto (x) será igual ao produto da dimensão obtida da placa de calibração (valor conhecido) vezes o valor da imagem de nosso objeto (valor que se obtém por mensuração direta da imagem), dividido pela dimensão da imagem da placa selecionada (valor que também se obtém por mensuração direta). A dimensão da placa de calibração (DPC) está para a dimensão imagem da placa (DIP) assim como a dimensão do objeto (DO) está para a dimensão de sua imagem (DIO). De onde:

$$DO = \frac{DPC \times DIO}{DIP}$$

Se tivermos, como exemplo, documentado nosso exame em distância cujo valor conhecido da placa de 2cm dobrou para 4cm e tivermos que o objeto que estamos analisando em igual situação ao da placa em uso mediu 3cm em sua imagem, teremos que x (real dimensão de nosso objeto) será igual a $(2x3) \div 4 = 1,5$ cm.

Essa regra não deve ser aplicada a valores obtidos com o uso de moedas ou elementos de dimensão conhecida sobre o objeto do exame. Seria bom, pois todas as informações estariam contidas em uma mesma imagem. No entanto, a moeda ou um outro elemento de referência terá sua imagem distorcida por obliquidades, não guardando relação dimensional previsível com o objeto. Por estar anexado sobre o objeto de exame produz importante distorção dimensional em relação às estruturas de linha média, gerando erros grosseiros de medida devido à divergência dos raios. Mais ainda, uma referência aposta sobre a face ou em especial sobre a mandíbula será elevada ou rebaixada devido aos naturais e às vezes incontroláveis movimentos de extensão e flexão do pescoço. Se usarmos esse ponto como referência para medir, por exemplo, a elevação do osso hioide (medida sem maior valor), estaremos usando uma referência indevida, pois ela, além de estar em um plano distinto daquele ocupado pelo hioide, estará mais próxima ou mais afastada do osso hioide em sua nova posição, gerando valor equivocado.

Os deslocamentos de estruturas serão mais facilmente mensuráveis se superpusermos ao écran a placa quadriculada. Aqui não temos a pretensão de medir a dimensão de estruturas mas sim seus deslocamentos.

É importante não só que se selecione um ponto definido da estrutura de que se quer medir o deslocamento, mas também um outro ponto que seja o mais próximo da linha média, de forma que esse segundo ponto escolhido seja fixo. Desse modo, pequenas variações desse ponto podem ser corrigidas e transpostas para as variações de posição do ponto móvel.

Acolada por sobre o écran, as quadrículas da placa de calibração sofrem sua menor distorção e seu tamanho é o mais próximo do real. As estruturas sobre elas projetadas, por estarem mais afastadas do écran, têm ampliação maior. No entanto, isso não constitui um problema, pois, selecionando-se um determinado ponto na estrutura de que se quer medir o deslocamento e correlacionando esse ponto de referência móvel, com as quadrículas sobre as quais seu deslocamento se projeta, poderemos quantificar, por simples correlação entre as imagens inicial e final de um dado evento, o deslocamento produzido tanto no eixo X quanto no Y.

Como referido, pacientes e mesmo voluntários dificilmente não flexionam ou não estendem o pescoço. É importante que verifiquemos na imagem inicial e final o segundo ponto, o ponto de reparo ou referência para verificar possíveis mudanças de posição do indivíduo. Um bom ponto de referência para se avaliarem os possíveis movimentos cervicofaciais é o ângulo da mandíbula.

Para que se fixe o conceito, repetimos que para mensurar dimensões do objeto é necessário que obtenhamos imagem do sistema de calibração em posição idêntica à do objeto que se quer medir.

Ainda no que se refere à contagem das frames para definir o tempo de duração de um evento, vale acrescentar que mesmo quando não se tem equipamento com CTL ou TC podemos quantificar o tempo de um evento. Embora isso seja trabalhoso e exija contagens repetidas para minimizar erros, é possível ser feito. O número de quadros contados no intervalo pretendido multiplicado por 0,033 mseg (duração de um quadro) nos dará o tempo em segundos do fenômeno em estudo. Embora não seja o ideal, esse método permite estimar, com razoável grau de confiabilidade, a duração de um evento cuja duração não envolva pequeno número de frames.

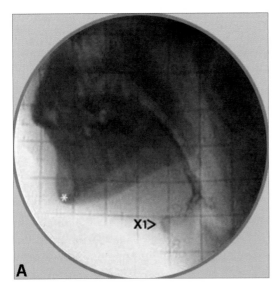 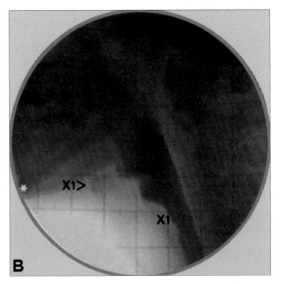

Fig. 4 Imagem videofluoroscópica registrada em associação à placa quadriculada com valores conhecidos, permitindo estimativa analógica da dinâmica de elevação e anteriorização do hioide, onde a grade fixa permite observar deslocamento tanto do osso hioide (X1) quanto do ponto de reparo marcado sobre o mento (*). Em (A) durante o repouso, em (B) no ponto de máximo deslocamento anterior e superior do osso hioide. Fica destacada a necessidade de correção do deslocamento do osso hioide, que de 2x2 (valor das quadrículas) poderia ser entendido como de 2x4 se não fosse compensado o deslocamento anterior marcado pelo ponto de reparo. Nota: embora essa mensuração seja possível, ela tem pouco valor, pois a efetividade dessa dinâmica está associada ao tempo durante o qual ela é capaz de ocorrer.

MEDIÇÃO DIGITAL

O processo de mensuração apoiado por microcomputador se torna significativamente mais prático e mais preciso do que aquele permitido pela mensuração analógica. A reprodutibilidade dos resultados é sua maior vantagem. Não obstante, a obtenção das imagens pelo computador apresenta dificuldades e exigências técnicas que necessariamente precisam ser observadas.

As imagens usualmente registradas em fitas magnéticas precisam ser capturadas pelo microcomputador para que possam ser analisadas por um programa (software) específico. Essa captura ou digitalização das imagens pode ser feita durante o exame, diretamente pelo computador ou, após o exame, quando converteremos, a partir do registro em vídeo, o todo do exame ou apenas os trechos de interesse para medição. Essa conduta, no passado recomendável, do ponto de vista prático, devido ao tamanho dos arquivos, hoje, já não é tão importante pela maior facilidade do armazenamento digital.

As imagens em vídeo devem ter sido capturadas em SP, sigla que significa 30 frames por segundo no padrão NTSC. É preciso atentar para não usar outros tipos de registro de captura que não o SP. Esses outros tipos são disponibilizados para que tenhamos um maior rendimento das fitas. Esse maior rendimento se dá por supressão de frames. Essa supressão, que pode permitir o dobro e até maior rendimento da fita, com qualidade de imagem dinâmica de razoável padrão, suprimiu muitas frames. Se formos agora com essa gravação, em regime distinto do SP, medir a duração de um evento aparentemente registrado de modo adequado, teremos como resultado um tempo menor que o real. O tempo medido será menor que o real 0,033 mseg multiplicado por tantas quantas sejam as frames suprimidas (*drop frame*).

Um arquivo de vídeo no padrão NTSC apresenta resolução de até 720 pontos horizontais por 480 pontos verticais a cada quadro de imagem (frame). Para seu registro serão utilizados 345 600 pontos (720 multiplicado por 480) para cada 0,033 mseg, gerando arquivos de mais de 1 mega por segundo. Um exame videofluoroscópico que registre a dinâmica da deglutição em suas três fases poderá conter cerca de 7 minutos de imagem.

No passado, apenas um exame poderia ocupar todo o *hard disk* do computador. Por isso o recomendável era que somente os trechos do exame que efetivamente seriam utilizados para metrificação fossem capturados e convertidos para arquivos digitais.

Atualmente os arquivos podem conter o todo do exame, mas, mesmo assim, é conveniente tratá-los com programas de edição e análise de imagem e armazená-los como clips específicos. Dessa forma um exame pode e deve ser fracionado em vários clips identificados individualmente. Outra vantagem dos arquivos de curta duração é que, ocupando poucos *mega bytes*, os clips ganham portabilidade, podendo ser reexaminados a qualquer momento, transferidos via e-mail para qualquer parte ou serem usados como material didático. Muitos clips ou vídeos exibidos no computador, para que não ocupem grandes espaços de disco, sofrem processos de compressão cuja finalidade básica é ocupar pouco espaço com qualidade de imagem. No entanto, na dependência da velocidade de captura e da taxa de compressão, a análise quantitativa pode ser inviabilizada.

Inúmeros são os métodos de compressão de imagem desenvolvidos. Os processos de compressão, basicamente, subtraem as informações redundantes presentes na imagem, possibilitando a compactação do arquivo.

Os métodos de compressão subtraem informações para que os arquivos fiquem menores; é preciso avaliar que prejuízo isso pode eventualmente causar. De um modo geral, a compressão retira o que é redundante dentro da imagem, realizando para isso compressões dentro do quadro ou entre os quadros sucessivos de imagem. Uma imagem totalmente preta contém a mesma informação em toda a extensão do quadro e, se essa perdurar ao longo do tempo, será a mesma informação a qualquer tempo. Nesse caso, aqueles 720 pontos horizontais vezes 480 pontos verticais de um quadro NTSC conterá a mesma informação repetida 345 mil vezes por fração de segundo. Em uma imagem em preto e branco, o quadro preto estaria representado por 360 mil bytes iguais. A compressão, nesse caso, pode limitar o arquivo a um único byte para indicar o que é preto e alguns poucos outros para indicar o número de vezes que a informação se repete. Essa compressão reduz de modo expressivo o arquivo digital, viabilizando seu armazenamento.

Na prática, as compactações são realizadas inúmeras vezes, gerando arquivos que contêm o conjunto de todas as compactações, ou seja, mesmo numa imagem totalmente homogênea, o arquivo pode conter alguns milhares de bytes. Costuma-se atribuir uma proporção ou razão de proporcionalidade que representa o quanto o arquivo foi comprimido: 4 para 1 (4:1), 10 para 1 (10:1), 100 para 1 (100:1) ou mais. Se a compactação não gerar perda de frames (*drop frame*), não teremos que nos preocupar com a compressão, pois ela permitirá a contagem de tempo de um dado evento.

Os compressores de vídeo são nativos de placas de captura. Esse compressor é parte física dos microcomputadores e pode fazer parte da placa principal (*motherboard*) ou de uma placa específica destinada à captura e exportação de vídeo.

Essas placas são capazes de comprimir e descomprimir vídeos através de codec's de gravação e exibição (compressor + descompressor).

Comprimir não reduz o tamanho da imagem, isto é, na descompressão ela continuará sendo uma imagem de 720 pontos horizontais por 480 pontos verticais, se essa for sua resolução original, pois o método garante sua reconstituição, ou muito próximo, recriando o quadro da imagem. O que pode ocorrer, em relação à qualidade da imagem, é que arquivos com altas taxas de compressão podem produzir alguma distorção na imagem e, por isso, se recomenda avaliar o desempenho do compressor.

A importação de um vídeo é feita através de uma placa de captura inserida no computador. O computador por sua vez deve ter capacidade de permitir que a placa capture as imagens na velocidade de 30 frames por segundo. Existem placas e/ou computadores que não são capazes dessa performance e produzem perda aleatória de frames durante a captura de uma sequência de imagens. É o chamado *drop frame* (perda de quadros). Nesses casos, embora o vídeo tenha aparência aceitável, ele não estará adequado à mensuração em especial de fenômenos de curta duração. Cada frame perdida produzirá uma diferença de 0,033 mseg.

Algumas placas de captura como "Targa" e "Matrox" se notabilizaram pelo bom desempenho obtido em ambientes profissionais, porque, além da capacidade de efetuar adequada captura e conversão de mídia analógica para digital, tem a vantagem de oferecer codec´s para plataformas baseadas em ambiente "Windows".

A despeito da interface, a maioria dos sistemas de captura digitalizam as imagens em arquivos (clips) com terminação AVI, nativo para Windows Media Player, sendo assim compatíveis com diversos softwares de mensuração desenvolvidos para ambiente "Windows" como, "Image Pro Plus" Midia Cybernetic, o "Kappa image base", o "NIH Image Program" de domínio público e o Videomed construído por nosso laboratório em parceria com o Laboratório de Imagem do Núcleo de Computação Eletrônica (NCE) da UFRJ.

A maioria dos *softwares* desenvolvidos para quantificação de imagens são sofisticados e capazes de mensurar um significativo número de variáveis, em razão de sua construção procurar atender às necessidades de mensuração histológica. No entanto, eles são desenvolvidos para medir imagens estáticas ou sequência de imagens capturadas com intervalos, que terminam na análise de um quadro por vez. Aqui praticamente qualquer variável pode ser mensurada. Alguns desses softwares são capazes de trabalhar com empilhamento de imagens, definindo uma sequência, que teoricamente e em condições especiais permitiria definir tempo.

Softwares de edição de vídeo, familiares nas áreas de televisão e cinema, como o "Adobe Premier" são capazes de decompor o vídeo em frames e, desse modo, nos permitir contagem de tempo com precisão. Outras informações como distância percorrida e velocidade de um fenômeno podem ser obtidas com uso de matemática simples.

O Videomed é significativamente mais simples do que os softwares de quantificação no que respeita às possibilidades de se medirem imagens estáticas. Contudo, no que diz respeito a medidas estáticas, nossas necessidades, para a mensuração de macroestruturas, são também menores do que aquelas necessárias ao estudo quantitativo em nível histológico. As nossas são atendidas pela possibilidade de se medirem variáveis métricas como largura, altura e área. Seu ganho está na possibilidade de armazenar informações de sequências dinâmicas, permitindo documentar o tempo de um processo biológico dinâmico e mesmo a velocidade e a distância percorrida por um bolo em trânsito, fornecendo automaticamente essas informações sem que tenhamos de realizar qualquer operação adicional. Ele é ainda capaz de corrigir deslocamentos indesejados nos eixos dos X e Y que comprometeriam as reais medidas se essa correção não fosse possível. Esse programa foi pensado e construído para permitir a quantificação dos eventos da dinâmica da deglutição registrados pelo método videofluoroscópico.

A captura digital a partir de uma fita de vídeo deve se ater a segmentos previamente selecionados, conforme já argumentado. Isso agiliza o processo e implica análise prévia e seleção de sequências representativas do fenômeno a ser mensurado. É importante que antes de nos lançarmos a mensurar eventos tenhamos o cuidado de elaborar protocolo de exame que nos permita registrar os limites de início e fim do evento a ser mensurado. É sempre positivo obter de um mesmo indivíduo um mínimo de três eventos semelhantes para que possamos ter uma média de nossa quantificação.

Os clips digitalizados devem conter em seu início a imagem da placa de calibração, que foi capturada a igual distância em que estará o objeto em relação ao écran. Os valores de calibração obtidos dos eixos de x e y devem ser registrados a partir das quadrículas centrais da placa de calibração, pois essa é a região de menor distorção das imagens. De modo análogo, os elementos de interesse a serem medidos devem ser escolhidos por sua posição central. As imagens de periferia sempre sofrem maior distorção.

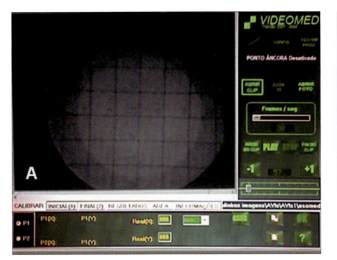 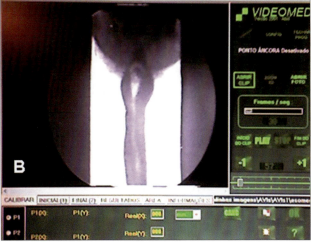

Fig. 5 Imagens obtidas da tela do software videomed onde em A de placa de calibração que deve ser capturada em igual posição a que se estudará o objeto; ela fica arquivada e disponível para calibração dimensional. Em B, com software já calibrado, o objeto capturado nas mesmas condições pode ter todas as suas dimensões e variações observadas e medidas, pois são semelhantes às que ocorrem na placa de calibração. Os tempos de ocorrência dos eventos são obtidos delimitando-se seu início e fim e efetuando contagem automática das frames contidas no intervalo.

CONSIDERAÇÕES

O método videofluoroscópico pode ser considerado tanto como qualitativo quanto quantitativo. Por sua possibilidade de observação não interferente e detalhada das fases oral, faríngea e esofágica, esse método, em nossa opinião, deve ser indicado e pretendido, sempre que possível, em antecipação aos demais. Avaliações clínica e semiótica devem ser efetuadas como parte do exame videofluoroscópico, ainda que histórico e outros exames sejam apresentados.

O estudo qualitativo permitido pela videofluoroscopia é sem duvida o de maior importância a ser efetuado para o esclarecimento das disfunções da deglutição. Quantificar, depois de estabelecida a metodologia, é simples. Seu valor vai estar diretamente ligado à importância do que se vai medir. Estabelecer valores limitados para um fenômeno cuja quantificação tenha valor é conduta importante e que dentro de limites pode ser efetuada pela videofluoroscopia. Contudo, são as importantes e inequívocas informações qualitativas permitidas pelo método videofluoroscópico que o tornam o *gold standard*.

BIBLIOGRAFIA CONSULTADA

1. Adobe Premiere -Adobe (http://www.adobe .com./motion/main.html.
2. Batschelet E. - Relations and functions. In: Introducton to Mathematics for Life Scientists. In: Batschelet, E. 2ed. New York, Springer-Verlag, 1975, 59-82.
3. Costa ML. Digitalização e quantificação de imagens informação na imagem. In: Costa, Iemme, Koch. Deglutição e disfagia - Abordagem multidisciplinar. Supra Set Rio de Janeiro.1998; 35 -39.
4. Costa M M B. Uso de Bolo Contrastado Sólido, Líquido e Pastoso no estudo Videofluoroscópico da Dinâmica da Deglutição Rev. Bras. Radiol. 1996; 29(1): 35-9.
5. Costa MMB. Quantificação de Eventos Dinâmicos da Deglutição Registrados através do Método Videofluoroscópico. In: Felix - Michelsohn - Viebig. Arquivos de Motilidade Digestiva e Neurogastroenterologia. SP 1999; v.2: 43-8.
6. Costa M M B, Da Nova JLL, Carlos MT, Pereira AA, Koch HA. Videofluoroscopia. Um novo método. Rev. Bras. Radiol, v. 25, no 1, p.11-18, 1992.
7. Costa MMB. De Bonis R, Panplona D, Sales AD. The open mouth mechanism: anatomical and Videofluoroscopic Study - Braz. J. Morphol. Sci., 2007; 24 (4): 229-38.
8. Costa MMB, Da Nova JLL, Canevaro LV. Efeito da filtração adicional em doses de radiação e qualidade de imagem em estudos videofluoroscópico. Radiol. Bras. 2009; 42(6): 379- 87.
9. Costa MMB, Canevaro LV, Koch HA, De Bonis R. Cadeira especial para o estudo videofluoroscópico da deglutição e suas disfunções. Radiol. Bras. 2009; 42(3): 179-84.
10. Costa MMB, Costa ML, Firman CMG, Koch HA. Videofluoroscopia como método de avaliação do esvaziamento gástrico. Rev. Bras. Radiol. 2000; 33(2): 95-100.
11. Costa MMB, Costa ML, Firman CMG, Mermelstein CS. Volumetric quantification of the gastric emptying: computer--based method for generation of volumetric index from fluoroscopic images. Computer Methods and Programs in Biomedicine,2001; 65: 153-61.
12. Costa MMB, Moreno MPR. Videomed. Software sem registro de patente desenvolvido pelo Núcleo de Computação Eletrônica da Universidade Federal do Rio de Janeiro. Rio de Janeiro: NCE/UFRJ; 2000.
13. Da Nova JLL. Qualidade da imagem.In: Costa, Lemme, Koch. Deglutição e disfagia - Abordagem multidisciplinar. Supra Set Rio de Janeiro.1998; 29-34.
14. Firman CMG, Costa , MMB, Costa ML, Lemme EMO. Avaliação qualitativa e quantitativa do esvaziamento gástrico através do método videofluoroscópico. Arq. Gastroenterol 2000; 37(2): 81-8.
15. Image Pro Plus - Media Cybernetics, (http://mediacybernetics.com/)
16. Kappa image base (KIB) (http://www.kappa.de).
17. Lopasso FB. A videofluoroscopia e a quantificação virtual do esvaziamento gástrico. (Editorial) Arq. Gastroenterol. 2000; 37 (2): http://dx.doi.org/10.1590/S0004-28032000000200002
18. Luz A L. Compressão de imagens sem perdas. Engenharia de Televisão. 2000;10(46): 50-2.
19. NIH – (Public Domain) Image Program (http:// rsb.info.nih.gov/nih-image).
20. Oliveira J M A. Esofagograma cronometrado: uma técnica simples para avaliar o esvaziamento esofágico em pacientes com acalasia da cárdia (tese de doutorado) Escola Paulista de Medicina, São Paulo;1998.
21. Sakate M, Teixeira AS, Yamashita S, Madeiros MTR, Silva PG, Henry MA. Um novo método de avaliação do "tempo esofágico" com ultra-sonografia por abordagem externa. Radiol Bras. 2008; 41: 309-12.

22. Santoro PP, Tsuji DH, Lorenzi MC, Ricci F. A utilização da videoendoscopia da deglutição para a avaliação quantitativa da duração das fases oral e faríngea da deglutição na população geriátrica. Arq Int Otorrinolaringol.(Revista Eletrônica - ISSN 1516-1528) 2003;7(3): 236

23. Santos R.. Manual do vídeo. Rio de Janeiro: UFRJ, 1993

24. Spadotto AA, Gatto AR, Cola PC, Montagnoli AM, Schelp AO, Silva RG, Yamashitaeta Y, Pereira JC, Henry MA. Software para análise quantitativa da deglutição. Radiol Bras. 2008; 41: 25-8.

25. Urbain J-LC, Charkes ND. Recent advances in gastric emptying scintigraphy. Sem Nucl Med 1995; 25: 318-25.

26. Valadares CP, Silva RAP, Tavares Jr WC, Duarte MA. Apresentação da técnica de estudo do tempo de esvaziamento gástrico por meio da ultra-sonografia. Radiol Bras. 2006; 39: 15-8.

CAPÍTULO XVII

OUTROS MÉTODOS DE AVALIAÇÃO DA DEGLUTIÇÃO E SEUS DISTÚRBIOS

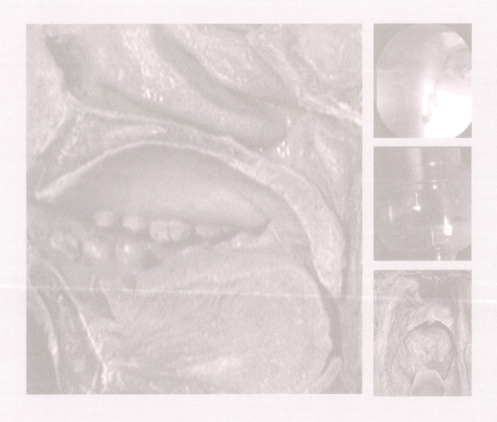

Diversos são os métodos hoje disponíveis para confirmar e/ou aprofundar as observações obtidas pelo exame clínico de um paciente disfágico. Nenhum dos métodos complementares é sempre o melhor ou mesmo indispensável para que se cumpra uma cuidadosa avaliação da deglutição e da disfagia. É possível se diagnosticar e tratar convenientemente, mesmo não se dispondo desses métodos.

A apologia e indicação de um dado método como se sem ele não pudéssemos diagnosticar ou tratar os pacientes disfágicos é um erro. Assumir um método de modo apaixonado é virtude; defendê-lo de modo apaixonado é defeito. A paixão da defesa pode cegar e impedir que se atente para a importância de informações mais bem fornecidas por outros métodos e que, somadas, permitirão melhor definição e condução dos casos em estudo.

Na realidade, não há um método melhor ou pior do que outro. Há aquele mais bem indicado em uma determinada circunstância. Quase sempre, é a soma das observações permitidas pelos diversos métodos que define o melhor resultado. Devemos buscar somar o máximo de informações possíveis e necessárias. Custo e disponibilidade, com frequência, tem de ser considerado. O fato de dispormos de diversos métodos não quer dizer que precisemos ou devamos utilizá-los. Aumentar custos ou impor sobrecargas semióticas desnecessárias não tem sentido. Mas, quando necessário, envidar todo o esforço possível para disponibilizar a metodologia que acreditamos vá esclarecer é obrigação.

Didaticamente podemos dividir os métodos de avaliação da dinâmica da deglutição em clínicos e armados (instrumentalizados).

AVALIAÇÃO CLÍNICA

Se tivesse que apontar o melhor e mais eficaz método de avaliação para a doença disfágica, não exitaria em apontar a avaliação clínica como sendo este método.

Qualquer profissional que se disponha a diagnosticar e tratar disfagia tem de proceder a atenta anamnese e rigoroso exame físico. Atenção e rigor passam obviamente por protocolo e conhecimento estruturado.

Bretan no I Colóquio Deglutição & Disfagia discute interessante protocolo para o estudo do paciente disfágico, em tema que propõe "A semiótica desarmada frente à tecnológica". Apresenta uma linha de anamnese dirigida /interrogatório que privilegia aspectos gerais e específicos. Nos gerais considera cinco itens: 1 - Qual a queixa?, 2 - Atos, dietas e hábitos, 3 - Avaliação cognitiva e emocional, 4 - Condições sociais e econômicas e 5 - Uso de medicamentos. No específico, nove: 1 - Condição oral, 2 - Queixas nasais, 3 - Queixas faríngeas, 4 - Queixas laríngeas, 5 - Queixas otológicas e labirínticas, 6 - Queixas digestivas, 7 - Gustativas, 8 - Informações que permitam avaliação geral dos diversos aparelhos e 9 - Antecedentes pessoais. Propõe rigoroso exame físico que também subdivide em nove itens, que se inicia por 1- Inspeção geral e segue por 2 - Exame da cavidade oral, 3 - Exame nasal e da nasofaringe, 4 - Exame otológico, 5 - Exame da orofaringe e do esfíncter velofaríngeo, 6 - Exame da laringofaringe, 7 - Exame da laringe , 8 - Exame dos pares cranianos e 9 - Exame cervical e da mobilidade laríngea. Sugere ainda como parte da avaliação testes com alimentos que visam: 1 - Observar mecânica de ação sobre o alimento, 2 - Testar a dinâmica da fase oral e 3 - A qualidade da fase faríngea.

Silva em "Disfagia neurogênica em adultos: Uma proposta para avaliação clínica" destaca a importância da anamnese e do exame clínico como elementos de identificação das estruturas comprometidas e da severidade do acometimento, o que permitiria não só o planejamento dos exames objetivos, mas também a definição de condutas terapêuticas. Definindo como avaliação fonoaudiológica clínica destaca a necessidade de uma anamnese que valorize: 1 - a investigação sobre a etiologia da disfagia, 2 - o quadro clínico geral,

3 - a dieta atual e a via utilizada para alimentação, 4 - investigação sobre os mecanismos de proteção das vias aéreas pela presença ou ausência de alteração vocal relacionada à deglutição, presença ou ausência de tosse e presença ou ausência de alterações respiratórias. Conclui o tópico anamnese destacando a importância de se conhecer a expectativa do paciente e familiares quanto à reabilitação. Com o título de exame clínico fonoaudiológico destaca a importância de se analisar: 1 - o esfíncter labial, 2 - a língua, 3 - as fases da deglutição, 4 - o esfíncter velofaríngeo, 5 - os movimentos da faringe, 6 - a dinâmica laríngea e 7 - o esfíncter esofágico superior.

Manrique, com o rótulo de avaliação otorrinolaringológica da deglutição também valoriza anamnese e exame físico. Destaca que a obtenção de uma história clínica completa constitui a primeira etapa na avaliação da disfagia e aponta para a importância de se observarem os seguintes três fatores, principais fontes da sintomatologia: 1 - incapacidade de progressão do bolo e/ou saliva (obstrução mecânica; alterações neurofisiológicas), 2 - percurso anômalo do bolo para a nasofaringe (incompetência ou insuficiência velofaríngea) e 3 - percurso inadequado do bolo com permeação da laringe e vias aéreas. Descreve exame clínico que se inicia pela observação dos aspectos gerais que inumera em seis itens: 1 - avaliação do nível de consciência, 2 - condições respiratórias, 3 - presença de traqueostomia e suas condições, 4 - estado nutricional e via de alimentação, 5 - características da voz e 6 - características da fala. Características morfofuncionais das estruturas orofaciais, integridade dos pares cranianos, sensibilidade, motricidade e reflexos, dinâmica palatal, entre outras. Hipofaringe e laringe são também alvo de atenta observação.

Linhas semelhantes são propostas nos trabalhos de Furkin, de Xeres e de outros. Se analisarmos todas essas propostas com atenção, salvo por ênfase nesse ou naquele tema, não identificaremos diferenças que nos permitam dizer que essa ou aquela é a melhor avaliação. Todas têm como denominador comum a observação, a mais criteriosa e completa possível de todas as estruturas e funções relacionadas à dinâmica da deglutição. A diferença que de pronto se evidencia, contra o que sistematicamente devemos nos insurgir,

é o rótulo de avaliação clínica adjetivada, ou seja, avaliação clínica fonoaudiológica ou otorrinolaringológica ou neurológica ou que adjetivo se queira dar. Avaliação clínica é avaliação clínica e no caso de um mesmo paciente disfágico, não importando quem o examine, seu quadro clínico não muda segundo a especialidade; o que muda é o especialista e sua acuidade. Avaliações clínicas atentas e criteriosas como as aqui referidas ou quaisquer outras, pensadas e sugeridas por profissionais capacitados, certamente serão contributivas e, sem ônus, poderão ter este ou aquele foco. Contudo, devemos cuidar para que a adjetivação induzida pela especialidade não seja, por foco de formação, uma desculpa para que não se examine o paciente como um todo. A disfagia já não pode ser tratada como um sintoma presente em diversas patologias; deve sim ser tratada como uma patologia ligada a diversas etiologias; merece ser tratada como "doença disfágica". Com essa ótica devemos entender que uma avaliação clínica adequada muitas vezes passa pela percepção da necessidade de pareceres clínicos especializados, que devem ter o mesmo significado de um exame complementar entendido como necessário para o melhor esclarecimento de um dado caso.

Um protocolo de avaliação clínica, que surge como mais uma opção, e que temos usado, difere dos demais protocolos fundamentalmente em dois pontos básicos; o primeiro, por ser computadorizado e permitir uma sequência dirigida que mais facilmente impede inobservâncias, agiliza o registro e padroniza a terminologia. Ele é apresentado em associação à avaliação videofluoroscópica e tem como vantagem adicional o fato de permitir que opções selecionadas por marcação simples sejam transformadas em textos descritivos. As telas se sucedem a partir da identificação, passando pela queixa principal, doenças associadas e exame físico dirigido seguindo com observações permitidas pela videofluoroscopia das fases oral, faríngea e esofagogástrica.

A segunda diferença é que buscamos simplicar o exame clínico a ser efetuado por quem efetivamente cuida da disfagia. Pacientes que nos chegam, com queixa de disfagia, usualmente estão sendo ou já foram investigados; são portadores de doenças agudas ou crônicas em investigação ou já investigadas. Valorizar os dados já obtidos e buscar o possível diagnóstico etiológico, quando esse ainda não é conhecido, é fundamental. Aqui a interdisciplinaridade se impõe. Mas a ideia é estimar a extensão do acometimento morfofuncional oral, faríngeo e esofágico que cursa com disfagia, é definir que fase ou fases da deglutição está ou estão mais profundamente comprometida(s) e a inter-relação primária ou secundária das deficiências estabelecidas.

O protocolo de avaliação proposto busca caracterizar a disfagia e sua intensidade. Pesquisa a presença de outras queixas comuns. A seguir busca correlacionar as queixas com as possíveis patologias de base. Um criterioso exame físico dirigido então tem lugar. Em uma primeira tela de exame dirigido são avaliados o grau de consciência; a sensibilidade e o tônus da face; a motricidade do orbicular dos lábios, dos bucinadores e dos músculos mastigadores; o estado das arcadas dentárias; as glândulas salivares; a presença de vias alternativas de nutrição e o uso de medicamentos. Em uma segunda tela analisamos a sensibilidade da cavidade oral e a gustação; volume e motricidade da língua e a dinâmica do palato mole.

Três outras telas, uma para cada fase da deglutição, respondidas por observação videofluoroscópica, completam a avaliação. Não se deve duvidar que a parte clínica do protocolo se fortalece na observação videofluoroscópica, mas, seguramente, a observação videofluoroscópica, sem essa avaliação clínica, não teria a profundidade que termina por obter associada à avaliação clínica. Por essa razão é importante, sempre que possível, apoiar e complementar a investigação clínica com as observações permitidas pelos métodos armados.

Um exame complementar, seja qual for, serve para reforçar a observação clínica e esclarecer as duvidas e suspeitas levantadas por aquele exame. O exame clínico levanta as hipóteses diagnósticas e sugere um ou mais exames armados necessários para confirmar a impressão diagnóstica. Tantos métodos serão indicados quantos sejam os necessários ao esclarecimento diagnóstico. Exame clínico adequadamente executado se complementa de modo geral por um único e bem indicado método instrumental, que às vezes termina por indicar a necessidade complementar de outro ou nos deixa ver que nossa escolha poderia ter sido outra. Não raro a escolha de um método instrumental complementar se baseia na disponibilidade e/ou custo, o que tende a nos frustrar em razão das incertezas não desfeitas.

O método instrumental ou métodos e sua sequência deverá ser definido pela avaliação clínica. A discussão, de pouco valor, sobre qual método é o *gold standard* para avaliação das disfagias, certamente se prende mais ao gosto e domínio de um método do que a sua pluripotencialidade. A videofluoroscopia sem dúvida é um bom método para o estudo das fases oral, faríngea e esofagogástrica da deglutição; mas muito do que ela permite observar pode ser observado pela faringolaringo endoscopia (FLE), pela endoscopia digestiva alta e pela manometria. Note-se que ele não testa o reflexo laríngeo como permitido pela faringolaringo endoscopia; não permite visualização direta ou biópsia da mucosa esofágica ou gástrica como permitido pela endoscopia e não registra a dinâmica pressórica do esôfago como permitido pela manometria. Mas a videofluoroscopia tem valores que os outros métodos não têm, como ver o todo da dinâmica das fases oral e faríngea, sem interferir mecanicamente nessa dinâmica. Assim, cada caso é um caso e quanto mais apurado o exame clínico mais acertada será a indicação do exame complementar armado a ser proposto. É possível que, pela visão global e não interferência mecânica sobre as fases da deglutição que se pode obter com o método videofluoroscópico, deva ser ele o primeiro a ser utilizado na maioria dos casos sem, contudo, ser a única opção, em especial quando se analisam casos específicos, que podem ter em outro método sua melhor opção.

Fig. 1 Avaliação clínica. ("Apoia e cuida" - mais que um gesto, uma postura). Ouça com atenção e paciência. Olhe querendo ver. Explique com doçura, mas examine com a segurança de quem sabe o que procura. Seja atencioso, atento e seguro, mas, acima de tudo, demonstre seu interesse.

AVALIAÇÃO ARMADA

EXAME RADIOLÓGICO

A avaliação radiológica pode ser processada por métodos de registro estático e métodos de registro dinâmico. Esses métodos utilizam o raios X como fonte geradora de imagens. O ultrassom, usualmente estudado com os métodos radiológicos, não utiliza o raios X como fonte geradora das imagens; utiliza a emissão e captura da interação de ondas de som sobre as estruturas e regiões orgânicas. O raios X convencional, a tomografia e a ressonância magnética, apesar de poderem oferecer excelentes imagens, fornecem registros estáticos que não respondem adequadamente a todas as nossas indagações. No entanto, podem ser úteis e esclarecedores em significativo número de ocasiões, em que a análise da morfologia das estruturas e suas relações sejam a questão. A cinerradiografia e a videofluoroscopia são métodos que utilizam os raios X e permitem seja procedido o registro da dinâmica dos processos biológicos.

ULTRASSONOGRAFIA

A ultrassonografia, embora permita observação dinâmica, tem melhor uso para a identificação de massas regionais e de suas características, se cística ou sólida. Pode ser utilizada na avaliação da dinâmica da deglutição, mas a interpretação dos processos dinâmicos e a relação entre as estruturas esbarram na velocidade do processo, na difícil distinção entre as estruturas em movimento, em especial na fase faríngea, e na relativa baixa resolutividade das imagens geradas. Contudo, é possível que especialistas tirem informações úteis com o uso desse método.

RAIOS X CONVENCIONAL

O raios X convencional, gerador de imagens radiográficas estáticas, foi, por muito tempo, o principal método utilizado para a avaliação das estruturas faríngeas e esofágicas. Seu uso para a avaliação faríngea foi considerado como de pouco valor, em razão da complexidade e velocidade dessa fase da deglutição e pela impossibilidade de se comandar a parada do meio de contraste, para melhor definir os momentos funcionais. Na avaliação do esôfago, pela maior dimensão e simplicidade anatômica do órgão e ainda pela possibilidade, embora discreta, de se interferir na dinâmica do meio de contraste em trânsito, pela inspiração profunda, o raios X convencional permitiu e ainda permite a obtenção de informações relevantes. No esôfago e de certa forma também na faringe, o apoio da fluoroscopia permite expressiva ajuda semiótica. Esbarra na ausência do registro dinâmico e na exigência de um profundo conhecimento e atenção por parte do observador. Ver e rever um mesmo fenômeno ligado à dinâmica da deglutição é fundamental, mesmo para profissionais experimentados.

CINERRADIOGRAFIA

A cinerradiografia usa a qualidade do filme 35 mm ainda padrão no registro de imagens. Notabilizada no estudo coronariano como cinecoronariografia, permite a obtenção de grande quantidade de imagens, mas para usualmente serem selecionadas e analisadas de modo estático. A grande quantidade de imagens permite a captura da sequência dinâmica com quadros de alta qualidade, mas que, quando exibidos em sua dinâmica, terminam por exibir cintilações que prejudicam a observação dinâmica. Esse seria um problema de fácil resolução se fosse um problema para a análise do exame das coronárias, mas não é, pois os quadros desse exame serão analisados um a um em sua grande definição. A grande definição obtida em filme 35mm tem o óbice da necessidade de grande intensidade de radiação X para a sua obtenção. A cinerradiografia é também dependente, para sua execução, de equipamentos e material de alto custo. Apesar desses fatos foi utilizada com sucesso no estudo da dinâmica da deglutição. Preciosas informações puderam e podem ser colhidas. Mas o advento da videofluoroscopia, que não tem no quadro a quadro a mesma definição da cinecoronariografia, mostrou no registro e na observação dinâmica maior eficiência. A correlação de eficiência desses métodos tem sido considerada, mas a videofluoroscopia, pelas razões referidas, tem sido admitida como o melhor dos métodos para avaliação morfológica e funcional das fases oral e faríngea da deglutição. A admitida eficiência permitida pelo método videofluoroscópico na observação das fases oral e faríngea estende-se de modo inquestionável à observação da dinâmica e da morfologia esofágica.

VIDEOFLUOROSCOPIA

A videofluoroscopia, que melhor se denominaria videofluorografia, se caracteriza pela gravação, em mídia magnética, de imagens produzidas em écran fluoroscópico. O processo que culmina com a disponibilização das imagens radiológicas em écran fluoroscópico, se denomina fluoroscopia.

A fluoroscopia em sala escura pode ser definida como clássica, e se encontra em desuso pelo alto índice de exposição à radiação X. Aquela em sala clara, que mostra as imagens em um monitor de TV, expõe pacientes e examinador a doses expressivamente mais baixas e pode ser entendida como atual.

A fluoroscopia é o recurso radiológico que permite se visualizem, sem registro para reprodução, as características dinâmicas de um dado processo ou região. Os raios X emitidos por uma ampola interagem e atravessam os tecidos de uma área exposta, sendo modificados em suas qualidades, gerando imagem fotônica que, ao atingir o écran fluoroscópico, substrato excitável, gera imagem luminosa.

A fluoroscopia clássica utiliza écran fluoroscópico que, quando atingido pelo raios X, gera imagem luminosa que, para ser observada, necessita de sala escura para não ser obscurecida pela luz ambiente. Mesmo em ambiente escuro, uma maior intensidade de radiação X é necessária para a obtenção de imagens com alguma qualidade de definição. Isso explica a necessidade de altas doses de radiação X observadas na fluoroscopia clássica e a baixa qualidade da imagem, que permite identificação estrutural, mas não a análise detalhada.

Na fluoroscopia em TV, um sistema de captura composto por intensificador de imagem e câmera filmadora, associado a um écran fluoroscópico no interior de espaço blindado, permite que esse écran seja impressionado por doses muito mais baixas de raios X, gerando imagem luminosa que, intensificada, pode ser capturada e transmitida pela câmera de filmagem para um monitor de TV com qualidade que agora permite análise.

Os diversos exames radiológicos que estudam processos dinâmicos como os seriográficos do tubo digestivo, hoje menos solicitados, e os angiográficos usam a fluoroscopia como mero indicador de momento, ou seja, para posicionar a ampola de emissão de radiação em relação às áreas a serem examinadas, para definir o enquadramento das regiões e o momento oportuno para o registro de uma dada alteração. Claro que, com maior experiência, não só momento, mas hipóteses diagnósticas venham a ser permitidas durante o uso da fluoroscopia. Definida região, enquadramento e regime radiológico, filmes radiográficos são impressionados como documentos do exame. Esses documentos, quando analisados, permitirão se firmem ou se excluam hipóteses diagnósticas. Na medida em que cresce a experiência do profissional, em especial com o uso da fluoroscopia em TV, onde imagens geradas são mais nítidas, a observação fluoroscópica passa a permitir sejam efetuadas fortes suposições e hipóteses diagnósticas. Nesses casos, as radiografias obtidas

terminam por ser documentos de um diagnóstico já firmado e de muito facilitado pela observação dinâmica permitida pela fluoroscopia.

Para a avaliação da deglutição a fluoroscopia só não basta, é preciso se analisar uma dinâmica rápida que envolve significativo número de estruturas. É necessário analisar exaustivamente a morfofuncionalidade envolvida na dinâmica da deglutição. Expor um paciente ou voluntário a tempo excessivamente longo de exposição para tentar entender essa dinâmica seria inadequado e criticável, mesmo sendo a fluoroscopia em TV promotora de baixas doses de radiação.

A videofluoroscopia soluciona o problema por permitir o registro do todo da dinâmica da deglutição e possibilitando que se veja e reveja o fenômeno da deglutição, sem que se submeta paciente e examinador a novas exposições de radiação. Mais do que isso, a videofluoroscopia permite que se veja e reveja uma mesma deglutição diversas vezes, propiciando análise criteriosa e sem perdas, porquanto todo o fenômeno fica registrado.

Ainda como vantagem da videofluoroscopia pode-se destacar o fato de que desatenções momentâneas ou mesmo desconhecimento ou dúvidas durante a execução do exame não se constituem em perdas irreparáveis, pois os fatos estão gravados em sua totalidade e seu significado pode ser resgatado a posteriori. A videogravação permite ainda sejam explorados os recursos de *slow motion*, quadro a quadro e pausa que, em equipamentos de melhor qualidade, podem ser úteis na observação do fenômeno da deglutição. Poder interferir no brilho e no contraste das imagens gravadas é outro benefício da videofluoroscopia.

A qualidade das imagens videofluoroscópicas em VHS em torno de dois pares de linha por milímetro é mais que suficiente para permitir a análise e diagnóstico da dinâmica e das alterações morfofuncionais da deglutição. Não obstante, melhor qualidade pode ser obtida com gravações em SVHS, umatic ou betacan, fitas magnéticas com maior e melhor qualidade de reprodução, mas que exigem equipamentos mais dispendiosos e menos práticos.

Passo importante permitido pelo registro em fita de vídeo foi a possibilidade de se quantificarem os fatos registrados pela videofluoroscopia. Tempo e dimensão podem agora ser mensurados, em especial após a digitalização das imagens gravadas. A videofluoroscopia deixa de ser um método qualitativo para poder ser também definido como quantitativo. Não obstante, em nossa concepção, sua maior importância e qualidade residem na excelência da eficiência qualitativa permitida pelo método.

Como nota, vale ressaltar, que o registro das imagens radiológicas em mídias digitais incluindo o DVD (*Digital Versatile Disc*) não diminui e nem aumenta o potencial qualitativo da videofluoroscopia. Temos que cuidar do regime de captura e compressão das imagens oferecidas pelas diversas placas e equipamentos para saber se os eventos registrados têm, como nas fitas de vídeo, todas as informações de tempo mantidas ou se houve, pelo sistema de compressão, reduções que venham a impedir que se obtenha o tempo real de um fenômeno.

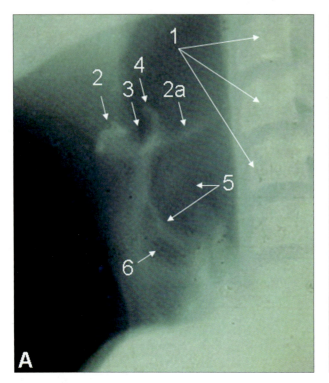 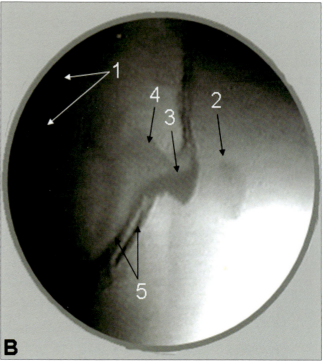

Fig. 2 Em A, imagem radiográfica e em B, imagem videofluoroscópica. Observar que uma imagem contra a outra favorece a radiográfica, com maior número de elementos e nitidez. Em (A) corpos vertebrais (1) se mostram individualizados, Em (B) a densidade da coluna vertebral (1) se mostra homogênea. Em (A) 2 - corpo do osso hioide e (2a) corno maior do osso hioide. Em (B) 2 - corpo do osso hioide. Em (A e B) 3 - valécula, 4 - epiglote; em B, valécula acentuada por meio de solução de sulfato de bário (meio de contraste artificial). O mesmo para 5 - pregas ariepiglóticas. Em (A) 6 - ventrículo laríngeo. Com regimes distintos todas as estruturas podem ser identificadas nas imagens videofluoroscópicas. O registro da dinâmica em tempo real, a possibilidade de mudança de regime, de se ver a relação dos meios de contraste com as estruturas regionais acrescidas da possibilidade de ver e rever os registros obtidos, as menores doses de radiação necessárias para o registro e o seu uso sem o custo da revelação tornam o registro videofluoroscópico superior ao radiográfico.

CINTILOGRAFIA

Esse método utiliza a capacidade de emissão espontânea de radiação observada em determinadas substâncias ditas radioativas, como o tecnésio (TC99m). Essas substâncias introduzidas no organismo, ingeridas ou injetadas, emitirão radiação que pode ser registrada em equipamento especial, a gama câmara, que mapeia e exibe o espectro da emissão radiotiva nas regiões nas quais a substância radiotiva está presente. O tecnésio, sob forma de pertecnetato de sódio, pode ser diluído em soro fisiológico e injetado por via intravenosa ou ingerido misturado a dietas testes. A radiação, emitida pela substância ingerida ou injetada no paciente, pode então ser rastreada quanto a sua distribuição e comportamento.

Pode-se observar a radiação localizada na boca e sua ejeção para a faringe e consequente transferência para o esôfago. No esôfago, quando a substância radiotiva passa misturada a uma dieta teste sólida ou líquida, sua emissão pode ser seguida e a intensidade de radiação vai definir localização, velocidade de trânsito e possíveis retenções ou volumes residuais. O que se analisa é a distribuição, localização e intensidade de emissão de radiação da dieta teste, permitindo inferências funcionais. O método é caro, restrito a centros onde a Medicina Nuclear está presente.

Pode-se, com o método cintilográfico, após a injeção do pertecnetato de sódio, detectar a emissão de radiação em nível de estruturas capazes de capturar a substância e assim se desenhar por emissão de radiação. No segmento cervicofacial observamos que a glândula tireoide e glândulas salivares com ácinos serosos, como as parótidas e as submandibulares, captam intensamente o pertecnetato de sódio. No caso das glândulas salivares, podemos acompanhar essa captação e a sua eliminação, juntamente com a saliva, para o interior da cavidade oral.

A grande atividade das células neoplásicas faz com que elas possam capturar intensamente uma determinada substância radiotiva, que termina por demarcar a zona tumoral. Com frequência a resolução de uma imagem cintilográfica pode ser considerada baixa. A associação da tomografia computadorizada com cintilografia tem sido proposta como solução para melhor resolução.

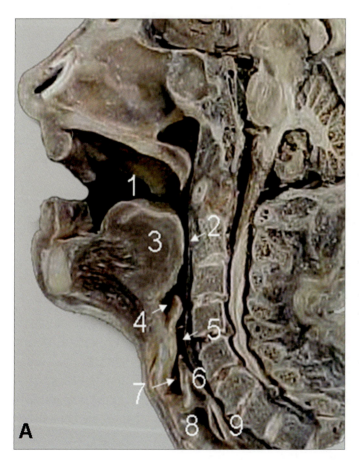
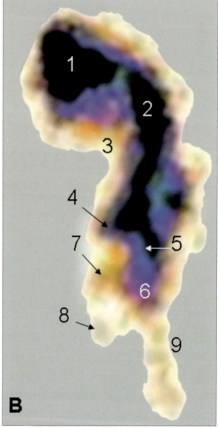

Fig. 3 (A) Corte anatômico sagital da cabeça e do pescoço para correlação com imagem cintilográfica tardia (B). Em ambas 1 - cavidade oral, 2 - orofaringe, 3 - língua, 4 - valécula, 5 - ádito laríngeo, 6 - laringofaringe, 7 - vestíbulo laríngeo, 8 - ventrículo laríngeo e 9 - transição faringoesofágica. Observar em B variação da intensidade do negro (maior intensidade) a um tom amarelado (menor intensidade) da substância radioativa (pertecnetato de sódio) que impregna a saliva e as superfícies mucosas por ela banhadas, a partir da aspersão intraoral de solução radioativa

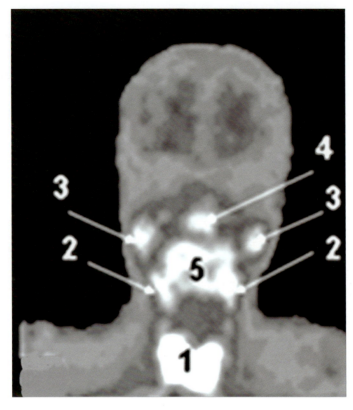

Fig. 4 Imagem frontal tardia (após injeção de substância radioativa) obtida a partir de sequência onde as estruturas captantes vão sendo registradas por gamacâmera: 1 - glândula tireoide, 2 - glândula submandibular, 3 - parótida, 4 - plexo venoso nasal, 5 - cavidade oral.

NASOFIBROFARINGOLARINGO ENDOSCOPIA (*FESS – FUNCTIONAL ENDOSCOPIC SWALLOW STUDY*)

A nasofibrofaringolaringo endoscopia, referida entre nós como avaliação endoscópica da deglutição (AED), foi também descrita como FESS (*Fiberoptic Endoscopy Examination of Swallowing Safety*).

O método utiliza um fibroscópio flexível (25cm/ 1,5mm), dotado de iluminação e câmera, que permite a visualização e o registro da morfologia e função da faringe e da laringe. No estudo da deglutição, foi inicialmente indicado para avaliar a possibilidade e segurança de se retomar o uso da via oral em pacientes portadores de disfagia neurogênica e identificar possíveis aspirações. Por sua cor, usou-se inicialmente o leite como elemento de teste. Seu uso permitiu a percepção de maior dimensão para o uso do método como instrumento de investigação das disfunções da deglutição, em especial as faríngeas.

O leite foi substituído pelo uso de uma mistura de antiácido e anilina azul, com a justificativa de um melhor contraste entre a mucosa e o corante azul, e mais a consideração de que a mistura inorgânica, antiácido/corante, reduziria em comparação ao leite, "corante" orgânico, as chances de complicações respiratórias.

O método permite avaliação por visão direta das estruturas faríngeas e laríngeas, em especial no que se refere à morfologia e dinâmica das pregas vocais durante o repouso e, na fonação, permite aquilatar a presença de estase salivar e durante a deglutição do material contrastado; permite em especial observar a exclusão das vias aéreas ou sua permeação por meio de contraste.

Sua eficiência na avaliação das disfagias orofaríngeas tem sido considerada por alguns como semelhante àquela obtida pela videofluoroscopia. No entanto, outros argumentam ser sua maior importância a possibilidade de pesquisar as lesões orgânicas, apontando a avaliação funcional como uma limitação.

Um dos ganhos da nasofibrofaringolaringo endoscopia é a possibilidade de se testar sensibilidade faríngea e laríngea. Reflexo protetivo das vias aéreas definido pela dinâmica das aritenoides e fechamento das pregas vocais pode ser testado pelo toque com extremidade do aparelho ou pulso de ar sobre as aritenoides.

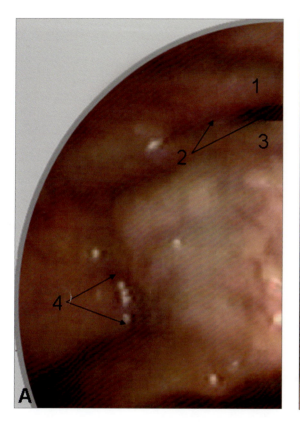
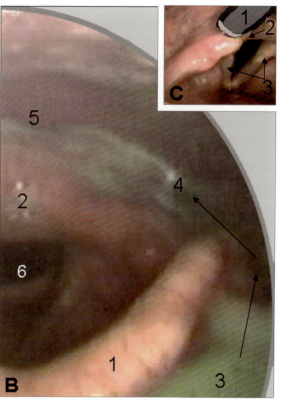

Fig. 5 Fotomontagem onde A, vista endoscópica da laringofaringe: 1 - relevo do fascículo transverso do músculo cricofaríngeo, 2 - transição semiaberta, 3 - parede anterior da faringe (cartilagem cricoide), 4 - recesso piriforme. Em B, avaliação laringoscópica funcional: 1 - epiglote, 2 - aritenoide, 3 - meio de contraste líquido na valécula passando (setas) para 4 - recesso piriforme, 5 - laringofaringe, 6 - luz laríngea. O encarte C mostra esquematização de instrumento que testa reflexo laríngeo (por pulso de ar ou leve toque) sobre aritenoide (2) verificando dinâmica de fechamento das pregas vocais (3).

LARINGOSCOPIA

A laringoscopia pode ser realizada de forma direta ou indireta. A observação direta, de extrema importância para uma adequada avaliação da faringe e de estruturas laríngeas, pode ser esboçada com o apoio de espátulas e abaixadores de língua. A inspeção direta de que tratamos aqui é a inspeção laríngea armada pelo uso de instrumento óptico (fibroscópio), que amplia o alcance da inspeção, permitindo visão privilegiada do interior da laringe, onde pregas vocais e vestibulares, assim como as características da mucosa que as reveste podem ser claramente observadas e avaliadas em sua morfologia e funcionalidade.

A laringoscopia indireta, hoje menos usada e substituída pela nasofibrofaringolaringoscopia, é exame metodologicamente simples e que pode em algumas circunstâncias ser contributivo. Permite a observação morfológica e o teste da sensibilidade das estruturas orais e faríngeas, assim como a observação dos reflexos. Sua realização, com introdução oral de espelho plano que chega a ser posicionado na orofaringe, se vê dificultada em especial pelos reflexos, quando presentes.

O bloqueio dos reflexos por anestesia tópica, spray anestésico ou mascar algodão embebido em anestésico permite o exame, mas termina por mascarar informações funcionais. A interferência da introdução do espelho e a necessidade de exteriorização da língua, para permitir o exame, terminam por dificultar sua rotineira realização. Quando realizado, permite eficiente observação da dinâmica das pregas vocais. A rinofaringe também pode ser inspecionada por esse método.

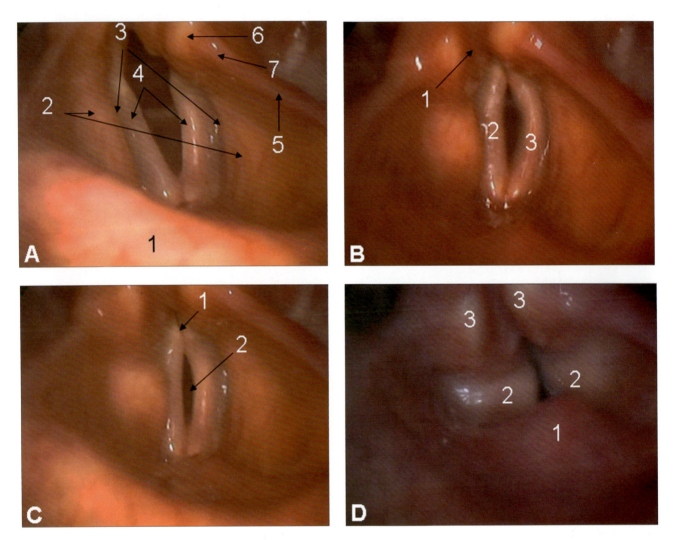

Fig. 6 Imagens obtidas de laringoscopia direta de um mesmo paciente com paralisia da prega vocal esquerda onde em A se veem: 1 - epiglote, 2 - pregas vestibulares, 3 - ventrículos laríngeos, 4- pregas vocais, 5 - pregas ariepiglóticas, 6 - relevo das cartilagens aritenoide e corniculada (tubérculo corniculado), 7 - tubérculo cuneiforme (relevo da cartilagem cuneiforme). Em B - 1 - espaço (incisura) interaritenóidea, 2 - prega vocal direita, 3 - prega vocal esquerda. Observar medialização da prega vocal direita em comparação com a imagem A. Em C - 1- rima da glote (parte cartilagínea), 2 - rima da glote (parte intermembranácea) entreaberta por paralisia da prega vocal esquerda. Em D - esforço fonatório máximo (voz de esforço – banda) com aproximação vertical do tubérculo da epiglote (1) dos tubérculos corniculados (3). Observar medialização com aproximação medial das pregas vestibulares (2) em apoio às vocais.

MANOMETRIA

A manometria esofágica é método descrito há mais de um século. Os cateteres com balões preenchidos por ar evoluíram para balões preenchidos por água, para a seguir evoluírem para a manometria de perfusão com fluxo de água, técnica que foi aperfeiçoada com o uso de sistema capilar pneumo-hidráulico de baixa complacência, que é até hoje utilizada. Mais recentemente, sondas dotadas de transdutores pressóricos em estado sólido foram desenvolvidas, permitindo ampliar a opção da esofagomanometria na prática clínica.

O registro dos traçados gráficos obtidos do estudo manométrico do esôfago evoluíram para registro computadorizado, facilitando o exame e a análise dos traçados com consequente implementação clínica do método.

Na manometria esofágica, transdutores pressóricos, separados uns dos outros por distâncias conhecidas, posicionados e deslocados por estratégia definida, permitem que se reconheça uma sequência de abalos (registros) peristálticos ou não; assim como as intensidades pressóricas normais, altas ou baixas, produzidas pelas contrações da musculatura esofágica. A abertura do esfíncter esofágico inferior e a sua relação de sincronismo com a dinâmica esofágica podem também ser estudadas pelo método.

O estudo da faringe e do esfíncter esofágico superior é também realizado pelo método manométrico. No estudo da transição faringoesofágica (esfíncter esofágico superior), pela manometria de fluxo, somam-se os registros radiais obtidos nos quadrantes do esfíncter e se oferece a sua média como valor pressórico regional.

Na manometria com transdutores de estado sólido essa média é fornecida automaticamente. A observação de que o valor pressórico da transição faringoesofágica é diferente nos diversos quadrantes nos faz considerar que o estudo dessa região pela manometria de fluxo fornece dados ainda não bem explorados pelos usuários do método. Consideramos que o valor médio da pressão da transição faringoesofágica, como considerado pela manometria, suprime importante observação e mascara a fisiologia regional. Nesse contexto, para essa região, os dados fornecidos pela manometria de fluxo são mais relevantes do que o da manometria com transdutores de estado sólido.

A possível vantagem da manometria com transdutores de estado sólido, sobre a manometria de fluxo durante a avaliação das variações pressóricas do esôfago, é o fato de que a manometria com transdutores de estado sólido permite a obtenção dos registros pressóricos com o paciente em posição ortostática, o que na manometria de fluxo falsearia os resultados pela maior interferência da ação da gravidade.

O método manométrico, hoje difundido, é considerado por muitos como o mais relevante dos métodos (padrão ouro) para o estudo funcional do esôfago.

Como nota, vale informar que as pressões registradas são ditas relativas por serem tomadas em relação à pressão atmosférica, que é a unidade de referência. Como visto, a manometria de fluxo é realizada se utilizando um sistema de infusão, onde os valores positivos são gerados por resistência à saída da água perfundida, ou com o uso de transdutores sólidos de diferentes tipos, onde o que se mede é a força exercida diretamente sobre a superfície sensível do transdutor.

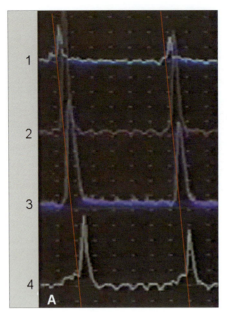
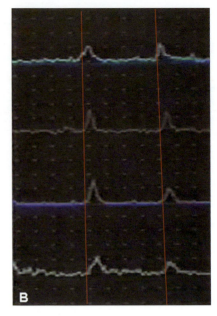

Fig. 7 Traçado manométrico com transdutores fluxo posicionados a 5cm de distância um do outro. Em A, registro manométrico de padrão normal em intensidade pressórica e frequência (peristalse normal). Observar em 1 transdutor posicionado na transição faringoesofágica registrando a transferência pressórica para o esôfago. 2, 3 e 4 transdutores subsequentes mostrando valores pressóricos ocorrendo em tempos distintos e subsequentes (observar obliquidade da linha vermelha de referência). Em B, padrão anormal onde intensidade pressórica se mostra diminuída e sequência pressórica não peristáltica (linha de referência verticalizada) mostra simultaneidade da sequência pressórica).

MANOMETRIA DE ALTA RESOLUÇÃO

Esse é mais um estágio na evolução da manometria. O princípio é o da manometria, mas as sondas passam agora a ter canais de pressão em toda sua extensão ao invés dos 4 ou 8 convencionais. Esse novo equipamento de manometria usa sonda com transdutores de estado sólido dispostos a cada centímentro. São 36 canais cada um deles com 12 transdutores radiais, perfazendo 432 pontos de registro.

Posicionadas no interior do tubo digestivo da faringe ao estômago, sem que necessite mobilização, podem-se registrar simultaneamente as pressóricas desde a faringe até a luz gástrica, evitando-se mobilizações da sonda de exame, o que reduz o tempo necessário ao exame e possíveis artefatos gerados pela mobilização da sonda. Acresça-se pelo número de registros a maior precisão do estudo.

O registro da pressão é agora apresentado de modo expressivamente mais sofisticado. Deixa de ser um gráfico que apresenta traçados lineares que se sucedem por poucos canais para serem expressos por cores distintas, segundo a pressão, de modo simultâneo e por toda a extensão do segmento monitorado.

Assim, se pode ver a condição pressórica da faringe ao mesmo tempo que se pode observar o comportamento pressórico do esôfago em toda a sua extensão.

A análise simultânea dos valores pressóricos obtidos no todo dos segmentos estudados permitiu identificar novas variáveis na abertura do esfíncter esofágico inferior, nas contrações esofágias e ainda na criação de subtipos em patologias que estavam aparentemente definidas, como a acalasia.

Versões mais recentes dos equipamentos de manometria de alta resolução trazem a impedanciometria acoplada. Este método, que veremos mais adiante, permite a quantificação do tempo e sentido de fluxo do trânsito esofágico. Outra possível evolução é associação da manometria de alta resolução com à videofluoroscopia.

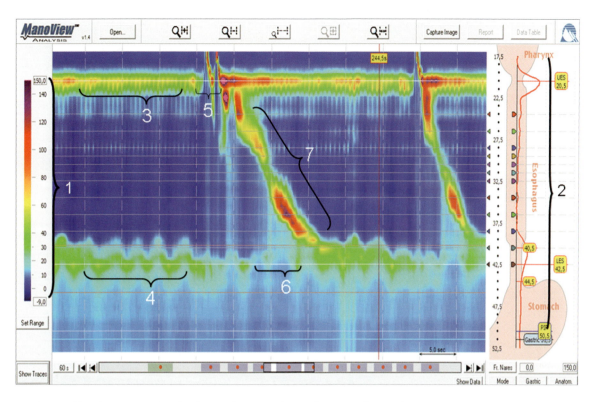

Fig. 8 Interface gráfica de manometria de alta resolução onde: 1 - diagrama de correlação de valores pressóricos e cores, 2 - diagrama de correlação dos transdutores com os segmentos do tubo digestivo, 3 - pressão basal da transição (esfíncter esofágico superior), 4 - pressão basal do esfíncter esofágico inferior, 5 - abertura da transição, 6 - abertura do esfíncter esofágico inferior, 7 - dinâmica pressórica do corpo esofágico.

VIDEOMANOMETRIA

A videofluoroscopia e a manometria são considerados e aceitos como métodos efetivos para a investigação da deglutição e de suas disfunções. Buscar a associação e a correlação das informações permitidas por esses dois métodos foi um caminho natural.

Em um primeiro momento a correlação foi tentada entre os achados manométricos e videofluoroscópicos de exames realizados em "tempos distintos". O passo seguinte foi realizar o exame dos pacientes disfágicos com os dois métodos de "modo simultâneo", porém com as observações exibidas e analisadas em telas distintas. Considerou-se que o uso simultâneo dos dois métodos corrigiria as deficiências inerentes ao uso dos métodos em separado.

A etapa que se seguiu ao uso simultâneo dos dois métodos foi a "sincronização dos métodos". As imagens deveriam ser combinadas e sincronizadas em uma mesma tela. Esse método foi proposto como manofluorografia, onde a dinâmica do esôfago foi estudada com sincronização dos métodos exibidos em uma mesma tela. Os estudos anteriores, em tempo distinto e de modo simultâneo, com manometria de fluxo, foram considerados como concepções complexas e de pouco valor.

O método computacional, que sincronizou as imagens dos dois exames, foi admitido como um novo método radiológico capaz de sincronizar a manometria com a videofluoroscopia.

A sincronização dos dois métodos foi um passo importante, porém, foi concebida e realizada em sincronismo na ordem de segundos. A sincronização efetuada em segundos, onde existem 30 frames nessa unidade de tempo, produzira importante perda de informações.

A videomanometria ou manofluorografia ideal se caracteriza pelo registro em mídia magnética dos eventos videofluoroscópicos e manométricos gerados e capturados de modo simultâneo e sincronizados, passíveis de exposição em uma mesma tela e na ordem de milissegundos. Essa é a diferença entre a manofluorografia já descrita e o método videomanométrico que se pode realizar, onde a sicronzação é feita por frames e por essa razão sincronizado em milésimos de segundo.

Observa-se que as densidades registradas pela videofluoroscopia se relacionam com o extremo dos traçados produzidos por cada um dos transdutores da sonda de manometria. O exame reúne em uma mesma tela de exame três tipos de informação sincronizadas entre si (videofluoroscopia, manometria e um *time code* – conta frames). Essa configuração permite a sincronização dos eventos em milésimos de segundo (1s eg =30 frames / 1 frame = 0,033 mseg).

Os registros videofluoroscópicos e manométricos são realizados com o uso de duas mesas de corte e efeito associadas em sequência. Essa associação permite o redimensionamento das imagens com a utilização do recurso denominado picture-in-picture. Os exames videofluoroscópico e manométrico resultam exibidos em uma mesma tela, sendo registrados por videogravador, que produz e insere junto às imagens o sinal do *time code*, que informa o sincronismo dos eventos registrados em mseg.

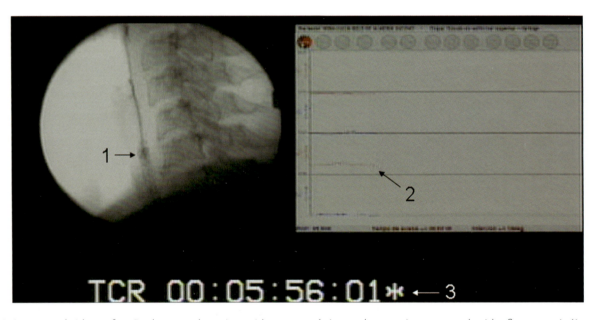

Fig. 9 Imagem obtida em função da pausa de registro videomanométrico onde os registros tanto da videofluoroscopia (1 - transdutor em nível da transição) quanto da manometria (2 - traçado correspondente ao transdutor) são registrados em sincronismo de milissegundo em um time code (3).

ENDOSCOPIA DIGESTIVA ALTA

A endoscopia digestiva é método óptico que utiliza a capacidade de transmissão através das fibras ópticas para observar o interior do tubo digestivo. Agrupadas em feixes, permitem iluminar e observar a superfície interna dos órgãos tubulares com grande acurácia. Canais tubulares, ladeando os feixes de fibras ópticas em toda a extensão dos endoscópios, permitem a introdução de instrumentos capazes de aspirar, injetar e biopsiar a mucosa dos segmentos observados. Longo o suficiente para alcançar o duodeno, de circunferência cujo diâmetro fica em torno do centímetro e com flexibilidade que permite, quando no estômago, everter-se a ponto de se poder vê-lo em sua passagem pelo cárdia, o endoscópio é, sem dúvida, para as lesões orgânicas do esôfago, método de grande eficiência semiótica.

As imagens geradas na extremidade distal do tubo são conduzidas pelas fibras e observadas diretamente, em aparato óptico na extremidade proximal do tubo, ou em um monitor para onde as imagem são transmitidas por câmera que pode ser acoplada ao aparato óptico da extremidade proximal. Nessa extremidade encontramos ainda os comandos de mobilização e direcionamento do equipamento.

Apesar da qualidade do método, observar os extremos proximal e distal do esôfago, áreas de difícil estudo, durante a introdução do equipamento, exige cuidados de observação diferenciada, em especial durante a retirada do equipamento.

A observação direta permitida pela endoscopia esofágica, além da possibilidade de análise do tubo digestivo, muitas vezes pode ser também usada com finalidade terapêutica, o que se constitui em vantagem adicional do método. No entanto, algumas vezes, lesões esofágicas, que deformam e/ou obstruem a luz esofágica, limitam o uso do método pela impossibilidade de progressão do equipamento, sob pena de se produzirem sangramentos e/ou perfuração. Neste contexto, exame radiológico contrastado que anteceda o exame endoscópico pode ser de grande valia.

Outro atual grande mérito do método endoscópico é a possibilidade de se realizar gastrostomia endoscópica ou mesmo a jejunostomia, sem a necessidade de procedimentos cirúrgicos de maior monta em pacientes já espoliados por uma doença de base e por desnutrição que, com frequência, se instala nos pacientes disfágicos; em especial aqueles de possível curta sobrevida ou portadores de doenças cuja expectativa de recuperação é longa e onde sondas para nutrição terminam por não se constituir na melhor opção.

PH-METRIA

O pH é uma referência que explicita o grau de acidez ou alcalinidade de um fluido ou região banhada por um determinado fluido. Mensura os valores de H+ (hidrogênio hionte) presente em uma solução. O ph 7, dito neutro e presente na água, define igual proporção de (H+) hidrogênio hionte e (OH-) hidroxila. Soluções com pH abaixo de 7 são ditas ácidas e com pH acima de 7 são consideradas básicas ou alcalinas. As diversas secreções orgânicas têm seu pH definido como normal para seu local de produção e ação independentemente de seu valor.

No sangue, pH 7.4 é normal e valores menores, mesmo acima de 7, denotam uma acidez inviável. No estômago onde fisiologicamente encontramos uma rica produção de secreção clorido-péptica, que atua na digestão em especial das proteínas, temos um pH normal em torno 1.5; valor normal e perfeitamente tolerado pela constituição morfofuncional desse segmento que, no entanto, necessita que barreiras funcionais eficientes mantenham a mucosa gástrica protegida.

Alíquotas do quimogástrico, alimentos parcialmente digeridos pela secreção clorido-péptica, são transferidas do estômago para o duodeno, ainda com altos teores de ácido. Esse é de pronto tamponado pela liberação de secreção pancreática, rica em bicarbonato, que desse modo impede a digestão da mucosa duodenal; diferente da gástrica e que não seria capaz, por outros mecanismos, de se proteger da extrema acidez que representa a secreção gástrica.

O esôfago, que se continua na porção cranial do estômago, também não apresenta mucosa capaz de tolerar o pH gástrico. O refluxo continuado e intenso de ácido do estômago para o esôfago é patológico e lesivo, porquanto, diferente do duodeno, não apresenta um mecanismo tampão de proteção. Sua proteção deve ser garantida pelo impedimento dado pela organização esfinctérica inferior contra o refluxo gastroesofágico. Contudo, alguma proteção contra a agressão ácida pode ser identificada no esôfago. Deglutições repetidas com maior volume de saliva e aumento da frequência peristáltica talvez sejam as

Milton Costa

respostas fisiológicas a possíveis pequenos aumentos do teor ácido em nível da mucosa esofágica.

Pode-se entender que maiores volumes e frequência de contato ácido com a mucosa esofágica, não adaptada a esse tipo de secreção, e a intensidade dessa acidez são os fatores determinantes da gravidade do acometimento esofágico. Outra questão que se impõe observar é a extensão do refluxo. Ele se limita ao terço inferior do esôfago ou termina por atingir faringe, laringe e até cavidade oral.

Não só o refluxo ácido pode acometer o esôfago. Refluxo biliar duodenogástrico e gastroesofágico tem também sido considerado como responsável por alterações morfológicas e funcionais do esôfago. Uma avaliação quantitativa dessa condição, que gera atmosfera alcalina, vem sendo discutida e empregada com a denominação de bilimetria.

No entanto, é a intensidade do refluxo ácido em volume e extensão que define a pHmetria esofágica. Transdutores acoplados em sondas a serem introduzidas no esôfago são capazes de registrar a intensidade da acidez local. Esses transdutores acoplados a um registrador portátil externo permitem também o registro complementar dos momentos em que ocorrem os episódios de refluxo. Esses registros obtidos por 24 horas para posterior leitura e análise, em programa computaciocional específico, configura a pHmetria esofágica de 24 horas passível de ser tomada em regime ambulatorial, quando o paciente é monitorado em condições próximas às do seu dia a dia.

Refluxos de pequena monta e eventuais podem ser considerados normais. O que se teme e se busca evidenciar é o refluxo frequente e de longa duração, com acidez cujo pH é menor que 4, valor considerado como limite aceitável.

Esse método de alta sensibilidade para a quantificação do refluxo esofágico vem agora, com o uso de cateteres com dois transdutores, sendo usado para o estudo do refluxo capaz de atingir a faringe. O transdutor inferior funciona como já visto e o superior serve para a detecção daquele refluxo capaz de, por sua extensão, acometer a faringe e até a laringe.

IMPEDANCIOMETRIA INTRALUMIAL ESOFÁGICA

Esse método, já utilizado para o estudo da relação entre o volume deglutido e a velocidade de transferência do bolo da faringe para o esôfago, se desenvolveu, posteriormente, sob a designação de "impedanciometria elétrica intraluminal múltipla", técnica que se mostrou capaz de registrar com alta resolução a motilidade do trato gastrointestinal superior, permitindo o estudo dos eventos ligados ao transporte do bolo alimentar em nível do esôfago.

A impedanciometria elétrica intraluminal mútipla permite quantificar os padrões do deslocamento do bolo em trânsito. O método é baseado na mensuração das variações da impedância elétrica entre cada dois eletrodos dispostos em sequência, ao longo do tubo pelo qual o bolo transita.

Uma fina sonda plástica com eletrodos sequencialmente dispostos aos pares e conectados à fonte externa, capazes de gerar campo elétrico entre eles, é posicionada no interior da luz esofágica. O campo elétrico gerado pelos diversos elementos, que constituem o tubo esofágico vazio, é alterado pelo bolo em trânsito. As variações instantâneas sequenciais do campo elétrico entre cada dois eletrodos, produzidos pela interposição da passagem do bolo, podem então ser observadas e quantificadas. O ar, que carreado à frente do bolo em trânsito eleva a impedância de base; saliva e alimento diminuem a impedância de base. Assim, os registros obtidos de aumentos e diminuições sucessivas, entre os diversos pares de eletrodos, permitem a configuração de traçados com padrões funcionais e patológicos como o refluxo que pode ser identificado por um padrão de fluxo de impedância invertido.

Mais sensível em seu registro, por não depender de aposição íntima da parede esofágica sobre o transdutor, como necessário ao registro manométrico, sofre como restrição a impossibilidade de análise da amplitude da onda peristáltica, como permitido pelo método manométrico. Esses óbices começam a encontrar solução em técnica que integra a manometria e a impedância, em método designado como impedanciomanometria.

ULTRASSONOGRAFIA INTRALUMINAL DE ALTA FREQUÊNCIA (USIAF)

O uso do ultrassom, para o estudo intraluminal, vem sendo possibilitado pelo uso de probes em especial miniprobes (transdutores ultrassonográficos miniaturizados) introduzidos no interior de uma luz orgânica como as do tubo digestivo. Esses miniprobes têm sido usados de modo isolado ou associados a um outro equipamento de estudo intraluminal, como os equipamentos de endoscopia e manometria.

Os transdutores utilizados são os de alta frequência que, embora percam em capacidade de penetração, ganham na resolução das imagens, tornando-se mais eficientes para o estudo das estruturas mais próximas do miniprobe como a parede do tubo em estudo.

No esôfago, as características ecogênicas de sua parede têm sido estudadas com surgimento de conceitos que ainda ficam limitados ao profissional especialista. Uma sequência de camadas hiper e hipoecoicas são definidas como sendo desde a mucosa até a adventicia.

Estudos com USIAF associados à manometria descrevem a atividade da camada muscular circular do esôfago, em acordo com a manometria, promovendo a obliteração da luz tubular em associação ao encurtamento do esôfago promovido pela musculatura longitudinal. Tem-se demonstrado, ainda, a existência de alterações musculares em diferentes distúrbios motores do esôfago. Embora ainda de uso limitado, é promissora a possibilidade de aprofundamento dos conhecimentos, tanto na fisiologia quanto no fisiopatológico que envolve a dinâmica muscular esofágica.

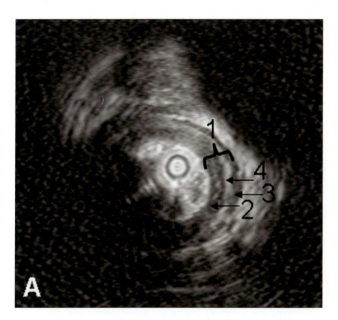
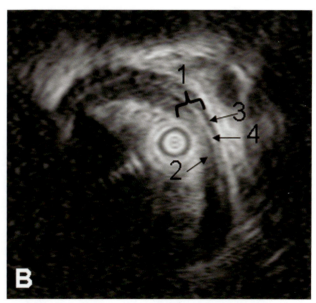

Fig. 10 Imagens do esôfago em cortes ultrassonográficos transversos de indivíduo controle normal onde A - esfíncter inferior do esôfago, B - 10 cm acima da junção esofagogástrica. Em A e B 1 - camada muscular basal, 2 e 3 - camadas hipoecoicas, 4 - camada intermédia hiperecoica.

ELETROMIOGRAFIA – DE SUPERFÍCIE E POR AGULHA

A eletromiografia é método há longo tempo disponível, tanto aquele que registra a atividade muscular através de eletrodos colocados sobre a projeção muscular na superfície cutânea, quanto aquele em que eletrodos tipo agulha podem ser introduzidos no interior de um dado músculo.

Os eletromiógrafos de dois ou mais canais são importantes para o registro da atividade muscular e para definir a integridade e o tempo de condução de um estímulo nervoso em um determinado segmento. No entanto, para o estudo da deglutição sua importância é menor do que a da maioria dos outros métodos.

A eletromiografia de superfície, quando estuda músculo volumoso e de relevo superficial bem definido, como os músculos masseter e temporal, fornece um claro e confiável traçado que configura a contração do músculo em resposta a uma determinada ação por ele executada. Músculos com menor massa muscular, localizados mais profundamente e em vizinhança de diversos outros músculos, não são bom substrato para a análise através da eletromiografia de superfície, pois os abalos registrados como resultado de uma dada ação correspondem à soma da contração dos diversos pequenos e mais profundos músculos daquela região. Nesses casos a eletromiografia por agulha assumiria sua importância, não fossem as dificuldades em se introduzir e posicionar a ponta do eletrodo no interior da massa daquele músculo, cuja função se quer verificar ou definir.

Alcançar e posicionar eletrodos em músculos mais profundos, mesmo com algum volume, é tarefa limitada a poucos, não só pela relação com estruturas nervosas e vasculares, mas também pelo desconforto da técnica.

No homem, para o estudo da musculatura cervical e faríngea, onde predominam os músculos aplanados, fitados e de pequena espessura, as dificuldades de se registrar a participação ou ausência de um determinado músculo em uma determinada função se potencializam. Aqui, nem a eletromiografia de superfície nem a por agulha se constituem em métodos de fácil uso. Contudo, protocolos que queiram respostas de conjuntos musculares podem se beneficiar do uso da eletromiografia de superfície. Nesse caso, o que se impõe para dar real valor ao método é um adequado protocolo de estudo. A questão a ser respondida deve envolver grupos musculares como é o caso dos supra-hióideos envolvidos tanto na abertura da boca contra resistência quanto na dinâmica de abertura em tempo e dimensão da transição faringoesofágica via elevação do hioide e da laringe.

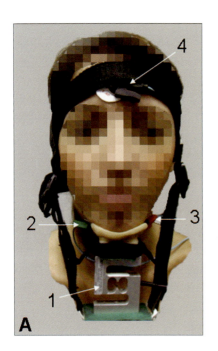
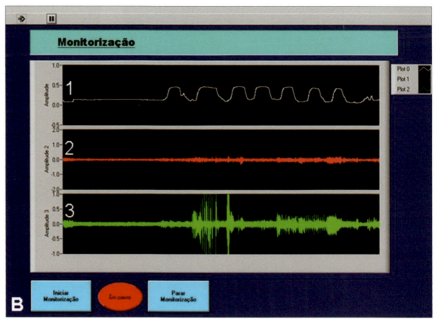

Fig. 11 Em A, imagem pixelizada de voluntário de protocolo que estuda a abertura da boca contra resistência oferecida por célula de carga (1), em 2 - eletrodo posicionado abaixo da cartilagem tireoide a 1cm da linha média sobre a musculatura infra-hióidea, 3 - eletrodo posicionado sobre o ventre anterior do digástrico, 4- eletrodo de referência posicionado na região frontal. Em B, tela de software para registro eletromiográfico desenvolvido pelo Lab. de Biomedicina da COOPE / UFRJ onde 1 - canal que registra o esforço de abertura da boca contra célula de carga, 2 - registro da musculatura infra-hoidea mostrando contração de pequena monta, mas em sincronismo com as contrações mais exuberantes do canal 3 - que registra a atividade contrátil dos músculos supra-hióideos.

NOTA: Este capítulo não teve, e nem poderia ter, a pretensão de ensinar outros métodos; sua pretensão foi somente a de dar a conhecer métodos já disponíveis, alguns ainda de uso restrito, mas que já vêm contribuindo para o aprofundamento do conhecimento da fisiologia da deglutição e fisiopatologia de seus distúrbios. O estudo da deglutição e seus distúrbios é, ainda, um campo aberto à pesquisa, que tem, no domínio e aplicação desses muitos métodos, a possibilidade de novas abordagens com promissor caminho para alicerçados conhecimentos que darão, a esse campo da pesquisa, uma abordagem mais científica, acabando de vez com aceitação de conceitos históricos e empíricos que se sustentam no "eu acredito" ou no "eu acho".

BIBLIOGRAFIA CONSULTADA

1. Abrahao L J, Bhargava V, Babaei A, Ho A, Mittal RK. Swallow induces a peristaltic wave of distension that marches in front of the peristaltic wave of contraction. Neurogastroenterology and Motility (Print) 2011; 23: 201-10

2. Abrahao LJ, Bhargava V, Lemme MEO, Mittal RK. Chagas Disease Esophageal Involvment Evaluated by High Ferquency Intraluminal Ultrasound. In: DDW, 2010, New Orleans. Gastroenterology, 2010; 138: S342- 43.

3. Aviv JE. Sensory discrimination in the larynx and hypopharynx. Otolaryngol Head Neck Surg. 1997; 116: 331-4

4. Babaei A, Abrahao L J, Mittal R K, Bhargava V. Muscle Thickness a Good Surrogate for Muscle Cross Sectional Area As a Parameter of Longitudinal Muscle Contraction?. In: DDW, 2008, San Diego. Gastroenterology, 2008, 134: A342.

5. Botet JF, Lightdale CJ. Endoscopic sonography of the upper gastrointestinal tract. AJR 1991; 156: 63–8.

6. Bretan O. Disfagia: Semiologia desarmada frente à tecnologia. In: Costa, Lemme, Koch . Temas em Deglutição e Disfagia – Abordagem multidisciplinar. SupraSet Rio de Janeiro. 1998; 107-12.

7. Cardoso PFG, Felicetti JC. Papel da avaliaçãofuncional na disfagia. In: Jacobi, Levy e Silva. Disfagia – Avaliação e tratamento. Revinter, Rio de Janeiro 2003; 314 -31.

8. Costa MMB. Avaliação Videofluoroscópica da Dinâmica da Deglutição. In: Gerson Domingues – Esôfago. Rubio, Rio de Janeiro. 2005; 21-36.

9. Costa MMB. Uso de Bolo Contrastado Sólido, Líquido e Pastoso no Estudo Videofluoroscópico da Dinâmica da Deglutição. Rev. Bras. Radiol. 1996; 29 (1): 35-39.

10. Costa MMB. Videomanometria. In: Ramos,RI; Ventura,A; Vidal,JE Alach,JE. (Org.). La Motilidad para todas las etapas y fronteras. 1ª ed. Buenos Aires: Roemmes. 2010; 1: 35-7.

11. Costa MMB, Costa ML, Firman CMG, Koch HA. Videofluoroscopia como Método de Avaliação do Esvaziamento Gástrico. Rev. Bras. Radiol. V.33:n. 95-100.2000

12. Costa MMB, Costa ML, Firman CMG, Mermelstein CS. Volumetric quantification of the gastric emptying: computer-based method for generation of volumetric index from fluoroscopic images. Computer Methods and Programs in Biomedicine,2001; 65: 153-61.

13. Costa MMB, Carmelindo M. A New Hypothesis for Fluidification of Vocal-Fold Mucus: Scintigraphic Study. journal of voice, 2011; Doi:10.1016/j.jvoice.2011.03.009.

14. Costa MMB, Da Nova,JLL, Carlos MT, Pereira, AR., Koch H.A. Videofluoroscopia. Um novo método. Rev. Bras. Radiol. 1992; 25 (1): 11-18.

15. Costa MMB, Monteiro JS. Exame Videofluoroscopico das fases oral e faríngea da deglutição. In: Costa, Castro. Tópicos em Deglutição e Disfagia. MEDSI, Rio de Janeiro. 2003; 273-84.

16. Costa MMB, Monteiro JS, Koch HA. Videofluoroscopia Esofágica. In: Costa e Castro. Tópicos em Deglutição e Disfagia. MEDSI, Rio de Janeiro. 2003; 307-16.

17. Cruz MGA, Fonseca LMB, Lemme EMO, Marinho MJR , Penas ME. Refluxo Gastroesofágico – Correlação entre Métodos Diagnósticos. Radiol Brás 1999; 32: 27-33.

18. Domingos GRS, Lemme EMO. Impedanciometria Elétrica Intraluminal Múltipla: um Novo Método Diagnóstico. Jornal Brasileiro de Gastroenterologia, 2002, 2: 64-70.

19. Filho,EDM. Avaliação endoscópica da deglutição (FEESS) na abordagem da disfagia orofaríngea. In: Disfagia - Abordagem Multidisciplinar – Collectânea Symposium. Frontis São Paulo, 1998; 69-76.

20 - Filho, EDM. Avaliação endoscópica da deglutição no diagnóstico da disfagia orofaríngea. In: Costa, Lemme, Koch . Temas em Deglutição e Disfagia - Abordagem multidisciplinar, SupraSet, Rio de Janeiro. 1998; 77-82.

21. Filho FM, Sakai P. Ishioka S. Endoscopia digestiva alta (esofagoscopia) diagnóstica: estado atual e perspectivas futuras. In: Disfagia - Abordagem Multidisciplinar - Collectânea Symposium. Frontis São Paulo, 1998; 93-96.

22. Furkim AM, Manrique D, Martinez SO. Protocolo de avaliação funcional da deglutição em crianças: fonoaudiológica e nasofibrolaringoscópica. In: Disfagia - Abordagem Multidisciplinar - Collectânea Symposium. Frontis, São Paulo, 1998: 77 - 85.

23. Hayletty KR. (Combined oesophageal manometry and barium swalow videofluoroscopy. MSc Thesis,University of Manchester-UK) 1996.

24. Hayleetty KR, Vales P, Lee, SH, Mccloy RF. Synchronous recording and review of oesophageal manometry and video fluoroscopy using a portable manometry recorder and PC with integrated digital video acquisition. Physiol. Meas. 1997; 18: 201–14.

25. Hayletty KR, Vales P, Mccloy RF, Lee SH. Technical Report: The Introduction of a New Synchronized Oesophageal

Manometry and Digital Video-fluoroscopy Fluoromanometry) System into the Radiology Suite. Clinical Radiology 1998; 53: 596-98.

26. Hewson EG, Ott DJ, Dalton CB, Chen YM, Wu WC, Richter JE . Manometry, radiology. Complimentary studies in the assessment of esophogeal motility disorders. Gastroenterology 1990; 98: 626-32.

27. Junqueira P, Costa MMB. Protocolo para Avaliação Videofluoroscópica da Dinâmica da fase oral da Deglutição de Volume Líquido. Pró-Fono, Revista de atualização Científica. 2001; 13(2): 165- 8.

28. Koch HA. Métodos radiológicos de investigação nas doenças disfágicas. In: Costa, Lemme, Koch . Temas em Deglutição & Disfagia- Abordagem multidisciplinar. SupraSet, Rio de Janeiro. 1998; 93-8.

29. Langmore SE, Schtz K, Olsen N. Fiberoptic endoscopy examination of swallowing safety: a new procedure. Dysphagia. 1994; 2: 216-19.

30. Lemme EMO, Almeida SM, Firmam, CMG, Pantoja JP, Nascimento, FP. pHmetria Esofagiana Prolongada – Arq. Gastroenterol 1997; 34(2): 71-7.

31. Lemme EMO, Domingues GR, Silva LFD, Firmam CMG, Pantoja J. Esofagomanometria Computadorizada: Resultados Preliminares em Voluntários Adultos Saudáveis. GED 2001; 20(2): 29-35.

32. Lemme EMO, Moraes-Filho JPP, Domingues G, Firman CG, Pantoja JA. Manometric findings of esophageal motor disorders in 240 Brazilian patients with non-cardiac chest pain. Dis Esophagus. 2000; 13: 117-21.

33. Lemme EMO, Penas ME, Fonseca LMB, Souto FJD, Martinho MJR. Cintilografia Dinâmica do Esôfago um Método para Disfunção Esofagiana – Arq. Gastroenterol. 1987; 24(3/4): 139-145.

34. Machado MM, Rosa ACF, Barros N, Cerri GG . Ultra-sonografia endoscópica (use) do esôfago, estômago, cólons e reto. Radiol Brás 2002; 35(4): 219–23.

35. Manrique D. Avaliação otorrinolaringológica da deglutição. In: Furkim e Santini. Disfagias Orofaríngeas. Parte I, Pró-Fono São Paulo 1999; 49-60.

36. Massey BT, Dodds WJ, Hogan WJ, Brasseur JG, Helm JF. - Abnormal esophageal motility. An analysis of concurrent radiographic and manometric findings. Gastroenterology 1991; 101: 344 –54.

37. Michelsohn NH. Manometria de fluxo contínuo e estado sólido. In: Costa, Lemme, Koch. Temas em Deglutição & Disfagia – Abordagem multidisciplinar. SupraSet Rio de Janeiro. 1998; 99-102.

38. Moreira FL. Abordagem diagnóstica nos distúrbios da deglutição da criança. In: Costa, Lemme, Koch . Temas em Deglutição & Disfagia – Abordagem multidisciplinar. SupraSet, Rio de Janeiro. 1998; 103-6.

39. Nicareta DH, Rosso A L Z, Maliska C, Costa M M B. Scintigraphic analysis of the parotid glands in patients with sialorrhea and parkinson's disease. Parkinsonism & Related Disorders, 2007. DOI: 10.1016/j.parkreldis 2007.07.008

40. Ott DJ, Richter JE, Chen YM, Wu WC, Gelfand DW, Castell DO. Esophageal radiology and manometry: correlation in 172 patients with dysphagia. Am. J. Radiol. 1987; 149: 307-11.

41. Pandolfino JE. High-resolution manometry: is it better for detecting esophageal disease? Gastroenterol Hepatol (NY). 2010; 6(10): 632-4.

42. Pandolfino JE, Fox MR, Bredenoord AJ, Kahrilas PJ. High-resolution manometry in clinical practice: utilizing pressure topography to classify oesophageal motility abnormalities. Neurogastroenterol Motil. 2009; 21(8): 796-806.

43. Pandolfino JE, Roman S. High-resolution manometry: an atlas of esophageal motility disorders and findings of GERD using esophageal pressure topography. Thorac Surg Clin. 2011; 21(4): 465-75.

44. Richter JE, Wu WC, Johns DN, Blackwell JN, Nelson JL, Castell JA, Castell DO. Esophageal manometry in 95 healthy adult volunteers. Variability of pressures with age and frequency of "abnormal" contractions. Dig Dis Sci. 1987; 32(6): 583-92.

45. Rosevear WH, Hamlet SL. Flexible fiberoptic laryngoscopy used to assess swallowing function.Ear, Nose and throat journal. 1994; 70(8): 498-500.

46. Silva RG. Disfagia neurogênica em adultos: Uma proposta para avaliação clínica. In: Furkim e Santini. Disfagias Orofaríngeas. Parte I, Pró-Fono São Paulo 1999;35-48.

47. Silverstein FE, Martin RW, Kimmey MB, Jiranek GC, Franklin DW. Proctor A. Experimental evaluation of an endoscopic ultrasound probe: in vitro and in vivo canine studies. Gastroenterology 1989; 96: 1058–62.

48. Strohm WD, Phillip J, Hagenmüller F, Classen M. Ultrasonic tomography by means of an ultrasonic fiberendoscope. Endoscopy 1980; 12: 241-4.

49. Torres ZB, Souto FJD, Lemme EMO, Farias SHT, Pereira AA. Radioscopia com Pão Baritado em Distúbios da Motilidade Esofágica. Radiol Brás. 1989; 22: 75-9.

50. Wilson PS, Hoare PJ, Johnson AP. Milk nasoendoscopy in the assessment of dysphagia Journal of Laryngology and Otology. 1992; 106: 525-7.

51. Xeres D R, Carvalho Y S V, Costa M M B. Estudo Clínico e videofluoroscópico da disfagia na fase subaguda do acidente vascular encefálico. Radiologia Brasileira.2004; 37(1): 9-14.

ANEXO

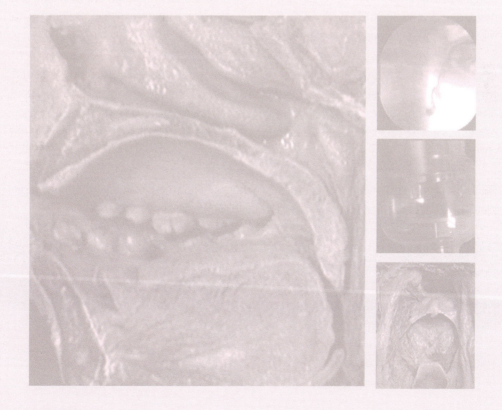

AVALIAÇÃO VIDEOFLUOROSCÓPICA DA DEGLUTIÇÃO E SEUS DISTÚRBIOS: ROTEIRO E GLOSSÁRIO

Ficha I Identificação: Da Aquisição de dados de "Identificação

Destina-se ao registro de informações de identificação e origem do paciente e/ou voluntário, devendo sempre que possível observar a possibilidade do envolvimento em programas de pesquisa e de características pessoais de interesse ao relacionamento médico/paciente ou de relevância para o diagnóstico e tratamento.

Registro: para o cadastramento sequencial de pacientes e voluntários. Esse dado poderá servir para arquivamento e resgate dos exames. Se o paciente/voluntário tiver mais que um exame, o número deverá ser repetido seguido de letras em ordem alfabética tantos quantos sejam os exames que se repitam. Essa ordem numérica deverá estar registrada em um fichário que correlacione os números com os nomes.

Nome: para o cadastramento de um novo paciente/voluntário, preencher com o nome completo, observando atentamente a forma correta de sua grafia.

Data de nascimento: informar a data de nascimento do paciente/voluntário com vistas a poder recalcular a idade dos indivíduos a qualquer tempo.

Paciente: marcar quando o examinando foi encaminhado para esclarecimento e/ou apoio diagnóstico e terapêutico.

Voluntário: marcar se o examinando é sadio e/ou paciente, cujo exame servirá como material de pesquisa definido por protocolo aprovado por comitês de ética médica.

Termo de consentimento: informar se o paciente/voluntário assinou ou não o termo de consentimento livre e esclarecido. É aconselhável redigir termo-padrão e se possível aprová-lo em comissão de ética de serviço ao qual esteja ligado.

Procedência: diz respeito ao encaminhamento do paciente por serviço, hospital ou profissional da área de saúde que indicou o exame.

Prontuário: registro hospitalar (alfanumérico) que deverá ser informado quando existente.

Filiação - nome de pai e mãe em especial quando paciente for menor de idade (usar observação para informar responsável quando o menor for conduzido por adulto que não pai e mãe).

Observações: notas julgadas pertinentes pelo examinador, no que respeita às características de identificação física, psíquica ou cultural dos pacientes/voluntários. Notações como marcas ou defeitos congênitos, alterações morfológicas, congênitas ou adquiridas, valores sociais ou religiosos marcadamente interferentes na boa relação médico/paciente etc.

(Nota: As diversas fichas admitem texto livre, mas em essência essas fichas devem ser preenchidas com base no glossário terminológico oferecido através da seleção e marcação de círculos e quadrados. Atentar para o fato de que os elementos apontados por marcação de círculos são excludentes entre si. Os registrados com quadrados não se excluem, são cumulativos.)

QUEIXA PRINCIPAL

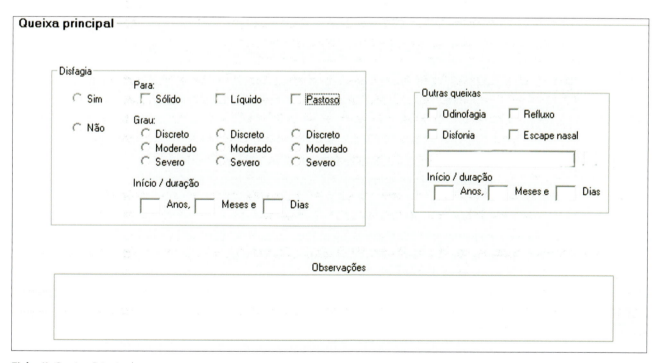

Ficha II Queixa Principal.

É importante entender o significado da queixa oferecida pelo paciente. Em caso de dúvida, buscar esclarecer, pedindo que ele descreva seu entendimento sobre a queixa. Se persistir a dificuldade, a queixa deve ser transcrita como um texto livre no quadro de observação.

1 - Disfagia: dificuldade "patológica" de deglutir. Dis = dificuldade; phagus = comer. Pode ser alta oral e/ou faríngea e baixa quando em nível do esôfago ou da transição esofagogástrica. A etiologia mais frequente é a neurológica, mas não é incomum existir em associação a doenças tumorais (extraparietais, parietais e luminais), degenerativas, da junção neuromuscular, musculares e outras.

Observações:
1 - A ficha seguinte (doenças associadas) deve ser a usada para o registro da História Patológica Pregressa (HPP). No entanto, quando a queixa for sim para disfagia, é importante inquirir e, se julgado relevante, registrar no campo das observações, possível emagrecimento (de quanto e em que intervalo de tempo) e possíveis relações patológicas que o paciente entenda como relacionadas com sua queixa principal.

2 - Chamar atenção para a progressão da disfagia de um tipo de consistência para outro em associação, que inicialmente não existia. Destacar queixas de disfagia (dificuldade caracterizada como alta) do bloqueio do trânsito, dito usualmente como "entalo", que caracteriza a disfagia ou bloqueio em nível baixo (esofágico). Quando a disfagia não for referida como queixa principal; buscar referir o que para o paciente é considerado como a queixa principal.

3 - Iniciar cada observação complementar julgada necessária, com a definição do item a que se refere.

1.1 - Para: indica a consistência do bolo alimentar para a qual a queixa se faz presente.

1.1.1 - Sólido: referida quando a queixa de disfagia apontar a dificuldade de deglutir para alimentos como arroz, feijão, carne, que terminam por formar bolo com volume e consistência definidos como sólidos e pouco modeláveis .

1.1.2 - Líquido: referida quando a queixa se fizer presente para a deglutição de água ou soluções pouco mais viscosas, mais ainda aquosas, capazes de escorrer e se modelar por ação da gravidade.

1.1.3 - Pastoso: consistências mais viscosas, cremosas, capazes de fluir por ação da gravidade, mas de forma lenta, por sua maior adesividade às paredes do tubo.

1.2 - Grau: notação subjetiva da intensidade do desconforto causado pela dificuldade de deglutição (deve ser definida levando-se em consideração o entendimento do paciente).

1.2.1 - Discreto: dificuldade pouco expressiva que não impede a ingestão de alimentos, mas que exige esforço, cuidados e, às vezes, adaptação dietética.

1.2.2 - Moderado: dificuldade de maior expressão que, com frequência, produz transtornos alimentares, podendo expor a proteção das vias aéreas com penetrações e clareamento destas.

1.2.3 - Severo: dificuldade grave, que torna a via oral potencialmente perigosa, em especial pela presença de penetrações e aspirações frequentes.

2 - Início / Duração: autoexplicativo - Embora permita, não exige precisão. Obs.: chamar atenção para a progressão da disfagia de um tipo de consistência para outros, em associação, que inicialmente não existiam. Destacar queixas de disfagia (dificuldade caracterizada como alta), do bloqueio do trânsito dito, usualmente como "entalo", que caracteriza a disfagia ou bloqueio em nível baixo (esofágico). Em especial, quando a disfagia não for referida como queixa principal, buscar referir o que, para o paciente, é considerado como a queixa principal.

3 - Outras queixas: Só marcar quando positivo, isto é, quando existir a queixa em associação com a disfagia, ou isoladamente, como queixa principal.

3.1 - Odinofagia: queixa de dor associada ao esforço de deglutição. Buscar definir se crônica, parte da doença disfágica, ou se associada a processo inflamatório agudo. Inspeção e palpação devem complementar esta observação.

3.2 - Disfonia: distúrbio ou dificuldade que atinja a qualidade ou capacidade fonatória do paciente.

3.3 - Refluxo: aqui se trata de uma queixa. O paciente deve informar, quando positiva, a presença de queimação retroesternal ou a sensação de queimação que ascende do epigástrio para o tórax. Frequência, intensidade e relação com dieta e postura devem ser questionadas e informadas como observação adicional.

3.4 - Escape nasal: refere-se à saída, em especial de dieta líquida, pelo nariz ou, ainda, a percepção de que o vedamento palatofaríngeo é deficiente. A observação desta queixa deve ser complementada pelo questionamento de frequência e intensidade.

3.5 - Espaço em branco: espaço destinado ao registro de uma outra queixa não prevista, como pirose ou azia, em que a queimação se mantém em nível de epigástrio, podendo caracterizar uma gastrite e não refluxo ou, ainda, outras queixas menos frequentes, mas que em um determinado contexto mereça registro.

4 - Observações: iniciar cada observação complementar, julgada necessária, com a definição do item a que se refere.

DOENÇAS ASSOCIADAS

Ficha III Doenças Associadas.

Esta ficha contém os dados mais relevantes, mas deve ser entendida como a de registro da História Patológica Pregressa (HPP). O paciente deve ser ouvido e o que de pertinente em sua história, e não registrado na página anterior, deverá ser no setor de observações desta página. Posturas, dificuldades, sensações, impressões subjetivas e referências a ocorrências consideradas relevantes, pelo paciente e/ou familiar, são exemplos de fatos que podem ser aqui notificados. Também é relevante especular dificuldades e duração das refeições e se ocorrem engasgos ou crises de tosse relacionados ao ato de ingerir o conteúdo oral.

Observação:
Resultados relevantes de exames já realizados e impressões diagnósticas já cogitadas devem ser referidos no campo resumo de "exames prévios correlatos".

1 - A. V. E. (Acidente Vascular Encefálico): se direito, esquerdo ou alterno, referir no campo de observações livres.

1.1 - Isquêmico: (vaso espasmo, obstrução) só referir quando diagnosticado por exame complementar pertinente.

1.2 - Hemorrágico: (ruptura vascular) só referir quando diagnosticado por exame complementar pertinente.

2 - T. C. E: Traumatismo. Crânio-Encefálico. História.

3 - E. L. A: Esclerose Lateral Amiotrófica. Diagnóstico ou sinais.

4 - Parkinsonismo: doença de Parkinson. Diagnóstico ou sinais (observar presença ou ausência de rigidez).

5 - Miastenia: diagnóstico ou sinais.

6 - Espaço em branco: espaço que permite a inclusão de outras etiologias, como Poliomielite, Síndrome de Guillain-Barré, Miopatias etc.

7 - Encefalopatia crônica da infância (paralisia cerebral): a expressão "Paralisia Cerebral" engloba um conjunto de acometimentos do Sistema Nervoso Central, que se dá por diminuição da oxigenação cerebral que termina lesando áreas que controlam diversas funções; entre elas, a deglutição. Usualmente é determinada por asfixias do perinatal (pré, per e pós). Fora do período perinatal as encefalopatias da infância são mais comumente devidas a acidentes anestésicos, afogamentos ou outros tipos de asfixia. Configura-se clinicamente por distúrbios do controle motor (movimento, postura, tônus, equilíbrio). Paresia ou distúrbios motores outros, que não a diminuição / abolição da força muscular, são considerados como mais frequentes que a paralisia. As formas clínicas e localizações que caracterizam a doença se complementam por distúrbios associados (deficiência mental, epilepsia, distúrbios da linguagem, do comportamento, alterações visuais e ortopédicas).

Observação:
1 - prematuridade, malformações congênitas, síndromes genéticas, erros inatos de metabolismo e mesmo traumatismos e tumores são possíveis causas de disfagia na infância. O espaço de observações deve ser utilizado para o registro desses fatos, quando devido.

7.1 - Tipo clínico: usualmente os tipos clínicos abaixo referidos se mostram em associação. As associações relevantes devem ser destacadas. Em caso de dúvida faça registro no campo de observações.

7.1.1 - Espástico: contrações musculares involuntárias, súbitas e intensas. Podem ser clônicas, onde as contrações musculares são transitórias e se intercalam com períodos de relaxamento, ou tônicas, onde os períodos de contração muscular são prolongados. As contrações espásticas podem ser dolorosas.

7.1.2 - Coreico: movimentos involuntários, irregulares e espasmódicos, dos músculos dos membros e da face, acompanhados de hipotonia e mialgia.

7.1.3 - Atetoide: movimentos involuntários lentos e ondulantes, especialmente nas extremidades. (Associado à lesão do corpo estriado contralateral).

7.1.4 - Distônico: movimento involuntário que se caracteriza pela contração lenta e mantida de um determinado grupo ou grupos musculares.

7.1.5 - Atáxico: incapacidade de coordenar os movimentos voluntários (associado à lesão cerebelar ou de núcleos da base)

7.2 - Localização: faz referência aos segmentos (membros) acometidos.

7.2.1 - Tetraparético: acomete os quatro membros.

7.2.2 - Diparético: acomete os dois membros inferiores ou os dois superiores.

7.2.2.1 - Sup. (Superior).

7.2.2.2 - Inf. (Inferior).

7.2.3 - Hemiparético: acomete os membros superior e inferior à direita ou à esquerda.

7.2.3.1 - Dir. (Direito).

7.2.3.2 - Esq. (Esquerdo).

EXAME FÍSICO DIRIGIDO

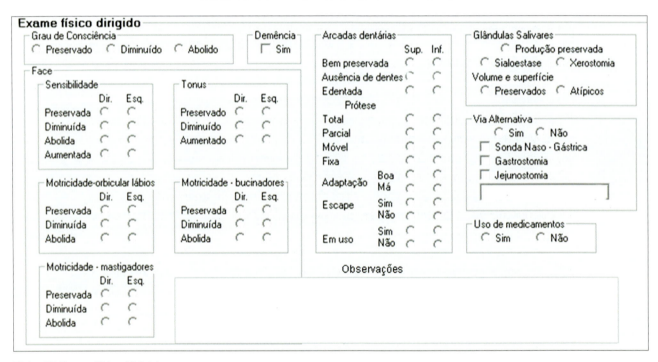

Ficha IV Exame Físico Dirigido.

Na avaliação das fases oral e faríngea da deglutição é importante conduzir-se exame físico, por inspeção e palpação oral e cervical, com observação do território dos nervos cranianos envolvidos na deglutição. Devem-se observar e registrar os seguintes elementos contidos na ficha:

1 - Grau de consciência:

1.1 - Preservado: indivíduo orientado no espaço e no tempo. Orientado auto e halo psiquicamente. Normal, em estado de função eficaz, comportamento satisfatório para o indivíduo e para o seu meio social.

1.2 - Diminuído: próximo ao normal. Capaz de demonstrar orientação espacial e temporal deixando, no entanto, perceber dificuldade e até eventuais laivos de desconexão com a realidade do momento.

1.3 - Abolido: paciente incapaz de interagir, por controle da vontade, com o meio ambiente e examinador.

2 - Demência:

2.1 - Amentia, loucura: profunda deterioração do estado mental, devido a fatores orgânicos ou psicológicos; cursa com desorientação, distúrbios da memória, do raciocínio e do intelecto.

3 - Face: a declaração de normalidade pode substituir a testagem detalhada, mas não exclui o questionamento e a inspeção dos itens:

3.1 - Sensibilidade: capacidade para perceber e discriminar variações de intensidade, de pressão, temperatura e estímulo álgidos (raízes sensitivas do V nervo craniano).

3.1.1 - Preservada: não existem queixas e os estímulos são adequadamente reconhecidos.

3.1.2 - Diminuída: existe a queixa da sensibilidade diminuída, e a percepção mostra-se restrita aos estímulos mais vigorosos.

3.1.3 - Abolida: ausência total de percepção e resposta aos estímulos. Deve ser testada sem que o paciente perceba o instrumental utilizado.

3.1.4 - Aumentada: hiperestesia referida e produzida por teste.

3.2 - Tônus: diz respeito à tensão de repouso dos músculos mastigadores (raiz motora do V nervo craniano) e dos cuticulares (VII nervo craniano).

3.2.1 - Preservado: os sulcos e relevos de expressão facial mostram-se preservados bilateralmente. A simetria facial está presente. Os músculos, em especial os mastigadores, por seu maior volume, mostram-se com consistência, força e volume inalterados.

3.2.2 - Diminuído: tensão e consistência muscular diminuída uni ou bilateralmente.

3.2.3 - Aumentado: espasticidade (lesão motora piramidal): A resistência ao estiramento é inicial; hipertonia - lesões extrapiramidais: A resistência ao estiramento é contínua.

3.3 e 3.4 - Motricidade do orbicular e dos bucinadores: (VII nervo craniano) a inserção comum na rafe bucal e a inervação dependente do mesmo nervo craniano (VII) determinam ação integrada durante a contração funcional destes músculos. O sétimo nervo é responsável pela inervação dos cuticulares; quando lesado, deixa ver o desaparecimento das marcas de expressão, que terminam por refletir desenervação destes músculos. A comissura labial se desvia e as ações que a mobilizariam deixam ver sua ineficiência. Escapes oral e protrusão lateral da hemiface lesada, como resposta ao aumento pressórico intrabucal, são os fatos mais relevantes.

3.3 - Motricidade do orbicular: (VII nervo craniano)

3.3.1 - Preservada: comissura centrada, resistente aos aumentos pressóricos intraorais. Rafes com capacidade de deslocamento equivalente, à direita e à esquerda, no sentido medial, quando da sucção, e no sentido lateral quando da expressão de sorriso.

3.3.2 - Diminuída: aposição pressórica do lábio superior contra o inferior, diminuída. O escape pode ser controlado.

3.3.3 - Abolida: desvio da comissura labial, escape oral franco.

3.4 - Motricidade - bucinadores: (VII nervo craniano).

3.4.1 - Preservada: resiste, sem protrusão, ao aumento de pressão intraoral durante a ejeção. Está associada à integridade do orbicular.

3.4.2 - Diminuída: menor resistência ao aumento pressórico intraoral, mas em associação ao orbicular, permite o controle do escape oral.

3.4.3 - Abolida: evidente fraqueza e bocelamento da parede lateral, quando do aumento da pressão intrabucal.

3.5 - Motricidade - mastigadores: (raiz motora do V nervo craniano - avaliação da potência dos músculos dos mastigadores). Deve ser testada por esforço, contra resistência, para o fechamento e abertura da boca e para a lateralização e protrusão da mandíbula.

3.5.1 - Preservada: importante estar seguro de que a força não diminui após certo tempo de atividade, como pode ocorrer na miastenia.

3.5.2 - Diminuída: ter cuidado com associações outras, como próteses mal adaptadas ou desusos, que possam comprometer a força sem que lesões musculares formais estejam presentes.

3.5.3 - Abolida: autoexplicativa.

4 - Arcadas dentárias (dentes):

4.1 - Bem preservada: naturais ou restaurados, conotando cuidados com a higiene e função oral. Buscar informação de capacidade mastigatória para alimentos de mais complexo preparo, como os sólidos.

4.2 - Dentes ausentes: referir as ausências de dentes, informando se há ou não boa preservação. Informar presença de cáries, fraturas e elementos que denotem descuido. Buscar informação sobre dificuldades no preparo, em especial, de alimentos sólidos resguardando o estado. Devemos ainda referir e especificar ausências que não sejam as dos terceiros molares. Quando esta ausência for extensa, em um ou mais quadrantes, sem substituição por prótese, o fato deve ser referido.

4.3 - Edentado: ausência total de dentes na arcada referida com reabsorção óssea evidente.

4.4 - Prótese: não deixar de avaliar. Com frequência a informação de eficiência e conforto com a prótese não exclui inabilidade mastigatória. Verificar se se adapta bem ou mal, a quanto tempo tem e usa a prótese e qual a frequência de revisão de sua eficiência. Buscar saber se o uso é constante ou eventual. Buscar saber se usa a prótese para preparo do alimento ou como componente estético e social. Em dúvida, recomendar revisão odontológica.

Observação:

Buscar inquirir se as dificuldades relatadas foram observadas com ou sem o uso de prótese. Reproduzir durante a avaliação, pelo menos a princípio, as condições que geraram as queixas.

4.4.1 - Total: quando a arcada, totalmente edentada, apresentar prótese substitutiva de superposição ou de implante.

4.4.2 - Parcial: sempre que a prótese ocupar áreas parciais da edentação.

4.4.3 - Móvel: prótese ajustada sobre áreas retraídas, sem uso de fixações. Estado da prótese, tempo de confecção e cuidados e condições da adaptação devem ser observados.

4.4.4 - Fixa: quando implante ou pontes fixas.

4.4.5 - Adaptação: inquirir qualidade funcional da prótese definindo-a como boa ou má, por entendimento do paciente. Observações discordantes, por parte do observador, devem ser referidas no campo Observações.

4.4.6 - Escape: esta observação deve ser associada ao uso permanente ou eventual da prótese. Se o uso for eventual, o exame deve ser procedido com e sem a presença da prótese.

4.4.7 - Em uso: deve ser observado se o paciente utiliza a prótese de modo sistemático ou se a está usando somente durante o exame

5 - Glândulas salivares:

5.1 - Produção preservada: marcar, quando não existirem queixas nem evidências de xerostomia.

5.2 - Sialoestase: marcar quando houver queixa de excesso de saliva oral. Pacientes que se queixam de excesso de saliva na boca. Pacientes que referem babar com frequência e que amanhecem com o travesseiro molhado pela baba. A expressão sialorreia, que significa o escorrimento, o escape da saliva para fora da cavidade oral, em tese, poderia ser devido a um excesso de produção ou a uma inabilidade de deglutir a saliva produzida em volume normal, o que até prova em contrario é o que de fato ocorre. Dessa forma sialorreia ou sialoestase representa dificuldade em deglutir. Entendemos que a sialorreia decorra de um grau maior de dificuldade de deglutir e a sialostase a uma retenção melhor gerenciada. Assim, sialostase ou sialorreia configuram-se em um mesmo fenômeno mas em graus distintos na severidade do gerenciamento da saliva normalmente produzida. Observações preliminares em pacientes com doença de Parkinson permitiram a admissão que estes pacientes podem apresentar maior velocidade no índice de excreção salivar.

5.3 - Xerostomia: boca seca, usualmente pela produção diminuída de saliva. Com o envelhecimento, a redução da produção de saliva, com consequente xerostomia, é um fato esperado, na degeneração produzida pela senilidade. No entanto, este fato comum no indivíduo idoso interfere na adequada fisiologia da deglutição e deve ser registrado.

5.4 - Volume e superfície:

5.4.1 - Preservados: as dimensões não se sobressaem no relevo facial e a superfície não revela massas, concreções ou císticos.

5.4.2 - Atípicos: se marcado, descrever as atipias no espaço de observação.

6 - Via alternativa:

6.1 - Sonda nasogástrica; Gastrostomia; Jejunostomia: registrar tempo de uso, calibre da sonda, resultados nutricionais, alterações relacionadas e queixas no quadro de observações.

6.2 - Espaço em branco: para registro de uma outra via alternativa como sonda nasoduodenal ou jejunal.

7 - Uso de medicamentos: se sim, usar o espaço Observações para informar qual ou quais os medicamentos e a posologia utilizada e se este uso é com prescrição ou não. É importante buscar conhecer, em cada caso, a indicação e os possíveis efeitos colaterais da medicação utilizada. Como exemplo, os anticolinérgicos produzem xerostomia, que pode estar sendo importante no caso clínico em questão.

8 - Observações: todo e qualquer fato relevante, relativo aos itens aqui avaliados, e que não tenham sido registrados, por falta de previsão, devem ser registrados neste espaço de livre registro.

EXAME FÍSICO DIRIGIDO E ASPECTOS VIDEOFLUOROSCÓPICOS GERAIS

Ficha V Exame Físico Dirigido e Aspectos Videofluoroscópicos Gerais.

1 - Exame físico dirigido:

1.1 - Sensibilidade da cavidade oral: (V e IX nervos cranianos) a porção anterior da boca e os 2/3 anteriores da língua são inervados sensorialmente pelo V nervo craniano. A porção posterior (palato mole) e o 1/3 posterior da língua têm sua sensibilidade geral carreada pelo glossofaríngeo. A integridade destes nervos permite perceber variações de temperatura, presença física do alimento, o volume e a consistência do bolo (viscosidade). O paciente deve ser questionado quanto a sua capacidade de perceber as características do conteúdo oral.

1.1.1 - Preservada: não há queixa. O paciente é capaz de qualificar o bolo de modo adequado. De um modo geral, não é necessário avaliar a informação do paciente é suficiente.

1.1.2 - Diminuída: existem queixas. O paciente percebe o bolo, mas não é capaz de qualificação adequada. É necessário avaliar e inquirir de modo direcionado.

1.1.3 - Abolida: quando toda e qualquer percepção está ausente. Não resposta aos estímulos diretos.

1.1.4 - Aumentada: hiperestesia (observar possível presença de lesões aftosas, glossite, estomatites, doenças gengivais ou outras).

1.2 - Gustação: (VII e IX nervos cranianos) percebida na língua e no palato mas especialmente na língua, tem como responsável pela condução, em seus 2/3 anteriores, o nervo facial e no 1/3 posterior o nervo glossofaríngeo.

1.2.1 - Preservada: paciente informa percepção dos gostos básicos: doce, salgado, azedo e amargo. A princípio não é necessário testar.

1.2.2 - Diminuída: existem queixas. Aqui, testar aumenta a segurança da informação. Observar presença de quadro gripal ou outros quadros sistêmicos, também capazes de interferir na percepção gustatória. Doenças orais, especialmente as inflamatórias, podem interferir na percepção. É necessário inquirir de modo direcionado.

1.2.3 - Abolida: quase sempre indica lesão de vias.

1.3 - Volume - língua.

1.3.1 - Preservado: ocupa toda a cavidade sem, contudo, produzir desconforto.

1.3.2 - Diminuído: usualmente unilateral por desenervação.

1.3.3 - Aumentado: produz desconforto e escape de saliva. A macroglossia, que afeta a língua como um todo, pode ser devida a hipotireoidismo, cretinismo, glossites etc. Com predomínio unilateral, pensar em rânula (cisto de glândula salivar), hemangiomas ou outras tumorações. Outras características, julgadas importantes, podem ser referidas, em texto livre, no setor de observações.

1.4 - Motricidade - língua: (XII nervo craniano) de responsabilidade exclusiva do nervo hipoglosso; tanto para os músculos extrínsecos, como para os intrínsecos. Lembrar que, embora anatomicamente única, é funcionalmente par.

1.4.1 - Preservada: presença de tônus, liberdade de movimentos e força.

1.4.2 - Diminuída: com frequência, lesão central unilateral. O lado sadio conduz o patológico. A externalização da língua deixa ver desvio para o lado sadio por falta de modulação contralateral.

1.4.3 - Abolida: usualmente, lesão bilateral dos troncos dos nervos hipoglosso. Mais frequentemente associada à cirurgia de lesões tumorais.

1.4.4 - Movimentos Involuntários - Tremores: (doença de Parkinson).

1.4.5 - Rigidez: hipertonia mantida durante o curso do movimento. Há resistência inclusive aos movimentos passivos. Pode ser encontrada na doença de Parkinson.

1.5 - Motricidade - palato: (V e X nervos cranianos) deve-se observar por inspeção direta se há algum grau de comprometimento à direita ou à esquerda. Paralisias unilaterais, mesmo em imagens videofluoroscópicas de perfil ou oblíquadas, onde em tese poderíamos identificar algum grau de comprometimento, são de pouca ajuda e podem não mostrar alterações, pois o lado sadio arrasta o paralisado e tem-se a impressão de dinâmica adequada. É mandatório que se avaliem a morfologia e a dinâmica do palato, por inspeção direta, antes de qualquer avaliação armada.

1.5.1 - Preservada: quando ambos os lados são capazes de apor firmemente à parede faríngea.

1.5.2 - Diminuída: deve ser apontada quando dos vedamentos parciais como os que ocorrem nas paralisias unilaterais.

1.5.3 - Abolida: na infrequente possibilidade de paralisia bilateral ou em presença de fendas palatinas.

Observação:
Embora com avaliação prevista para a ficha seguinte, é conveniente lembrar que lesões unilaterais severas, com comprometimento adicional da parede faríngea, em nível do ponto de aposição palatofaríngea (fascículo pterigofaríngeo do constritor superior da faringe), permitem a geração de franco escape nasal. É bom atentar que aposições palatofaríngeas deficientes geram escape pressórico da orofaringe para a rinofaringe, mesmo em ausência de escapes evidentes de meio de contraste. Em caso de dúvidas quanto à insuficiência palatal é conveniente, durante o exame videofluoroscópico, avaliar a deglutição com líquido (solução e sulfato de bário) com o paciente em decúbito lateral (do lado da lesão).

2 - Aspectos videofluoroscópicos gerais - Observações óssea e estrutural da cabeça e pescoço: trata-se de avaliação videofluoroscópica preliminar, onde se vão verificar as características do esqueleto ósseo e configuração anatômica das demais estruturas da região. Deve preceder ao uso de meios de contraste.

2.1 - Ossos: especial atenção deve ser dada à integridade e dimensão da mandíbula e maxila. Informar reabsorções ósseas significantes. Densidades de próteses e restaurações devem ser informadas no campo de observações.

2.1.1 - Densidade: deve ser considerada levando-se em conta a idade e o sexo.

2.1.1.1 - Preservada: quando compatível com idade e sexo, e em ausência de transparências acentuadas ou calcificações atípicas.

2.1.1.2 - Reduzida: Osteoporose.

2.1.2 - Hiperostose: (caracteriza-se por hipotransparência óssea adicional localizada em uma área do osso ou a ele adicionada) como exemplo os osteófitos. A localização da hiperostose deve ser indicada no espaço de observação.

2.1.3 - Lise óssea: caracteriza-se por zonas circunscritas de hipertransparências ósseas. A localização e as características da lise devem ser indicadas no espaço de observação.

2.2 - Demais estruturas anatômicas: aqui se considerarão todas as demais estruturas cervicofaciais. A ideia é garantir que não se deixem passar alterações morfológicas das estruturas regionais. Calcificações nas cartilagens tireoide, cricoide e aritenoide devem ser referidas no campo de livre observação.

2.2.1 - Preservadas sim / não: preservadas sim significam a não detecção de alterações em qualquer das estruturas regionais. Preservadas não obrigam a que se informem nas observações a estrutura comprometida e as características da alteração. Buscar descrever as possíveis alterações na liberdade de movimentos (aderências), alterações de volume, características das superfícies palpáveis, consistência e variações de coloração, se existirem.

3 - Observações: qualquer fato ou alteração não registrado nos itens apresentados na ficha devem ser registrados no campo das observações.

VIDEOFLUOROSCOPIA – FASE ORAL

Videofluoroscopia - fase oral

Preparo
- ○ Adequado   ○ Dificuldade parcial   ○ Inadequado

Qualificação
- ○ Sem queixa   ○ Deficiente

Organização (acomodação)
- ○ Fechada   ○ Aberta   ○ Inconsistente

Ejeção
- ○ Eficiente, em sincronismo com a abertura da TFE
- ○ Eficiente, sem sincronismo com a abertura da TFE
- ○ Deficiente, em sincronismo com a abertura da TFE
- ○ Deficiente, sem sincronismo com a abertura da TFE
- ○ Ausente / Força da gravidade

Organização / Ejeção
- ○ Tipper
- ○ Dipper
- ○ Tipper adaptado (posição atípica de língua)
- ○ Dipper adaptado (posição atípica de língua)
- ○ Dois tempos
- ☐ Escape intra-oral

Faringe
Escape da oro para a rinofarínge (insuficiência palatal)
Queixa de: ○ Sim   ○ Não
- ☐ Não observado
- ☐ Observado em ortostatismo
- ☐ Observado em decúbito

Observações

Ficha VI Videofluoroscopia - Fase Oral.

Esta é a fase na qual: 1 - prepara-se, 2 - qualifica-se, 3 - organiza-se e 4 - ejeta-se o conteúdo a ser deglutido, da cavidade oral, para a faringe. Uma bem definida organização osteomusculoarticular dá base dinâmica e sustenta a constituição da boca e da câmara bucal, onde os eventos desta fase têm lugar. Glândulas salivares, língua, dentes e uma complexa interação neural complementam a base morfofuncional desta fase da deglutição.

1 - Preparo: primeiro estágio da fase oral da deglutição, em que o alimento é triturado e umidificado, para a formação do bolo (mastigação).

1.1 - Adequado: a organização dentária e a insalivação mostram-se adequadas para fragmentar e umidificar os alimentos, em especial os sólidos. Não há queixa de dificuldades e não há história de seleção de tipos de alimento para facilitar seu preparo.

1.2 - Dificuldade parcial: usualmente associada ao uso de próteses, à má conservação dos dentes e à xerostomia (boca seca). Deve-se procurar história de adaptação a novos tipos de apresentação do alimento.

1.3 - Inadequado: associado a alterações mais graves do aparelho mastigador. Com frequência ocorre em pacientes desdentados ou com próteses mal adaptadas, que escapam ou ferem, levando o paciente a suprimir ou evitar a dieta sólida.

2 - Qualificação: estágio que se interpenetra com o de preparo. O bolo é percebido em seu volume, consistência (viscosidade) e grau de umidificação. Os gostos fundamentais (doce, salgado, azedo e amargo) são discriminados. Em síntese, todas as características físicas e químicas que importam para a eficiência da ejeção oral são percebidas e qualificadas.

Embora possa ser afetado por processos que agridam a percepção na cavidade oral, ou por lesões nervosas tronculares, seu mais frequente e relevante acometimento se deve a doenças neurológicas que acometem o sistema nervoso central. Nos casos em que estas questões existirem ou forem suspeitadas, avaliação instrumental da cavidade oral deve ser feita como complementação às informações colhidas. Deve-se atentar para deficiências unilaterais que podem ser mascaradas pela eficiência contralateral.

Anosmia (diminuição ou perda do olfato), ligadas a processos virais (quadros gripais) ou alérgicos, deve ser considerada e informada à parte, em razão de interferir, mas não constituir dano específico, da função de qualificação.

2.1 - Sem queixa: (Paciente testado ou inquirido deixa ver ou informa adequada percepção oral, no que respeita a todas as sensibilidades e não só aos gostos básicos).

2.2 - Deficiente: existe a queixa e/ou a identificação de uma inadequada percepção do conteúdo oral.

3 - Organização (acomodação): estágio no qual o bolo é posicionado, dinamicamente na cavidade oral, usualmente sobre o dorso da língua. Este estágio, que antecede o de ejeção, caracteriza-se pela acomodação do bolo; este será posicionado de modo a permitir uma eficiente ação de ejeção, do conteúdo oral para a orofaringe. O estojo bucal se compõe ativamente; a extremidade da língua se apõe ao trígono dos incisivos e o corpo da língua se expande lateralmente e se deprime centralmente, acomodando o bolo no espaço formado entre seu dorso e o palato, configurando uma organização fechada. Em ocasiões em que haja variações morfológicas (adaptação) ou deficiências funcionais, o bolo se difunde para outros espaços, criados na cavidade oral. Assim parte do bolo se mantém sobre a língua e parte ocupa espaço à frente e abaixo da língua, configurando uma organização aberta.

Este estágio é volume-dependente, e suas características são mais bem observadas com o uso do meio de contraste líquido.

3.1 - Organização Fechada: acomodação de bolo líquido sobre a língua - O meio líquido se organiza e se mantém acomodado em concavidade ativamente definida sobre o dorso da língua. É vista na relação organização / ejeção do tipo tipper.

3.2 - Organização Aberta: acomodação observada com líquidos (meio de contraste), em que parte do bolo se coloca anteriormente à língua, que é retraída posteriormente (aberta anterior). Maiores volumes ocupam este e demais espaços na cavidade oral (aberta anterossuperior). Acomodação usualmente observada na relação organização/ejeção do tipo dipper.

3.3 - Inconsistente: observa-se incapacidade relativa ou absoluta de manutenção do bolo líquido sobre a língua. Este bolo escapa de um espaço para o outro, enquanto o paciente tenta mantê-lo sobre a língua. Esta inconsistência é volume-dependente. Pequenos volumes são mais facilmente organizados do que os grandes. Deve-se observar tendência adaptativa na seleção dos volumes.

4 - Ejeção: estágio no qual as paredes musculares bucais se contraem e se ajustam e, por ação da língua, com a cavidade oral se pressurizada de anterior para posterior, o bolo é transferido da cavidade oral para a orofaringe.

A invasão pressórica da orofaringe inicia a fase faríngea da deglutição. Desse modo observa-se que, em concomitância com a ejeção oral, há o fechamento da comunicação da oro com a rinofaringe e a elevação do hioide e da laringe com abertura da transição faringoesofágica (TFE). O fechamento da comunicação entre a oro e a rinofaringe, a abertura da TFE, em sincronismo com a ejeção oral e o aumento de resistência das vias aéreas são os responsáveis pela eficiência e adequada função da fase faríngea da deglutição.

4.1 - Eficiente, em sincronismo com a abertura da transição faringoesofágica: define uma ejeção oral que foi capaz de transferir o conteúdo oral para a faringe, que recebeu e transferiu para o esôfago todo o volume recebido, sem que resíduo atípico ficasse retido no nível da transição faringoesofágica, ou seja, a TFE manteve-se aberta em dimensão e tempo suficientes para a transferência do volume deglutido.

4.2 - Eficiência relativa, sem sincronismo com a abertura da transição faringoesofágica: define um esforço de deglutição que foi capaz de transferir o conteúdo oral para a orofaringe, com relativa ou aparente eficiência, mas que se segue por uma dinâmica faríngea onde se observa que a TFE não se abre, ou é capaz de abrir, mas o faz com retardo em relação à ejeção.

4.3 - Deficiente, com apoio da força da gravidade, em sincronismo com a abertura da transição faringoesofágica: define uma ejeção oral ineficiente, potencializada pela ação da gravidade, mas que permite ver sincronismo com a abertura da transição faringoesofágica que, usualmente, é de pequena expressão funcional.

4.4 - Deficiente: define uma ejeção oral ineficiente e dissociada da dinâmica faríngea.

4.5 - Ausente / Força da gravidade: aqui a transferência do conteúdo oral para a faringe se deve, quase exclusivamente, à ação da gravidade. Embora possa haver dinâmica de estruturas orais, estas não são capazes de ejetar o conteúdo oral que escapa passivamente para a faringe.

5 - Organização / Ejeção: diz respeito à relação entre o modo de organização do bolo na cavidade oral e o modo e eficiência da ejeção oral. Em última análise fala da eficiência da relação

entre o estojo oral e a língua, e, ainda, da capacidade da língua para gerar pressão de transferência para o bolo oral. É mais bem observado com o bolo líquido.

5.1 - Tipper: o bolo é organizado sobre a língua (acomodação fechada) e daí transferido em massa e de uma só vez para a faringe. A ponta da língua se apõe sobre o trígono dos incisivos.

5.2 - Dipper: a língua se mostra retraída, criando espaço anterior. O bolo se acomoda à frente e sobre a língua e é transferido para a orofaringe em esforço que afeta, primeiro, a parte que está sobre e, a seguir, a que está à frente em movimento contínuo. A língua se projeta anteriormente, deslizando sobre o soalho da boca e termina aposta no nível do trígono dos incisivos.

5.3 - Tipper adaptado (posição atípica da língua): passível de ser observado em alguns casos, como mordida cruzada, em que a língua se interpõe entre os dentes, mas é capaz de septar a cavidade oral e manter o bolo líquido acomodado sobre ela, de onde é ejetado em massa, e de uma só vez, para a faringe.

5.4 - Dipper adaptado (posição atípica da língua): a língua deixa espaço lateral e inferior. O meio de contraste se acomoda sobre, à frente e sob a língua e é transferido para a orofaringe em esforço que transfere, primeiro, a parte que está sobre e a seguir, a que está à frente e sob, em movimento contínuo. A língua interposta entre os dentes comprime o soalho da boca e segue pressurizando a cavidade oral de anterior para posterior.

5.5 - Dois tempos: ocorre quando o conteúdo oral inicia sua transferência de sobre a língua para a orofaringe, por ação da gravidade, sendo de imediato propelida por ação pressórica oral. De um modo geral, o líquido escorre sobre o dorso da língua e, mal atinge as valéculas, já está pressurizado em ejeção efetiva. Em alguns casos vê-se depressão da base da língua. Observa-se que o volume líquido retido na cavidade oral inicia a sua transferência para a faringe, por um abaixamento da base da língua que permite transferência parcial do conteúdo oral, que é ejetado em seguida a esse abaixamento.

5.7 - Escape intraoral: durante o esforço de ejeção, parte do volume escapa para sob a língua, ou de volta à cavidade bucal. Enquanto parte do líquido é transferida para a orofaringe, parte se perde de volta para a cavidade oral. O escape é volume-dependente. Grandes volumes potencializam o escape intraoral.

6 - Faringe (estudo da dinâmica palatofaríngea).

6.1- Escape da oro para a rinofaringe (insuficiência palatal): usualmente, é produzido por paresia ou paralisia unilateral da musculatura palatal. Permite, por insuficiência da aposição palatofaríngea, que haja escape pressórico da oro para a rinofaringe, produzindo ineficiência na propulsão do bolo, com consequente prejuízo da eficiência da função faríngea.

6.2 - Queixa. Sim / não: o sim deve buscar caracterizar escape efetivo e usual, que tem como significado uma deficiente aposição palatofaríngea. O não precisa ser avaliado em busca de aposições palatofaríngeas deficientes, que, de pequena monta mas importantes, podem, pela ação da força da gravidade, passar despercebidas.

6.3- Não observado: deve se constituir em área a ser cuidadosamente analisada durante o exame.

6.4 - Observado em ortostatismo: quando presente em posição ortostática, significa efetiva deficiência de aposição palatofaríngea, mesmo que não haja queixa de escape líquido. Significa que a ejeção está perdendo força efetiva de ejeção por escape pressórico para a rinofaringe.

6.5 - Observado em decúbito: deglutir volume de meio de contraste líquido, em decúbito lateral, permite, por se ter abolida a ação da gravidade, potencializar, quando há deficiência, o escape palatal, que passaria despercebido se só o avaliássemos em posição ortostática.

7 - Observações: deve ser usado se alguma questão relevante não tiver sido atendida.

VIDEOFLUOROSCOPIA – FASE FARÍNGEA

Ficha VII Videofluoroscopia - Fase Farígea.

Fase faríngea: o primeiro tempo da fase involuntária da deglutição teve sua observação iniciada já na ficha anterior; constitui-se no primeiro tempo da fase involuntária da deglutição. Caracteriza-se por uma dinâmica que impede a dissipação da pressão gerada pela ejeção oral, que bloqueia as vias aéreas contra a permeação por corpos estranhos e direciona o bolo alimentar no sentido do esôfago.

1- Elevação hióidea e laríngea: elevação, anteriorização e manutenção desta elevação são dependência da musculatura supra-hióidea. Essa musculatura é inervada pelo trigêmeo (V nervo = músculo milo-hióideo, ventre anterior do músculo digástrico), pelo facial (VII nervo = ventre posterior do músculo digástrico), pelo glossofaríngeo (IX nervo = músculo estilo-hióideo) e por ramo do plexo cervical, via nervo hipoglosso (músculo gênio-hióideo). Convém lembrar que o fascículo posterior do genioglosso (músculo da língua), inervado pelo nervo hipoglosso, apresenta fixação no osso hioide, podendo atuar em sua anteriorização. Devemos observar não só se ocorrem elevação e anteriorização hióidea e laríngea, mas também se esse deslocamento se mantém durante o tempo demandado pelo bolo ejetado da cavidade oral.

A extensão diz respeito à liberdade de movimento do hioide, e o da laringe e tempo diz respeito à manutenção da excursão dessas estruturas.

1.1 - Adequada: a dinâmica se processa deixando ver sincronismo entre a ejeção oral, a dinâmica hio-laringea e a abertura da transição faringoesofagica. O hioide e a laringe se elevam, se anteriorizam e se sustentam durante todo o tempo da fase faríngea.

1.2 - Inadequada: o retorno à posição de repouso é prematuro, fazendo com que a transição se feche antes da passagem do bolo da faringe para o esôfago.

1.2.1 - Extensão: compreende a elevação e anteriorização do hioide e da laringe e pode se apresentar preservada mesmo em patologias que debilitem a função hiolaríngea, pelo comprometimento da força de manutenção dessa elevação.

1.2.2 - Tempo: diz respeito à capacidade de sustentar o conjunto hiolaríngeo em posição elevada, em atenção à ejeção oral efetuada.

2 - Abertura da T. F. E: intimamente relacionada à dinâmica hioidea e laríngea, a abertura da TFE se deve, em condições normais, à adequada abertura, em dimensão e tempo, que ocorre durante a fase faríngea da deglutição. Essa abertura se dá porque a pinça formada pela laringe (cartilagem cricoide) e a lordose cervical se desfazem quando da elevação hiolaringea, reduzindo a resistência dessa transição.

Observar possível presença de osteófito C5 / C6 provocando compressão da luz faríngea.

2.1 - Adequada em dimensão e tempo: quando deixa ver passagem do fluxo faríngeo para o esofágico, sem que haja retenção do conteúdo deglutido. Essa abertura se inicia na fase oral e se estende até o final da fase faríngea.

2.2 - Deficiente: usualmente por falta de sincronismo entre a ejeção e a abertura da TFE. A retenção é temporária, de menor monta, mas implica, com frequência, ameaça à proteção às vias aéreas.

2.3 - Deficiente com resíduo: a resistência ao fluxo faringoesofágico é constante, a abertura é incompleta e quase sempre o resíduo é de monta e cumulativo.

2.4 - Hipertrofia: barra faríngea, imagem supressiva constante que demonstra zona angustiada na transição faringoesofágica (TFE) - Hipertrofia do fascículo transverso do músculo cricofaríngeo.

3 - Proteção das vias aéreas: deve-se observar se essa proteção se faz de forma adequada ou inadequada, se há penetrações e/ou aspirações e se essas se fazem pelos meios sólidos, líquidos ou pastosos. Eventualmente, o paciente é capaz de se proteger de um meio e não de

outro. Penetrações e aspirações com meio líquido são mais frequentes. É importante definir se o conteúdo aspirado é ou não clareado, expulso por reflexo da tosse, do interior da laringe ou mesmo da traqueia. Muitas vezes, aspirações até os primeiros anéis traqueais são, em determinados indivíduos, sistematicamente clareadas, o que certamente tem prognóstico mais próximo ao das penetrações. É importante referir retenção faríngea de resíduos e a monta desta retenção.

3.1 - Adequada: indica a capacidade de deglutir sem que haja permeação das vias aéreas, pelo conteúdo deglutido, de qualquer natureza. Mais bem estudada com o meio líquido. História de tosse relacionada à deglutição e queixa de engasgos não invalidam a possibilidade de uma proteção adequada. Mas o fato de se observar adequada proteção durante o exame não implica que o paciente não tenha tido permeações anteriores e que não possa apresentar de futuro. Assim a observação de proteção adequada deve rezar que a proteção se mostrou adequada durante o exame e que não se visualizou permeação das vias aéreas. Muitas vezes ejeções de pequeno valor pressórico permitem ver, por menor pressurização do vestíbulo laríngeo, a presença de insinuações que não se configuram em permeação das vias aéreas. Mostram-se como pequenas convexidades que marcam o ádito laríngeo sem permeá-lo.

3.2 - Inadequada: ocorre quando há permeação das vias aéreas por penetração e/ou aspiração.

3.2.1 - Penetração das vias aéreas por: Sólidos / Líquidos / Pastosos: melhor estudada com meio de contraste líquido. Definir-se-á como tendo havido penetração, quando o conteúdo que invade as vias aéreas não ultrapassa os limites das pregas vocais.

3.2.2 - Aspiração de: Sólidos / Líquidos / Pastosos: melhor estudada com meio de contraste líquido. Definiremos como aspiração, quando o conteúdo que invade as vias aéreas ultrapassar os limites das pregas vocais.

3.3 - Com clareamento: muitas vezes o meio líquido contrastado ultrapassa as pregas vocais configurando uma aspiração; mas o paciente, sistematicamente, é capaz de expelir por pigarro ou tosse o meio aspirado, clareando as vias aéreas. O prognóstico desse tipo de aspiração é, desse modo, semelhante ao das penetrações.

3.4 - De monta com resíduo: aqui a aspiração é de maior volume e as vias aéreas se mostram invadidas por volume que, se deixado, progride para o interior das vias aéreas. São pacientes que tiveram ou poderão desenvolver quadro pneumônico.

4 - Faringe: a faringe é um tubo muscular cujas paredes posterolaterais se constituem pela superposição de diversos fascículos. Sua pressão interna é intermitentemente elevada pela dinâmica da deglutição. Pontos específicos da faringe apresentam menor resistência e são capazes de ceder a valores pressóricos elevados, permitindo o surgimento de alterações morfológicas parietais.

4.1 - Sequência contrátil: a dinâmica da fase faríngea depende da eficiência da fase oral. A sequência contrátil da musculatura constritora da faringe se deve à despolarização, em sequência craniocaudal, dos fascículos constituintes dos constritores superior, médio e inferior. Essa despolarização se inicia por estímulo oral e, desse modo, pode apresentar-se comprometida ou mesmo ausente, não só por lesão faríngea mas também por deficiência oral. No comprometimento da inervação da musculatura faríngea, à direita ou esquerda, na dependência de sua severidade, podemos observar deficiência da dinâmica faríngea representada por desvios de fluxo e mobilização, em balanço, do conjunto hiolaríngeo. Não muito frequentemente, pode-se observar uma dinâmica atípica na musculatura faríngea. Essa dinâmica atípica está usualmente associada à ausência de oposição pressórica oral e deixa ver amplas ondas contráteis que projetam a parede posterior da faringe no interior da luz. Sua sequência é craniocaudal, mas pode surgir ou ser evidenciada em qualquer nível da faringe.

4.1.1 - Preservada: sequência contrátil de sentido craniocaudal que deixa ver associação com a elevação hiolaríngea e abertura da transição faringoesofágica.

4.1.2 - Abolida: atonia, usualmente unilateral, que se configura por adinamia. Deixa ver alteração dinâmica em báscula do deslocamento hiolaríngeo, com deformidade de morfologia do recesso piriforme. Quase sempre associada a lesão vagal, com efetivo comprometimento da faringe.

4.1.3 - Deficiente: quase sempre associada à deficiência da ejeção oral. Comprometimento secundário a comprometimento da fase oral.

4.1.4 - Atípica: acentuada contração livre da parede muscular constritora. Amplas ondas de cranial para caudal com projeção intraluminal que inclui mucosa da parede faríngea. Muitas vezes quando localizadas em nível da transição faringoesofagica geram endentações intraluminares que simulam barra faríngea.

4.2 - Protrusão orofaríngea: em amigdalectomizados é possível observar algumas vezes, e em visão posteroanterior ou anteroposterior, durante a pressurização faríngea que ocorre na deglutição de meio contrastado líquido, o surgimento de abaulamento da parede da orofaringe acima e lateralmente à projeção das valéculas. Essa protrusão apresenta colo e base alargados. Surge e desaparece de forma intermitente com o aumento e a diminuição da pressão faríngea. Deve-se à fragilização do assoalho da loja amigdaliana pela retirada da amígdala e cicatrização que deixa o assoalho da loja pouco resistente.

4.3 - Protrusão laringofaríngea proximal: lateralmente e pouco abaixo da projeção das valéculas, pode-se observar, uni ou bilateralmente, usualmente com pequeno volume e morfologia variável, projeção sacular ou cônica, que surge como uma protrusão devida à pressurização faríngea e desaparece rapidamente, deixando às vezes discreta marca de contraste em nível de sua projeção (divertículo faríngeo lateral). Evidenciada nos registros em posteroanterior ou anteroposterior da deglutição de meio contrastado líquido, exige discreta hiperextensão cervical para desdobrar sua imagem da imagem da mandíbula. Essa protrusão se faz em região que, quando dissecada, deixa ver área triangular com base superior, cujo assoalho é a mucosa faríngea. Ela é delimitada superiormente, pela borda inferior do corno maior do osso hioide, medialmente, pela borda lateral do músculo tíreo-hióideo e inferolateralmente, pela borda superior da lâmina lateral da cartilagem tireoide e fascículo tíreo-hióideo do músculo constritor inferior da faringe.

4.4 - Protrusão laringofaríngea distal (divertículo de Zenker): formação sacular que se projeta em nível da linha média da parede posterior da faringe, em zona conjuntivo-fascial delimitada acima, pelos fascículos oblíquos do músculo cricofaríngeo e abaixo, pelo fascículo transverso deste músculo. Também é gerada por hiperpressão positiva da luz faríngea.

5 - Observações: texto livre a ser preenchido, se qualquer questão persistir, pouco esclarecida.

VIDEOFLUOROSCOPIA: FASE ESOFÁGICA OU ESOFAGOGÁSTRICA

Ficha VIII Videofluoroscopia - Fase Esofágica ou Esofagogástríca.

A observação videofluoroscópica do esôfago se fará, sobretudo, pelo uso de solução de sulfato de bário, com o paciente em posição ortostática e em decúbitos variados. O importante no exame do esôfago é poder observar a passagem do meio de contraste e observar o tempo e a morfologia do esôfago. Diversas são as estratégias para sua avaliação. Uma das possíveis seria: Em posição ortostática o paciente deverá selecionar, por possibilidade, o maior volume confortável e possível para ser deglutido e registrado videofluoroscopicamente, nas incidências posteroanterior, perfil e oblíquas. Em decúbito, já na fase final do exame, o paciente deglute volumes também por ele selecionados e, se possível, gira ativamente, nos diversos decúbitos, em especial quando existem queixas e pesquisa de refluxo gastroesofágico.

Faz parte do protocolo qualificar as queixas esofágicas: sensação de aperto e dores retroesternais, dificuldades de trânsito referidas como sensações de distensão ou "entalo", queixas e observações sobre o estado geral; dificuldades de deglutição que apontem para bloqueios baixos devido a possíveis impedimentos do trânsito esofágico.

324 - Deglutição & Disfagia - Bases Morfofuncionais e Videofluoroscópicas

Milton Costa

1 - Trânsito esofágico: (deve ser preferencialmente estudado em posição ortostática).

1.1 - Preservado: deve ser referido ao esôfago normal. Embora não formalmente mensurado, as dimensões transversas e longitudinais devem sugerir normalidade. O trânsito se processa livremente, em tempo médio de sete a dez segundos, não deixando resíduos além do que se pode perceber como líquido de adsorção, em uma parede esofágica anatômica. Não devem existir compressões esofágicas que não as definidas como constrições fisiológicas, e o pregueado mucoso deve surgir como linear, longitudinal e fino. A luz definida deve ser tubular e plástica (modelável pelas variações de volume). A peristalse deve ser sequencial e consequente.

1.2 - Livre (com alterações associadas): aqui, embora o trânsito se processe livremente, sem obstáculos que determinem volumes residuais de retenção, podem ser observados deslocamentos, deformidades, compressões ou constrições atípicas, que marcam e deformam a anatomia normal do tubo esofágico.

1.3 - Lento: define-se como lento o trânsito que, nitidamente, ultrapassa os dez segundos de duração, quase sempre com o esvaziamento processando-se em etapas em que retenções temporárias e contrações subsequentes podem ser observadas, mas que ao final de um tempo, nitidamente mais longo, deixa ver um esôfago sem resíduos ou com discretos resíduos, sem que um nível hidroaéreo relevante tenha sido formado.

1.4 - Com resíduo: aqui, um nítido obstáculo mecânico ou funcional pode ser observado. A retenção é marcada e o volume residual, com seu nível hidroaéreo, mantém-se por longo e indefinido tempo.

2 - Contrações terciárias: trata-se de distúrbios da condução motora do esôfago, observados como constrições da parede do esôfago, que ocorrem em diversos níveis de forma simultânea, mostrando anarquia da condução motora, que resulta em contrações não produtivas do órgão.

2.1 - Presentes: podem ser vistas desde como um pequeno serrilhado nos contornos laterais da imagem, na posição posteroanterior, até intensa segmentação que faz o tubo esofágico poder ser definido como em rosário. Usualmente surge em intensidade variável e de modo concomitante em dois, três ou mais pontos, em diferentes níveis do tubo esofágico.

2.2 - Ausentes: implica análise que conclui pela existência de sequência peristáltica permanentemente normal, durante todo o tempo de observação.

3 - Constrições extrínsecas: em seu trânsito da região cervical até o abdômen, o esôfago apresenta relações que podem ser ditas fisiológicas quando próprias da anatomia normal, mas, pela extensão de seu percurso, outras relações que anatomicamente não são tão íntimas podem, por acometimentos patológicos, vir a se avizinhar e comprimir o esôfago.

Na região cervical, doenças tireoidianas que cursem com aumento, como os bócios, ou infiltrativas, como as tireoidites, podem comprometer o livre trânsito esofágico por compressão. Linfonodos aumentados, tumores e até bolsas diverticulares podem produzir compressão esofágica. No tórax, pela maior extensão do esôfago e pelo consequente maior número de relações, maiores são as possibilidades compressivas.

3.1 - Fisiológicas: são quatro as constrições descritas como fisiológicas no esôfago. A primeira, no nível da sexta vértebra cervical, corresponde à transição faringoesofágica. A segunda, cerca de dez centímetros abaixo da primeira, em nível da terceira para a quarta vértebra torácica, deve-se à relação do esôfago com a crossa da aorta que, ao se encurvar da direita para a esquerda, e de cima para baixo, tangencia o contorno esquerdo do esôfago, determinando discreta compressão, que se vê marcada com a distensão esofágica. Cerca de dois centímetros abaixo da segunda, pode-se identificar a terceira constrição, que se deve à relação do esôfago com o brônquio fonte esquerdo. A quarta constrição, em nível próximo à décima vértebra torácica, deve-se ao hiato esofágico. Esse ponto pode ser identificado pelo pinçamento do esôfago, repleto por meio de contraste, que se pode produzir pela inspiração profunda.

3.2 - Crossa da aorta aumentada: a relação da crossa da aorta com o esôfago, dentro de limites, é considerada fisiológica. No entanto, é conveniente observar que este limite pode ser superado e esta relação pode tornar-se de tal forma intensa, que pode vir a determinar dificuldade ao trânsito esofágico, passando a ser uma compressão patológica. O envelhecimento, a aterosclerose e a hipertensão arterial são comemorativos que podem intervir na acentuação da relação aórtico/esofágica, determinando que uma relação antes fisiológica se torne doença.

3.3 - Átrio esquerdo: o aumento das áreas cardíacas, em especial as determinadas por comprometimento do átrio esquerdo, o mais próximo do tubo esofágico, quando se verifica produz compressão proporcional a seu aumento. A compressão produzida pelo átrio esquerdo é patológica, diferentemente das descritas como fisiológicas.

3.4 – Espaço em branco para atender a lesões outras. Formações aneurismáticas, aglomerados de linfonodos produzidos por alterações reacionais, tumores benignos e malignos de tecidos periesofágicos podem também ser responsáveis por compressões extrínsecas. O Anel de Schatzki, embora parietal, pode aqui ser considerado.

4 - Outras observações: diversos são os tipos de acometimento capazes de interferir, em maior ou menor monta, com a função esofágica: estenose, acalasia, refluxo gastroesofágico, hérnia hiatal por deslizamento associada ou não a doença do refluxo, tumores parietais, pólipos, fístulas.

4.1 - Estenose: a estenose configura lesão restritiva capaz de produzir obstrução luminal. Surge como resultado da cicatrização de lesões ulceradas, resultantes de processos corrosivos que atingem a parede esofágica. Essas lesões usualmente são produzidas por agentes químicos ácidos ou bases. O processo cicatricial determina retração tecidual e enrijecimento fibrótico da parede esofágica, com impedimento da distensão da luz e bloqueio parcial ou total, ao livre fluxo. Tumores parietais muitas vezes são capazes de produzir infiltração parietal com projeção luminal, determinando estenose tumoral. A radioterapia pode, também, ser responsável pela formação de estenose, assim como de doenças que produzam intensa reação inflamatória.

4.2 - Acalasia: acalasia (ausência de relaxamento muscular) é o processo obstrutivo determinado por irresponsividade da extremidade distal do esôfago, que deixa de se relaxar em associação à pressurização a montante do esôfago, determinando o bloqueio do fluxo esofagogástrico. Essa irresponsividade se deve a uma destruição do plexo nervoso da extremidade distal do esôfago, que pode ser de origem chagásica, química ou idiopática. Observa-se que a porção sadia, acima da zona angustiada, distende-se e, em fases mais iniciais, é capaz de mostrar contração de luta. A morfologia radiológica típica da zona irresponsiva permite que se a defina como em "bico de pássaro" ou "rabo de rato".

4.3 - Refluxo gastroesofágico: a transição esofagogástrica deve ser fisiologicamente resistente ao retorno do conteúdo do estômago, para o interior do esôfago. Mecanismo com função esfinctérica separa o estômago, com seu conteúdo ácido (ph de 1,5 a 2), do esôfago, cuja mucosa, diferente da do estômago, não apresenta barreira protetora capaz de defendê-la da ação do ácido refluído. O refluxo gastroesofágico, quando presente, é facilmente percebido e qualificado pela videofluoroscopia. Distendendo o estômago com meio de contraste, podemos estimular seu surgimento, por aumentos da pressão intra-abdominal. O refluxo do meio de contraste líquido pode ser observado quanto a sua exuberância volumétrica e quanto à distância que ele é capaz de atingir. Deve-se pesquisar e referir sua frequência e forma de surgimento, se espontâneo ou forçado, por tosse ou outra forma de aumentar a pressão intra-abdominal.

4.4 - Divertículo: Os divertículos constituem saculações cuja luz se comunica com a luz esofágica através de uma abertura, ou colo, de dimensões variadas. Podem ser classificados como verdadeiros ou falsos, quanto a sua estrutura, e como de pulsão ou tração, quanto a seu mecanismo gerador. Podem surgir em qualquer dos terços do esôfago. Os verdadeiros têm sua parede constituída por todas as camadas que formam a parede esofágica. Os falsos têm sua parede formada pelo conjunto mucosa-submucosa, que se insinua através de orifícios naturais, mais alargados, da parede esofágica. Os verdadeiros são usualmente produzidos por tração, resultante da cicatrização de processos inflamatórios que, por vizinhança, produzem aderência e tração esofágica. Suas extremidades são usualmente afiladas e direcionadas no sentido da tração. Os de pulsão são produzidos pelo aumento da pressão intraluminal, que termina por projetar o conjunto mucosa/submucosa, através do orifício parietal.

Acima do fascículo transverso e abaixo dos fascículos oblíquos do músculo cricofaríngeo, existe uma zona menos resistente, muitas vezes sede de projeção diverticular, o divertículo faríngeo posterior (de Zenker), que é divertículo verdadeiro de pulsão, já referido na página anterior no estudo da faringe. Quando de maior dimensão, tem o fundo de sua bolsa projetado em sentido distal, em relação com a porção cervical do esôfago.

4.5 - Hérnia do hiato esofágico: a hérnia do hiato esofágico, em especial aquela que se faz por deslizamento, em que a transição esofagogástrica se transfere para o tórax, é entidade relativamente comum. A hérnia pode estar relacionada ou não com o refluxo gastroesofágico. A hérnia, quando de pequena monta e não associada ao refluxo gastroesofágico, constitui patologia pouco relevante. As de muito grande volume podem produzir compressões por vizinhança. Quando associadas ao refluxo, passam a ter significativa relevância, pelos danos passíveis de serem causados pela doença do refluxo. O refluxo gastroesofágico pode produzir esofagite em diversos graus, desde uma inflamação de pequena expressão até esofagites tão sérias que podem cursar com ulcerações e estenoses.

4.6 - Outras: tumores parietais, pólipos e fístulas broncoesofágicas são, também, lesões de fácil observação pela videofluoroscopia. A obstrução produzida por membrana mucosa da síndrome de Plummer-Vinson pode aqui ser referida.

5 - Observações: área de texto livre, a ser usada quando um fato não previsto tiver que ser relatado ou para complementar informações julgadas relevantes.

CONSIDERAÇÕES COMPLEMENTARES

Ficha IX Considerações Complementares.

Aqui se resumirão, de forma sequencial, todas as observações do exame, tirando-se as conclusões permitidas pelos registros e observações setoriais. Serve para que o examinador dê sua interpretação para os dados coletados. Aqui se vão valorizar os elementos do exame que não podem faltar em um laudo final. Lembrar que cada item foi marcado levando-se em consideração os conceitos do glossário. Esses conceitos devem ser reproduzidos no laudo final, pois quem recebe o laudo não necessariamente domina a terminologia e os conceitos expressos nas fichas.

Nota: Discordâncias conceituais não invalidam o uso das fichas. Basta que no laudo final seu conceito pessoal seja explicitado no laudo que você assinará.

Uma importante vantagem desse sistema é que você pode ter seu glossário no computador e redigir seu laudo final a qualquer momento de modo rápido e completo.

DADOS DO EXAME

Dados do exame

Identificação

N. exame ☐   N. CD ☐   N. fita ☐

Nome

Data do exame ☐   Idade quando do exame ☐   Data de nascimento ☐

Fases observadas
- ☐ Oral
- ☐ Faríngea
- ☐ Esôfago - gástrica

Incidências:
- ☐ Perfil direito   ☐ P. A.
- ☐ Perfil esquerdo   ☐ A. P.

Dados dosimétricos

Altura ☐   Peso ☐

DAP ☐   Tempo de exposição ☐ Minutos

Taxa de radiação ☐

Meios de contraste adicionais

Formulação   Num. deglut. ☐   Qtd. média deglut. ☐

Observações

Meios de contraste
- ☐ Sólido
- ☐ Líquido
- ☐ Pastoso

Ficha X Dados do Exame

Essa ficha foi modificada, a partir da que utilizamos em meio computacional, com vistas a maior operacionalidade manual. Seu uso é opcional, mas, a nosso ver, de grande importância. Ela serve para o registro dos dados técnicos de cada exame, para controle da casuística, para posterior estatística, resgate dos casos e revisão da metodologia e experiências acumuladas. A que sugerimos pode ser adaptada e/ou melhorada segundo o interesse dos usuários.

Dados do exame: Página onde serão registradas as informações técnicas do exame para futura análise de metodologia e revisão técnica. Os dados de identificação devem seguir os da ficha de número 1. Cópias do exame em CD, DVD ou vídeo devem ser feitas e arquivadas junto com as fichas.

1 - Fases observadas: Oral / Faríngea / Esofagogástrica (esofágica) nos casos de disfagia, é mandatória a avaliação dessas três fases, e esse fato deve ser aqui registrado. Se por qualquer razão isto não tiver sido feito, considerar a razão da supressão, no campo de observações.

2 - Incidências: relação fonte emissora/objeto/écran.

2.1 - Perfil direito: esse tipo de incidência define que o indivíduo está posicionado com seu lado direito aposto sobre o écran, ou seja, a radiação X penetra pela superfície lateral esquerda do examinando.

2.2 - Perfil esquerdo: esse tipo de incidência define que o indivíduo está posicionado com seu lado esquerdo aposto sobre o écran, ou seja, a radiação X penetra pela superfície lateral direita do examinando.

2.3 - P. A. (Posteroanterior): incidência em posteroanterior: Significa que os raios X penetram pela superfície posterior do objeto.

2.4 - A. P. (Anteroposterior): incidência em anteroposterior: Significa que os raios X penetram pela superfície anterior do objeto.

2.5 - Outras: permite acrescentar outras incidências. As mais frequentes são as oblíquas anterior e posterior esquerda e direita, abaixo definidas. Note-se que uma nova opção não prevista pode ser acrescentada pelo usuário a qualquer momento.

2.5.1 - Oblíqua ant. dir.: incidência em oblíqua anterior direita: Nesse tipo de incidência, o lado direito do objeto está em relação com o écran e, pela obliquidade, a região frontal fica mais próxima deste écran do que a occipital.

2.5.2 - Oblíqua post. dir.: incidência em oblíqua posterior direita: Neste tipo de incidência, o lado direito do objeto está em relação com o écran e, pela obliquidade, a região occipital fica mais próxima desse écran do que a frontal.

2.5.3 - Oblíqua ant. esq.: incidência em oblíqua anterior esquerda: Neste tipo de incidência, o lado esquerdo do objeto está em relação com o écran e, pela obliquidade, a região frontal fica mais próxima deste écran do que a occipital.

2.5.4 - Oblíqua post. esq.: incidência em oblíqua posterior esquerda: Nesse tipo de incidência, o lado esquerdo do objeto está em relação com o écran e, pela obliquidade, a região occipital fica mais próxima desse écran do que a frontal.

3 - Meios de contraste adicionais:

3.1 - Formulação: Unidade representativa de viscosidade – cp (centipoase), em características de viscosidade, os dados entre parêntesis significam, respectivamente: dimensão do spindle utilizado, velocidade do spindle e temperatura em graus Celsius.

Aquoso; Nível de viscosidade - (>1-147)cp;

Formulação (12,5%) 37,5ml de solução de sulfato de bário a 100% + 262,5ml de água destilada; Características de viscosidade - < 23cp;

Formulação (25%) 75ml de solução de sulfato de bário a 100% + 275ml de água destilada; Características de viscosidade - 35,4cp (A / 60 / 23);

Formulação (50%) 150ml de solução de sulfato de bário a 100% + 150ml de água destilada; Características de viscosidade - 72cp (A / 60 / 23);

Líquido fino; Nível de viscosidade - (428-551)cp;
Formulação (100%) solução de sulfato de bário a 100%; Características de viscosidade - 428cp (B / 60 / 23);

Formulação - 150ml de solução de sulfato de bário a 100% + 150ml de água destilada + 8,5g de amido; Características de viscosidade - 443,5cp (B / 60 / 23)

Líquido espesso; Nível de viscosidade - (4.284-7.346,5)cp;
Formulação - 150ml de solução de sulfato de bário a 100% + 150ml de água destilada + 15g de amido; Características de viscosidade - 4.490cp (E / 60 / 23);

Pastoso; Nível de viscosidade - (7.346,5-13.035)cp;
Formulação - 150ml de solução de sulfato de bário a 100% + 150ml de água destilada + 18,5g de amido; Características de viscosidade - 9.740cp (F / 60 / 23);

Pastoso espesso; Nível de viscosidade - (19.260-34.320)cp;
Formulação - 150ml de solução de sulfato de bário a 100% + 150ml de água destilada + 22g de amido; Características de viscosidade - 23.700cp (F / 30 / 23);

Cremoso; Nível de viscosidade - (163.500-255.300)cp;
Formulação - 150ml de solução de sulfato de bário a 100% + 150ml de água destilada + 29g de amido; Características de viscosidade - 206.750cp (F / 3 / 23);

Cremoso por mastigação; Massa de 1,5 a 2 cm de diâmetro de miolo de pão, misturada com sulfato de bário, a ser mastigada até que o examinando a considere pronta para deglutição;

Sólido; Massa de 0,5 a 1 cm de diâmetro de miolo de pão, misturada com sulfato de bário, a ser deglutida só com insalivação, sem mastigação.

Outras; Conforme formulação do examinador. Descrever em "formulação", na ficha de dados do exame.

3.2 - Número de deglutições: a quantidade de cada meio de contraste deve ser oferecida quando líquida ou pastosa em backer centimetrado para registro do volume utilizado. Massas ou sólidos devem ter seus diâmetros e pesos aferidos. O número de deglutições deve ser referido para que se obtenha a média por tipo de meio de contraste.

3.3 - Quantidade média deglutida: Razão obtida da quantidade de meio de contraste deglutido, dividida pelo número de deglutições. Deve ser referida para cada um dos meios de contraste testados.

4 - Dados dosimétricos: Nem sempre é possível essas informações serem obtidas, mas quando possível devem constar de nossos arquivos. Peso, altura e tempo de exposição devem ser verificados e registrados, mesmo quando DAP e dose não forem aferidos.

5 - Observações: Texto livre a ser usado para informações de protocolo julgadas de importância.

ÍNDICE REMISSIVO

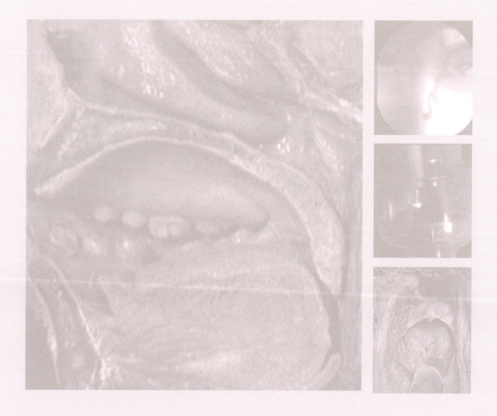

A

Acalasia, 212
- videofluoroscopia, 255
Actina, 23
Ádito laríngeo, 104
Aferência, 54
Alavancas, sistemas, 9
- braço, 11
- - força, 11
- - resistência, 11
- inter-resistente, 9, 10
- interfixa, 9
- interpotente, 11
Ampolas de raios X, 218
Anel esofágico inferior, 210
Anfiartrosis, 6
Aorta dorsal, embrião, 29
Apneia preventiva (de deglutição), 156
- apneia defensiva, 156
Arcos
- branquial, embrião, 30, 33
- palatoglosso, 136
Articulações, 5
- anfiartrosis, 6
- celares, 7
- cilindrartroses, 7
- contiguidade, 7
- cricoaritenóidea, 122
- cricoaritenóideas, 127
- diartroanfiartrose, 6
- diartroses, 6
- elípticas, 7
- esferartroses, 7
- planas, 7
- sinartrose, 6
- sincondroses, 6
- sindesmose, 5
- sínfises, 6
- sinoviais, 6
- suturas, 5
- temporomandibular (ATM), 72
- trocleartroses, 7
Assoalho da boca, músculos, 77
- digástrico, 77
- gênio-hióideos, 77
- milo-hióideos, 77
Atrofia muscular, 22
Avaliação, métodos, 279-299
- cinerradiografia, 284

- cintilografia, 286
- clínica, 280
- eletromiografia, 297
- endoscopia digestiva alta, 294
- exame radiológico, 283
- FESS (nasofibrofaringolaringo
  endoscopia), 288
- impedanciometria intraluminal
  esofágica, 296
- laringoscopia, 289
- manometria, 291
- - alta resolução, 292
- pH-metria, 295
- raios X convencional, 284
- ultrassonografia intraluminal de alta
  frequência (USIAF), 297
- ultrassonografia, 283
- videofluoroscopia, 284
- videomanometria, 293

B

Barra faríngea, 186
Bases morfofuncionais
- dinâmica esfinctérica, 134
- fases da deglutição
- - faríngea, 91-111
- - - epiglote, 108
- - - laringofaringe, 104
- - - músculos, 98
- - - organização linfoide da
      faringe, 103
- - - orofaringe, 102
- - - palato mole, 96
- - - proteção das vias aéreas, 149
- - - rinofaringe, 100
- - - segmentos com função
      esfinctérica, 111
- - oral, 70-88
- - - articulação temporomandibular
      (ATM), 72
- - - cavidade oral (boca), 70
- - - dentes, 80
- - - glândulas salivares, 86
- - - língua, 81
- - - músculos, 75, 77
- - - ossos, 70
- proteção das vias aéreas, 149
Bases radiológicas aplicáveis à
videofluoroscopia, 217

Boca, 70
- embrião, 21
Bolsas branquiais, embrião, 32
Botões gustativos, 82
Bucinador, músculo, 75

C

Câncer do esôfago, 209
Cárdia, 26
Cartilagens da laringe, 121
- aritenoides, 122
- corniculadas, 123
- cricoide, 122
- cuneiformes, 123
- epiglote, 121
- tireóidea, 121
Cavidades
- laríngea, 124
- oral, 70
- - embrião, 32
- pericárdica, embrião, 29
Cavum laríngeo, 124
Celoma intraembrionário, 29
Células mioepicárdicas, embrião, 29
Cerebelo, embrião, 30
Cérebro, embrião, 30
Cilindrartroses, 7
Cinerradiografia, 284
Cintilografia, 286
Circundação, 7
Complexo hiolaríngeo, 114-130
- cartilagens da laringe, 121
- cavidade laríngea, 124
- considerações adicionais, 129
- laringe, 119
- membranas laríngeas, 126
- músculos
- - infra-hióideos, 117
- - laríngeos intrínsecos, 126
- - supra-hióideos, 117
- osso hioide, 116
- pregas laríngeas, 126
Condroglosso, músculo, 84
Contração muscular, 15
- atividade elétrica, 16
- ciclo contrátil, 19
- despolarização, 17
- polaridade-íon-atividade elétrica, 16
- repolarização, 17

- rigidez, 23
- sarcômero, 18
- unidade motora, 15
Controle neural da deglutição, 47-66
- fases
- - esofágica, 43, 48, 64
- - faríngea, 41, 48, 61
- - oral, 38, 48, 57
- - - ejeção, 59
- - - organização, 59
- - - preparo, 58
- - - qualificação, 58
Coordenação da deglutição, 48
Cristas
- neural, embrião, 29
- palatinas, embrião, 31
Crossa da aorta, 203

D
Deglutição, 2, 38-44
- controle neural, 47-66
- - aferência, 54
- - eferência, 55
- - fase
- - - esofágica, 43, 64
- - - faríngea, 41, 61
- - - oral, 38, 57
- - organização neural, 53
- coordenação e fases, 48
- fases
- - antecipatória, 49, 50
- - cefálica, 50
- - esofágica, 43, 163-177
- - - anatomia funcional, 164
- - - aspectos gerais, 164
- - - dinâmica esofágica peristalse, 176
- - - estrutura, vasos e nervos, 171
- - - subdivisão e relações, 167
- - - transições faringoesofágica e
    esofagogástrica, 172-173
- - faríngea, 41
- - - videofluoroscopia, 242
- - oral, 38
- - - ejeção, 38
- - - organização, 38
- - - preparo, 38
- - - qualificação, 38
- - - videofluoroscopia, 242

Dentes, 80
Diartroanfiartrose, 6
Diencéfalo, 29
Digástrico, músculo, 77, 99, 117
Dinâmica
- esfinctérica, 133-145
- - arco palatoglosso, 136
- - bases morfofuncionais, 134
- - esfíncter esofágico superior
    (EES), 138
- - extremidade livre da epiglote, 142
- - óstio da tuba auditiva, 144
- - relação palatofaríngea, 136
- - rima labial, 136
- - transição esofagogástrica, 144
- esofágica peristalse, 176
- oral, 49
Disfagia, 180, 198
- ejeção, 184
- faríngea, 181
- oral, 181
- organização, 184
- preparo, 184
- qualificação, 184
Disfunção cricofaríngea primária, 186
Distúrbios esofágicos, 197-212
- acalasia, 212
- anel esofágico inferior ou de
    Schatsky, 210
- câncer, 209
- causas
- - mecânicas extraparietais, 203
- - parietais, 208
- disfagia, 198
- divertículos, 198
- dor torácica retroesternal de origem
    não cardíaca, 203
- estenose, 209
- fundoplicatura, 205
- hérnias hiatais, 200
- malformações dos vasos
    aórticos, 206
- mecânicas, 203
- motores, 211
- pirose, 201
- pólipos, 208
- refluxo gastroesofágico, 201
- síndrome de Plummer-Vinson, 209

Divertículos
- esofágicos, 198
- - videofluoroscopia, 253
- faríngeos, 190
Dor torácica retroesternal de origem
    não cardíaca, 203
Dosimetria, 223

E
Ectoderma, 28
Efeito
- Compton, 221
- determinístico, 224
- estocástico, 224
- fotoelétrico, 221
Eferência, 55
Eletromiografia, 297
Embrião/embriologia, 28-36
- aorta dorsal, 29
- arcos
- - branquiais, 30, 32, 33
- - mandibular, 30, 32
- boca, 31
- bolsas branquiais, 32
- cavidades pericárdicas, 29
- celoma intraembrionário, 29
- células mioepicárdicas, 29
- cristas
- - neural, 29
- - palatinas, 31
- ectoderma, 28
- eminência
- - cardíaca, 30, 32
- - frontal, 30, 31
- endoderma, 28
- estomodeu, 30, 31
- fendas branquiais, 32
- forame incisivo, 31
- goteira neural, 29
- intestino cefálico, 29
- linha de fusão das cristas palatinas, 31
- mandíbula, 31
- mesoderma, 28
- mioepicárdio, 29
- notocórdio, 29
- olho, 31
- óstio das fossas nasais, 31
- palato primitivo, 31
- placoides nasais, 30, 31

- porção encefálica, 30
- processo
- - maxilar, 31
- - nasal, 31
- prosencéfalo, 32
- salências maxilares, 30
- septo nasal, 31
- suco nasolacrimal, 31
- teto da cavidade oral, 31
- tubérculo maxilar, 32
- tubo endocárdico, 29
- úvula, 31
Eminências
- cardíaca, embrião, 30
- frontal, embrião, 30, 31
- hipobranquial, embrião, 34
Endoderma, 28
Endomísio, 14
Endoscopia digestiva alta, 294
Epiglote, 108
- extremidade livre, 142
Epiglote, 121
Epimísio, 14
Esferartroses, 7
Esfíncter, 134
- anal, 134
- anelar liso, 134
- esofágico
- - inferior (EEI), 164, 173
- - superior (EES), 138, 172
Esôfago, 164
- constrições, 165
- distúrbios, 197-212
- drenagem venosa, 171
- irrigação arterial, 171
- mucosa, 171
- organização muscular, 171
- rede nervosa intramural, 171
- segmento
- - abdominal, 168
- - cervical, 167
- - torácico, 167
- submucosa, 171
- vasos linfáticos, 171
Espaço
- infraglótico, 125
- pré-epiglótico, 125
Espasticidade, 23

Estenose do esôfago, 209
Esternotireóideos, músculos, 118
Estilo-hióideos, músculos, 99, 117
Estilofaríngeo, músculo, 98
Estiloglosso, músculo, 84
Estomedeu, embrião, 29-31
Exposição à radiação, 222
Extremidade livre da epiglote, 142

F
Faringe, 92, 150
- organização linfoide, 103
- organização muscular, 94
Fascículos musculares, 14
Fases da deglutição, 38-44
- antecipatória, 49, 50
- cefálica, 50
- coordenação, 48
- esofágica, 43, 48, 64, 163-176
- - anatomia funcional, 164
- - aspectos gerais, 164
- - dinâmica esofágica peristalse, 176
- - esfíncter esofágico, 138
- - - inferior, 173
- - - superior, 172
- - estrutura, 171
- - nervos, 171
- - segmentos
- - - abdominal, 168
- - - cervical, 167
- - - torácico, 167
- - transição
- - - esofagogástrica, 173
- - - faringoesofágica, 172
- - vasos, 171
- faríngea, 41, 48, 61
- - bases morfofuncionais, 92-111
- - videofluoroscopia, 242
- oral, 38, 48, 57
- - bases morfofuncionais, 70
- - ejeção, 38, 59
- - - disfagia, 180
- - organização, 38, 59
- - - disfagia, 180
- - preparo, 38, 58
- - qualificação, 38, 58
- - videofluoroscopia, 237
Fendas branquiais, embrião, 32

FESS (functional endoscopic swallow study), 288
Fluoroscopia, 284
Forame
- nervo laríngeo superior, 105
Força, 12
Fossas piriformes, 105
Função esfinctérica, 135
Fundiplicatura, 205

G
Gênio-hióideos, músculos, 77, 99, 117
Genioglosso, músculo, 83
Glândulas salivares, 86
- parótida, 86
- secreção salivar, 87
- sublingual, 87
- submandibular, 86
Glicocálix, 14
Globus faríngeo, 186
Glote, 124
Goteira neural, embrião, 29

H
Hérnias hiatais, 200
- deslizamento, 200
- paraesofágicas, 200
Hioglosso, músculo, 84, 99
Hiperplasia muscular, 22
Hipertonia, 22
Hipertrofia muscular, 22
Hipotálamo, embrião, 30
Hipotonia, 22

I
Imagem radiológica, 225
- qualidade, 230
Impedanciometria intraluminal esofágica, 296
Incidência radiológica, 227
Infra-hióideos, músculos, 118
Intestino cefálico, embrião, 29, 30

J
Junção esofagogástrica, 210

L
Laringe, 119
- cartilagens, 121

Laringofaringe, 104
Laringoscopia, 289
Língua, 81
- botões gustativos, 82
- músculos
- - condroglosso, 84
- - estiloglosso, 84
- - extrínsecos, 83
- - genioglosso, 83
- - hioglosso, 84
- - intrínsecos, 84
- - longitudinal superior, 84
- - transversos, 84
- - verticais, 84
- papilas linguais, 82

M
Malformações dos vasos aórticos, 206
Mandíbula, 71
- embrião, 32
Manometria, 291
- alta resolução, 292
Masseter, músculos, 78
Mastigação, 39
- músculos, 77
- - masseter, 78
- - pterigóideo, 78
- - - lateral, 78
- - - medial, 78
- - temporal, 78
- - quadrangular, 126
Maxilares, 71
Medula espinal, embrião, 30
Membranas
- bucofaríngea, 29, 30
- cricovocal, 126
Meniscos, 7
Mesencéfalo, embrião, 30
Mesoderma, 28, 29
Metencéfalo, embrião, 29, 30
Métodos de avaliação, 279-299
- cinerradiografia, 284
- cintilografia, 286
- clínica, 280
- eletromiografia, 297
- endoscopia digestiva alta, 294
- exame radiológico, 283

- FESS (nasofibrofaringolaringo
    endoscopia), 288
- impedanciometria intraluminal
    esofágica, 296
- laringoscopia, 289
- manometria, 291
- - alta resolução, 292
- pH-metria, 295
- raios X convencional, 284
- ultrassonografia intraluminal de alta
    frequência (USIAF), 297
- ultrassonografia, 283
- videofluoroscopia, 284
- videomanometria, 293
Mielencéfalo, embrião, 30
Milo-hióideos, músculos, 77, 99, 117
Mioepicárdio, embrião, 29
Miônio, 14
Miosina, 23
Movimento peristáltico, 176
- distúrbios, 211
Mucosa esofágica, 171
Músculos, 12, 13
- aritenóideo transverso, 127
- assoalho da boca, 77
- - digástrico, 77, 99, 117
- - gênio-hióideos, 77, 99, 117
- - milo-hióideos, 77, 99, 117
- brancos, 16
- cardíaco, 13
- constritores da faringe, 94
- contração, 15
- cricoaritenóideo, 127
- partes retas e oblíquas, 127
- - laterais, 127
- - oblíquos, 127
- - posteriores, 127
- cuticulares, 75
- - bucinador, 75
- - orbicular da boca, 75
- - esterno-hióideos, 118
- esternotireóideos, 118
- estilo-hióideos, 99
- estilofaríngeo, 98
- estriados, 14
- hioglosso, 99

- infra-hióideos, 118
- laríngeos intrínsecos, 126
- levantador do palato, 96
- liso, 23
- longitudinais da faringe, 98
- mastigação, 77
- - masseter, 78
- - pterigóideo, 78
- - - lateral, 78
- - - medial, 78
- - temporal, 78
- omo-hióideo, 118
- palatofaríngeo, 97
- palatoglosso, 97
- salpingofaríngeo, 98
- somático, 13, 14
- supra-hióideos, 117
- tecido conjuntivo e as células
    musculares, 14
- tendões, 14
- tensor do palato, 96
- tíreo-hióideos, 99, 118
- tireoaritenóideos, 128
- tireoepiglótica, 128
- úvula, 96
- vermelhos, 16
- vocal, 128

N
Nasofibrofaringolaringo
    endoscopia, 288
Neurônios sensoriais, 54
Notocórdio, 29
- embrião, 32

O
Olho, embrião, 31
Omo-hióideo, músculos, 118
Orbicular da boca, músculo, 75
Organização neural, 53
Orofaringe, 102
Ossos, 3
- chatos, 3
- curtos, 3
- esfenoide, 70
- fase oral da deglutição, 70
- hioide, 114, 116

- irregulares, 3
- longos, 3
- mandíbula, 71
- maxilares, 71
- palatinos, 71
- planos, 4
- processo estiloide, 70
- temporal, 70
Óstio da tuba auditiva, 144

P

Palato
- mole, 96
- primitivo, embrião, 31
Palatofaríngeo, músculo, 97
Palatoglosso, músculo, 84, 97
Papilas linguais, 82
Parótida, 86
Paterson-Kelly, síndrome, 209
Perimísio, 14
Peristalse, 176
PH-metria, 295
Piloro, 134
Pirose, 201
Placa tridérmica, 28
- ectoderma, 28
- endoderma, 28
- mesoderma, 28
Placoides nasais, embrião, 30, 31
Plummer-Vinson, síndrome, 209
Pólipo esofágico, 208
Porção tireoepiglótica, 128
Potência, 12
Pregas
- ariepiglóticas, 126, 153
- laríngeas, 126
Presbiesôfago, 211
Processo
- maxilar, embrião, 31
- nasal, embrião, 31
Prosencéfalo, embrião, 29, 30
Proteção das vias aéreas, 111, 149-161
- ação
- - local, 155
- apneia preventiva
   (de deglutição), 156
- ativa, 154
- bases morfofuncionais, 150

- considerações, 159
- mecanismos, 151
- passiva, 153
Pterigóideo, músculos
- lateral, 78
- medial, 78

Q

Quimiorreceptores, 49

R

Raios X, 218, 220, 283
- ampolas, 218
- características, 220
- conceituação, 220
- convencional, 284
- dosimetria, 223
- efeitos
- - Compton, 221
- - determinísticos e
     estocásticos, 224
- - fotoelétrico, 221
- exposição à radiação X, 222
- imagem radiológica, 225
- incidência radiológica, 227
- objeto/interação (absorção), 221
- qualidade da imagem
   radiológica, 230
- tubo, 219
Refluxo gastroesofágico, 201
- videofluoroscopia, 255
Relação palatofaríngea, 136
Relaxamento muscular, 17
Resistência, 12
Rigor mortis, 22
Rima
- glótica, 124
- labial, 136
Rinofaringe, 100
Robencéfalo, 29

S

Saburra, 82
Saliências maxilares, embrião, 30
Saliva, produção, 87
Salpingofaríngeo, músculo, 98
Sarcômero, 18
Secreção salivar, 87

Segmento do esôfago
- abdominal, 168
- cervical, 167
- torácico, 167
Septo nasal, embrião, 31
Sinartrose, 6
Sincondroses, 5
Sindesmoses, 5
Síndrome de Plummer-Vinson, 209
Sínfises, 6
Sistemas
- circulatório, 2
- digestivo, 2
- nervoso, 2
- respiratório, 2
- - embriológico, 35
Sublingual, glândula, 87
Submandibular, glândula, 86
Suco nasolacrimal, embrião, 31
Supra-hióideos, músculos, 117
Supraglótico, 125
Suturas, 5

T

Tálamo, embrião, 30
Telencéfalo, 29
Temporal, músculos, 78
Tendículos, 14
Tendões, 14
Tetania, 22
Tíreo-hióideos, músculos, 99, 118
Tonsilas
- faríngea, 103
- lingual, 104
- palatinas, 104
- tubárias, 104
Transição
- esofágico, videofluoroscopia, 253
- esofagogástrica, 144, 173
- faringoesofágica (TFE), 138, 172
Trocleartroses, 7
Tronco cerebral, 53
Tuba auditiva, 144
Tubo
- digestivo, 24
- endocárdicos, embrião, 29
- raios X, 219

U

Ultrassonografia, 283
- intraluminal de alta frequência (USIAF), 297
Unidade motora, 15
- lentas, 16
- rápidas, 16
Úvula, embrião, 31

V

Valéculas, 153
Vasos linfáticos do esôfago, 171
Ventrículos laríngeos, 124
Vesícula mesencefálica, 29
Vestíbulo laríngeo, 125
Vias
- aéreas, proteção, 111, 149-161
- - ação
- - - indireta, 155
- - - local, 155
- - apneia preventiva, 156
- - ativa, 154
- - bases morfofuncionais, 150
- - considerações, 159
- - mecanismos, 151
- - passiva, 153
- motora, 55
- sensorial, 54
Vida
- relação, 2
- vegetativa, 2
Videofluoroscopia, 153, 230, 236, 284
- avaliação (anexo), 302
- deglutição, 235-245
- - considerações, 245
- - exame físico dirigido, 237
- - fases
- - - faríngea, 242
- - - oral, 237
- - protocolo de avaliação, 236
- esofágica, 249-259
- - acalasia, 255
- - constrições, 254
- - fisiológicas, 254
- - contrações terciárias, 254
- - divertículos, 255
- - estenose, 255
- - hérnia de hiato, 255
- - lesões interferentes, 255
- - refluxo, 255
- - trânsito esofágico, 253
- quantitativo, 261-276
- - calibração, 268
- - fase
- - - esofágica, 267
- - - faríngea, 265
- - - oral, 264
- - medição
- - - analógica, 270
- - - digital, 273
- - medir volume, 267
- - o que medir?, 264
Videomanometria, 293